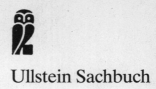

Ullstein Sachbuch

Das Buch:

In einer für die UFA schwierigen Zeit wagt sich Murnau an den »Faust«-Stoff. Mit »Geheimnisse einer Seele« versucht Pabst eine filmische Umsetzung von Freuds Psychoanalyse. Lang schafft mit »Spione« einen Maßstab für das Genre.

Und dann hat Hollywood die ersten Erfolge mit dem Tonfilm. Die UFA muß mitziehen. »Melodie des Herzens«, als Stummfilm geplant, wird während der Dreharbeiten auf Tonfilm umgestellt und nicht nur in deutsch, sondern auch in vier weiteren Sprachen für den Export gedreht.

Willy Fritsch und Lilian Harvey sind das Traumpaar dieser Zeit. Hans Albers spielt in »Der Greifer«, »Bomben auf Monte Carlo«, »F.P.1 antwortet nicht«. Richard Oswald verfilmt die Dreyfusaffäre. Brigitte Helm, Renate Müller, Sybille Schmitz, Willi Forst, Rudolf Forster, Gustav Gründgens sind Publikumslieblinge.

Nach der nationalsozialistischen Machtergreifung wird der Film für Propagandazwecke mißbraucht, was den Verlust von Schauspielern und Regisseuren bedeutet, die ins Ausland gehen. Eine neue Generation rückt nach.

Über die deutsche Filmproduktion bis 1945 berichtet der dritte Band, der außerdem eine umfassende Filmographie enthält.

Der Autor:

Curt Riess wurde 1902 in Würzburg geboren. Nach dem Studium in München, Paris und Heidelberg promovierte er zum Dr. phil. In Berlin war er als Sportjournalist tätig und später dann als Film- und Theaterkritiker. Ab 1933 arbeitete er als Journalist in Paris und in den USA. Riess schrieb über 80 Bücher, von denen die Bände »*Das gab's nur einmal*« besonders erfolgreich waren.

Curt Riess

Das gab's
nur einmal

Die große Zeit
des deutschen Films
mit 72 Abbildungen

Zweiter Band

Ullstein Sachbuch

Ullstein Sachbuch
Ullstein Buch Nr. 34283
im Verlag Ullstein GmbH,
Frankfurt/M – Berlin – Wien

Ungekürzte Ausgabe

Umschlagentwurf:
Hansbernd Lindemann
Foto: Stiftung deutsche Kinemathek
Alle Rechte vorbehalten
Mit freundlicher Genehmigung
des Molden-Taschenbuch-Verlags,
Wien – München
© 1977 by Molden-Taschenbuch-Verlag,
Wien – München
Printed in Germany 1985
Druck und Verarbeitung:
Ebner Ulm
ISBN 3 548 34283 3

August 1985

CIP-Kurztitelaufnahme
der Deutschen Bibliothek

Riess, Curt:
Das gab's nur einmal: d. große Zeit d.
dt. Films / Curt Riess. –
Ungekürzte Ausg. –
Frankfurt/M; Berlin; Wien: Ullstein
Bd. 2 (1985).
   (Ullstein-Buch; Nr. 34283: Ullstein-
   Sachbuch)
   ISBN 3-548-34283-3
NE: GT

Für Marlene
Von Kopf bis Fuß auf Liebe eingestellt

INHALT

Erster Teil
DIE RETTUNG

Pommer fährt nach USA 11
Faust und Diotima 15
Gefahr aus dem Osten 20
Die UFA pleite? 24
Entscheidende Verhandlungen 37

Zweiter Teil
DIE ARRIVIERTEN UND DIE TONFILMREVOLUTION

Zwischenspiel in Hollywood 45
Kein deutscher „Panzerkreuzer" 49
Spione und eine junge Dame aus Kroatien 57
Reisen nach Wannsee und zum Mond 66
Tonfilmrevolution 72

Dritter Teil
DIE NEUE GARDE

Der Mann am Kronleuchter 85
Von Kopf bis Fuß Marlene 92
Wettrennen 102
Unternehmen „Blauer Engel" 110
Götterdämmerung 129

Vierter Teil
DER GROSSE AUFTRIEB

Richard Oswald warnt 133
Die süßesten Mädel der Welt 140
Militär so oder so 156
Das Leben geht weiter 163
1932: Abschied von der großen Zeit 182

Fünfter Teil
DIE GLEICHSCHALTUNG

Sitzung im Kaiserhof 205
Abreisen 213
Die Tragödie der Treuen 216
Das Unternehmen Quex 222

Sechster Teil
NICHT GLEICHGESCHALTET

Willi Forst wird Regisseur 237
Erregende Frauen 244
Zwei Tänzerinnen 252
Schauspieler mit Regiebegabung 257
Zehn Pfennige für Garderobe 262
Die Freundin des Grafen Helldorff 269
Das leichte Fach 274
Ein paar Herren und eine Dame 279
Die Ewigen 289

Namen- und Sachregister 293

Die große Zeit des deutschen Stummfilms, die im ersten Band dargestellt wurde, ist noch lange nicht vorbei. Zwar wird Ernst Lubitsch, schon eine amerikanische Berühmtheit, keine Filme mehr in der alten Heimat machen, aber noch arbeiten Fritz Lang und Ludwig Berger. Zwar gibt es immer wieder mal Schwierigkeiten mit der UFA, zwar verliert sie vorübergehend ihren stärksten Könner, Erich Pommer, an Hollywood, aber er wird wieder zurückgeholt.

Und dann kommt etwas ganz Neues – eine Umwerfung aller Werte: der Tonfilm!

ERSTER TEIL · DIE RETTUNG

POMMER FÄHRT NACH USA

Die UFA ist finanziell nicht sehr gesund. Das war schon nach Beendigung der Inflation, also Anfang 1924, ziemlich klar. Das Unternehmen hatte rund achtunddreißig Millionen verloren und besaß an liquiden Mitteln nur eine halbe Million. Davon waren fünftausend Arbeiter und Angestellte zu bezahlen, die jährlich sechzehn Millionen kosteten, und dreiunddreißig Filme zu drehen – zumindest besagte es das Produktionsprogramm.

Zudem stellte es sich eines Tages heraus, daß Fritz Lang viel mehr Geld brauchte, als vorgesehen war, um seinen Film „Metropolis" zu Ende zu drehen, nämlich statt einer Million zwei Millionen. Auf dem Papier sah sich die Situation noch schlimmer an, als sie in Wirklichkeit war; denn da infolge Geldmangels einige Filme, die auf dem UFA-Programm standen, in letzter Minute geplatzt waren, ging ein großer Teil der laufenden Atelierspesen auf Konto „Metropolis". Irgendwie mußten diese Summen ja abgebucht werden.

Pommer ging in die Deutsche Bank und ließ sich bei Herrn von Stauß melden. Die Miene des Bankdirektors verfinsterte sich, als er den Filmmann sah. „Sie wollen sicher wieder Geld?" Pommer nickte. „Wieviel?" „Um ‚Metropolis' fertigzustellen, brauche ich eine Million!"

Herr von Stauß wurde grün im Gesicht. „Ich verliere meine Stellung!"

Er verlor sie nicht. Immerhin, es handelte sich bei der Million nicht mehr um Inflationsmark, sondern um gute Rentenmark. Also mußte etwas geschehen. Herr von Stauß beschloß, einen Generaldirektor zu bestellen, der im Hauptberuf so etwas wie Sparkommissar sein sollte.

Seit zehn Monaten hat die UFA keinen Generaldirektor mehr gehabt. Die Vorstandsmitglieder waren gleichberechtigt, und keiner ließ sich von dem anderen etwas sagen. Jetzt erklärte Emil Georg von Stauß, dies müsse aufhören. Und da er zu den Männern der Filmindustrie nicht das geringste Vertrauen mehr hatte – was nicht weiter verwunderlich erscheint –, holte er einen Kollegen, den Direktor der Württembergischen Vereinsbank, Dr. Ferdinand Bausback, an die Spitze der UFA.

Bausback soll aufräumen und Sparmaßnahmen durchführen. Er ist ein guter Bankdirektor. Aber mit dem Film hat er bisher nie zu tun gehabt, hat auch kein rechtes Verhältnis zu ihm und weiß so gut wie nichts von dem Handwerklichen dieser neuen Industrie. Die Filmleute bekommen das bald heraus. Und sie geben ihm den Spitznamen „Staußback" – weil er schließlich von Herrn von Stauß eingesetzt wurde. Erich Pommer hat viele erregte Auseinandersetzungen mit den Herren von Stauß und Bausback. Die deuten an, daß im März 1926 Pommers Vertrag ablaufe. „Schließlich ist es noch gar nicht sicher, ob Ihr Vertrag verlängert wird, Herr Pommer!"

Pommer nimmt solche Drohungen nicht tragisch. Er braucht es auch nicht zu tun. Er hat ein halbes Dutzend Angebote aus Amerika in der Tasche. Er kann sich, wenn es nötig ist, die besten Offerte aussuchen. Stauß, der den Tag verflucht, an dem er die UFA gegründet hat, möchte sie am liebsten verkaufen. Erich Pommer ist entschieden gegen einen Verkauf. Er steht auf dem Standpunkt, daß die UFA zu retten sei. Immerhin besitzt die UFA rund zwanzig fertige Filme, die überhaupt noch nicht oder kaum ausgewertet worden sind. Außerdem hat er, Pommer, achthunderttausend Goldmark in Tonfilmexperimente gesteckt. Davon erwartet er sich früher oder später einen großen Gewinn für die UFA. „Die Filme können wir abschreiben!" erklärt Bausback. „Und was die Tonfilmexperimente angeht – da ist jeder Pfennig verloren!" Er ist so felsenfest davon überzeugt, daß er die Tonfilmerfindungen, die die UFA gemacht hat, sogleich für ein Butterbrot – rund 60.000 RM – an ein Schweizer Konsortium verkauft. Pommer gibt das Rennen noch nicht auf. „Wir müssen exportieren! Fünfundsechzig Prozent aller Filme, die in Deutschland laufen, stammen aus Amerika. Wenn die Amerikaner exportieren können, warum sollten wir es nicht auch schaffen?"

Bausback, der sich noch nicht richtig eingearbeitet hat, fragt naiv: „Warum tun wir es denn nicht?"

„Weil unsere Filme zu schlecht sind!"

Pommer sagt die Wahrheit. Die vier oder fünf Filme, die er im Jahr produziert, werden auf der ganzen Welt aufgeführt. Der Rest ist Schweigen. Man kann schon von Glück sagen, wenn dieser Rest in Deutschland sein Geld einspielt.

Pommer versucht auch weiterhin, Filme auf die Beine zu stellen, die exportfähig sind. Bausback versucht zu sparen. Seine Devise: „Nichts darf teurer sein, als es bisher gewesen ist." Aber nach Möglichkeit soll alles viel, viel weniger kosten . . .

Bausback fährt nach Babelsberg und durchmißt die Ateliers, um eine Stelle zu finden, an der er mit seinen Sparmaßnahmen einsetzen könnte. Er findet nichts und niemanden. Denn die Produzenten, Regisseure und Schauspieler flüchten, sobald sie seiner ansichtig werden. Man erzählt sich in der UFA lustige Geschichten über den Sparkommissar, die sicher nicht alle stimmen. Eine beginnt damit, daß Bausback eine neue elektrische Kamera besichtigt. Er fragt den Kameramann: „Was ist das?"

„Eine der neuen elektrisch betriebenen Kameras."

Bausbacks Miene verdüstert sich. „Die haben wir jetzt gekauft?"

„Ja, vor ein paar Wochen . . ."

„Sind sie sehr teuer?"

„Ich glaube schon . . ."

„Und diese Ausgabe war notwendig?"

„Ich glaube schon . . ."

Der Sparkommissar wendet sich zum Gehen. Im letzten Moment hat er noch einen Einfall. „Mit wieviel Volt wird die Kamera betrieben?" Der Kameramann antwortet: „Mit zweihundertzwanzig Volt!" Daraufhin der sparsame Bausback, indem er warnend den Finger hebt: „Dabei muß es aber auch bleiben!"

Durch Sparmaßnahmen allein ist die UFA nicht zu retten. Geld, das nicht da ist, kann man nicht einsparen. Woher Geld nehmen? Plötzlich meldet sich ein Interessent, der bereit ist, fünfzehn Millionen Reichsmark an die UFA zu zahlen. Es handelt sich um Carl Lämmle, einen ehemaligen Deutschen, der in seiner Jugend nach Amerika ging und Präsident und Besitzer der Universal in Hollywood ist. Für fünfzehn Millionen will er die UFA zwar nicht schlucken, wohl aber kontrollieren. Er will insbesondere die Käufe fremder Filme für die UFA-Theater kontrollieren. Das würde bedeuten, daß die UFA-Theater künftighin vor allem Universal-Filme spielen müßten. Das würde bedeuten, daß die UFA künftighin die Filme der Konkurrenz der Universal, die der Paramount und die der Metro-Goldwyn-Mayer, nicht mehr spielen könnte.

Die Paramount und Metro-Goldwyn-Mayer handeln schnell. Sie schicken Vertreter zu Herrn von Stauß. Sie schlagen die Gründung einer Vertriebsgesellschaft vor, die vierzig amerikanische Filme – natürlich die Filme der Paramount und der Metro-Goldwyn-Mayer – und zwanzig UFA-Filme jährlich in Deutschland vertreiben soll. Und die UFA-Theater sollen 75 Prozent ihrer Spieltermine dieser neuen

Vertriebsgesellschaft zur Verfügung stellen. Dafür wollen Paramount und Metro-Goldwyn-Mayer einen Kredit von vier Millionen Dollar geben. Auf diese Weise hoffen Paramount und Metro-Goldwyn-Mayer sich zu sichern, das heißt, ihre Filme werden weiterhin in den großen UFA-Theatern gespielt werden.

Und die deutschen Filme? Ein solches Abkommen muß doch automatisch auf Kosten der deutschen, das heißt also der UFA-Filme gehen. Pommer warnt. „Wir geben uns völlig in die Hände der Amerikaner." Aber die Herren von Stauß und Bausback sehen die Falle nicht, in die sie gelockt werden. Und die UFA gründet mit der Metro-Goldwyn-Mayer und der Paramount die vorgeschlagene Vertriebsgesellschaft, die UFA-Film-Vertriebs-GmbH., „Parufamet" genannt.

Der Zweck dieser Vertriebsgesellschaft: sechzig Filme pro Jahr in Deutschland zu vertreiben, je zwanzig von jeder der drei Gesellschaften. Fünfundsiebzig Prozent der Spielzeit der UFA-Theater müssen, wie von den Amerikanern gefordert, den Filmen der Parufamet reserviert werden.

Auf dem Papier hat die UFA freilich auch das Recht, zehn ihrer Filme nach Amerika zu exportieren. Die amerikanischen Partner übernehmen jedoch nicht die Verpflichtung, sie in ihren Uraufführungstheatern am New Yorker Broadway, in den Kinopalästen von Chikago, Los Angeles, Philadelphia aufzuführen oder sie durch ihre riesigen Theaterketten in die Provinz zu schleusen. Dr. Bausback, der noch weniger Ahnung vom amerikanischen Filmgeschäft hat als vom deutschen – wenn das überhaupt möglich ist –, ahnt nicht, welchen Unterschied es bedeutet, ob ein Film im New Yorker Capitol herauskommt – dem größten Kino der Welt – oder in einem Kintopp in Yorkville, dem deutschsprachigen Viertel New Yorks, im wesentlichen besucht von eingewanderten Dienstmädchen, Handwerkern und Arbeitern. Nicht einmal Filmkritiker verirren sich nach Yorkville, und das große amerikanische Publikum weiß überhaupt nicht, was dort in der Vorstadt gespielt wird.

Dies alles erfährt Dr. Bausback erst im Verlauf der nächsten Monate. Ja, er muß bald darauf feststellen, daß mit ganz wenigen Ausnahmen die UFA-Filme in Amerika überhaupt nicht aufgeführt werden.

Der Parufamet-Vertrag wird der Generalversammlung Anfang Januar 1926 vorgelegt und von ihr gebilligt, von der gleichen Generalversammlung, die das Engagement des Direktors Bausback bestätigt. Pommer zieht die Konsequenzen. Er bittet um augenblickliche Lösung seines Vertrages.

„Und was werden Sie tun?" will Dr. Bausback von Pommer wissen.

„Ich habe keine Ahnung!" erwidert dieser. Das entspricht der Wahrheit. Im letzten Augenblick kommen dem Aufsichtsrat doch Bedenken. Wenn Pommer zu einer Konkurrenzfirma geht – die UFA wäre ruiniert, wenn es überhaupt noch etwas an ihr zu ruinieren gäbe. Es ist vielleicht doch besser, Pommer zu halten.

Dr. Bausback muß also wohl oder übel wieder mit Pommer verhandeln.

Der lächelt grimmig: „Ich habe keine Lust mehr, mit Ihnen zu arbeiten. Aber ich weiß, wovor Sie Angst haben. Seien Sie beruhigt, ich gehe nicht zur Konkurrenz. Ich glaube, ich brauche Luftveränderung. Kalifornien hat ein gutes Klima."

Kaum ist Pommer aus der UFA ausgeschieden – er fährt am 10. Februar 1926 mit der „Mauretania" nach New York –, da erscheinen in verschiedenen Zeitungen sowohl in Berlin als auch in Leipzig, Hamburg und Köln Artikel, die die hohen Produktionskosten der Pommer-Filme bejammern. Die Schreiber dieser Artikel erweisen sich als außerordentlich gut informiert. Sie wissen über Vorfälle Bescheid, die eigentlich nur einige wenige Hochgestellte der UFA kennen können. Übrigens wird mit keinem Wort erwähnt, daß die teuren Pommer-Filme die einzigen waren, die außerhalb Deutschlands überhaupt gezeigt werden konnten und die vor allem auch einen überaus wichtigen internationalen Prestigegewinn für die UFA bedeuteten.

FAUST UND DIOTIMA

Etwa drei Monate vor der Uraufführung von „Metropolis" kommt „Faust" heraus. Emil Jannings könnte – wie Erich Pommer – längst in Hollywood sein. Er hat seit „Madame Dubarry" fast ununterbrochen amerikanische Angebote erhalten. Er hat sie alle abgelehnt, obwohl die Gagen, die man ihm bot, für deutsche, ja für europäische Begriffe astronomisch waren.

Warum? Genau weiß er es selbst nicht.

Er hat ein bißchen Angst. Er kann sich nicht recht vorstellen, wie das drüben sein wird. In Deutschland hat er sich durchgesetzt. Aber wenn es in Amerika nun nicht klappt? Was dann?

Auch Murnau hat seit dem „Letzten Mann" zahlreiche Angebote erhalten. Auch er zögert. Ihm geht es vor allen Dingen darum, Filme zu machen, wie er sie machen will. Was nützen ihm zehntausend, ja hunderttausend Dollar, wenn er irgendwelche Stoffe verfilmen muß, an die er nicht glaubt? An welche Stoffe glaubt er denn? Er ist durch den mißglückten „Tartuffe"-Film nicht entmutigt. Durchaus nicht. Warum soll man Klassiker nicht verfilmen?

Er bespricht sich mit Jannings. „Vielleicht hätten wir nicht gerade mit ‚Tartuffe' beginnen sollen . . . Dieses Lustspiel kann man schließlich auf der Bühne mindestens ebenso gut zeigen wie im Film!"

„Besser!" bemerkt Jannings trocken. Er macht sich selbst nie etwas vor.

„Aber es gibt auch andere klassische Dramen, die auf der Bühne niemals zu voller Wirkung gelangen können. Nehmen wir zum Beispiel den ‚Faust'. Die Szene der Verwandlung des alten in den jungen Faust läßt immer etwas zu wünschen übrig. Die Walpurgisnacht wirkt mehr lächerlich als überzeugend. All die Zaubereien des Mephisto schmecken ranzig. Man sieht, wie sie gemacht sind . . ."

„Da ist was dran", muß Jannings zugeben. „‚Faust' ist ein Drama, das man wohl besser lesen als sehen sollte."

„Nicht unbedingt. Vielleicht sollte man ‚Faust' nur nicht auf dem Theater sehen . . ."

Jannings glaubt nicht recht gehört zu haben. „Sie meinen, Murnau . . .?"

„Jawohl, ich denke, wir machen einen Faustfilm."

Carl Mayer lehnt entsetzt ab. „Faust ist doch ein alter Schinken! Da mache ich auf keinen Fall mit!"

Hans Kyser, ein Schriftsteller von gewissem Rang, ist bereit, unter Benutzung von Goethe, Marlowe, alten Puppenspielen und zahlreichen anderen Quellen einen Faustfilm zu schreiben.

Gerhart Hauptmann ist sogar bereit, die Zwischentitel zu dichten.

Den Mephisto soll – natürlich – Jannings spielen. Und die bekannte französische Diseuse Yvette Guilbert die Kupplerin Marthe Schwerdtlein.

Aber wer, um Gottes willen, soll im Faustfilm den Faust machen? Und wer das Gretchen? Insbesondere die zweite Frage scheint unlösbar. Hunderte von jungen Schauspielerinnen und solchen, die es werden wollen und nie werden können, machen Probeaufnahmen. Unter anderen auch, mit blonder Perücke, die Tänzerin Leni Riefenstahl. Schließlich wird die völlig unbekannte Camilla Horn erwählt, bis dahin Tänzerin in den intimen Revuen, die Rudolf Nelson am Berliner Kurfürstendamm aufführt, und gelegentlich Filmstatistin. Sie ist sehr schön. Eine Schauspielerin ist sie noch nicht. Und Faust? Wer kann den Faust spielen, der alt und jung zu gleicher Zeit sein muß, der ein Liebhaber ist und bedeutend wirken soll? Den Männern von der UFA

F. W. Murnau wagte sich 1926 an den „Faust"-Stoff, wobei er Goethes „Faust" und das alte Volksbuch miteinander verschmolz. *Oben:* Mephistopheles (Emil Jannings) schäkert mit der alten Kupplerin Marthe Schwerdtlein (Yvette Guilbert). *Unten links:* Für den Faust konnte der schwedische Schauspieler Gösta Ekman gewonnen werden. *Unten rechts:* Das Gretchen war die erste Rolle von Camilla Horn.

fällt niemand ein. Übrigens drängt sich auch kein Schauspieler danach, den Faust zu spielen. Denn jeder weiß, daß der Mephisto Jannings' den Faust an die Wand spielen wird. Ja, daß der Film vermutlich Mephisto heißen sollte und nicht Faust.

Jannings ist großartig. Der Faust des Schweden Gösta Ekman wird eine einzige Peinlichkeit. Ekman wirkt etwa wie ein Heldentenor ohne Stimme. Er ist glatt, gepflegt, ohne jede Bedeutung und genau das Gegenteil von dem, was man sich unter Faust vorstellt. Camilla Horn sieht reizend aus und spielt neckisch.

Murnau übertrifft sich manchmal selbst. Gewisse Szenen, besonders die märchenhaften, irrealen, wie etwa die Reise des Mephisto mit dem verjüngten Faust durch die Luft, wirken geradezu atemraubend. Dann wieder entgleist Murnau. Sein Osterspaziergang ist verfilmte Marlitt. Und das gilt nicht nur vom Osterspaziergang.

Der Faustfilm ist ein großer Film. Ein Film, der viel Geld kostet und der auch mit viel künstlerischem Ehrgeiz gemacht worden ist. Aber ein Erfolg wird er nicht. Das durchschnittliche Kinopublikum lehnt ihn ab, weil er – abgesehen von den Janningsszenen – tödlich langweilig ist. Die Gebildeten lehnen ihn ab, weil sie es für ein Sakrileg halten, den Faust zu verfilmen.

Bald darauf fährt Emil Jannings, von Lubitsch geholt, nach Amerika. Und Murnau folgt ihm auf dem Fuß. Keiner von beiden verläßt Deutschland gern.

Und was ist aus dem anderen, sozusagen metaphysischen Film der UFA geworden, dem „Heiligen Berg"? Jenem Film, dessen Außenaufnahmen so viele Unglücksfälle hervorriefen, daß die UFA ihn schließlich abblies? Die UFA hat nicht mit der Hauptdarstellerin gerechnet, mit Leni Riefenstahl, die einen dicken Schädel besitzt. Sie hat Blut geleckt. Jetzt aufgeben, da sie überhaupt erst begriffen hat, was filmen heißt? Sie versetzt ihren Schmuck. Sie fährt mit dem Kamera-Assistenten Benitz nach Montreux, um dort bestimmte Aufnahmen zu machen – es ist kein Tag zu verlieren, denn in diesen Szenen spielen blühende Narzissen eine große Rolle, und die blühen nur ein paar Wochen.

Die Aufnahmen gelingen. Als die UFA-Leute sie im Vorführungsraum sehen, sind sie begeistert. Vielleicht sollte man den Film doch zu Ende drehen? Aber das würde bedeuten, daß man noch ein halbes Jahr warten muß, bis wieder Schnee in den Bergen fällt; und daß man noch einmal tief in die Tasche greifen muß.

Die UFA greift noch einmal in die Tasche und wartet. Leni Riefenstahl tanzt wieder und wartet. Als Tänzerin ist sie berühmter denn je. Bei der UFA sagt man ihr, daß sie ein großer Filmstar werden kann. Aber sie fühlt sich nicht als Filmstar. Sie fühlt sich als Mitglied einer großen Familie, die einen Film macht. Mit Ungeduld zählt sie die Tage bis zum Herbst.

Diesmal gibt es auch keine Zwischenfälle mehr. Innerhalb weniger Wochen wird der Film abgedreht. Die Premiere findet Weihnachten 1926 im UFA-Palast am Zoo statt. Die Reklame verkündet, der Film sei „nach eineinhalbjähriger Arbeit in den Alpen fertiggestellt". Im Vorspann ist zu lesen: „Die Kunststücke der Bergsteiger sind keine Tricks, sondern echte Leistungen." Bravo! Während der Film läuft, wird spontan geklatscht, freilich auch gelacht, besonders bei den Zwischentiteln, die manchmal hart am Rand des Kitsches sind.

Alles in allem ein Riesenerfolg. Das beweisen schon die Anzeigen einen Tag nach der Premiere: „Um dem Unwesen der Billetthändler zu steuern, hat sich die UFA entschlossen, einen Vorverkauf numerierter Karten zu Originalpreisen für sieben Tage im voraus für den ‚Heiligen Berg' einzurichten." Der Film wird ein Geschäft.

Auch „Metropolis" wird noch ein Riesenerfolg, zumindest ein gewaltiger Prestigegewinn für die UFA, allerdings ein teuer erkaufter: Allein eine halbe Million wurde für Dekoration und Beleuchtung ausgegeben, und über hundertfünfzig Schauspieler wirkten mit, nicht zu sprechen von der riesigen Komparserie, von den Kindern, Japanern, Chinesen und Negern. Rund 500.000 Meter Negativ wurden verbraucht. Der Film kommt übrigens erst Anfang 1927, also nach dem „Heiligen Berg", im Berliner UFA-Palast am Zoo heraus. Große Auffahrt. Berittene Polizei, die die Zufahrtsstraßen absperrt. Die Damen in Abendkleidern, die Herren in Frack und Smoking. Fast die gesamte Regierung ist erschienen, sogar der alte Reichspräsident von Hindenburg; er sitzt in der Ehrenloge und wird nachher ein paar lobende Worte sprechen, obwohl böswillige Zuschauer behaupten, er habe während der Vorstellung gerade bei den besten Stellen in seinem Sessel sanft geschlummert. Jedenfalls hat ihn der Film stark beeindruckt.

Als Brigitte Helm und Fritz Lang vor den Vorhang treten, toben die Menschen eine gute halbe Stunde. Ein besonderer Triumph für Fritz Lang ist der Erfolg des Filmes in Amerika. Denn eigentlich wollten die Amerikaner „Metropolis" zuerst nicht übernehmen. Aber dann stellt sich heraus, daß Fritz Langs Film nicht nur fast amerikanisch, sondern amerikanischer ist als die allermeisten amerikanischen Filme.

GEFAHR AUS DEM OSTEN

Kaum hat sich die UFA mit den Millionen aus Hollywood saniert – oder glaubt wenigstens, sich saniert zu haben –, da taucht eine neue Gefahr auf. Aus dem Osten.

Natürlich wußte man in der deutschen Filmindustrie, daß auch in der Sowjetunion Filme hergestellt wurden. Das kostete die Direktoren und den Generaldirektor, den Aufsichtsratsvorsitzenden und die Geldgeber kaum ein Lächeln. Rußland hungert! Rußland verhungert! In Rußland laufen die Leute ohne Schuhe und Strümpfe herum! Was können die schon an anständigen Filmen produzieren!

Da kommt „Panzerkreuzer Potemkin" heraus. Er läuft in einem ehemaligen Varieté-Theater in der unteren Friedrichstraße in Berlin an, in einer typisch „schlechten" Gegend, dort, wohin sich kaum das zahlungskräftige Publikum verirrt. Es handelt sich nicht einmal um ein richtiges Kino, die Filmpaläste sind auf Monate, wenn nicht Jahre hinaus mit Programmen versorgt, mit deutschen und amerikanischen Spitzenfilmen, vor allem natürlich mit den Erzeugnissen der Parufamet. Die Direktoren der Filmpaläste würden den russischen Film auch nicht gespielt haben, wenn sie Termine frei hätten. Warum sollten sie? Dabei kann doch nichts Vernünftiges herauskommen!

Und dies ist, was dabei herauskommt und was sich über Nacht in Berlin herumspricht: „In der unteren Friedrichstraße läuft ein toller Film!" Und: „Den muß man gesehen haben!" Und: „Kommunistische Propaganda? Schon möglich . . . Aber was für ein Film!"

Übrigens ist der Regisseur des Films, Sergej M. Eisenstein, kein Kommunist. Als er bald nach seinem großen Erfolg in Moskau von einem deutschen Journalisten interviewt wird, stellt er das ausdrücklich fest: „Die Partei ist für die Arbeiter da!"

Die Handlung des „Panzerkreuzer Potemkin" spielt sich innerhalb weniger Stunden ab. Zeit der Handlung: Der russisch-japanische Krieg 1904. Ort der Handlung: Der russische Panzerkreuzer „Potemkin". Dort kommt es zu einer Revolte der Matrosen, die keine Lust mehr haben, verdorbenes Fleisch zu essen und unter unmenschlichen Bedingungen zu schuften. Der Kommandant, flankiert von seinen korrupten, bösen und naturgemäß reaktionären Offizieren, will die Meuternden standrechtlich erschießen lassen. Schon stehen sie vor den Gewehren derer, die nur auf das Kommando warten, um abzudrücken. Das Kommando kommt, aber sie drücken nicht ab. Plötzlich dämmert es denen vom Liquidationskommando: Sie sollen auf ihre Brüder schie-

ßen. *Nun gehen sie zu ihnen über. Die Revolte an Bord des Panzerkreuzers ist ausgebrochen. Die Offiziere werden über Bord geworfen. Die Revolutionäre übernehmen das Kommando.*

Der Panzerkreuzer läuft den Hafen von Odessa an. Und sofort spricht es sich in der Stadt herum: Die vom „Potemkin" haben revoltiert! Die gesamte Bevölkerung eilt nun zum Hafen. Viele aus Sensationsgier, viele, weil sie im Herzen mit den revoltierenden Matrosen sympathisieren, weil sie auch sie genug haben von der Willkürherrschaft des Zaren und seiner Clique.

Aber noch ist es zu früh. Noch verfügt das Regime über genügend Machtmittel, zu verhindern, daß aus der Revolte eine Revolution wird. Plötzlich erscheinen die Kosaken: Hünen in hellen Uniformblusen, die zu zwanzig oder zu dreißig nebeneinander hermarschieren und bei jedem zehnten Schritt in die Menge schießen. Sie ziehen durch die Stadt, sie schreiten die riesige Treppe zum Hafen hinunter wie Roboter, ohne Gefühl, ohne Reaktion auf das, was sie sehen, wie hypnotisiert von dem Befehl, den Hafen zu säubern.

Panik. Alles flüchtet. Jeder versucht, sich zu retten. Niemand vermag sich zu retten. Unaussprechliche Szenen der Verzweiflung spielen sich ab. Eine Mutter wird zu Tode getroffen; der Kinderwagen, den sie eben noch vor sich herschob, rollt jetzt in irrem Tempo die Riesentreppe hinunter. Ein junger Mann versucht, mit den Kosaken zu reden – wird über den Haufen geschossen. Eine alte Frau wird von der Menge zertrampelt. – Von den Fliehenden oder den Verfolgern?

Die Revolte an Land ist niedergemetzelt, noch bevor sie in Gang kam. Nun sollen die vom Panzerkreuzer „Potemkin" zur Rechenschaft gezogen werden, von Kriegsschiffen des Zaren, die bereits zu diesem Zweck ausgelaufen sind und den Hafen von Odessa umstellt haben. Aber in letzter Minute geschieht ein Wunder. Die auf den „Potemkin" gerichteten Schiffskanonen schießen nicht. Das Schiff mit den Revolutionären gewinnt die hohe See, verschwindet sozusagen ins Nichts, eine Art „Fliegender Holländer" der Revolution, die erst viele Jahre später ausbrechen wird . . .

Dies der Inhalt. Er kann die Wirkung des Films kaum andeuten. Die Wirkung . . . Worin eigentlich liegt die Wirkung? Sie liegt darin, daß man in dem Film etwas sieht, was man eigentlich noch nie gesehen hat, weder im Film noch auf dem Theater noch in der Wirklichkeit, nämlich: wie eine Revolution entsteht; wie aus dem Nichts plötzlich eine Volksbewegung wird; wie eine Macht, eben noch unbezwinglich, ja unangreifbar und unverwundbar, sozusagen wie ein Kartenhaus zusammenbricht – durch nichts als einen Windstoß; wie ein Tropfen das Faß zum Überlaufen bringt. Zweimal wird das gezeigt: einmal, als die bereits verlorenen Meuterer auf dem „Potemkin" plötzlich Sieger werden; zum zweiten Mal, als die geruhsamen Einwohner von Odessa plötzlich begreifen, daß auch sie genug haben von der Gewaltherrschaft des Zaren, daß sie handeln müssen, wenn sie jemals das Joch der Fron abschütteln wollen, daß sie den Empörern um jeden Preis beistehen müssen.

Die Hauptwirkung des „Panzerkreuzer Potemkin" ist eine politische. Der „Panzerkreuzer Potemkin" ist der erste große politische Film unserer Zeit.

Der erste, der das begreift, ist ein junger Mann namens Joseph Goebbels, Mitglied einer noch kleinen, unbedeutenden Partei, die den Kampf gegen den Kommunismus auf ihr Banner geschrieben hat. Er ist gerade nach Berlin gekommen, zu irgendeiner „Führerbesprechung" – nach Berlin, um das er in wenigen Jahren einen Kampf führen wird, das er zu gleicher Zeit liebt und haßt – liebt, weil die Stadt ihm imponiert; haßt, weil er weiß, daß er sie nie wirklich besiegen kann. Der junge Propagandist Joseph Goebbels also sitzt in einer Nachmittagsvorstellung des „Panzerkreuzer Potemkin" und ist tief erschüttert. Solche Filme müßte man machen! denkt er, und er denkt es nicht nur, er sagt es auch. Er erklärt im kleinen Kreise, daß dieser Film ein Meisterwerk ist und daß, wenn die Partei einmal an der Macht wäre, sie solche Filme herstellen lassen müsse. Ach, er weiß nicht, daß man „solche" Filme nicht herstellen lassen kann, daß es eines großen Künstlers bedarf, ein solches Werk zu konzipieren und zu schaffen – und auch später, als Goebbels allmächtiger Propagandaminister ist und immer wieder davon redet, es müsse nun endlich ein deutscher „Potemkin" entstehen, bleibt es bei dem Gerede: es entsteht kein deutscher „Panzerkreuzer Potemkin", weil es im ganzen Dritten Reich nicht einen einzigen Regisseur gibt, der ihn schaffen könnte. Immerhin zeugt es von Mut, daß Goebbels immer wieder von dem großen russischen Film spricht, als kleiner Propagandist, der kaum das Geld aufbringen kann, sich eine Kinokarte zu kaufen, und als Propagandaminister mit Millionen hinter sich: denn der Mann, der den „Panzerkreuzer Potemkin" geschaffen hat, ist einer, dem der Nationalsozialismus jede Fähigkeit, ein künstlerisches Werk zu schaffen, rundweg abspricht.

Sergej M. Eisenstein ist nämlich Jude.

Seit Ernst Lubitsch, seit Joe May, seit Mauritz Stiller und D. W. Griffith und Cecil B. de Mille, um zwei große Hollywood-Regisseure zu nennen, ist der Regisseur die entscheidende Persönlichkeit für das Gelingen oder Mißlingen eines Films. Von niemandem gilt das mehr als dem Russen Sergej M. Eisenstein. Jene anderen Regisseure – alle Filmregisseure – haben Schauspieler zur Verfügung, die im Mittelpunkt ihrer Filme stehen, schlechte und gute Schauspieler für große und kleine Rollen. Auch Eisenstein hat ein paar gute Schauspieler, aber im „Panzerkreuzer Potemkin" gibt es keine großen Rollen, es gibt niemanden, der im Mittelpunkt der Handlung stünde und sich austoben könnte. Das Besondere der Handlung will es, daß die meisten Figuren nur für Augenblicke vor der Kamera erscheinen. Es kommt also alles auf den Mann an, der die Episoden nahtlos verbindet, der aus der Unzahl von kleinen Szenen ein Ganzes, eine optische Symphonie, macht.

Was ist es, das Eisensteins Film so spannend, so erregend, so – zumindest für die damalige Zeit – einmalig macht? Es ist sein Verzicht auf Schminke – in Wirklichkeit und im übertragenen Sinne. Er zeigt die Gesichter seiner Menschen, wie die Gesichter der Menschen sind. Man sieht die Poren in der Haut, man sieht die Bartstoppeln, die Schweißtropfen. Die Augen sehen uns an. Die Menschen sehen uns an. Mehr tun sie nicht. Da gibt es kein „großes Spiel", da gibt es keine Gesten. Man hat nicht das Gefühl, gestellte Szenen zu sehen, sondern Wochenschauaufnahmen. Eisensteins Fähigkeit ist, sein Publikum vergessen zu lassen, daß es Theaterpublikum ist. Die Zuschauer meinen, einem historischen Ereignis beizuwohnen, nicht einer Szene, die gestellt worden ist.

Dies ist auch der Grund für die Begeisterung von Joseph Goebbels, dies ist auch der Grund für die Innenminister von Bayern und von Württemberg, den „Panzerkreuzer Potemkin" in ihren Ländern zu verbieten. Im Gegensatz zum jungen Goebbels, der sich als Revolutionär vorkommt, wünschen sie alles andere, als daß die erregten Massen auf den Gedanken kämen, es den Matrosen in Eisensteins Film nachzumachen. Das Verbot bedeutet unbezahlbare Reklame. Und da dieses Verbot ganz illegal ist, hebt die Filmoberprüfstelle es auf. Bayern und Württemberg erklären nunmehr, die öffentliche Sicherheit sei gefährdet, wenn der Film gezeigt würde, und halten das Verbot aufrecht. Die öffentliche Sicherheit gefährdet durch einen Film! denkt der junge Goebbels. Das muß ich mir merken! Und er merkt es sich und wird fünf Jahre später eine seiner größten Propagandaaktionen starten, indem er mit weißen Mäusen gegen einen Film vorgeht.

DIE UFA PLEITE?

Schon wenige Monate nach der Gründung der Parufamet ist es klar: Die UFA ist nicht saniert, die UFA befindet sich in einer katastrophaleren Lage als je zuvor. Die UFA ist im Begriff, erdrosselt zu werden. Man kann sich ausrechnen, wie lange es dauern wird, bis sie ihre Pforten schließen muß. Zumindest Herr von Stauß kann es sich ausrechnen. Er ist ja schließlich Bankier, und der ob seiner Ruhe und Überlegenheit in geschäftlichen Fragen vielgerühmte Mann wird zum ersten Mal in seinem Leben von Panik erfaßt. Er sieht sich schon angeprangert als Verräter, der die UFA an die Amerikaner auslieferte. Was werden die Zeitungen über ihn schreiben? Was wird der Aufsichtsrat der Deutschen Bank über ihn sagen?

Herr von Stauß begibt sich auf Reisen. Er verhandelt in Frankfurt, Köln, Düsseldorf, München. Er versucht, die Schwerindustrie für die UFA zu interessieren. Die Schwerindustrie ist denkbar uninteressiert. Die I.G.-Farben zeigen vorübergehend Interesse, sagen aber im letzten Moment wieder ab. Herr von Stauß eilt verzweifelt in die Wilhelmstraße. Kann die Regierung nicht vielleicht einspringen . . .?

Verhandlungen mit dem Reichswirtschaftsministerium. Wieviel braucht Herr von Stauß? Er braucht die vier Millionen Dollar, also rund siebzehn Millionen Reichsmark, die er den Amerikanern schuldet. Man handelt ihn auf fünfzehn Millionen herunter. Das Reichswirtschaftsministerium wäre bereit, der UFA einen Kredit von fünfzehn Millionen einzuräumen, allerdings nur unter gewissen Bedingungen. Die Verhandlungen ziehen sich hin. Endlich ist es soweit, daß der Vertrag unter Dach und Fach gebracht werden kann.

Just einen Tag vorher tritt die Reichsregierung zurück. Der Reichswirtschaftsminister, der unterschreiben wollte, ist nur noch ein Reichswirtschaftsminister a. D. Der neue Minister denkt nicht mehr daran, einen Vertrag zu unterschreiben, den sein Vorgänger geschlossen hat. Alles, was sein Vorgänger aus dem anderen Kabinett getan hat, ist, natürlich, verkehrt gewesen. Herr von Stauß wird bei Ullstein vorstellig, dem größten Zeitungs- und Buchverlag Europas. Die fünf Brüder Ullstein, die mit der „Berliner Illustrierten", der „BZ am Mittag", der „Praktischen Berlinerin", den „Ullstein-Schnittmustern" und den „Ullstein-Büchern" Vermögen verdienen, könnten die UFA wieder auf die Beine stellen. Aber sie wollen nicht. Dr. Bausback wendet sich an den Verlag Mosse, der das „Berliner Tageblatt" herausgibt. Mosse winkt ab. Warum soll er sein gutes Geld schlechtem Geld nachwerfen?

Alle diese Verhandlungen werden geheim geführt. Zwar ist es ein offenes Geheimnis, daß die Tage der UFA gezählt sind. Aber über offene Geheimnisse spricht man nicht, zumindest nicht offen. Und dann spricht es einer doch offen aus. Er sagt: „Niemand wird die UFA kaufen! Die UFA ist doch restlos pleite! Daran ist kein Zweifel!"

Er sagt es in einer Gesellschaft, er sagt es in einer Aufsichtsratssitzung, er sagt es im bekannten Restaurant Kempinski. Er sagt es so laut, daß es jeder hören kann. Er sagt es mit stark sächsischem Akzent.

Er – das ist ein mittelgroßer, etwas rundlicher Herr mit blondem, sorgfältig gescheiteltem Haar, das schon etwas dünn wird – mit einer dunklen Hornbrille, ein Mann, der sehr solide aussieht und vielleicht ein wenig spießig. Er heißt Ludwig Klitzsch. Klitzsch ist Direktor des Scherlverlages, bei dem bedeutende Zeitungen, unter anderem der „Lokal-Anzeiger" und die „Nachtausgabe", erscheinen. Und Klitzsch ist seit langem am Film interessiert.

Um es genau zu sagen: eigentlich war es Klitzsch, der Herrn von Stauß zur Gründung der UFA getrieben hatte. Klitzsch, vor dem Weltkrieg Propagandafachmann in einem Leipziger Zeitungsverlag, hatte Anfang 1916 in einem Vortrag vor hohen Offizieren, Beamten und Vertretern der Wirtschaft die Gründung einer Propagandastelle vorgeschlagen, die mit Filmen, aber auch mit anderen Mitteln im Ausland für deutsche Produkte werben sollte. Er wurde dann Chef einer solchen Stelle, der Deutschen Lichtspiel-Gesellschaft, DLG genannt, die hauptsächlich auf dem Balkan große Erfolge hatte. Der Direktor der Deutschen Bank, Emil Georg Stauß, dem die deutschen Ölinteressen damals besonders am Herzen lagen, war schon aus diesem Grunde an allem interessiert, was sich auf dem Balkan abspielte. Und als er begriff, daß die DLG nichts anderes war als eine getarnte Propagandazentrale der Schwerindustrie, begann sie ihm auf die Nerven zu gehen, und er suchte nach einem Weg, ihr Konkurrenz zu machen und sie vom Balkan zu vertreiben.

Das alles ist nun rund zehn Jahre her. Damals hat Stauß die UFA gegründet, um die DLG zu bekämpfen. Aber die UFA, die ursprünglich auch eine Propagandawaffe sein sollte, wurde eine große Filmgesellschaft. Und jetzt, zehn Jahre später, schickt Herr von Stauß seinen Direktor Bausback zu Ludwig Klitzsch in den Scherlverlag, um ihn zur Rede zu stellen, weil er schlecht über die UFA gesprochen hat. Erregte Unterhaltung zwischen Dr. Bausback und Ludwig Klitzsch. Das heißt, nur Dr. Bausback regt sich auf. Scherl-Direktor Klitzsch bleibt ganz ruhig.

„Sie erzählen in der ganzen Stadt herum, daß die UFA pleite ist!"

„In der ganzen Stadt? Das ist wohl etwas übertrieben . . ."

„Wie kommen Sie denn überhaupt dazu, so etwas zu sagen?"

„Ist denn die UFA nicht pleite?"

„Natürlich nicht!"

„Nanu! Aber um so besser!"

„Ich werde es Ihnen beweisen!"

„Ich glaube es Ihnen ja!"

Wie kann Dr. Bausback beweisen, daß die UFA im Geld schwimmt?
Er macht Direktor Klitzsch ein Angebot. Dem Scherlverlag angegliedert ist nämlich die Deulig AG, die nichts anderes ist als unsere gute alte Bekannte, die DLG, und die sich im wesentlichen auf die Herstellung von Wochenschauen beschränkt.

„Ich bin bereit, die Deulig zu kaufen!" sagt Dr. Bausback zu Klitzsch.

„Was Sie nicht sagen!" antwortet dieser in seinem besten Sächsisch. Jedenfalls macht das Angebot nicht den geringsten Eindruck auf ihn. Er weiß ja: Bausback kann die Deulig nicht kaufen.

Das Gespräch verläuft im Sande.

Als Herr von Stauß hört, daß Dr. Bausback sich erboten hat, die Deulig AG zu kaufen – natürlich nur, um Verlagsdirektor Klitzsch zu bluffen –, hat er den Einfall seines Lebens. Wenn schon die UFA nicht die Deulig AG kaufen kann, warum sollte die Deulig nicht die UFA kaufen? Oder besser: Warum sollte Klitzsch, warum sollte Scherl nicht die UFA kaufen? Natürlich kann der Direktor des Scherlverlages die UFA nicht kaufen. Aber hinter Klitzsch steht ein anderer, und der könnte es. Dieser Mann ist einer der heimlichen Könige Deutschlands, wenn nicht Europas: Alfred Hugenberg.

Um diese Zeit ist Alfred Hugenberg bereits sechzig Jahre alt, ein kleiner Mann, eher schmal, mit weißen Haaren, die ganz kurz geschnitten sind und bürstenartig emporstehen, einer Brille, einem komischen Schnurrbart. Eigentlich ist alles ein wenig komisch an diesem Mann. Nur er selbst ist nicht komisch. Aber dieser Hugenberg ist eine Figur, die, erfände sie der Autor eines Films, vom Publikum als „unwahrscheinlich" verworfen werden würde.

Dieser kleine, putzige Mann, der angezogen ist, als müsse er eine Familie von fünf Köpfen mit dem Gehalt eines zweiten Buchhalters ernähren, hat vermutlich zwanzig Seelen in seiner Brust. In seiner frühesten Jugend wollte er Dichter werden, war Dichter, schrieb dieses und jenes, und seine Oden waren recht gewagt, ja erotisch! Während des Studiums verkehrte er mit Frank Wedekind und anderen Künstlern, Schriftstellern und Malern, die samt und sonders anti-bürgerlich waren. Und war doch selbst ein Bürger, war der spießigsten einer. Ein gescheiter Jurist, ein hervorragender Bankmann, ein begnadeter Organisator, ein Mann mit fast untrüglichem Instinkt für Politik. Alles in allem: ein Genie. Er baute aus dem Nichts ein Riesenreich und wurde schuldig daran, daß Deutschland später in die Hände Hitlers fiel . . .

Hugenberg studierte Jura, war mit fünfunddreißig Jahren Bankdirektor in Posen, wurde Vortragender Rat im Preußischen Finanzministerium, verließ den Staatsdienst und übernahm die Leitung der Berg- und Metall-Bank in Frankfurt am Main. Damals, er war Anfang vierzig, kam er durch seine Stellung dauernd in engsten Kontakt mit den Ruhrindustriellen. Er lernte Krupp von Bohlen kennen, der ihn knapp zwei Jahre später zum Vorsitzenden des Direktoriums der Kruppwerke machte. Die meisten hätten sich mit dieser einmaligen Stellung begnügt. Aber für Hugenberg war sie nichts als ein Mittel zum Zweck, als die Position, von der aus er Deutschland zu erobern gedachte. Direktor bei Krupp, das bedeutete Einblick in die geheimsten Geheimnisse der Ruhrindustrien. Das bedeutete ungeheure Beziehungen. Das bedeutete die Möglichkeit, sich in wenigen Jahren ein riesiges Vermögen zu schaffen. Und bedeutete: Macht.

Noch während des Krieges kaufte Hugenberg den Berliner Scherlverlag auf, holte sich Ludwig Klitzsch, auf den er durch jene Rede Anfang 1916 aufmerksam geworden war, und machte ihn zum Generaldirektor. Und mit dem Scherlverlag als Kernstück errichtete Hugenberg seinen eigenen Hugenberg-Konzern, der ihn zum mächtigsten Mann in Deutschland machte.

Daß der Krieg verloren war, wußte er früher als die anderen. Das bedeutete für ihn nicht Feindschaft zu denen, die ihn verloren hatten. Im Gegenteil: Hugenberg war Konservativer, also Gegner der Republik, war Monarchist, der den Kaiser unter allen Umständen wieder auf den Thron zurückbringen wollte. Und natürlich war er gegen alle politischen Parteien, die die Macht der Schwerindustrie in Frage stellen konnten. Infolgedessen half er beim Aufbau der Deutschnationalen Volkspartei, ließ sich in die Nationalversammlung und später in den Reichstag wählen. Politik wurde seine große Leidenschaft, aber auch jetzt vermied er es, große Reden zu halten, und beschränkte sich auf die Arbeit hinter den Kulissen. Denn Hugenberg liebte das Scheinwerferlicht der Öffentlichkeit nicht. Er blieb am liebsten im Schatten.

Er bleibt es auch jetzt. Klitzsch berichtet von dem Angebot des Herrn von Stauß. Ist Hugenberg daran interessiert, die UFA zu kaufen? Klitzsch kann nicht zu dem Geschäft raten, denn es ist kein Geschäft. Hugenberg ist trotzdem interessiert. Klarer als die Ullsteins oder Mosse erkennt er, daß eine große Filmgesellschaft, ähnlich einem

Zeitungsverlag, eine Waffe ist, mit der man Einfluß gewinnt. Klarer als seine Zeitungskonkurrenten begreift er, wie wichtig dieser Einfluß einmal werden kann; daß eine Zeit heraufkommen wird, in der Sein oder Nichtsein von der Größe des Einflusses abhängen.

Als sich Hugenberg entschließt, die UFA zu kaufen, denkt er wohl noch nicht daran, daß ein Mann namens Adolf Hitler, Chef einer kleinen, durch und durch korrupten und insolventen Partei, ihn und seine Stellung einmal bedrohen und die liberalen Ullsteins und Mosse vernichten könnte.

Hugenberg ist entschlossen, die UFA zu kaufen. Aber das weiß vorläufig nicht einmal Klitzsch. Hugenberg, der geschickteste und gerissenste Verhandler, weiß, daß der Preis der UFA sehr viel höher sein würde, wenn die Gegenseite ahnte, daß er entschlossen ist zu kaufen.

Zuerst läßt er die Bücher der UFA prüfen. Der UFA? Die UFA ist ja nur die Dachgesellschaft für zahllose kleinere und größere Gesellschaften. Ein ganzes Heer von Buchprüfern ist nötig, um Klarheit über den wahren Stand der Dinge bei der UFA zu schaffen. Hugenberg braucht nicht viel Phantasie, um sich vorzustellen, was die Buchprüfer finden werden. Aber je länger kontrolliert und geprüft wird, je länger er zögert, um so schlechter werden die Nerven derer, die verkaufen wollen, verkaufen müssen. Um so günstiger wird der Preis. Klitzsch eröffnet die Verhandlungen, indem er ohne viel Umschweife erklärt, daß er selbst nicht die geringste Lust habe, sich an der UFA die Finger zu verbrennen. „Aber Sie kennen ja Herrn Dr. Hugenberg! Sie wissen, daß er ein national denkender Mann ist. Und er sieht es als seine nationale Pflicht an, alles zu tun, damit die Amerikaner die größte deutsche Filmgesellschaft nicht völlig in die Hand bekommen!" Die Worte „nationale Pflicht" sind gefallen. Sie werden noch oft fallen. Freilich: mit der „nationalen Pflicht" ist das so eine Sache. Hugenberg ist bereit, seine „nationale Pflicht" zu tun, aber zu viel Geld darf diese Pflicht nicht kosten.

„Sie können die UFA für 74,500.000 Mark haben!" erklärt Herr von Stauß. „Das ist kein Preis für das, was Sie bekommen!"

Ludwig Klitzsch macht eine Bewegung, als wollte er sich erheben: „Das ist viel zuviel!" erklärt er.

Sind die Verhandlungen gescheitert? Nein, sie beginnen erst. Sie dauern insgesamt zwei Wochen. Das Problem des Herrn von Stauß: Wie soll er dem Aufsichtsrat der Deutschen Bank klarmachen, daß die Deutsche Bank Millionen und aber Millionen bei der UFA verlieren wird?

Das Problem des Direktors Klitzsch: Wie kann er die von der Pleite bedrohte UFA möglichst billig ramschen?

Herr von Stauß ist im Nachteil: er muß verkaufen. Klitzsch ist im Vorteil: er muß nicht kaufen. Er redet zwar immer von seiner „nationalen Pflicht", aber jeder weiß: Hugenberg wird kaufen, wenn ihm der Preis günstig erscheint, Hugenberg wird nicht kaufen, wenn Stauß mit dem Preis nicht heruntergeht.

Klitzsch klagt: „Rund hundertzwanzig Millionen haben die Amerikaner über die Parufamet bereits aus Deutschland herausgeholt!" Aber: „Herr Dr. Hugenberg betrachtet es als seine nationale Pflicht, zu verhindern, daß das so weitergeht!" fügt Klitzsch würdevoll hinzu.

„Dann soll er die UFA kaufen!" bemerkt Herr von Stauß erbittert.

„Sie können nicht verlangen, daß Herr Dr. Hugenberg sich ruiniert!"

Und schließlich kommt es, wie es kommen muß. Hugenberg erhält die UFA für 27,750.000 Mark. Und nur rund die Hälfte muß bar eingezahlt werden.

Die Deutsche Bank, die mehr als fünfundzwanzig Millionen in die UFA gesteckt hat, bekommt knapp elf Millionen Mark zurück – und die auch nicht etwa in bar, sondern in Form von Genußscheinen, die sich verzinsen. Sie bleibt also weiterhin am Geschäft beteiligt – und somit auch – das ist der Pferdefuß – am Risiko.

Übrigens zahlt Hugenberg keineswegs mit eigenem Gelde. Er selbst steckt nur drei Millionen in das Unternehmen. Dafür bekommt er allerdings Aktien mit zwölffachem Stimmrecht – und besitzt so die absolute Majorität.

Der Vertrag wird am 21. April 1927 perfekt. Hugenberg wird Aufsichtsratsvorsitzender, Klitzsch wird Mitglied des Aufsichtsrats und als solcher in die Geschäftsleitung delegiert, später Generaldirektor.

Ein neuer Wind weht. Das „Haus Vaterland" am Potsdamer Platz, eines der wertvollsten Grundstücke der UFA, wird verkauft. Die Direktoren der UFA müssen ihre luxuriösen Büros verlassen und andere, weniger elegante Arbeitsräume in der Kochstraße beziehen – in einem Haus, das aussieht wie irgendein anderes Haus. Die UFA ist wie ein reicher Mann, der sein Vermögen verloren hat und vom Vorderhaus in das Hinterhaus umsiedeln muß.

Eine neue Epoche beginnt. Die UFA wird einen gewaltigen wirtschaftlichen Aufschwung nehmen. Trotzdem: etwas ist zu Ende gegangen, etwas ist unwiederbringlich verloren. Das Besondere, das Einmalige. Die UFA war bisher ein großes Abenteuer. Jetzt wird sie ein solides Geschäftsunternehmen. Das hört sich an, als wollte man sagen: Was bis jetzt geschah, muß unter dem Sammelbegriff Jugendtorheiten abgebucht werden; was bis jetzt geschah, sollte besser vergessen werden . . . Ach, wenn es so einfach wäre! Gewiß, die UFA war bisher kein seriöses Unternehmen – wenigstens nicht, was Buchhalter und Buchprüfer unter seriös verstehen. Gewiß, es wurden Fehler begangen, es wurde viel Geld hinausgeworfen, es geschahen gelegentlich sogar Dinge, die mit gutem Grund strafrechtlich verfolgt werden konnten. Wo immer Klitzsch etwas tiefer in die Mysterien der UFA-Geschäfte eindringt, findet er Korruption oder doch zumindest massenhaft Beispiele für eine recht problematische Geschäftsethik. Er stellt fest, daß gewisse Leute viel zu hoch bezahlt wurden, und auch, warum sie so hoch bezahlt wurden. Sie mußten nämlich von ihren Gehältern Prozente abgeben – an diejenigen, die sie bezahlt hatten. Er findet heraus, daß gewisse Leute ihr Gehalt zweimal einsteckten, daß unzählige Prozesse gegen die UFA liefen und daß die UFA sie wahrscheinlich alle verlieren würde.

Ja, die Männer, die verantwortlich waren für das, was die UFA geworden war – eine Gesellschaft, die große und künstlerisch bedeutende Filme herstellt, die Davidson, Pommer, von den Joe May, Ernst Lubitsch, Fritz Lang gar nicht zu reden, waren wohl in des Wortes strengster Bedeutung keine seriösen Kaufleute gewesen. Aber sie waren etwas anderes. Sie waren besessen. Sie glaubten an den Film. Sie waren bereit, dem Film alles zu opfern – ihre Zeit, ihre Gesundheit, ihr Leben. Sie konnten nicht ohne Film leben. Und der Film konnte nicht ohne sie leben.

Zumindest galt das für die Jahre vor 1927. Der deutsche Film wäre niemals so groß geworden, wären seine Geschicke von Beginn an von seriösen Männern wie Hugenberg und Klitzsch gesteuert worden. Denn sie hätten den Film, der in den Kinderschuhen steckte, nicht ernst genommen, und sie hätten recht daran getan. Der Film war nicht ernst zu nehmen, solange er in den Kinderschuhen steckte. Aber er brauchte am Anfang Liebe, wie ein Kind Liebe braucht, das viel zu schwach fürs Leben ist. Der Film brauchte die Begeisterungsfähigkeit der Menschen, die mit ihm groß wurden, die ihn groß machten; er brauchte die Besessenen, die das Abenteuer liebten.

Nun also ist er gewissermaßen großjährig geworden. Nun treten die Besessenen ab, und an ihrer Stelle erscheinen die seriösen Kaufleute, die vernünftige Verträge machen, diese vernünftig einhalten und die dafür sorgen, daß Budgets aufgestellt und nicht überschritten werden. Erinnern wir uns noch des kleinen Paul Davidson, der mit Gardinen groß wurde und der, wann immer er ein Filmatelier betrat, sofort auf

30

Alfred Hugenberg *(rechts)*, als Besitzer des Hugenberg-Konzerns, zu dem auch der Scherlverlag gehört, der mächtigste Mann in Deutschland, kauft 1927 die UFA. Sein Verlagsdirektor Ludwig Klitzsch wird Generaldirektor des Filmunternehmens. *Unten:* Klitzsch (Mitte) auf der Hochzeit von Willy Fritsch mit Dinah Grace (rechts) 1937 in Berlin. Links Lilian Harvey.

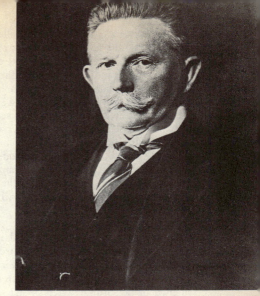

die Kulissenfenster zueilte, um festzustellen, ob die Gardinen sachgemäß angefertigt und aufgehängt waren? Paul Davidson hatte Asta Nielsen nach Deutschland gebracht, hatte die Negri gemacht, Lubitsch gemacht – und viele andere. Er war ein Produzent der alten Schule. Er begnügte sich nicht damit, vor einem mächtigen Schreibtisch zu sitzen und die Dinge auf sich zukommen zu lassen, möglichst per Telefon. Er wollte immer mitten drin in den Dingen sein. Er war so filmwütig, daß er nachts nicht schlafen konnte. Oder er wachte mitten in der Nacht auf und hatte plötzlich eine Idee.

Eine Idee? Die Idee! Obwohl es ein oder zwei Uhr morgens war, stürzte er zum Telefon, um Lubitsch anzurufen, und Lubitsch war nicht etwa ungehalten über die nächtliche Störung. Er fing Feuer. Er war ganz begeistert. Er rief ins Telefon: „Das muß ich sofort Jannings sagen!"

Und er rief Jannings an.

Auch der äußerte keinerlei Befremden darüber, daß man ihn aus dem besten Schlaf geholt hatte. Wenn Lubitsch so aufgeregt telefonierte, dann mußte es wohl etwas besonders Wichtiges sein!

Lubitsch sagte: „In einer halben Stunde treffen wir uns bei Davidson!" Und in einer halben Stunde trafen sie sich dort. Sie hatten schnell Hose und Jackett über den Pyjama gezogen, sie waren unausgeschlafen und unrasiert, ihr Haar blieb wirr und zerzaust. Sie saßen um den Tisch herum und besprachen die neueste Idee Davidsons. Frau Davidson, die natürlich auch geweckt wurde, braute Kaffee und machte Brote zurecht, und plötzlich war die Nacht vorbei, der Tag graute, und keiner fühlte sich müde. Alle hatten das Gefühl, etwas geschafft zu haben.

Dann ging Lubitsch nach Amerika. Davidson war untröstlich darüber. Hundertmal sagte er mit bitterem Tone zu Jannings: „Lubitsch hat mich verraten!"

Lubitsch hatte Davidson natürlich nicht verraten. Er ging nach Amerika, weil er dort größere Chancen sah. Aber Davidson, der mit Recht Lubitsch als sein Geschöpf ansah, hatte nun niemanden mehr, mit dem er nächtelang diskutieren konnte.

Davidson konnte das nicht verwinden. Er sah düster in die Zukunft. Als er Jannings im Atelier besuchte, während er den Film „Nju" drehte, meinte er: „Ich weiß nicht, wie das werden soll . . ." Und immer wieder: „Ich weiß nicht, wie das werden soll!" Jannings war erstaunt. Hatte Davidson Sorgen? Er, der so viele Jahre große Gelder verdiente? Nein, Davidson hat keine Geldsorgen. Es geht ihm gut. Er könnte sich zur Ruhe setzen. Aber das ist es ja gerade: er will sich nicht

zur Ruhe setzen! Er hat tausend Ideen, die er ausführen möchte. Aber
seitdem Lubitsch fort ist, kann er sie nicht mehr ausführen. Das einzige
Instrument, auf dem er spielen kann, ist seiner Hand entrissen.
Anfang 1927, also noch bevor das Regime Hugenberg-Klitzsch
beginnt, erklärt er plötzlich, er wolle aus der UFA ausscheiden.
Jedenfalls wird das später gesagt. Aber, was mußte geschehen, um den
Mann, der für den Film, im Film lebt, zu einer solchen Erklärung zu
bringen? Vielleicht haben die Herren von Stauß und Bausback ihm
gegenüber ähnliche Erklärungen fallen lassen wie in den Unterhaltungen mit Erich Pommer. Jedenfalls wird es nicht an Winken gefehlt
haben.
Und das macht Davidson innerlich fertig. Bei der geringsten Erregung
bekommt er Herzschmerzen, und der Schweiß rinnt ihm in Strömen
über Gesicht und Rücken. Er ist unglücklich, weil er einsam ist. Bei
der UFA nimmt man zur Kenntnis, daß Davidson gehen will.
Niemand versucht den Mann, der dem deutschen Film Weltgeltung
verschaffte, zu halten. Er ist nicht mehr nötig. Man braucht ihn nicht
mehr. Und er verschwindet.
Am 11. Juni 1927 erhängt er sich an einem Bettpfosten in seinem
Sanatoriumszimmer auf dem Weißen Hirsch. Keine Zeitung erwähnt
das. Erst am 18. Juli – also fünf Wochen später – bringt der
„Börsenkurier" als einziges Blatt die Notiz: „Wie wir erst heute
erfahren, verstarb Paul Davidson an einem Herzschlag!"
Nur wenige Eingeweihte kennen die Wahrheit. Die Männer, die mehr
wissen, die wissen, wer Davidson gewesen ist, Ernst Lubitsch und
Emil Jannings, erfahren das Furchtbare in Hollywood und sind von
der Nachricht tief erschüttert.

Der Mann der Stunde ist Ludwig Klitzsch oder wie er bald allgemein
in der UFA genannt wird: „König Ludwig". Er steht vor einer
schweren Aufgabe. Er soll die UFA sanieren. Er soll das Unternehmen
unter allen Umständen rentabel machen.
Er entschließt sich, Tochtergesellschaften, die sich als unrentabel
erwiesen haben, abzustoßen oder zu liquidieren. Er zentralisiert die
Leitung in großen Arbeitsgruppen, führt tägliche Direktionssitzungen
ein, kündigt überflüssigem Personal – und hat eine ungewöhnlich
scharfe Nase dafür, wer überflüssig ist. Er weiß auch, wen er braucht.
Und er denkt nicht daran, die Gehälter derer, die für die UFA wichtig
sind, zu beschneiden. Im Gegenteil. Er kann in solchen Fällen sehr
großzügig sein. Nur in einem Punkte ist er gar nicht großzügig: er
erklärt, daß ein Film auch nicht eine Mark mehr kosten darf, als er der

ursprünglichen Kalkulation zufolge kosten soll. Und er sieht auch keinen Grund dafür ein, warum die UFA, wie bisher, anderen Filmgesellschaften Aufträge zur Herstellung von Filmen erteilen soll. Es ist ja klar, daß keine Firma ohne Profit arbeitet. Diesen Profit kann die UFA selbst einstecken. „In zwei, drei Jahren werden wir nur noch UFA-Filme herstellen!" erklärt Generaldirektor Klitzsch. Und es wird sich zeigen, daß er damit nicht zuviel gesagt hat.

Er sagt überhaupt nicht zuviel. Er sagt eher zuwenig – zumindest wenn man den Leuten glauben darf, die seit Jahren in der UFA sitzen und deren Schicksal nunmehr von ihm abhängt. Am Anfang glauben sie, leichtes Spiel zu haben – nur allzu leichtes Spiel. Denn zwei Dinge sind sofort klar:

Erstens: Ludwig Klitzsch hat nicht allzuviel Zeit für die UFA. Er kann nur über die Hälfte des Tages verfügen. Er bleibt nämlich Generaldirektor bei Scherl. Er muß weiter dafür sorgen, daß der riesige Zeitungsverlag auf Touren läuft, eine Aufgabe, die früher seine ganze Zeit in Anspruch genommen hat.

Zweitens: Er versteht nicht viel vom Film. Er weiß nicht, ob ein Film gut ist oder schlecht. Er weiß nicht einmal, ob man aus einem Drehbuch einen guten Film machen kann. Er hat nur eine laienhafte Vorstellung von dem Können der Schauspieler und Schauspielerinnen. Das einzige Gebiet, auf dem er wirklich als Fachmann gelten kann, ist die Propaganda, und er ist ein großartiger Geschäftsmann.

Und dann kommt der Tag, da er befriedigt feststellen kann: die UFA wird allgemein als seriöses Unternehmen anerkannt. Sie zahlt ihre Rechnungen auf den Tag. Es gibt keine Wechsel mehr, von denen niemand weiß, wann und wie sie bezahlt werden. Infolgedessen hat die UFA wieder Kredit. Wieder? Eigentlich zum ersten Mal. Denn mit Ausnahme der Deutschen Bank des Herrn von Stauß hat keine Bank in Deutschland jemals viel Vertrauen zur UFA gehabt. Eine Filmgesellschaft – das war in den Augen der Bankiers etwas Unseriöses. Mit einer Filmgesellschaft machte man keine Geschäfte! Wie konnte man auch, da eine solche Firma einigen Schauspielern für ein paar Wochen, in denen sie Faxen machten, wahre Vermögen zahlte! Jetzt ist das alles anders. „Wenn Klitzsch diesen Leuten für einen einzigen Film, für ein paar Wochen Arbeit große Gelder oder kleine Vermögen zahlt, wird er schon wissen, was er tut!" sagen nachdenklich die Herren Bankiers. Und er weiß, was er tut! Er arbeitet sich unglaublich schnell in das Filmgeschäft ein, bringt es fertig, daß – allerdings nach enormen Abschreibungen – schon die erste Bilanz der UFA aktiv wird. Und sie bleibt in den nächsten Jahren aktiv, obwohl gerade die nächsten Jahre eine Revolution bringen werden, die das gesamte Filmgeschäft gefährdet. Noch während Klitzsch dabei ist, die UFA zu konsolidieren, experimentiert man in Amerika bereits mit einer ganz neuen Art Film: dem Tonfilm. Seinen wichtigsten Mitarbeiter holt sich Klitzsch erst noch in die UFA. Das ist Ernst Hugo Corell.

Ernst Hugo Corell ist ein großer, breiter Herr mit dunklem Haar und rötlichem Schnurrbart. Er ist ein Herr, im Gegensatz zum biederen Klitzsch und dem possierlichen Hugenberg. Er sieht ausgezeichnet aus. Er hat die besten Manieren. Seine Mitarbeiter, die ihn jahrelang kennen, können sich nicht entsinnen, daß er auch nur ein einziges Mal eine in der Filmbranche so beliebte Szene gemacht hat. Warum auch? Er kann leise und bestimmt ganz genau dasselbe sagen, was die anderen herausbrüllen müssen. Er kann eine Entscheidung mit der gleichen Selbstverständlichkeit treffen, während er geruhsam hinter seinem Schreibtisch sitzt, andere aber wie wütende Löwen in ihren Arbeitszimmern auf und ab stapfen.

Ernst Hugo Corell kommt aus dem Elsaß, wo er in einer kleinen Stadt Amtsanwalt war. Nach menschlicher Voraussicht wäre er auch Beamter geblieben, hätte sich vermutlich hinaufgedient, wäre früher oder später Staatsanwalt in einer großen deutschen Stadt geworden. Es kam anders. Rein zufällig geschah es, daß Corell sich gelegentlich mit Filmen beschäftigen mußte. Der Vater besaß nämlich zahlreiche Grundstücke in der kleinen Stadt, in der die Familie lebte, und auf dem einen stand ein Kino. Und da der Besitzer nicht immer pünktlich seine Miete zahlte, stellte sich Corell die Frage, wie vertrauenswürdig ein Mann war, der mit Filmen zu tun hatte, und kam, zumindest fürs erste, zu keinem sehr erfreulichen Ergebnis.

Nach der Niederlage von 1918 fiel das Elsaß wieder an Frankreich zurück. Die Familie Corell, die sich Deutschland verbunden fühlte, mußte auswandern. Natürlich hatte der Amtsanwalt als Beamter das Recht auf eine gleichwertige Stelle irgendwo in Deutschland. Aber er begriff bald, daß die „Brüder aus dem Elsaß" in Deutschland durchaus nicht populär waren. Sie waren eben – Flüchtlinge. Man ließ sie es überall spüren. Und Corell spürte es sehr stark, fühlte sich unglücklich im Amt und beschloß, sich nach etwas anderem umzusehen.

Nach etwas anderem? Was hatte er denn gelernt mit Ausnahme der Juristerei? Nun, er hatte ein wenig in den Film hineingerochen. Das war eine neue Industrie. Eigentlich konnte man noch nicht von einer Filmindustrie sprechen, bei gutem Willen von einer Filmbranche.

Corell kam in der Filmbranche unter und wurde schließlich Direktor einer Firma, die sich Phöbus-Film AG. nannte.

Das war eine der vielen Filmgesellschaften, die damals in Deutschland aus dem Boden schossen. Woher das Geld dazu kam, blieb unklar. Später ergab es sich, daß ein gewisser Kapitän zur See Lohmann Geld in das Unternehmen gesteckt hatte aus einem Geheimfonds, der eigentlich zu anderen Zwecken bestimmt war, nämlich zur Finanzierung der nach dem Versailler Vertrag verbotenen Spionage. Auch der Name des damals offiziell noch nicht mit der Spionage verbundenen Korvettenkapitäns Wilhelm Canaris fiel. Nur wenig sickerte durch, denn die Männer um Lohmann hielten dicht. Aber es darf als wahrscheinlich angenommen werden, daß Lohmann das Geld in die Phöbus-Film steckte, um es zu verdoppeln, zu verdreifachen, zu verzehnfachen. Er hielt diese Anlage für eine „todsichere Sache". Und es darf auch als sicher angesehen werden, daß Lohmann und Canaris nicht für sich selbst spekulierten, sondern eben, um aus den relativ geringfügigen Mitteln, die ihnen zur Verfügung standen, Millionenbeträge machen und die verbotene Spionage groß aufziehen zu können. Die Spekulation mißglückte. Die Phöbus, weit davon entfernt, zu florieren und, wie es die geheimen Geldgeber gehofft hatten, gewaltige Gewinne abzuwerfen, war bald verschuldet, mußte ihre Zahlungen einstellen. Es kam zu dem berühmten „Phöbus"-Skandal – mit sensationellen Veröffentlichungen in der Presse, mit peinlichen, enthüllenden Debatten im Reichstag.

Es stellte sich heraus, daß das Reichswehrministerium der Phöbus Geld auf allerlei Umwegen hatte zugehen lassen: über eine dritte Firma, die Aktiengesellschaft Lignose, die ihrerseits Heereslieferungsverträge hatte. Ferner sorgten die Herren in der Bendlerstraße dafür, daß die Phöbus Einfuhrkontingente für ausländische Filme bekam, damals so gut wie bares Geld – und dies war ein höchst problematisches Geschäft, abgewickelt über das Reichswirtschaftsministerium. Schließlich beauftragte man die Phöbus, einige Marinefilme zu drehen, atemraubende Werke, die dann niemand spielen wollte, wie: „Stapellauf und Probefahrt der ‚Barbara'". Oder: „Besuch des Linienschiffes ‚Hessen' in Danzig". Der Reichsrat geriet ob der Enthüllungen in gewaltige Aufregung. Die Linke tobte, die Rechte schwieg betroffen. Es spricht für Corell, daß er, Direktor der Phöbus-Filmgesellschaft, der allerdings zur Zeit der Enthüllungen schon bei der UFA war, von diesem ganzen Skandal völlig unberührt blieb, daß auch die schärfsten Gegner und Kritiker der dunklen Phöbus-Transaktion Lohmanns ihn nicht angriffen. Ja, daß er, der bis zu seinem Eintritt in die Phöbus-Film AG. mit Filmen nichts zu tun hatte und als Jurist auch von Filmen nichts zu verstehen brauchte, sehr schnell als ein guter

36

Filmmann galt, als einer, der etwas verstand und auf dessen gesundes Urteil man sich verlassen konnte. Diesen Mann holte sich Klitzsch und machte ihn zum Produktionschef der neuen UFA. Das war die Stellung, die früher Pommer innegehabt hatte. Und schon der Vergleich mit diesem besten deutschen Filmproduzenten müßte für Ernst Hugo Corell tödlich sein.

Er war es nicht. Denn Corell war eben eine große Persönlichkeit. Er steckte sicher nicht voll von neuen Ideen wie der kleine Davidson, er war kein Mann, der, wie Pommer, Schauspieler und Regisseure entdeckte, kein Produzent von umwerfender künstlerischer Begabung, von Genie ganz zu schweigen; aber ein glänzender Organisator, ein vorzüglicher Jurist, ein liebenswürdiger Unterhändler, einer, dessen Persönlichkeit Probleme, die unlösbar schienen, nur dadurch, daß er sie formulierte, daß er die Dinge beim Namen nannte, in allgemeines Wohlgefallen auflöste.

Corell war genau der Mann, den Klitzsch und Hugenberg brauchten: einer, der zu repräsentieren verstand, der einen gewissen Sinn für Qualität hatte und wußte – viel besser, als Klitzsch es wußte –, daß gute Filme ein Prestigegewinn sind. Und Prestige war, auch wenn die Buchhalter es nicht in die Bilanz einsetzen konnten, gerade für eine Filmgesellschaft der Jahre damals unendlich wertvoll und nötig.

Klitzsch verwandelte die UFA in ein solides Geschäftsunternehmen. Corell gab der UFA ein neues Gesicht, eine neue Gestalt.

ENTSCHEIDENDE VERHANDLUNGEN

Als Klitzsch abriet, die UFA zu kaufen, war der Hauptgrund für seinen Pessimismus das Bestehen der Parufamet und jenes Ende 1925 abgeschlossenen Vertrages, der die UFA verpflichtete, jährlich vierzig amerikanische Filme nach Deutschland einzuführen, und es den amerikanischen Firmen ermöglichte, astronomische Beträge aus Deutschland herauszuholen.

Das gefiel dem Chef der Reichsbank Hjalmar Schacht wenig und bedrückte das nationale Gewissen Hugenbergs. Warum sollten die Amerikaner diese Millionenbeträge aus dem Land holen? Warum nicht er, Hugenberg? Das war nicht nur vom nationalen Standpunkt aus wünschenswert, das war auch ein glänzendes Geschäft.

Voraussetzung für dieses Geschäft war natürlich, daß man es den Amerikanern abjagte. Und es war nur logisch, daß Klitzsch es als seine erste Aufgabe betrachtete, die Parufamet zu torpedieren und den Vertrag zu lösen, der es den Amerikanern erlaubte, so viel Geld aus Deutschland zu ziehen.

Besprechungen innerhalb der UFA-Direktion, Besprechungen mit den Anwälten der UFA jagen einander.

„Die Mühe hätten Sie sich sparen können", sagt Corell, der ja schließlich ein alter Jurist ist. „Es wird nichts dabei herauskommen. Wir müssen uns klar darüber sein: Der Vertrag, der die UFA an die Amerikaner bindet, ist auf Jahre hinaus nicht zu kündigen!"

Schlimmer noch: „Der Vertrag ist auch nicht zu umgehen", äußert Klitzsch. „Aus einem Vertrag kommt immer nur der Stärkere heraus und nicht der Schwächere!"

Klitzsch und Corell studieren die Statistiken, und es ergibt sich, daß die UFA, verglichen mit dem Goliath der amerikanischen Filmindustrie, nur ein David und dabei noch ein sehr kranker David ist. Nicht nur, daß die Vereinigten Staaten von Nordamerika rund doppelt so viel Einwohner haben wie Deutschland: es gibt in Nordamerika über 22.500 Kinos, während es in Deutschland nur 3600 gibt. Das Verhältnis Deutschland – Amerika ist also nicht 1:2, sondern 1:6. Das Verhältnis ist noch schlechter, weil amerikanische Filme auf der ganzen Welt gespielt werden; der deutsche Film hat bisher nur mit einigen großen Filmen, die Lubitsch, Lang, Berger, Murnau, aber auch Joe May und Oswald gemacht haben, den Weltmarkt erobert.

Die Quintessenz faßt Klitzsch in folgenden Worten zusammen, die er dem Aufsichtsrat der UFA mit starkem sächsischem Akzent vorträgt: „Die Amerikaner können uns aushungern! Die Amerikaner können zusehen, daß die Parufamet pleite geht. Die paar Millionen Dollar, die sie dabei verlieren, spüren sie gar nicht. Die UFA kann es sich gar nicht erlauben, zu warten. Sie kann es sich nicht erlauben, Prozesse zu führen, die wir übrigens höchstwahrscheinlich verlieren würden. Das wenigstens meint Corell. Die Situation ist bedenklich, um nicht zu sagen aussichtslos!"

„Was wollen Sie tun?" fragt Hugenberg.

„Ich werde nach Amerika fahren und mit den Leuten reden!" antwortet Klitzsch.

Ende April 1927 hat er sein Amt angetreten. Drei Monate später – am 15. Juli – schifft er sich nach New York ein.

In New York mißt man 36 Grad Celsius im Schatten. Manhattan kocht. Die Amerikaner laufen in Hemdsärmeln herum. In allen Büros, in allen Geschäften, Restaurants, Theatern, Kinos, Hotels gehen die Ventilatoren auf Hochtouren. Wer es irgendwie schaffen kann, hat die Stadt verlassen. Die reichen Leute sind nach Europa gefahren oder leben auf ihren Landsitzen auf Long Island, wo von der See her eine frische Brise weht. Die Wallstreet ist wie stets um diese Jahreszeit verödet.

Ludwig Klitzsch hat mit diesem Stand der Dinge nicht gerechnet. Er und seine Begleiter – er hat einen juristischen Sachverständigen mitgenommen und zwei Herren aus der Buchhaltung – sitzen im Hotel Plaza an der Fifth Avenue gegenüber dem Central Park und schwitzen. Die UFA-Leute sind Geschäftsleute der alten Schule. Sie legen auf korrektes Äußeres Wert. Sie tragen dunkle Anzüge und hohe steife Kragen zu Konferenzen. Sie würden nicht daran denken, sich ihrer Jacketts zu entledigen oder auch nur einen Kragenknopf zu öffnen. So was gehört sich nicht – und schon gar nicht, wenn man ein Unternehmen wie die UFA im Ausland vertritt.

Die Partie scheint, schon bevor sie begonnen hat, für die Deutschen verloren. Das furchtbare Wetter, die Abwesenheit der Filmgewaltigen, ihre Unlust, im August Geschäfte zu tätigen – das alles fällt gegen Klitzsch ins Gewicht. Und was hat er denn anzubieten? Überhaupt nichts!

Aber er ist viel zu gescheit, um zu bitten. Er ist viel zu gescheit, um sich in die Karten sehen zu lassen. Genaugenommen hat er gar keine Karten, zumindest keine Trümpfe. Genaugenommen gibt es auch gar kein Geheimnis, das er den Amerikanern vorenthalten könnte. Aber gerade diese einmalig ungünstige Situation verwandelt sich für die UFA ins Gegenteil.

Der Zar des amerikanischen Films, William H. Hays, der als Chef einer Art Selbstkontrolle über allen Filmgesellschaften schwebt und von ihren Direktoren gefürchtet wird – er kann durch sein Veto jedes Filmvorhaben zunichte machen –, gibt ein großes Essen für Klitzsch auf dem Dachgarten des Astor Hotels am Times Square. Es ist eine Riesenaffäre mit dreihundert Personen, darunter vielen Journalisten. Die Anwesenheit der Journalisten hat einen tieferen Grund. Natürlich stürzen sie sich auf Klitzsch, um ihn zu fragen, warum er nach Amerika gekommen ist. Interessiert es wirklich ihre Zeitungen, warum der Generaldirektor einer Filmgesellschaft, die das große amerikanische Publikum nicht einmal dem Namen nach kennt, nach New York gekommen ist und was er hier zu tun beabsichtigt? Es interessiert sie nicht im geringsten. Aber die Filmgewaltigen, von denen nur wenige auf dem Dachgarten des Hotel Astor sitzen, sind um so begieriger,

Klitzschs Absichten kennenzulernen. Sie halten es für ausgeschlossen, daß der Generaldirektor der UFA ohne eine geheime Waffe nach New York gekommen ist, ohne ein Druckmittel, das seine Partner zur Lösung des Vertrages nötigen würde. Sie zerbrechen sich den Kopf, welche Waffe der UFA-Chef Klitzsch in seinem Smoking verborgen hält.

Der Draht spielt zwischen Berlin und New York. Man will alles über Klitzsch erfahren. Der Name Hugenberg taucht auf. Über den weiß man zumindest in der Wallstreet Bescheid – und nun glauben die Filmgewaltigen, die Situation zu erkennen. Hugenberg ist, das haben sie erfahren, einer der mächtigsten Männer in Deutschland. Hugenberg war der Direktor der Kruppwerke, ist der Chef eines riesigen Zeitungskonzerns. Hugenberg hat also sicher die besten Beziehungen zur deutschen Regierung. Und Hugenberg wird, so vermutet man, in Berlin auf eine Änderung der Gesetze über Filmeinfuhr drängen.

Klitzsch ahnt nichts von allen diesen Vermutungen, die über ihn und seine Mission umherschwirren. Er gibt sich ganz natürlich. Er sagt, daß der bestehende Parufamet-Vertrag die UFA ruiniert und daß, wenn die UFA ihre Tore schließe, auch die Parufamet automatisch erledigt sei. Also halte er es auch im Interesse der Metro-Goldwyn-Mayer und der Paramount für das Richtigste, wenn nun der Vertrag gelöst werde. Die Amerikaner lächeln überlegen. Sie bewundern Klitzsch, den gescheiten Verhandler. Er hat sicher eine tödliche Waffe in der Tasche. Er braucht nur an Hugenberg zu telegrafieren, und die deutsche Regierung wird durch irgendein nagelneues Gesetz die Einfuhr amerikanischer Filme stoppen! Denken sie. Aber Klitzsch ist viel zu gescheit, denken sie, um dies auch nur zu erwähnen. Er weiß, daß ein Schwert à la Damokles, das über Hollywood hängt, wirkungsvoller ist als eines, mit dem man zustößt. Zustoßen kann man nur einmal.

So denken die Filmgewaltigen auf dem Astor-Dachgarten und diejenigen, die sich haben entschuldigen lassen und auf Long Island oder in Hollywood der kommenden Ereignisse harren.

Bei dem großen Essen wird von alledem nicht gesprochen. Es werden nur einige bombastische und nichtssagende Reden gehalten. Hays läßt den deutschen Film hochleben, Klitzsch den amerikanischen Film. Hays äußert einiges über „deutsche Kunst", Klitzsch etwas über „internationale Zusammenarbeit". Schließlich läßt er sogar das Wort „reciprocity" fallen. Zu deutsch heißt das: „Gegenseitigkeit".

Klitzschs Englisch ist weit davon entfernt, perfekt zu sein, um so mehr, als er es mit starkem sächsischem Akzent spricht. Das Wort

„reciprocity" versteht keiner der Anwesenden, als er es in seiner Rede zum ersten Male ausspricht.

„Was hat er gesagt?" fragen sich die Gäste und Reporter. „Was hat er gesagt?"

Als erster versteht Hays. Ist der Mann aus Deutschland verrückt geworden? Glaubt er wirklich, daß man in Amerika für jeden amerikanischen Film, der in Deutschland läuft, einen deutschen Film aufführen wird? Ist es das, was die deutsche Regierung durch diesen Mann erzwingen will?

Mehr Tischreden. Mehr Toaste. Mehr Eiswasser wird hinuntergestürzt, damit in der unerträglich heißen Sommernacht auf dem Dachgarten mehr geschwitzt werden kann. In den nächsten Tagen Beratungen der Filmgewaltigen. Dann wird Klitzsch in das Haus von Marcus Loew eingeladen, des eigentlichen Chefs der Metro-Goldwyn-Mayer, des Gewaltigsten aller amerikanischen Filmgewaltigen.

In das Haus? Marcus Loew bewohnt kein Haus. Er besitzt einen Palast inmitten eines riesigen Parks mit Schwimmbassin, Tennisplätzen und einer eigenen Hafenanlage, von wo ihn sein privates Motorboot in kürzester Frist über den Sund von Long Island und den East River in die Nähe seines Büros in der Wallstreet bringen kann.

Klitzsch ist von allem dem beeindruckt. Marcus Loew ist wiederum von Klitzsch beeindruckt. Er findet, daß der deutsche Generaldirektor eigentlich ein sehr vernünftiger Mann ist. Klitzsch ist also gekommen, um einer unhaltbaren Situation ein Ende zu machen? Er tat gut daran! Er droht nicht, er setzt nur auseinander, daß es so nicht weitergehen kann. Das ist das Beste, was er tun kann. Denn mit Drohungen wäre ein Marcus Loew nicht einzuschüchtern. Das deutsche Geschäft spielt für ihn, der die Aktienmajorität der größten Filmgesellschaft der Welt besitzt und etwa fünfundzwanzig Prozent sämtlicher amerikanischer Kinopaläste kontrolliert, überhaupt keine Rolle. Übrigens ist er ein alter und kranker Mann und wird nicht mehr lange leben. Aber er begreift, daß es für die Filmindustrie im ganzen nicht gut sein kann, wenn die größte Filmfirma eines großen Landes wie Deutschland ausfällt.

Im Namen der Metro-Goldwyn-Mayer verspricht Marcus Loew dem Generaldirektor Klitzsch, den Parufamet-Vertrag zu lösen. Ein Mann – ein Wort. In drei Tagen ist alles erledigt. Wäre alles erledigt, wenn . . . Aber da ist noch die Paramount, der zweite Vertragspartner. Die Verhandlungen mit der Paramount gestalten sich ungleich schwieriger. Denn hier hat es Klitzsch nicht mit einem Partner zu tun, sondern mit sechs oder sieben Direktoren. Und diese sechs oder sieben

Direktoren haben alle den gleichen Verdacht: Der alte Loew ist sicherlich nicht von dem Parufamet-Vertrag zurückgetreten, ohne etwas dafür zu erhalten, und wenn Klitzsch das versichert, dann schwindelt er eben. Ohne Zweifel existiert ein Geheimvertrag zwischen Klitzsch und Loew mit dem einen Ziel: die Paramount soll aus dem deutschen Geschäft gestoßen werden.

Vergebens versichert Klitzsch: „Es besteht kein Geheimvertrag! Es besteht überhaupt kein Vertrag, meine Herren. Mr. Loew hat mich freigegeben. Wir haben uns die Hände geschüttelt – und das ist alles!"

Die Verhandlungen ziehen und ziehen sich hin. Die Paramount sagt, die erste Vorbedingung zur Lösung eines Kontraktes sei – selbstverständlich – die Rückzahlung des Geldes, das sie in die UFA gesteckt habe, der Hälfte von vier Millionen Dollar, also von rund neun Millionen Mark.

„Wir werden das Geld zurückzahlen", erklärt Klitzsch, „aber nicht sofort."

„Sie glauben doch nicht ernstlich, daß wir Sie aus dem Vertrag lassen, bevor das Geld auf dem Tisch liegt!"

„Wir haben das Geld nicht . . ."

„Mr. Loew wird es Ihnen vorstrecken."

„Wie käme er dazu?"

„Dann wird es Ihnen die deutsche Regierung leihen."

„Die UFA ist ein Privatunternehmen."

„Herr Hugenberg besitzt, wie man uns informiert hat, die besten Beziehungen zur deutschen Regierung!"

Jetzt hat Klitzsch genug. Er steht auf: „Die ‚Columbus' hat heute im New Yorker Hafen festgemacht. Sie fährt morgen nach Bremen zurück. Ich habe Kabinen belegt. Adieu, meine Herren!"

Generaldirektor Ludwig Klitzsch ist entschlossen, nach Deutschland zurückzukehren. Er sieht die amerikanische Situation als völlig verfahren und aussichtslos an. Er wird Hugenberg raten, die UFA zu liquidieren. Ohne UFA gibt es keine Parufamet mehr. Man kann ja dann aus den Trümmern der UFA vielleicht eine neue Filmgesellschaft aufbauen.

Die Amerikaner glauben nicht einen Augenblick daran, daß Klitzsch wirklich abfahren will. Sie erwarten, daß er telefonieren wird, morgen oder spätestens übermorgen. Dann wird man weiter verhandeln. Aber sicher ist sicher. Eine Sekretärin wird abkommandiert, um sich beim Empfangschef des Hotels Plaza zu erkundigen. Ihrem erschütterten

Chef teilt sie daraufhin mit: „Es stimmt! Die deutschen Herren reisen ab!"

Panik bei der Paramount.

„Klitzsch hat also nicht geblufft! Und was kann man jetzt noch tun?" Das Ei des Kolumbus wird ausgebrütet: Einer der Paramount-Direktoren wird ebenfalls mit der „Columbus" nach Europa fahren. So ganz zufällig. So ganz zufällig wird er ins Gespräch mit Klitzsch kommen. Die „Columbus" braucht sechs Tage bis Bremen. In sechs Tagen wird man sich bei einigem guten Willen geeinigt haben.

Der Paramount-Direktor eilt nach Hause, um das Nötigste zu packen. Eine Stunde später Anruf der bewußten Sekretärin: „Haben Sie schon die Abendzeitung gelesen, Sir?"

„Nein. Was gibt es? Reden Sie schon!"

Wieder einmal hat das Leben einen Einfall gehabt, der verrückter ist als der verrückteste Einfall eines Filmautors.

Die Sekretärin: „Sie reisen morgen nicht auf der ‚Columbus'. Die ‚Columbus' fährt nämlich gar nicht. Es hat sich herausgestellt, daß sie eine Schiffsschraube verloren hat. Die Reparatur wird voraussichtlich drei oder vier Tage dauern."

Zur gleichen Zeit liest Klitzsch die Abendzeitungen und erfährt von der Sache mit der Schiffsschraube. Er ist ärgerlich. Er hat schon so viel Zeit verloren! Gibt es denn kein anderes Schiff in den nächsten Tagen? Nein, es gibt kein anderes schnelles Schiff in den nächsten Tagen! Dann muß er also warten. Aber wenn er auch vier Wochen warten müßte, zur Paramount wird Klitzsch nicht mehr gehen. Er betrachtet die Verhandlungen als abgeschlossen.

Er geht nicht zur Paramount. Aber die Paramount kommt zu ihm. Da die Amerikaner wissen, daß es ihm ernst mit der Abreise war, dringen sie nun ihrerseits auf Erledigung des ganzen Komplexes. Was in Wochen nicht gelungen ist, wird in wenigen Tagen zustande gebracht. Zwar erreicht es Klitzsch nicht, ganz aus dem Parufamet-Vertrag herauszukommen. Aber immerhin braucht die UFA nicht fünfundsiebzig Prozent ihrer Spielzeiten den Parufamet-Filmen zur Verfügung zu stellen, sondern nur noch fünfzig Prozent, und auch diese fünfzig Prozent werden später auf 33,3 Prozent heruntergedrückt.

Entscheidend: Die UFA muß ihre Filme nicht mehr durch Parufamet verleihen lassen, sondern darf es durch ihren eigenen UFA-Verleih tun. Dafür erklärt sich Klitzsch bereit, die vier Millionen Dollar in Raten zurückzuzahlen.

Der Parufamet-Vertrag soll nach zwölf Jahren, also Ende August 1939, ablaufen. Aber die Parufamet lebt nicht mehr so lange. Sie geht an Schwindsucht zugrunde, daran, daß Klitzsch immer wieder neue Konferenzen anberaumen, immer wieder neue „Milderungen" fordern und auf seine ruhige, joviale, fast bescheidene Art durchsetzen wird. Er bleibt ohne viel Pathos, ohne ein einziges Mal seine Stimme zu erheben, Sieger auf der ganzen Linie. Und die UFA ist durch ihn schließlich gerettet.

ZWEITER TEIL

DIE ARRIVIERTEN UND DIE TONFILMREVOLUTION

ZWISCHENSPIEL IN HOLLYWOOD

Der Würgegriff Hollywoods ist gelöst. Trotzdem bleibt Hollywood nach wie vor die große Gefahr für die UFA und den deutschen Film überhaupt, denn Hollywood kann mehr zahlen. Hollywood bietet auch in vielen Fällen die größeren künstlerischen Möglichkeiten. Also dauernde Abwanderung der deutschen Stars nach Hollywood. Und das Tempo dieser Abwanderung zieht noch an, als in Berlin Sparmaßnahmen durchgeführt werden.

Genaugenommen hat die Abwanderung der Talente direkt nach dem Krieg begonnen, nach den ersten großen Filmen von Ernst Lubitsch. Pola Negri, der Star dieser ersten großen UFA-Filme, ist längst ein Star der Paramount geworden. Sie bezieht gigantische Gagen. Eine ihrer Jahreseinnahmen könnte die UFA sanieren. Aber sie selbst muß immer wieder saniert werden, denn sie bekommt es fertig, diese Gagen restlos auszugeben für Märchenschlösser in Hollywood oder an der Riviera – und für die dazugehörigen schönen Märchenprinzen.

Auch Lubitsch verdient Unsummen in Hollywood und ist viel erfolgreicher als die Negri. Er galt bereits als der erste Regisseur der Massen. Ihn interessieren aber nicht mehr die „gigantischen" Filme. Eine seltsame Wandlung ist mit ihm vorgegangen. Er, dessen Filme Millionen an Baukosten verschlangen, sucht nach Stoffen, die in ein paar Zimmern gedreht werden können. Es entstehen, was man drüben „sophisticated comedies" nennt, Komödien der Verfeinerung, der unterdrückten, abgeblendeten, geradezu weggeworfenen Wirkungen. Lubitsch hat gelernt, daß Andeutungen stärker wirken können als Ausspielen. Er benutzt die Kamera, nicht nur um darzustellen, sondern auch um zu kommentieren, als Waffe, mit der man ficht. Er, der Tausende von Statisten umherzujagen vermochte, wird der Welt erster Regisseur, weil er das Publikum mit zwei, drei Schauspielern fesselt, denen er fast alles wegnimmt. Sie sagen fast nichts, aber wir ahnen, was sie sagen wollen, was sie denken. Die Frau richtet dem Mann die Krawatte, und wir wissen: die gestrige Nacht haben die beiden zusammen verbracht. Oder ein Mann tritt zu einer Frau ins Schlafzimmer, die Tür schließt sich sozusagen vor unserer Nase. Aber die Stille sagt uns, was hinter der Tür vorgeht.

Ja, Lubitsch wird groß, aber er bleibt doch der Alte: einfach, jovial, durch und durch europäisch – eigentlich durch und durch berlinerisch. Er hat es sogar abgelehnt, amerikanischer Staatsbürger zu werden. Auch Jannings ist in Hollywood eingetroffen und F. W. Murnau. William Fox hat Murnau persönlich nach Hollywood geholt, obwohl der Regisseur fast unmögliche Bedingungen stellte. Nicht, was das Finanzielle angeht. Das interessiert Murnau nicht so sehr. Aber er hat freie Themenwahl verlangt, und daß jede künstlerische Zensur unterbleibe. Das hat es überhaupt noch nicht gegeben. Außerdem: was verstehen die Europäer schon vom amerikanischen Film?

Das Schlimmste: Murnau bringt Carl Mayer mit, den Mann, der „Caligari" schrieb und den „Letzten Mann".

Aber seit dem Mißerfolg von „Tartuffe" pflegten die Direktoren mit den dicken Zigarren zu sagen, wenn er einen neuen Stoff vorschlug: „Was Sie da erzählen, Herr Mayer, ist alles gut und schön, und in Berlin würde der Film auch sicher Erfolg haben! Oder sagen wir – am Kurfürstendamm. Aber der Kurfürstendamm ist nicht Deutschland! Und ob die Leute in Gießen und Görlitz darauf versessen sind, etwas zu sehen, was sie nicht verstehen – und, unter uns gesagt, wir verstehen es auch nicht –, das wagen wir zu bezweifeln!"

Mayer soll Murnaus ersten Hollywood-Film „Sonnenaufgang" schreiben. Er bekommt viel Geld. Er bleibt auch im Erfolg ein sparsamer, zurückhaltender Mann. Er hat keine Villa, kein Auto.

Kurz, er paßt nach Hollywood wie die Faust aufs Auge. Er hat beständig Ärger mit der Direktion von Fox, er kann und will sich nicht danach richten, was – nach Ansicht der Filmgewaltigen – in Amerika möglich ist und was nicht. Die Direktoren der Fox halten Mayer für irrsinnig. Sie verstehen gar nicht, wovon er redet, wenn er über Filme spricht. Und die Tatsache, daß sein Englisch nur eine entfernte Ähnlichkeit mit dieser Sprache hat, ist nicht dazu angetan, die Atmosphäre zu bessern. So wird Mayer schließlich abgefunden, ausgebootet und verschwindet.

Emil Jannings dreht in Hollywood unter anderm einen Film, der die Prohibition zum Thema hat und später in fast allen Kinos der Welt läuft: „Sünden der Väter". Ein zu jener Zeit besonders aktueller Film! Damals war es strengstens verboten, Alkohol zu verkaufen. Und schon die Abende zu Hause liefen beim heimlichen Bechern wie ein aufregender Film ab.

Jannings hat in Hollywood eine böhmische Waschfrau, eine Frau Navradil, die aus einem Dorf bei Pilsen stammt. Eines Tages geht Jannings durch die Waschküche und bemerkt, wie seine Waschfrau einen kräftigen Schluck tut. Jannings schnuppert.

„Was trinken Sie?" – „Pilsener – brau ich mir selbst", sagt sie stolz. Jannings probiert: wunderbares, herrliches Bier, ganz anders als das fade, immer etwas nach Äther schmeckende mexikanische Bier, das manchmal über die Grenze geschmuggelt wird. Jannings rast hinaus zu Gussy Holl: „Auguste, ich habe Pilsener!!" Dann zu Frau Navradil: „Schluß mit der Waschfrau! Sie werden mein Braumeister!" Nun kultiviert Jannings das Pilsener, so daß manches berühmte Bierlokal die Konkurrenz nicht aufnehmen kann. Die ganze deutsche Kolonie pilgert hin. Nur die Herkunft wird nicht verraten und Frau Navradil wie ein Kronschatz bewacht.

Auch Lya de Putti kommt nach Hollywood. Sie könnte glücklich sein – und ist es doch nicht. Sie ist jung und schön – aber mit ihrem Privatleben ist immer etwas nicht in Ordnung. Sie, die begehrte Frau, liebt immer wieder einen Mann, den sie nicht bekommen kann oder der sich nach kurzer Zeit schon von ihr löst.

Kurz nach der Premiere von „Varieté" machte sie einen Selbstmordversuch. Sie sprang aus dem Fenster ihrer Wohnung in Berlin-Schöneberg. Zwar wohnte sie zwei Treppen hoch, aber wie durch ein Wunder geschah ihr nichts, sie kam mit einigen Hautabschürfungen davon. Und die „Vossische Zeitung" schrieb indigniert: „Einige Tage Bettruhe werden genügen, um die Künstlerin wiederherzustellen."

Sie genügten. Und sie genügten doch nicht. Denn von nun an versuchte Lya de Putti immer wieder, ihrem Leben ein Ende zu machen. Ein Jahr nach der triumphalen Premiere von „Varieté" holt die Paramount sie nach Amerika. Dort verliebt sie sich prompt in einen jungen Mann – aber da die Familie dieses jungen Mannes Bedenken gegen die Filmschauspielerin hat, schneidet sie sich die Pulsadern auf. Jannings und seine Frau Gussy wissen: Wenn ein Arzt gerufen wird, ist es mit der amerikanischen Karriere Lya de Puttis aus. Selbst die Karriere von Jannings wäre in Gefahr. Dies ist die Zeit, da Skandale den Tod eines Hollywoodstars bedeuten, und nicht – wie heute – eine gute Reklame. Der Skandal muß also unter allen Umständen vermieden werden. Glücklicherweise versteht Emil Jannings genug von Medizin, um die Selbstmörderin kunstgerecht zu verbinden, wobei er ihr auch noch ein paar Ohrfeigen verpaßt, um sie zur Vernunft zu bringen.

Aber Lya de Putti ist nicht zur Vernunft zu bringen. Sie wird nie wieder zur Vernunft zu bringen sein. Sie fährt nach Deutschland zurück, um dort zu filmen. Sie geht wieder nach Amerika, um ihren Freund zu sehen. Sie, die zahllosen Männern den Kopf verdreht hat, deretwegen sich manche ruiniert haben, kann diesem einen nicht entsagen, der sie liebt, sie aber nicht heiraten will, weil doch die Familie dagegen ist. Im November 1931 kommt das Ende. Ein groteskes Ende oder eigentlich ein kitschiges, wert, in einem Film gestaltet zu werden – nur, daß niemand einen solchen Schluß ernst nehmen würde.

Sie hat sich mit ihrem Freund furchtbar gestritten – und, wie so oft schon, zerstritten. Er hat ihr erklärt, er würde sie verlassen, um nie, nie wieder zurückzukehren. Sie hat erwidert: „Dann trete ich in den Hungerstreik! Ich esse keinen Bissen mehr, bis du zu mir zurückkehrst."

Er lächelt überlegen und geht. Aber bald kommen ihm Bedenken. Er liebt sie ja. Er vermag den Gedanken nicht zu ertragen, daß ihr etwas geschehen könnte. Und er bittet zwei ihrer Freundinnen, sich zu ihr zu begeben, um darüber zu wachen, daß sie keine Dummheiten macht.

Es war Lya de Putti ernst damit, keinen Bissen zu essen, als sie es sich und ihrem Freunde schwor. Vierundzwanzig Stunden später würde sie gern eine Kleinigkeit zu sich nehmen. Aber wie kann sie das? Eine der beiden Freundinnen sitzt immer an ihrem Bett und hält Wache. Und wenn sie beim Essen ertappt würde, dann käme der Freund niemals zurück! Also hungert sie.

Und dann kommt der Augenblick, in dem sie unbewacht ist: Mit einem Sprung ist sie aus dem Bett, in der Küche, hat den Eisschrank geöffnet, ergreift ein Hühnerbein und beginnt das Fleisch hastig hinunterzuschlingen. Sie ist schon wieder im Bett. Wenn die Freundin eine Minute später käme, dann wäre alles gut. Aber sie kommt ein wenig zu früh. Lya de Putti kann den Knochen nicht mehr verstecken, und in ihrer Angst verschluckt sie ihn schließlich.

Im gleichen Augenblick spürt sie, daß er ihr im Halse steckenbleibt. Aber wie kann sie es der Freundin sagen? Sie tut also, als ob sie schliefe. Wenn man sie nur noch einen Augenblick allein ließe, würde sie versuchen, den Knochen aus dem Hals zu bekommen. Aber man läßt sie nicht mehr allein. Vierundzwanzig Stunden später bekommt sie Fieber. Das Fieber steigt unausgesetzt. Sechsunddreißig Stunden später wird ein Arzt geholt. Er stellt fest, daß als Folge einer schweren Verletzung der Speiseröhre eine völlige Vereiterung eingetreten ist. Man schafft Lya de Putti in eine Klinik. Zu spät.

Am nächsten Morgen ist sie tot.

KEIN DEUTSCHER „PANZERKREUZER"

Nach der Übernahme der UFA durch Hugenberg und Klitzsch erwartet die deutsche Öffentlichkeit, zumindest die politisch orientierte, daß die UFA nun einen deutschen „Panzerkreuzer Potemkin" produzieren wird – einen politischen Film mit nationalistischer Tendenz.

Liegt das nicht auf der Hand? Hugenberg ist ja schließlich Politiker. Er hat seinen Zeitungsapparat auf- und ausgebaut, um seine politischen Ideen zu propagieren. Er steht auf der äußersten Rechten, er haßt die Republik, er bekämpft die Sozialdemokraten, ja sogar die Demokraten, nicht einmal gemäßigte Rechtspolitiker wie etwa der gescheite und im Ausland geschätzte Außenminister Gustav Stresemann sind ihm genehm. Ist es nicht logisch, daß die UFA die gleiche politische Linie einschlagen wird, die vom „Berliner Lokal-Anzeiger", die von der „Nacht-Ausgabe", von Hugenbergs Nachrichtendienst, der „Telegraphen-Union", propagiert wird?

Es scheint logisch, es scheint selbstverständlich, aber es geschieht nicht. Es bleibt alles beim alten. Nun, die UFA hat ja auch in ihrer Vor-Hugenberg-Zeit nicht gerade revolutionäre Filme gedreht. Die „Nibelungen" waren schließlich so national, daß kein Hugenberg sie sich nationaler hätte wünschen können. Auch ein Film wie „Metropolis", in dem der Streik der Arbeiter ad absurdum geführt wurde, paßte dem alten Kruppdirektor gut in den Kram. Und das gleiche ist von den unzähligen „Fridericus"-Filmen zu sagen, mit deren Herstellung man ebenfalls nicht auf Hugenberg gewartet hatte.

Nicht nur die historischen, auch die modernen Militärfilme gab es bereits, ehe Klitzsch die Zügel der UFA in die Hand nahm. Das Wort „modern" ist in diesem Zusammenhang übrigens mit Vorsicht zu gebrauchen. Es handelte sich um Filme, in denen nichts modern war außer den Kostümen der mehr oder weniger jungen Damen, die sich in mehr oder weniger junge Leutnants verliebten, die sich wiederum erschießen mußten, weil sie ihre Spielschulden nicht bezahlen konnten oder – was viel schlimmer war – die Nerven verloren, als sie des Kaisers Rock ablegen sollten, um besagte junge Dame zu heiraten, die nicht ganz ebenbürtig war!

Solche Filme erfreuten sich schon bald nach der Revolution der größten Beliebtheit. Die meisten Menschen in Deutschland wollten zwar keine Kriege mehr, der letzte lag ihnen noch im Magen, aber ein Leutnant, besonders ein fescher – das war doch eine andere Geschichte. Und eine marschierende Kompanie auch. Und während

Leutnants, die sich erschossen oder vielleicht auch nicht erschossen, die Herzen der jungen Damen bewegten, hielten Gemeine mit zwei linken Füßen, die alles falsch machten und ihre Unteroffiziere an den Rand von Schlaganfällen brachten, die Lachmuskeln des männlichen Publikums in Bewegung. Sie waren ja auch so furchtbar komisch. Dies alles gab es also schon, bevor Hugenberg seine Millionen und die Millionen seiner Freunde in die UFA steckte.

Freilich – es gibt auch anderes – und man erwartet von Hugenberg, daß er da Wandel schafft. Es kann ihm kein Geheimnis bleiben, daß die Schlüsselpositionen der UFA fast ausschließlich von Juden gehalten werden. Es ist ja auch kein Geheimnis, daß die großen Film- und Theaterregisseure jener Rasse angehören, die einem damals glücklicherweise noch fast unbekannten Mann namens Adolf Hitler höchst unsympathisch ist. Wird Klitzsch nicht – mit aller gebotenen Diskretion – die entscheidenden Leute hinauskomplimentieren? Weder Hugenberg noch Klitzsch denken daran. Keiner von denen, die sich bewährt haben, muß die UFA verlassen. Ja, Klitzsch erklärt es jedem, der es hören will, daß er die Abwanderung Erich Pommers nach Amerika aufs tiefste bedaure. „Ich hole ihn auch wieder zurück!" erklärt er und wird sein Wort wahrmachen.

Man kann etwa von den UFA-Filmen jener Zeit sagen, daß sie auch zu irgendeiner anderen Zeit hätten gemacht werden können. Sie sind zeitlos – im besten und schlechtesten Sinne des Wortes. Klitzsch proklamiert: „Wir machen Filme, um Geld zu verdienen, und wir verdienen nur Geld, wenn die Leute in unsere Filme gehen. Und sie gehen nur in unsere Filme, wenn sie sich gut unterhalten. Und sie unterhalten sich nur gut, wenn sie nicht an die Dinge denken müssen, über die sie sich den ganzen Tag ärgern!"

Welch ein Unterschied zur Einstellung früherer Jahre! Als Fritz Lang den „Müden Tod" drehte oder die „Nibelungen", dachte er nicht daran, ob die Leute sich amüsieren würden. Er sah künstlerische Aufgaben. Als Ernst Lubitsch seine Großfilme inszenierte oder Berger sein „Aschenputtel", war von Kunst die Rede und nicht vom Geschäft – und gerade deswegen kamen die Leute, und die Filme wurden Geschäfte. Jetzt wird Geschäft groß geschrieben. Für Klitzsch ist jeder neue UFA-Film nichts anderes als ein mögliches neues Geschäft oder ein möglicher neuer Reinfall. Das Für und Wider wird ausführlich gegeneinander abgewogen. Klitzsch und Corell machen es sich keineswegs leicht. Sie wollen Geld verdienen, aber sie sind bereit, dafür etwas zu bieten. Was können sie bieten? Promptheit, Verläßlichkeit. Einen gewissen moralischen und qualitativen Standard.

Um die gleiche Zeit, da in die Buchhaltung der UFA eine gewisse Ordnung einzieht, zieht die Buchhaltung in die Ateliers ein und wird sie von nun an beherrschen. Der letzte Rest von Improvisation bei der Filmherstellung, der noch existierte, wird ausgemerzt. Wenn es sich um historische Filme handelt, wird auch das letzte Detail recherchiert. Kein Knopf an einer Uniform, der nicht „stimmt", kein Bild an der Wand, das nicht verbürgt wäre, kein Dialogfetzen, der nicht „echt" sein muß. Mit allem muß es seine Richtigkeit haben.

Was moderne Filme angeht, so setzt sich ein gewisser Stil durch, der die UFA-Filme bald unverwechselbar werden läßt. Es handelt sich um eine gewisse Gepflegtheit der Interieurs, um eine gewisse Solidität der Möbel, um eine gewisse Großzügigkeit, die mit der Realität nichts mehr gemeinsam haben. In UFA-Filmen leben kleine Bankangestellte in Wohnungen, die im Leben allenfalls Bankdirektoren als Behausung dienen würden, Bankdirektoren in Villen, die selbst für UFA-Direktoren zu kostspielig wären, Aufsichtsratsvorsitzende in Palästen, wie sie allenfalls regierenden Fürsten oder amerikanischen Milliardären zukämen, und diese wiederum in Gebäuden, die es im gewöhnlichen Leben, das heißt außerhalb des Films, gar nicht gibt.

Kurz, der Film übertrifft das Leben, macht es schöner, reicher, lebenswerter. Und das Kinopublikum beginnt, Wirklichkeit und Film, Realität und das, was sich auf der Leinwand abspielt, zu verwechseln. Schauspieler sind für viele keine Schauspieler mehr, sondern identisch mit den Rollen, die sie seit Jahren spielen, und kein Produzent kann es wagen, sie in anderen Rollen herauszustellen – das Publikum würde das geradezu für Betrug halten.

Ein Beispiel – aus dem Jahre 1928 – dafür, welche Ausmaße diese Verwechslung von Realität und Film annehmen kann: Der Film „Ungarische Rhapsodie" wird gedreht. Die Außenaufnahmen finden natürlich in Ungarn statt, in einer kleinen Garnisonstadt. Die steht Kopf, als bekannt wird, daß Willy Fritsch einen Oberleutnant, der damals recht bekannte Schauspieler Erich Kaiser-Titz sogar einen General darstellen wird. Sämtliche Offiziere des Honved-Husaren-Regiments stellen sich zur Verfügung, damit nur ja alles recht „echt" werde. Die Offiziere sind Tag und Nacht um die Filmschauspieler herum, nicht zuletzt auch, weil die schöne Lil Dagover anwesend ist. Schon nach wenigen Tagen weiß eigentlich niemand mehr, wer Schauspieler ist und wer Offizier. Erich Kaiser-Titz wird grundsätzlich nur als „Herr General" angeredet, und wenn er mit Willy Fritsch durch die Straßen marschiert, salutieren die Mannschaften, grüßen die Offiziere, präsentieren die Posten.

Eines Morgens fahren Kaiser-Titz und Fritsch wie gewöhnlich zur Aufnahme auf den Kasernenhof hinaus. Sie sind bereits geschminkt und im Kostüm. Im Kasernenhof warten nicht nur der Regisseur, Kameraleute und Beleuchter, sondern auch die Honved-Husaren in Paradeuniform, eine ganze Schwadron, die bereits vorschriftsmäßig aufgesessen ist.

Als das Auto hält, rührt die Wache das Spiel und tritt ins Gewehr. Die Posten präsentieren. General Kaiser-Titz steigt aus. Und plötzlich beginnen sämtliche Husaren – höchst unvorschriftsmäßig – zu lachen. Ja, es lachen sogar die Zivilisten, die sich vor dem Tor drängen.

Der Grund: Der General ist in Filzpantoffeln aus dem Auto gestiegen. Seine Stiefel trägt er in der Hand. Die drücken furchtbar, und deshalb hat er beschlossen, sie erst zur Aufnahme anzuziehen. Ein sehr vernünftiger Entschluß für einen Schauspieler. Ein undenkbarer Vorfall im Leben eines Generals. Und Kaiser-Titz ist kein Schauspieler mehr, er ist General.

Jetzt ist er General gewesen. Denn von diesem Augenblick an schneiden ihn die Offiziere, die sich bisher um ihn geschart hatten. Sie wollen nichts mehr mit einem General zu tun haben, der es über sich gewinnt, seinen Soldaten in Filzpantoffeln gegenüberzutreten. Kaiser-Titz begreift nichts. Er schüttelt nur immer den Kopf. Was heißt hier Soldat? Gewiß, die Männer sind Soldaten, aber doch nur nebenberuflich. Im Hauptberuf, zumindest vom Standpunkt des Schauspielers Kaiser-Titz aus, sind sie – Komparsen.

Ludwig Klitzsch dürfte sich sehr gefreut haben, als er von jener Geschichte erfuhr. Denn er ist überzeugt davon: Filme sollen Wunschträume sein. Die kleinen Leute sollen sich vom grauen Alltag in die rosigen Gefilde des Films erheben – aber der Film darf sich niemals mit der grauen Realität oder modernen Problemen beschäftigen. Dieser Grundsatz wird eisern durchgehalten, und es gelingt der UFA tatsächlich, viele, viele Jahre Filme zu drehen, von denen nicht ein einziger ein Problem der Zeit behandelt.

Nur selten wird vom Wege abgewichen. Das erste Mal, als „Die Liebe der Jeanne Ney" 1927 von dem Regisseur G. W. Pabst für die UFA inszeniert wird.

Obwohl Ludwig Klitzsch fast einen Schlaganfall bekommt, als er herausfindet, was da gedreht werden soll, was zum Teil schon gedreht ist, obwohl er eine genaue Untersuchung anordnet darüber, wer eigentlich dafür verantwortlich ist, daß die UFA – o Schreck! – einen modernen Stoff dreht, kommt niemals Licht in das Dunkel dieser ganzen Geschichte.

In „Ungarische Rhapsodie" (1928) beweist Graf Turoczy (Willy Fritsch) seiner Geliebten (Dita Parlo), daß er nicht nur als Offizier den Säbel, sondern auch als Landmann die Sense schwingen kann *(oben)*. Den General spielt Erich Kaiser-Titz *(rechts)*.

Es ist schlimm genug. Der Autor des Romans, nach dem der Film gedreht wird, ist nämlich kein anderer als der Russe Ilja Ehrenburg. Der hat damals noch kein offizielles Amt als Propagandist der Sowjetunion, es wird noch mehr als fünfzehn Jahre dauern, bis er seine historischen Worte schreibt: „Nur tote Deutsche sind gute Deutsche!" Vorläufig sitzt er meist in Berliner und Pariser Cafés und schreibt dort seine Romane, geschickte Reißer, die gelegentlich auch von Sentimentalität triefen und vorläufig an keine Parteilinie gebunden sind. Der Inhalt des Films:

Die Geschichte der Jeanne Ney spielt teils in der Sowjetunion, teils in Paris. Die Titelheldin, eine Französin, liebt den russischen Kommunisten Andreas. Sie hat ihn während des Bürgerkrieges auf der Krim kennengelernt. Dort hat Andreas den Vater der Jeanne umgebracht, aber da es sich „nur" um einen politischen Mord handelt, hat sie ihm großzügig verziehen. Sie ist nach Paris zurückgekehrt und wartet auf den Geliebten, der nun ebenfalls dort erscheint, um irgendeine politische Mission zu erfüllen. Dort kommt es zu einer Liebesnacht. Aber das Glück der beiden kann nicht von langer Dauer sein. Denn da ist ein Bösewicht, ein Abenteurer namens Khalibiev, der immerfort hinter Jeanne her ist und immerfort irgendetwas unternimmt, um Andreas ins Verderben zu stürzen. Schließlich bricht er in dem Detektivbüro ein, das dem Onkel Jeannes gehört. Er ermordet diesen Onkel, stiehlt den wertvollen Diamanten eines Amerikaners, den der Detektiv gerade für den Besitzer wiedergefunden hat, bemächtigt sich der blinden Cousine Jeannes, lenkt den Verdacht, den Raub begangen zu haben, auf Andreas. Vergebens gibt Jeanne sich ihm hin, um den Geliebten zu retten.

So kompliziert ist das Leben, wenn Ilja Ehrenburg es beschreibt. G. W. Pabst inszeniert den Film. Er hat nach der „Freudlosen Gasse" einen grandiosen psychoanalytischen Film gedreht, die „Geheimnisse einer Seele" mit Werner Krauß. Es liegt klar auf der Hand, was ihn an dem Stoff Ehrenburgs reizt: Er will in noch stärkerem Maße als in der „Freudlosen Gasse" das Nachkriegs-Europa zeigen; will zeigen, wie es in der Sowjetunion, wie es in Paris aussieht; will, wie in den „Geheimnissen einer Seele", aufdecken, wie es in den Menschen jener Epoche aussieht. Aber er hat nicht mit Klitzsch gerechnet. Der kümmert sich vorläufig wenig um die Filme, die produziert werden. Aber diesmal mischt er sich ein. Er hat den Roman durchgeblättert und ist erschüttert.

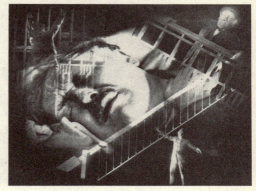

Mit Überblendungen, Doppel- und Dreifach-Belichtungen beschworen 1926 G. W. Pabst und seine Kameraleute in „Geheimnisse einer Seele" auf optischem Wege Traumbilder und Erinnerungsvorstellungen eines Kranken, der von einem Arzt geheilt wird. Werner Krauß als der Kranke hat einen wirren Traum *(rechts)*. *Oben:* Typisches Traumsymbol der menschlichen Fruchtbarkeit.

„Sie wollen mir doch nicht sagen, daß Sie den Roman so verfilmen wollen, wie er ist?" fragt er schließlich – und hält die Frage für rhetorisch.
Und dann wird ein bißchen geändert.
Andreas hat den Vater seiner Geliebten getötet? Unmöglich! „Das Publikum würde nie begreifen, daß sie noch etwas mit ihm zu tun haben will!" entscheidet Klitzsch. Aber da der Vater nun einmal umgebracht werden muß, wird er eben von einem anderen umgebracht! „Wir haben ja so viele Kommunisten in dem Film ... da wird sich schon ein Mörder finden!"
Und die Liebesnacht? „Gommt gar nich in Frache! Die beiden gönn' sich höchsdns 'n Guß gäm!" bestimmt Ludwig Klitzsch. Und so wird die Liebesszene in dem Pariser Absteigequartier gestrichen, und die Zuschauer werden später die beiden Liebenden, artig auf Stühlen sitzend, Zärtlichkeiten austauschen sehen, die niemanden auf schlechte Gedanken bringen werden.
„Und die Szene, in der sich Jeanne diesem Khalibiev hingibt?"
„Ausgeschlossen!"

Georg Wilhelm Pabst ist als einer der ganz großen Regisseure in die deutsche Filmgeschichte eingegangen.

„Aber ohne diese Szene haben wir überhaupt keine Story!" protestiert Corell.

Das muß selbst Klitzsch zugeben. „Aber sehen darf mor's nich! Was würd'n denn die Leude saach'n!"

Trotzdem kommt ein interessanter und in manchen Szenen außerordentlicher Film zustande. Das ist das Verdienst des Regisseurs G. W. Pabst. Der hat seit seinen ersten Versuchen enorm zugelernt. Pabst verfügt jetzt über eine eigene Handschrift, einen eigenen Stil. Ihm kommt es nicht auf die Aktion an wie Ernst Lubitsch, nicht auf das Bild wie Fritz Lang, ihm kommt es auf die Menschen an, darauf, zu zeigen, was in ihnen vorgeht. Seine Kamera geht gleichsam in die Tiefe. Die Handlung wird ihm bloßes Mittel zum Zweck, seinen Figuren die letzten Fetzen vom Leibe zu reißen, um zu zeigen, wie sie sind. Seine Bilder sind nicht schön, sie sind nicht einmal immer interessant, sollen es auch nicht sein. Sie haben immer nur das Ziel, darzutun, aufzudecken, was die Menschen eigentlich verbergen wollen.

Der Bösewicht Khalibiev wird uns so vorgeführt: Wir sehen Zeitungen, die den Fußboden bedecken, Zigarettenstummel, die auf einem Tisch liegen, eine Hand, die einen Stummel zum Munde führt, ein unsauberes Hotelzimmer und – endlich – Khalibiev, der auf dem Sofa liegt und seine düsteren Pläne schmiedet. Und wir wissen alles über ihn.

Wir sehen die beiden Liebenden auf der Krim Abschied nehmen. Es regnet, das Wetter ist ebenso verzweifelt, wie sie selbst es sind. Und immer wieder treten Passanten ins Bild, trennen die beiden, nur für Sekunden, aber da ist schon wieder einer, der zwischen sie tritt, und da ist noch einer und noch einer – eigentlich sind die Liebenden schon nicht mehr beieinander, eigentlich sind sie schon durch die Menschen, ja durch Welten getrennt . . .

SPIONE UND EINE JUNGE DAME AUS KROATIEN

Der einzige Regiestar, den Deutschland noch zur Verfügung hat, ist Fritz Lang – auch Ludwig Berger und E. A. Dupont sind nach Hollywood gegangen, und der behutsame, sensible Gerhard Lamprecht kann eigentlich nicht als Star angesprochen werden. Fritz Lang ist übrigens kein UFA-Star mehr, denn nach „Metropolis" hat er seine eigene Gesellschaft gegründet. Aber die Filme, die er dreht, werden weiterhin von der UFA verliehen.

Was dreht er denn? Er könnte einen „Mabuse"-Film nach dem anderen machen.

Einen „Metropolis"-Film nach dem anderen – das alles wären Geschäfte. Aber Fritz Lang ist keiner, der es sich leicht macht. Er will immer etwas Neues schaffen, etwas Noch-nie-Dagewesenes. Er sucht nach frischen Themen, er sucht nach „jungfräulichen" Schauspielern.

Er hat Brigitte Helm entdeckt. Jetzt, nach „Metropolis", ist sie ein Kassenmagnet, und sämtliche UFA-Regisseure stürzen sich auf sie. Grund genug für Fritz Lang, keine Filme mehr mit ihr zu machen. Er sucht ein neues Gesicht, einen neuen Star.

Er findet eine junge Dame: Gerda Maurus. Man hält sie für eine Wienerin. Aber eigentlich stammt sie aus Kroatien, und wenn man ihr Gesicht näher ansieht, bemerkt man das auch. Gerda Maurus hat ein unbeschreiblich schönes Gesicht, ein fast klassisch-schönes Gesicht, aber eben doch nur fast. Sie hat sehr hohe Backenknochen, weit auseinanderstehende Augen. Dies gibt ihrem Gesicht etwas Fremdartiges, etwas Seltsames, ungemein Fesselndes, Erregendes. Aber dieses Gesicht ist noch im Entstehen begriffen. Gerda, die in Wien heranwächst, ist ein hübscher Backfisch mit der fixen Idee so vieler hübscher Backfische: Sie will zum Theater. Mit fünfzehn steht sie auch schon auf der Bühne, kommt vorübergehend zur Operette, spielt in Nürnberg und Graz und kommt schließlich als Schauspielerin an die Wiener Kammerspiele.

Sie ist noch nicht einmal zwanzig und doch überzeugt davon, daß sie den Höhepunkt ihrer Karriere schon fast erreicht hat. Auch den Höhepunkt ihres Glücks. Sie bekommt deshalb gute Rollen. Sie hat sich in den jungen Oskar Karlweis verliebt und ist glücklich mit ihm. Irgend jemand spricht vom Filmen. Gerda Maurus will sich totlachen. „Die Kollegen tun mir leid, die den ganzen Tag vor den Lampen stehen und filmen müssen!"

„Aber das Geld!" wirft jemand ein.

Gerda zuckt überlegen mit den Achseln. „Das Geld!" Wenn sie nach der Vorstellung im Kabarett noch ein paar Lieder singt, bekommt sie das Doppelte von dem, was sie im Film verdienen könnte.

Eines Abends sitzt Fritz Lang in der ersten Reihe der Wiener Kammerspiele, wo sie gerade auftritt.

Ungeheure Erregung der Schauspieler hinter der Szene. Jeder hofft, daß Fritz Lang seinetwegen gekommen ist. Jeder wartet, daß Fritz Lang nach der Vorstellung hinter die Bühne kommen wird. Um so größer die Enttäuschung, als er nicht erscheint. Nur Gerda Maurus ist nicht enttäuscht. Sie hat sich ja nichts vom Besuch Langs im Theater versprochen.

Zwei Tage später erhält sie einen Brief von Lang. Er habe sie sprechen wollen, schreibt er, hätte aber nach Berlin zurückreisen müssen. Nun bittet er sie, nach Berlin zu kommen. Sofort! Zu Probeaufnahmen! Gerda Maurus eilt ins Büro ihres Direktors. Der schüttelt den Kopf. „Was willst du in Berlin, jetzt, wo du drauf und dran bist, ein Star in Wien zu werden? Du bist hier unentbehrlich!"

„Ich bin hier unentbehrlich", schreibt Gerda Maurus an Lang und fühlt sich schon ganz groß als Star.

Ein paar Monate später ist die Situation völlig verändert. Krise. Viele Theater in Wien schließen. Zahlreiche Schauspieler gehen nach Berlin, um dort eine Rolle zu kriegen. Einige äußern etwas vom Film. Einer will ihr sogar sofort einen Vertrag verschaffen: „Siebzig Mark pro Tag!" Aber Gerda will nicht zum Film. Sie spielt lieber einen Schwank im Centraltheater in der Alten Jakobstraße.

Und eines Tages steht Fritz Lang vor der Bühnentür. Er klemmt sich das Monokel fester. „Ich habe Sie gerade gesehen. Na ja, Sie können ja noch nichts, aber ich will Ihnen einen dreijährigen Vertrag geben . . . Also kommen Sie morgen zu mir raus zur Probeaufnahme!"

Diesmal kommt sie.

Lang bereitet einen Spionagefilm vor. Und da er Lang ist, wird es nicht irgendein Spionagefilm, sondern es wird der Spionagefilm aller Zeiten werden.

Auch im „Dr. Mabuse" gab es ja Spionage, aber Dr. Mabuse war nur nebenbei Spion. Der Held des neuen Films ist hauptberuflich Spion für eine ausländische Macht und befehligt als solcher ein ganzes Heer von Agenten; nebenbei ist er Clown in einem Varieté und ganz nebenbei noch Präsident einer Bank. Also doch wieder eine Art Übermensch à la Mabuse. Ist es ein Zufall, daß er von Rudolf Klein-Rogge dargestellt wird, der den Mabuse spielte?

Sein Gegenspieler: Willy Fritsch, der Detektiv, der ganz allein die Bande der Spione besiegt. Aber kein Detektiv der alten Schule, keiner, der elegant, charmant und überlegen ist, sondern einer, der durch den größten Teil des Films als abgerissener, zerlumpter Kerl mit Stoppeln im Gesicht zu gehen hat – um unerkannt zu bleiben von den Bösewichtern und dem Publikum. Und für eine solche Rolle ausgerechnet Willy Fritsch, der hübsche junge Mann aus dem „Walzertraum", der nun schon eine Art Idealgestalt für alle jungen Mädchen in Deutschland und umliegenden Ländern geworden ist?

Willy Fritsch leidet, aber er schweigt. Und das mit gutem Grund. Denn sein Vertrag mit der UFA ist abgelaufen, und es ist die Chance seines Lebens, daß Fritz Lang ihn haben will – zur dreifachen Gage übrigens. Eine schwere Rolle und nicht ungefährlich, denn die Harbou hat sich eine Menge Sensationen ausgedacht, und Lang besteht darauf, daß sie alle realistisch gedreht werden. Da ist zum Beispiel die Szene, in der Willy Fritsch mit einer Axt eine Wand einschlagen muß, hinter der er den Hauptbösewicht vermutet. Aber dadurch bringt er eine Bombe zur Explosion, und das ganze Haus geht in die Luft. Lang will nun, daß die Mauer genau eine halbe Sekunde nach dem letzten Axthieb zusammenbricht und Willy Fritsch unter sich begräbt. Das heißt, es soll natürlich nur so aussehen als ob. Zu diesem Zweck wird ein Seil an Willys Gürtel befestigt, und an diesem Seil sollen fünf Arbeiter ziehen. Fritz Lang sagt: „Ich zähle bis drei. Bei ‚zwei‘ muß Fritsch zurückgerissen werden. Bei ‚drei‘ stürzt die Mauer ein!"

Willy blickt düster drein. Werden die Arbeiter ihn rechtzeitig zurückreißen? Wenn nicht, wird ihm die UFA ohne Zweifel ein schönes Begräbnis spendieren. Denn daran zweifelt er nicht: Lang wird auch nicht eine Sekunde warten, um die Mauer gegebenenfalls über ihm einstürzen zu lassen.

Lang wartet auch nicht. Aber die Arbeiter reißen Fritsch pünktlich zurück.

Oder da ist eine Szene, in der Fritsch im Schlafwagen umkommt – fast umkommt. Gerda Maurus – sie spielt die Sekretärin des Bösewichts, die sich in ihn, Fritsch, verliebt und ihm helfen will – hat ihm ein Amulett geschenkt, das ihn immer beschützen soll – so etwas fällt Thea von Harbou immer wieder ein. Ganz ohne Sentimentalitäten geht es bei ihr nicht.

Fritsch hat sich in sein Schlafwagencoupé begeben, hat den Mantel, in dessen Tasche sich besagtes Amulett befindet, achtlos ins Gepäcknetz geworfen und ist eingeschlafen. Während er schläft, koppeln die Agenten der feindlichen Spione seinen Schlafwagen ab, als der Zug durch einen Tunnel rast. Ihr Plan ist, daß in der im Tunnel herrschenden Finsternis der Schlafwagen von der Lokomotive des Expreßzuges, der in den nächsten zehn Minuten durchkommen muß, zermalmt wird. Solche Mühen und Kosten machen sie sich, um Fritsch zu beseitigen.

Er würde auch unweigerlich zermalmt werden, wenn nicht just in dem Augenblick, da der Schlafwagen zum Stehen kommt, besagtes Amulett aus seiner Manteltasche herausfiele und ihn weckte. Daraufhin wundert sich Fritsch, warum der Zug steht und alles so ruhig ist. Langsam

1928 drehte Fritz Lang „Spione" mit Gerda Maurus als Agentin Sonja und Willy Fritsch als Nr. 326, der für die Polizei arbeitet. Sonja, die Nr. 326 liebt, holt ihn aus den Trümmern eines entgleisten Zuges.

begreift er, was gespielt wird, und als er es durchschaut hat, kann er gerade noch abspringen, bevor die feindliche Lokomotive ange-schnauft kommt und den Wagen erfaßt.

Fritz Lang wünscht, daß Fritsch wirklich nur eine halbe Sekunde vor dem Zusammenstoß abspringt. Er erklärt: „Ich zähle bis drei! Bei ‚zwei' springt Fritsch! Bei ‚drei' wird die Dekoration zermalmt!"

Oder da ist die Schlußszene. Der Hauptspion steht als Musikclown auf der Varietébühne. Er blickt in die Kulisse – überall Polizisten. Er weiß, er ist umstellt und also verloren. Da erblickt er Gerda Maurus neben Fritsch in der Kulisse. Er begreift, sie hat ihn verraten. Wut erfaßt ihn. Er zieht seinen Revolver. Das Publikum glaubt, daß es sich um eine Attrappe handelt. Erst in dem Augenblick, da er zielt, begreift Fritsch, daß Gerda Maurus in Todesgefahr ist. Er reißt sie zur Seite, und in der gleichen Sekunde erscheint auf der Glasscheibe hinter ihr der Einschuß der Kugel. Sie ist also gerettet – aber auch sie nur wieder sehr knapp.

Fritz Lang läßt es sich nicht nehmen, selbst zu schießen. Er sagt: „Ich zähle bis drei. Eins . . . Bei ‚zwei' . . ."

Es wäre ganz einfach, eine solche Szene zu drehen, ohne daß die Maurus in Gefahr geriete. Man würde zuerst die Szene drehen, in der Fritsch seine Partnerin zur Seite reißt, und dann die Scheibe mit dem Schuß eine Woche später.

Aber das ist Fritz Lang nicht dramatisch genug. Er braucht Gefahr, damit die Schauspieler die Gefährlichkeit der Situation spielen können. Er ist überzeugt davon, daß sie Angst haben müssen, um das Publikum in Angst zu versetzen.

Aber bis es dazu kommt, sind Fritsch und die Maurus halbtot, denn der Schuß muß zwanzigmal wiederholt werden. Es stellt sich heraus, daß eine Revolverkugel keinen markanten Einschuß ergibt. Lang probiert es mit einer Flinte, mit einer Schleuder, einer Pistole, mit allen möglichen Schußwaffen, bis er schließlich befriedigt ist.

Das Filmen ist überhaupt nicht so, wie Gerda Maurus es sich vorgestellt hat. Es ist noch viel schlimmer. Ihre große Leidenschaft war es immer, am Morgen lange zu schlafen. Während sie mit Lang arbeitet, muß sie um fünf Uhr aufstehen. Die eiskalte, klebrige Schminke, die auf ihr unausgeschlafenes Gesicht aufgetragen wird, macht sie schaudern. Lang, den sie als den vollendeten Weltmann kennengelernt hat, ist im Atelier nervös, oft laut, fast immer wütend. Und es hilft ihr wenig, daß sie sich sagt: er hat ganz recht.

Fritz Lang verlangt von sich unendlich viel, und deshalb verlangt er auch von seinen Schauspielern alles, was sie zu geben imstande sind, oder eigentlich noch ein ganzes Stück mehr.

Zu allem Unglück muß Gerda Maurus sich noch den Blinddarm herausnehmen lassen. Die Ärzte raten ihr, sich zu schonen.

Sich schonen? Lang kennt dieses Wort überhaupt nicht. Tagelang hetzt er die Maurus in den Tunnel, wo sie wieder und immer wieder über spitzen Schotter rennen muß. Alle zwei Stunden sind ein Paar Schuhe hin, die am laufenden Band bei einem Maßschuster angefertigt werden. Und ihre Blinddarmnarbe? Ein Kollege gibt ihr den Rat: „Du läßt dir besser eine Narbe mit Reißverschluß machen. Die platzt ja sonst doch immer wieder auf."

Aber die Außenaufnahmen sind noch das Leichteste. Im Atelier, wohin Lang erst zieht, nachdem die Außenaufnahmen beendet sind, leidet Gerda Maurus noch viel mehr. Und damit hat es folgende Bewandtnis: Um diese Zeit werden noch offene Scheinwerfer verwendet, das heißt solche, die nicht durch eine Glasscheibe geschützt sind. Da die junge Schauspielerin sich mit großem Interesse diese Ungetüme aus nächster Nähe besieht, trägt sie eine schwere Bindehautentzündung davon.

Furchtbare Schmerzen. Ein Gefühl, als habe sich glühender Sand in den Augen angesammelt. Ein Gefühl, als werde sie in den nächsten Minuten blind.

Fritz Lang rast, es werde doch nicht etwa eine Verzögerung geben? Ein Arzt eilt herbei, tropft Kokain in die schmerzenden Augen. Die Folge: Die Pupillen werden unnatürlich groß. Jede Kerze scheint Gerda jetzt ein Lichtmeer zu sein, die Scheinwerfer bohren sich in ihren Schädel wie Dolche. Sie schüttelt den Kopf: So kann sie nicht filmen. Sie will nach Hause. Sie will weiter nichts, als sich irgendwohin verkriechen, wo es sehr dunkel ist.

Fritz Lang brüllt: „Du bist wohl verrückt geworden? Das Atelier kostet Geld. Wir können hier nicht wochenlang warten!"

Gerda ist am Ende ihrer Kräfte. „Kann nicht eine andere Schauspielerin . . .?" Die ganze Karriere ist ihr egal. Sie will nur Ruhe. Finsternis.

„Da müssen wir ja die ganzen Außenaufnahmen noch einmal drehen!"

„Aber ich sehe überhaupt nichts . . .!"

Sie probt mit geschlossenen Augen. Willy Fritsch zählt ihr die Schritte vor, damit sie nicht gegen Möbelstücke rennt. Sie weint vor Schmerzen. Sieht Lang es nicht? Natürlich, also er will es nicht sehen.

„Achtung – Aufnahme!"

Lang steht neben der Maurus: „Jetzt mußt du aber die Augen wieder aufmachen!" Er ist plötzlich sehr ruhig. Sie reißt die Augen auf. Sie sieht nichts. Aber die anderen müssen doch sehen, daß sie ganz unnatürliche, ganz unmögliche Augen hat. Die Kamera muß es doch sehen!

Am nächsten Abend sagt Lang: „Die Aufnahmen sind ausgezeichnet gelungen."

Die Kamera hat also nichts gesehen . . .

Fritz Lang hat einen Geiger und einen Pianisten ins Atelier bestellt. Jedesmal, wenn Gerda in Tränen ausbrechen soll, beginnt die Musik zu spielen. Gerda, die lange Zeit nicht begreift, daß dies ihretwegen geschieht, gerät schließlich in Raserei. „Kann nicht irgend jemand diesen Leuten sagen, daß sie endlich aufhören sollen!"

Der Regieassistent ist erschüttert. „Endlich aufhören? Aber die Musik ist doch Ihretwegen da, für Sie!"

Die übrige Belegschaft sieht sich an. Diese Neuentdeckung von Lang muß völlig übergeschnappt sein. Anstatt in Stimmung zu geraten, wenn die Geige schmachtet, wird sie ärgerlich über das Geräusch.

Ein Wink von Fritz Lang. Die Musiker verschwinden in der Kulisse.

„Spione" kommt, wie alle Filme von Fritz Lang, im UFA-Palast heraus. Festliche Uraufführung. Ein Parkett von Prominenten. Nach Beendigung des Films Riesenapplaus. Die Maurus erscheint in einem herrlichen Abendkleid, das die UFA zu diesem Zweck spendiert hat, zwischen Willy Fritsch und Fritz Lang. Auch ein anderer Künstler aus Wien darf sich verbeugen, der bei diesem Film zum ersten Male vor der Kamera stand: Paul Hörbiger.

Zuletzt steht Gerda Maurus allein auf der Riesenbühne. Die Leute wollen sie gar nicht abtreten lassen. Sie klatschen wie die Wilden. Sie schreien sich heiser.

Und nun?

Sie könnte bei Joe May arbeiten, sie könnte in anderen UFA-Filmen arbeiten – aber Fritz Lang sagt nein. Fritz Lang hat einen Vertrag, der ihm alle Rechte gibt. Doch das Entscheidende: Es würde Gerda Maurus nie einfallen, nicht zu tun, was Fritz Lang von ihr verlangt. Er hat sie ja zu einem Star gemacht!

Und Fritz Lang sagt: „Du darfst weder Theater spielen, noch anderswo filmen. Aber du mußt boxen lernen!"

„Boxen lernen?"

„Jawohl. Für meinen nächsten Film: ‚Die Frau im Mond'."

In drei Wochen lernt Gerda Maurus boxen. Jeden Morgen um acht Uhr geht sie zum Training zu dem bekannten Türken Sabri Mahir. Sie verblüfft ihre männlichen Partner durch ihre erstaunlichen Körperkräfte, die man dem bildhübschen Wiener Mädchen nicht ansieht.

Eines Tages kommt ein Brief von Max Reinhardt. Er möchte mit der Maurus ein klassisches Stück inszenieren.

Fritz Lang schüttelt den Kopf. „Vergiß Max Reinhardt und sein Theater. Konzentriere dich lieber aufs Boxen!"

Sie tut alles, was Fritz Lang will, denn er hat ja einen Star aus ihr gemacht. Das sagen wenigstens die Leute. Fritz Lang selbst ist der Überzeugung, daß sie noch lange keiner ist. Wenn man ihm glauben darf, so genügt es nicht, einen erfolgreichen Film zu drehen, um ein Star zu sein. Eine Frau muß auch wie ein Star leben können, bevor sie sich so nennen darf.

Leben? Während der Arbeitstage gibt es kein Leben. Da hat man von früh bis spät im Atelier zu stehen. Aber am Sonnabendabend wird groß ausgegangen. Da muß sich das kleine Mädel aus Wien in ein herrliches Abendkleid werfen. Und an der Seite von Fritz Lang, der im Smoking, mit einem Monokel bewaffnet, unerhört gut aussieht, betritt die Maurus die großen Restaurants Berlins, Horcher, das Adlon, das Bristol. Wenn der Geiger Georges Boulanger Fritz Lang eintreten sieht, klopft er ab und beginnt das Wolgalied – sozusagen Langs Leitmotiv. Dann bestellt Lang nach ausführlichen Konferenzen mit dem jeweiligen Ober. Die Maurus muß lernen, wie man Austern ißt, wie man Rebhühner zerlegt, wie man Pfirsiche schält, welche Weine man zu welchen Speisen trinkt. Sie muß lernen, eine Zigarettenspitze nonchalant in der Hand zu halten. Und nachher geht es in eine kleine Wiener Bar, wo eine Heurigenkapelle Wiener Lieder spielt und singt, und der Wiener Lang wird ein wenig sentimental und singt mit.

Die Sentimentalität greift auf den Sonntag über. Lang, der als Junge Wanderungen in den Wienerwald unternommen hat, will am Sonntag in der Umgegend von Berlin – wandern. Der Mercedes-Kompressor bleibt in der Garage. Lang erscheint mit einem Rucksack, auch die Maurus muß einen tragen, und so wandern beide zu Fuß in den Grunewald, pflücken Brombeeren, machen Picknick und kommen, natürlich zu Fuß, wieder in die Stadt zurück.

Lang sagt: „Das Drehbuch ist fertig."

„Zur ,Frau im Mond'?"

„Ja." Er macht eine Pause und meint dann beiläufig: „Übrigens – sie boxt nicht . . ."

REISEN NACH WANNSEE UND ZUM MOND

Noch bevor Fritz Lang seinen nächsten gigantischen Film macht –
diese Bezeichnung ist nicht ironisch gemeint, aber es ist wirklich keine
andere für die Fritz-Lang-Filme möglich –, entsteht ein Film, der das
genaue Gegenteil von gigantisch ist, ein Nichts von einem Film, der so
gut wie nichts kostet und der doch zu den großen Filmen der Zeit
gehört. Es handelt sich um „Menschen am Sonntag".

Ein junger Mann namens Moritz Seeler, der gelegentlich produziert,
hat die Idee, einen Film zu machen. Die Idee ist vorläufig vage. Es soll
ein Mittelding sein zwischen Spielfilm und Dokumentarfilm, ein Film
mit einem Minimum an Handlung. Er gedenkt darzustellen, was die
Berliner am Sonntag, ihrem einzigen freien Tag, tun, Menschen wie du
und ich, die nicht viel Zeit haben und nicht viel Geld und die doch so
gerne etwas erleben möchten. Die ganze Geschichte soll sich an einem
Tag abspielen – von morgens bis abends – in Berlin und Umgebung,
mit ein paar Menschen – typischen Berlinern, und sie soll so einfach
wie nur möglich sein. Es soll keine Komplikationen geben, keine
dramatischen Szenen, überhaupt keine Szenen. Der Film soll so sein,
wie das Leben ist.

Wieviel von dieser Idee auf das Konto Moritz Seelers kommt, kann
später nie festgestellt werden. Denn Seeler ist weniger Gestalter als
Anreger. Seine besten Ideen kommen ihm, während er sich mit
anderen unterhält, und anderen kommen auch die besten Ideen, wenn
sie sich mit ihm unterhalten. Die Unterhaltungen finden natürlich im
Romanischen Café statt. „Die anderen" sind in diesem Falle: der junge
Cutter Robert Siodmak, der noch jüngere Journalist Billy Wilder aus
Wien und der Kameramann Eugen Schüfftan, der seit „Metropolis"
ein berühmter Mann ist.

Die vier gründen das Filmstudio 1929 – obwohl wir erst 1928
schreiben. Irgendwie werden auch fünftausend Mark aufgetrieben,
denn etwas Geld braucht man ja, um einen Film zu machen. Der
Rohfilm muß bezahlt werden, die Miete der Kameras. Freilich, für ein
Atelier ist kein Geld da; für ein Drehbuch auch nicht – Billy Wilder
bekommt schließlich als Autor siebzig Mark –, für Schauspieler schon
gar nicht. Übrigens sollen ja keine Schauspieler mitwirken. Robert
Siodmak, der Regie führt, will seine Darsteller auf der Straße finden.
Wochenlang wandert er durch Berlin, findet Menschen, die ihm die
richtigen Typen für seinen Film zu sein scheinen, spricht sie an, wird
angehört, belächelt oder barsch abgewiesen. Hundertmal sieht es so
aus, als ob aus der Sache nichts werden würde. Aber Siodmak ist zäh.

Siodmak gibt nicht so leicht nach. Und unter tausend Schwierigkeiten kommt der Film zustande. Es wird fast ausschließlich im Freien gedreht. Schließlich gelingt es Schüfftan doch noch, wenigstens für zwei Tage zu ein paar Szenen ein Atelier zu bekommen.

Dann ist aber auch die letzte Mark ausgegeben. Siodmak muß die noch nötigen Meter Film geradezu erbetteln. Die letzte Woche muß er sich, der den Film natürlich selbst schneidet und klebt, durchhungern. Dann ist der Film fertig. Aber wer wird ihn verleihen? Wer wird ihn aufführen? Die Filmgewaltigen lehnen ihn ab. Nur ein einziger Kinodirektor zeigt sich interessiert. Es handelt sich um Hanns Brodnitz, damals Chef der Berliner UFA-Theater, der trotz seiner Jugend – oder vielleicht gerade, weil er noch nicht dreißig ist – einen erstaunlich sicheren Instinkt besitzt, der die ersten schwedischen Garbo-Filme, die ersten Filme mit Jackie Coogan nach Deutschland brachte. Brodnitz läßt sich den Film vorführen, ist fasziniert und setzt ihn im UT. am Kurfürstendamm ein, der späteren Filmbühne Wien.

Der Film startet ohne jede Vorreklame. Die UFA hat kein Vertrauen zu diesem avantgardistischen Film. Es spielt ja niemand mit, der einen Namen hat. Vom Regisseur hat man bisher auch nichts gehört. Schließlich und endlich: Was kann schon an einem Film sein, der nur ein paar tausend Mark gekostet hat?

Und dann kommt der große Erfolg. Die Menschen strömen in diesen Film, der nichts zeigt, als sie selbst, der nichts zeigt, als Berlin an einem Sommersonntag, die Stadt, die sich leert, weil die Menschen hinaus wollen ins Freie, weil sie rudern und segeln und schwimmen, weil sie nach Wannsee fahren, weil sie irgendwo ihre kleinen Abenteuer haben, die nur ein paar Stunden dauern, denn morgen ist Montag, morgen muß wieder gearbeitet werden.

Nein, es spielen keine Schauspieler mit, nur fünf junge Leute, die im Film tun, was sie auch im Leben tun: Der eine ist Chauffeur, der andere ist Angestellter in einer Weinhandlung – das eine junge Mädchen ist Verkäuferin, das andere Mannequin, das dritte Filmkomparsin. Man wird von ihnen nie wieder hören.

Freilich, diejenigen, die den Film gemacht haben, werden nicht in der Versenkung verschwinden. Robert Siodmak wird einer der ersten Regisseure der UFA, Billy Wilder ein ungemein origineller Drehbuchautor und später – in Hollywood – einer der großen Filmregisseure unserer Zeit.

Der kleine Film von der sonntäglichen Reise nach Wannsee ist ein ungeheurer Erfolg geworden. Und wie steht es nun mit dem Fritz-Lang-Film, in dem es auch um eine Reise geht, eine Reise zum Mond?

Es handelt sich also um einen utopischen Film – um Zukunftsträume. Das zeigen, was heute unmöglich ist und morgen vielleicht möglich sein wird. Das, was vielleicht nie möglich sein wird. Die Fahrt zum Mond mit einer Rakete, wie sie nach dem Stand der Wissenschaft 1928/1929 noch nicht möglich ist, aber von der Fritz Lang zumindest glaubt, daß sie den Menschen eines Tages möglich sein wird ...

Aber wie? Mit welchen Mitteln? Unter welchen Voraussetzungen? Fragen, Fragen. Eine solche Fahrt zum Mond stellt die Regie, die Architekten und die Kameraleute vor enorme Aufgaben.

Fritz Lang nimmt seine Aufgabe sehr ernst. Er holt sich den bedeutendsten Fachmann für Raumschiffahrt nach Berlin, Professor Hermann Oberth, einen Mann, der wissenschaftliche Bücher veröffentlicht hat, einen großen, schmalen, gutaussehenden Herrn mit schwarzen Haaren und Augen. Rund zehn Jahre später wird er die Experimente in Peenemünde leiten, die V 1 und V 2 konstruieren ...

Oberth, durch und durch Wissenschaftler, hat keine Ahnung vom Film, ist aber entschlossen, keinerlei Konzessionen zu machen. Entweder dreht Lang den Film so, daß er wissenschaftlich akzeptabel ist, oder er, Oberth, wird ausscheiden.

Er kennt freilich Fritz Lang nicht, der mit seinem Charme und seiner Energie alle Bedenken des Wissenschaftlers überrennt. Er kennt auch Thea von Harbou nicht, die natürlich wieder mit von der Partie ist. Und so bleibt es durchaus nicht bei der pseudo-wissenschaftlichen Fahrt, sondern es muß auch ein bißchen Liebe mit dabei sein. Und das ist wiederum der Grund dafür, daß Willy Fritsch und Gerda Maurus mit von der Partie sind.

Übrigens zeigt sich bald, daß auch die Liebe ihre Grenzen hat, zumindest, wenn sie mit dem Mond in Konkurrenz tritt. Jedenfalls werden später die Zuschauer die Oberfläche des Mondes – in Babelsberg aufgebaut – wesentlich interessanter finden als die etwas alberne Liebesgeschichte. Gewisse Zuschauer glauben sogar, Lang müsse wirklich auf der Oberfläche des Mondes gedreht haben.

Die Handlung in Stichworten:
Die fünf reichsten Männer der Welt, und auch die gescheitesten, beraten, wer das Gold, das sich ohne Zweifel auf dem Mond findet, bekommen soll. Natürlich die fünf. Aber natürlich müssen sie es erst haben, bevor sie es verteilen. Also: Auf zum Mond!

Es geschieht noch viel, bis es soweit ist. Es wird furchtbar hin und her intrigiert. Es gibt Bösewichte, Spione und Agenten. Es dauert im Film fast eine Stunde – und in der Story mehr als ein Jahr –, bevor die

Großraumrakete abgeschossen werden kann. Diese Stunde ist recht langweilig. Die letzten Tage freilich, die letzten Minuten, bevor die Rakete losgeht, sind ungeheuer aufregend. Da ist die riesige Halle, in der sich die Rakete befindet, düster, stumm, unheildrohend. Jetzt wird die Rakete zum Startplatz gebracht. Langsam schleicht sie dahin, wie ein Raubtier vor dem Sprung. Jetzt wird sie in ein Bassin versenkt. Jetzt – endlich, endlich – wird sie abgeschossen. Jetzt rast sie durch den Weltenraum.

Übrigens geht es auf dem Mond auch ganz munter zu. Dafür sorgen schon die Ankömmlinge. Als der Bösewicht schließlich umkommt, atmet man auf. Zu früh! Die Rakete könnte jetzt zurückfliegen – nur: es ist zu wenig Benzin da. Einer der Passagiere muß zurückbleiben. Wer bleibt zurück? Doch nicht, um Gottes willen, Willy Fritsch? Doch nicht, um Gottes willen, die Maurus? Nicht auszudenken! Warum nicht lieber der verrückte Erfinder? Warum nicht alle, alle, wenn wir nur die Maurus und den Fritsch zurückbekommen?

Aber das Schicksal, vertreten durch Thea von Harbou, ist unerbittlich. Es kommt, wie es kommen muß. Die Maurus will sich für den Fritsch opfern. Der Fritsch will sich für die Maurus opfern. Als die Rakete auf Nimmerwiedersehen abgeflogen ist, stellen die beiden Liebenden fest, daß sie beide zurückgeblieben sind. Sie sinken einander in die Arme – sie werden von nun an ganz ihrer Liebe leben können, denn sie sind ja allein auf dem Mond ...

... abgesehen vom Regisseur Fritz Lang, seinen Regieassistenten, seinen Kameraleuten, den Beleuchtern, den Bühnenarbeitern und der übrigen Belegschaft von Babelsberg – denn sie alle sind ja auch auf dem Mond zurückgeblieben, sonst könnte der letzte Kuß des Liebespaares nicht gefilmt werden.

Bis es soweit ist, müssen die Schauspieler eine Menge durchmachen, fast soviel wie in „Spione". Zwar wird „Die Frau im Mond" in drei Monaten abgedreht. Aber drei Monate stets in den gleichen Dekorationen – entweder spielt sich die Handlung in der Rakete oder auf dem Mond ab – wirken wie ein Jahr. Der Mond ist ja ziemlich groß, und deshalb hat Fritz Lang sich die Mondlandschaft in drei nebeneinander liegenden UFA-Ateliers aufbauen lassen. Sein Mond besteht im wesentlichen aus Sand. Und wenn schon Babelsberg nicht zum Mond kommt, so kommt der Mond ... Kurz, der Mond-Sand ist bald überall. In den Kleidern der Darsteller, zwischen den Grammophonplatten, im Essen, in den Taschen, in der Schminke, in den Kameras und in der Nase.

Die erste Weltraumrakete startete 1929, in Fritz Langs Film „Die Frau im Mond". Lang engagierte den Raumschiff-Spezialisten Prof. Hermann Oberth, den späteren Erfinder der V 2, und ließ ihn die Rakete für eine filmische Reise zum Mond konstruieren. Die Besatzung (von links): Friede Velten (Gerda Maurus), Ing. Windegger (Gustav v. Wangenheim), Mansfeldt (Klaus Pohl), Ing. Helius (Willy Fritsch), Turner (Fritz Rasp). Auch ein kleiner blinder Passagier ist mit von der Partie (Gustl Stark-Gstettenbaur).

Rechts oben: Die Rakete ist im Wüstensand der Kraterlandschaft des Mondes gelandet. Die ersten Schritte werden mit Sauerstoffgeräten getan, aber dann stellt sich heraus: Der Mensch kann auf dem Mond atmen! *Rechts unten:* Helius hilft dem blinden Passagier aus dem Mondschlamm.

Die Nervosität aller steigt täglich, ja stündlich. So etwas wie Schützengrabenkrankheit bricht aus. Jeder ist mit jedem böse. Keiner grüßt mehr den anderen. Einige wollen partout aus ihrem Vertrag heraus, obwohl sie doch nun – mitgefangen, mitgehangen – gar nicht mehr herauskönnen, da sie sich ja auf dem Mond befinden, das heißt in einigen bereits abgedrehten Szenen des Films, der niemals zu Ende zu gehen scheint.

Nur die Harbou ist von unverwüstlicher Munterkeit – und strickt.

Lang hat schließlich noch einen grandiosen Einfall. Die UFA soll eine Rakete bauen und sie am Tage der Premiere des Films in den Weltenraum jagen. Oberth wäre auch bereit, die Arbeit zu übernehmen, allerdings nicht, sie in zwölf Tagen zu beenden, wie man es von ihm verlangt. Und so wird die Rakete dann doch nicht gebaut, sie ist der UFA vermutlich zu teuer, ganz abgesehen davon, daß wohl kaum einer, außer Professor Oberth und Fritz Lang, daran glaubt, daß man eine Rakete in den Weltenraum schießen kann.

Die UFA wiederum hat einen anderen Vorschlag. Fritz Lang soll „Die Frau im Mond" synchronisieren. Will er nicht wenigstens ein bißchen Musik und Geräusche einlegen? Denn etwas Absurdes geschah: Dieser hypermoderne utopische Film ist, während er gedreht wurde, altmodisch geworden. Zwar kann man noch nicht auf den Mond fliegen, aber – und das ist für die UFA fraglos bedeutend wichtiger – der tönende Film ist Tatsache geworden.

TONFILMREVOLUTION

Mitte 1928, also ein Jahr vor der Premiere der „Frau im Mond", ist Ludwig Klitzsch wieder einmal nach New York gefahren und hat einige seiner leitenden Herren mitgenommen. Der Grund der Reise ist kein Geheimnis. Es hat sich herumgesprochen daß in Hollywood die ersten Tonfilme gedreht werden. Handelt es sich, wovon viele Sachverständige überzeugt sind, nur um eine vorübergehende Mode? Wenn ja – dann ist alles gut. Wenn nein – dann befindet sich die UFA in Lebensgefahr. Denn eine Umstellung auf den Tonfilm würde Millionen und Abermillionen kosten.

Schon am zweiten Tag des New Yorker Aufenthalts weiß Klitzsch, daß der Tonfilm sich durchsetzen wird. In New York hat er ja schon gesiegt. Zwar laufen am Broadway nur zwei oder drei Tonfilme, und es sind noch keine hundertprozentigen – aber die Kinopaläste, die sie spielen, sind auf Wochen ausverkauft, und die anderen sind leer. Klitzsch hat sich den großen Schlager „The Jazz Singer" mit dem berühmten Al Jolson in der Hauptrolle bereits angesehen und ist tief beeindruckt. Von dem Inhalt des Films, von dem Hauptdarsteller, von der Regie.

Es handelt sich um eine einfache, reichlich sentimentale Fabel:

Ein frommer New Yorker Jude wünscht, daß sein Sohn, der über eine ausgezeichnete Stimme verfügt, Kantor in der Synagoge wird. Dieser Sohn ist im Gegensatz zu seinem Vater nicht fromm, er will nicht sein Leben in der Synagoge und in der strengläubigen kleinen Gemeinde verbringen, er will hinaus in die Welt, will Karriere machen, will leben wie andere Menschen. Nach einer Auseinandersetzung mit dem Vater verläßt er das Elternhaus. Er kommt voran in der Welt. Seine blendende Stimme macht ihn bald zu einem gefragten Sänger. Anstatt als Kantor der Gemeinde Gebete vorzusingen, arbeitet er mit Jazzbands in teuren und mondänen Nachtlokalen, erwirbt die Gunst schöner Frauen, wird auch in Paris und London gefeiert. Aber immer wieder muß er an den Vater denken, den er so tief getroffen hat. Und es zieht ihn nach New York zurück. Er, der berühmte Star, will den Vater anflehen, ihm zu vergeben.
Von trüben Ahnungen erfüllt, nimmt er am Hafen ein Taxi. Er kommt zu spät. Der Vater ist tot. Aber er hat ihm vor seinem Ende verziehen. Und nun steht der berühmte Star in der kleinen engen Synagoge und singt für den Vater das alte hebräische Totenlied.

Dies Nichts von einer Handlung hätte in einem Stummfilm knapp zwei Akte gefüllt. Aber Klitzsch, dem während der letzten halben Stunde des Films, genau wie allen anderen Besuchern des Kinos, die Tränen über die Wangen laufen, begreift: der Tonfilm hat eben andere Gesetze als der stumme Film. Die Szenen werden länger ausgespielt, müssen es, weil ja der Dialog gesprochen wird, anstatt mit ein paar Zwischentiteln angedeutet zu werden. Die Drehbuchautoren müssen sich umstellen.

Aber Handlung hin, Handlung her. Wie ist dieser Film gemacht! Wie großartig ist die Regie – großartig, weil so unendlich diskret, zurückhaltend, sich meist auf Andeutungen beschränkend. Und dann dieser Al Jolson! Klitzsch und seine Leute erfahren, daß er bisher Revuestar am Broadway war, daß er noch nie einen Film gemacht hat, weil keine Filmgesellschaft ihm zahlen konnte, was er beim Theater verdiente. Jetzt hat man ihm 150.000 Dollar für diesen Film gezahlt!

Und 200.000 für den nächsten, der gerade fertig geworden ist, und den Klitzsch infolge seiner Beziehungen schon vor der Premiere zu sehen bekommt. Dieser Film heißt: „The Singing Fool" und zeigt Al Jolson als großen Revuestar. Eigentlich spielt er sich diesmal selbst, er singt die Songs, mit denen er auf der Bühne berühmt geworden ist, und er singt sie, wie er sie meist auf der Bühne gesungen hat: als Neger geschminkt.

Da ist eine Geschichte von einer unglücklichen Ehe und von einem kleinen Jungen, der, als die Ehe auseinandergeht, bei der Mutter bleibt. Und da gibt es einen Song, den der kleine Junge so liebte, und den der Vater unendlich oft für ihn singen mußte: den Song vom „Sonny Boy".
Der Junge wird schwerkrank. Man ruft den Vater an sein Bett, aber er kann nicht bleiben: er muß ins Theater, sein Auftritt ist fällig. Er kommt heraus, will seine Witzchen machen, wie immer, aber die bleiben ihm im Hals stecken. Als ihm sein getreuer Diener und Garderobier aus der Kulisse heraus durch Zeichen kundtut, daß der Junge gestorben ist, beginnt er noch einmal das Lied vom „Sonny Boy". Er legt sein ganzes Herz hinein und seinen ganzen Schmerz.
Die hinter der Bühne wissen, was vorgeht. Sie sind erschüttert. Die im Orchester spielen die Begleitung mit letzter Hingabe. Sie müssen sich zusammennehmen, um Haltung zu bewahren. Und doch wischt sich dieser und jener verstohlen eine Träne aus dem Auge. Die Zuschauer, die nicht wissen können, was vorgeht, ahnen doch instinktiv, daß dies keine gewöhnliche Theatervorstellung ist. Der als Neger geschminkte Star dort oben auf der Bühne kann nicht zu Ende singen, die Tränen laufen ihm über das Gesicht und verwischen die Schminke. Die Stimme bricht. Der Vorhang muß fallen.

Ludwig Klitzsch ist so bewegt, daß er lange nicht sprechen kann. Schließlich murmelt er: „So einen Jolson brauchten wir! Die in Hollywood haben es leicht, Tonfilme zu machen mit solchen Schauspielern!" Klitzsch weiß nicht, daß es Hollywood keineswegs leicht hat. Hollywood ist in diesem Augenblick in keiner beneidenswerten Situation. In Hollywood ist Revolution ausgebrochen, und alles geht drunter und drüber: Geburtswehen des Tonfilms.
Wie einfach war doch alles, bevor man herausfand, daß der Film auch sprechen kann. Die Direktoren der großen Gesellschaften haben das nicht jetzt erst entdeckt – sie wußten es schon seit Jahren –, aber sie hatten die Erfindungen, die den Film tönend machen, aufgekauft und

sie aufs tote Gleis geschoben. Denn das Geschäft war leichter und besser, solange der Film stumm blieb. Man bedenke: Ein stummer Film war überall spielbar. Die großen Gesellschaften exportierten in fünfzig bis achtzig Länder. Alles, was dazu nötig war: eine Übersetzungsabteilung, in der ein paar Dutzend unterbezahlter Angestellter saßen, die Englisch und je eine andere Sprache schreiben konnten und die den Vorspann und die Zwischentitel übersetzten. Die Kosten dieser Übersetzungen waren, absolut gerechnet, lächerlich gering. Dies sollte nun anders werden? Warum?

Die drei Brüder Warner waren es, die das Geschäft verdarben. Sie machten den ersten Tonfilm. Und mit gutem Grund. Ihre Firma stand vor dem Zusammenbruch. Sie steckte millionentief in Schulden. Nur eine große, gelungene Spekulation konnte sie retten. Der Tonfilm schien ihnen eine aussichtsreiche Spekulation. Sie machten ein paar Versuche mit Kurzfilmen, ließen den stummen Don-Juan-Film – der berühmte John Barrymore spielte die Hauptrolle – mit Musik und einigen Geräuschen untermalen und holten sich schließlich Al Jolson. Und nun müssen natürlich die anderen Produzenten mit. Sie können nicht weiter stumme Filme machen, nachdem der Tonfilm seinen Siegeslauf angetreten hat.

Über Nacht steht Hollywood kopf. Was sind die Stummfilmstars noch wert, denen man Millionen nachgeworfen hat, jetzt, da sie sprechen oder gar singen sollen? Wer von ihnen kann schon sprechen? Mit Grauen wird man sich in den Direktionsbüros darüber klar, daß ein außerordentlich hoher Prozentsatz der Stars aus Europa gekommen ist und kein Englisch kann.

Nehmen wir nur einmal Emil Jannings. Er ist vor drei Jahren in Hollywood eingetroffen, er ist auch hier von Erfolg zu Erfolg geeilt, seine Filme wurden preisgekrönt, die Briefe, die die Enthusiasten an ihn schreiben, füllen Körbe. Aber Jannings hat nie einen Zweifel daran gelassen, daß er Englisch weder gut noch gern spricht. Natürlich könnte man für ihn eine Rolle schreiben, in der ein Akzent nichts ausmacht – aber Jannings will das nicht. Lieber geht er nach Deutschland zurück.

Oder da ist Pola Negri, die niemals gelernt hat, gut Deutsch zu sprechen und deren Englisch, wenn sie auch nur den Mund auftut, ihren polnischen Ursprung verrät. Oder da ist Conrad Veidt. Da sind vier, fünf prominente französische Schauspieler, ein paar Ungarn, ein paar Schweden. Und vor allem: da ist die Garbo.

Ja, das junge Mädchen, das man vor vier Jahren so sang- und klanglos aus Berlin hat wegziehen lassen, ist bereits die Garbo, „die" dreimal unterstrichen, das Idol Amerikas und Europas, der Glücksfall einer orchideenhaft schönen Frau, die außerdem eine große Schauspielerin ist. Kann sie Englisch sprechen? Kann sie akzentfrei Englisch sprechen? Eine Frau, die im Film und Publikum von allen Männern angeschmachtet wird, darf keinen unangenehmen Akzent haben. Der Zauber wäre weg.

Die Produzenten raufen sich die Haare. Es sind ja nicht nur die Ausländer, die ihnen Sorge machen. Wer von den amerikanischen Künstlern kann denn richtig sprechen? Jetzt rächt es sich furchtbar, daß man es in Hollywood – zum Unterschied von Berlin und Paris – gar nicht versucht hat, die guten Bühnenschauspieler für den Film zu interessieren, daß man vielmehr junge Männer und junge Mädchen heranholte, die hübsch aussahen, allenfalls gut reiten und küssen konnten – mehr brauchten sie wirklich nicht zu können.

Kann Ramon Novarro sprechen? Kaum. Kann der erste jugendliche Liebhaber Hollywoods, der Partner der Garbo, John Gilbert, sprechen? Er hat eine Fistelstimme, die geradezu in groteskem Widerspruch zu seiner männlich schönen Erscheinung steht. Den Produzenten bricht der Schweiß aus. Sie engagieren ein ganzes Heer von Sprachlehrern. Die schütteln nur die Köpfe, wenn die berühmten Stars den Mund auftun. Sie reden von „Stimmkultur", vom „rollenden R", vom „mehr vorn sprechen"! Und dann geraten sie in Verzweiflung und sagen, es würde nie werden.

Die Produzenten telegrafieren ihren New Yorker Agenten, und die wiederum engagieren alle erfolgreichen New Yorker Schauspieler, überhaupt alle Schauspieler und Schauspielerinnen, deren sie habhaft werden können; es kommt zu einer regulären Invasion des New Yorker Broadway in Hollywood.

Die Ankömmlinge haben zwar Stimmkultur, sprechen „vorn", rollen das „R", wie das „R" nur gerollt werden kann, aber sie wissen gar nichts vom Film, sie agieren, daß die Wände wackeln.

Kurz: Hollywood hat seine Sorgen . . .

Klitzsch ist aus der Vorführung des „Singing Fool" in sein Hotel zurückgekehrt, ins „Plaza" an der Fifth Avenue beim Central Park. Er brütet düster vor sich hin. Um ihn herum sitzen die Herren, die mit ihm aus Deutschland herübergekommen sind, und machen ebenfalls Gesichter, die verraten, daß sie nicht gerade besonders vergnügt sind. Sie wissen, daß es um Sein oder Nichtsein der UFA, ja des deutschen Films geht. Soll man Tonfilme machen? Soll man keine machen? Sie grübeln lange. Die Kapelle im Oak Room, dem eleganten Restaurant des „Plaza", spielt die Ouvertüre zum „Tannhäuser". Sie spielt sie nicht sehr gut, aber jedenfalls spürt Klitzsch, daß er dieses Musikstück kennen sollte. Er sagt: „Das ist doch...!" Er greift nach dem Programm, studiert es und fährt fort: „Das ist doch die Ouvertüre zu Richard Wagners ‚Tannhäuser'."

Seine Begleiter nicken, obwohl sie es nicht gewußt haben.

Klitzsch greift ein zweites Mal nach dem Programm und studiert es mit steigendem Interesse. Er stellt fest, daß am heutigen Abend der zweite Satz der „Unvollendeten" von Schubert gespielt wird, ein Potpourri aus „Zar und Zimmermann", das Scherzo aus dem „Sommernachts-traum", ein Walzer von Johann Strauß.

„Hochinteressant", erklärt Ludwig Klitzsch. „Fast alle Musikstücke sind deutsch. Wirklich hochinteressant! Das bedeutet, daß die Ameri-kaner deutsche Musik lieben!"

Und dann sagt Klitzsch – so zumindest will es die Überlieferung –: „Die geistige Musikalität des deutschen Volkes wird den gerechten Anteil an der Entwicklung des Tonfilms haben!"

Kein sehr guter deutscher Satz, nicht einmal, wenn man ihn sächsisch ausspricht. Was Klitzsch sagen wollte, ist wohl, daß ein Volk, das so viel große Musik produziert hat, auch Komponisten für gute Tonfilme produzieren würde und daß von den fünfundsechzig Millionen Menschen, die gern gute Musik hören, auch einige Millionen Tonfilme, Musikfilme ansehen und anhören würden.

Möglich, daß die Tannhäuser-Ouvertüre ihn zum Entschluß getrieben hat, Tonfilme zu produzieren. Wahrscheinlicher, daß sie ihn in diesem Entschluß bestärkte. Wie dem auch sei: Dieser Entschluß ist entschei-dend für die Zukunft der UFA und die Zukunft des deutschen Films überhaupt. Und das Klitzsch diesen Entschluß gefaßt hat, macht ihn zu einer Persönlichkeit, die aus der Geschichte des deutschen Films nicht mehr wegzudenken ist.

Er fährt so schnell wie möglich nach Berlin zurück und bittet seinen Chef Hugenberg, den Aufsichtsrat der UFA einzuberufen. Niemand von den Herren, die sich einfinden, ahnt, worum es sich handelt. Nur Hugenberg ist natürlich informiert.

Klitzsch erstattet kurz Bericht über das, was er in Amerika gesehen hat. Er zieht das Resümee: „Der Tonfilm kommt, meine Herren! Noch ist die UFA in der Lage, die Entwicklung zu steuern. Aber wenn wir warten, drei oder vier Jahre, ja vielleicht auch nur ein halbes Jahr, wird die Entwicklung über uns hinweggehen, und die UFA wird ihre führende Stellung im Filmleben Europas verlieren!"

Er macht eine kleine Pause und fährt dann fort: „Ich muß Sie deshalb

77

um neue Gelder ersuchen. Die UFA benötigt zur Umstellung auf den Tonfilm achtzehn Millionen Mark. Und zwar sofort!"

Schweigen. Achtzehn Millionen Mark! Das ist ja fast so viel Geld, wie man in die UFA gesteckt hat, als Herr von Stauß sie verkaufte! Und wenn die Umstellung auf den Tonfilm nicht klappt? Wenn das Geld verloren ist? Nicht auszudenken!

Plötzlich fangen sie alle an zu reden, plötzlich springen sie auf und drängen sich um Klitzsch. Achtzehn Millionen Mark! Das ist doch entsetzlich viel Geld! Und dazu auch noch per sofort! Geht es nicht billiger? Kann man nicht wenigstens erst einmal ein paar Versuche machen?

Einige Herren des Aufsichtsrats äußern sich höchst optimistisch. „Sie werden sehen, Herr Generaldirektor, es handelt sich beim Tonfilm nur um eine vorübergehende Mode. Die Deutschen sind nicht so verrückt wie die Amerikaner. Bei uns in Deutschland bleibt der Film stumm!"

Auf diese Weise entsteht eine Verzögerung, und diese Verzögerung ist die Ursache dafür, daß nicht die UFA den ersten Tonfilm in deutscher Sprache herausbringen wird. Ironie der Geschichte! Die ersten Tonfilmversuche sind – sieht man von den Experimenten des alten Edison ab, der lediglich versuchte, das Ablaufen einer Grammofonplatte und eines Films zu synchronisieren – von Deutschen unternommen worden.

Es handelte sich um drei Männer, um den Physiker Dr. Joe Engl, den Mechaniker Joseph Massolle und den Feinmechaniker Hans Vogt, die sich im Krieg getroffen hatten, sich nachher zusammentaten und bis 1922 den Tonfilm entwickelten. Als sie ihr ganzes Geld in Experimente gesteckt hatten, holte sie Erich Pommer zur UFA, wo sie das „Tri-Ergon"-Verfahren weiterentwickelten. Bis dann im Zuge der Sparmaßnahmen die betreffende Abteilung abgebaut und sämtliche Patente und Tri-Ergon-Rechte an ein Schweizer Konsortium für die lächerliche Summe von 60.000 RM verkauft wurden. Von dieser Gruppe erwarb William Fox, Gründer der gleichnamigen Gesellschaft, eine amerikanische Lizenz, um den Brüdern Warner Konkurrenz machen zu können. Der große elektrische Konzern Amerikas, die Western Electric, stellt sich in diesem Kampf hinter Fox – oder brachte es fertig, seine Lizenz in ihre Hand zu bekommen – und siegte dann über die Konkurrenz, so daß die ursprünglich deutsche Erfindung bald den amerikanischen Markt beherrschte.

Übrigens haben noch andere Männer in Deutschland Tonfilmerfindungen gemacht, und nicht nur in Deutschland, sondern auch in Frankreich, England und vor allen Dingen in Holland, wo der

Küchenmeister-Meisterton bestimmend ist. Es wimmelt nur so von Tonfilmpatenten, und schon bereiten sich die ersten Prozesse der Patentinhaber gegeneinander vor, in denen jeder jeden des geistigen Diebstahls bezichtigen wird.

Ganz plötzlich kommt es dann doch zu einer Einigung zwischen der Tri-Ergon-Musik-AG., St. Gallen, der deutschen Tonfilm-AG. in Hannover und anderen Gesellschaften, besonders der Küchenmeister-Meisterton KG in Amsterdam. Im August 1928 wird von ihnen die „Tonbild Syndikat AG" gegründet, die insbesondere nach ihrer Fusion mit „Klangfilm" unter dem Namen „Tobis" bald berühmt und schließlich mächtig wird, da sie die entscheidenden europäischen Patente in der Hand hat. Klitzsch verhandelt inzwischen mit der Western Electric. Sein Aufsichtsrat hat ihm sechs Millionen Mark zur Verfügung gestellt. Western Electric schickt einen ihrer Direktoren, Mr. Otterson, nach Paris, wo das Treffen stattfindet.

Otterson erklärt: „Unsere Apparate sind nicht verkäuflich. Aber wir werden sie Ihnen vermieten. Und Sie spielen Ihre Filme auf unseren Apparaten und zahlen uns einen Prozentsatz der Einnahmen!"

Klitzsch starrt den Amerikaner entgeistert an. Wenn er unterschreibt, steht er wieder genau dort, wo er vor einem Jahr stand. Dann ist er wiederum abhängig von den Amerikanern. Nur daß er diesmal nicht in den Händen der Parufamet, sondern, was noch viel schlimmer sein dürfte, in den Händen der Western Electric sein wird.

Eine Woche später sagt er den Amerikanern ab. Inzwischen ist ihm von den Engländern und den Dänen der Rücken gestärkt worden. Vor allen Dingen aber ist er nach dem Zusammenschluß der verschiedenen Gesellschaften auf dem europäischen Kontinent in der Tobis der Überzeugung, daß man auch ohne die Hilfe der Amerikaner Tonfilme herstellen und vorführen kann.

Klitzsch hat noch einen anderen großartigen Einfall. Genaugenommen ist es der Produktionschef Ernst Hugo Corell, der den Einfall hat. Dieser ausgezeichnete Mann hat sofort begriffen: Die Umstellung auf den Tonfilm kann nur einigermaßen reibungslos vor sich gehen, wenn man jemanden zur Verfügung hat, der schon über etwas Erfahrung auf diesem neuen Gebiet verfügt. Also ist er zu Klitzsch gegangen und hat vorgeschlagen: „Könnten wir nicht versuchen, Erich Pommer zurückzuholen?"

Klitzsch schüttelt den Kopf: „Und das schlagen Sie vor?"

„Jawohl, ich. Warum nicht?"

„Schließlich sind Sie doch sein Nachfolger. Haben Sie nicht Angst davor, daß er . . .?"

„... daß er mein Nachfolger werden will? Nein. Ich glaube, ich werde mich ausgezeichnet mit Pommer verstehen. Aber was mir viel wichtiger erscheint – Pommer ist schließlich der beste deutsche Produzent. Nur er garantiert uns Tonfilme, mit denen wir den Weltmarkt erobern können."

Klitzsch depeschiert an Pommer, und Pommer sagt zu. Er bekommt allerdings auch einen einzigartigen Vertrag von Klitzsch: Obwohl er nur eine der vielen Produktionsgruppen der UFA leiten also, also unter dem Produktionsleiter Corell steht, erhält er ein viel höheres Gehalt als dieser. Das würde wohl mit jedem anderen als Corell zu Schwierigkeiten führen. Aber der interessiert sich nicht für Prestigefragen. Er schwört auf Pommer – und er wird recht behalten. Pommer wird in den nächsten Jahren – bis Hitler an die Macht kommt und er zum zweiten Mal nach Amerika fahren muß – fast alle großen UFA-Tonfilme produzieren ...

Noch ein letztes Mal protestieren die besorgten Mitglieder des Aufsichtsrats: „Wie sollen die Millionen wieder hereingebracht werden?"

„Man wird unsere Tonfilme spielen!"

„Man! Man! Wo werden denn die Filme gespielt werden? In Deutschland, in der Schweiz, in Österreich!"

Und darauf antwortet Klitzsch etwas sehr Entscheidendes: „Unsere Filme werden auch in Frankreich und England gespielt werden, ja sogar in Ungarn und in Spanien! Wir werden nicht nur deutsch drehen, wir werden auch englisch und französisch drehen, wir werden in jeder Sprache drehen, die gewünscht wird!"

Dies ist die Geburt der „Version".

Der erste Film, der in verschiedenen Versionen gedreht werden soll, heißt „Melodie des Herzens".

Es handelt sich um die Geschichte eines Honved-Husaren, der gar zu gern ein Pferd besitzen möchte. Das Mädchen, das ihn liebt, wird schließlich zur Dirne, um ihm das Pferd kaufen zu können. Und er verläßt sie, als er es herausfindet, und wird natürlich todunglücklich.

Der Regisseur dieses Films, der vorbereitet wurde, als noch niemand an Tonfilm dachte, ist Hanns Schwarz. Er befindet sich mit seinen Mitarbeitern und den Hauptdarstellern bereits seit Wochen zu Außenaufnahmen in Budapest. Das Mädchen wird von Dita Parlo gespielt, der Soldat ist eine Rolle für Willy Fritsch.

Fritsch kann Pferde nicht leiden. Schlimmer noch: Pferde können ihn nicht leiden. Deshalb ist seine Sorge, daß das Pferd, das er – im Film –

so gern haben möchte, von einem alten und besonnenen Gaul dargestellt wird. Diesen Gaul muß man mittels Hafer Schritt für Schritt an Willy Fritsch heranlocken. Trotzdem schlägt er jedesmal aus, sobald der Filmschauspieler in die Reichweite seiner Hufe kommt. Dadurch vergeht viel Zeit, bis die Liebesszenen zwischen Fritsch und dem Pferd abgedreht sind. Und noch bevor es so weit ist, kommt ein Telegramm aus Berlin. „Melodie des Herzens" soll auf Tonfilm umgestellt werden.
Die in Budapest starren sich an. Auf Tonfilm umstellen? Wie macht man das?
Eines Tages erscheint ein junger blonder Mann, schlank und groß. Er stellt sich als Fritz Thierry vor. Er sagt: „Ich bin der Tonmeister!" Was heißt denn das?!
Die Schauspieler glauben nicht recht gehört zu haben. Tonmeister? Was ist denn das nun wieder? Sie sollen es bald erfahren. Denn schon am nächsten Abend trifft die Tonapparatur ein. Eine unendlich komplizierte Maschine, die Ähnlichkeit hat mit jener Maschinerie des verrückten Erfinders im Zentrum der Riesenstadt „Metropolis". Als

In fünf Fassungen wurde 1929 der erste UFA-Tonfilm „Melodie des Herzens" gedreht. Vor allem mit Ungarisch hatte es Willy Fritsch schwer. Da verfiel man auf den Ausweg, den Text des Liedchens, mit dem er seiner Juli (Dita Parlo) ein großes Lebkuchenherz überreicht, für die ungarische Fassung auf das Herz zu schreiben.

Fritsch die Tonapparatur sieht, zuckt er zusammen. „Die ist ja noch schlimmer als der ekelhafte Gaul!"

Am nächsten Morgen kommt schon wieder Besuch aus Berlin. Die Schauspieler trauen ihren Augen nicht. Vor ihnen steht Erich Pommer. Er wendet sich an Fritsch, der verdutzt dreinsieht. „Sie werden in diesem Film nicht nur reden, Sie werden auch Singen. Mindestens ein Lied, vielleicht sogar zwei! Was sagen Sie nun?"

Fritsch sagt überhaupt nichts mehr.

Die Außenaufnahmen werden auf das Mindestmaß beschränkt. Dann geht es zurück nach Berlin. Noch steht kein Tonfilmatelier zur Verfügung – wer hat bisher daran gedacht, ein Atelier schalldicht zu bauen? Also kann man tagsüber nicht drehen – der Lärm außerhalb des Ateliers ist viel zu stark. Auch nachts muß abgestoppt werden, wenn die Stadtbahn vorbeirattert. Richtig gearbeitet wird erst nach Mitternacht, wenn keine Züge mehr fahren.

Als man Willy Fritsch die ersten Muster vorführt, bricht er fast zusammen. Alles, was man hören sollte, ist unhörbar, und alles, was nicht gehört werden sollte, ist ungemein laut. Jede Fliege im Atelier hört sich an wie ein Flugzeug, das Surren der Kamera, das Zischen der Scheinwerfer übertönt alles. Ein Zeitungsblatt wird entfaltet – und das hört sich an wie eine Aufnahme des Niagarafalles. Fritsch durchquert ein Zimmer, und man hört nur noch das Krachen und Knirschen des Leders, aber kein Wort von dem, was er spricht. Ja das Geräusch eines Flugzeuges in tausend Meter Höhe wirkt, als sei der Film dieses Geräusches wegen gemacht worden.

Der Regisseur läßt Räume für die Aufnahmeapparate bauen, läßt schwere Decken über Wände und Türen hängen. Bald gibt es keine frische Luft mehr im Atelier, es wird heißer und heißer, und man hört bei der Vorführung der Muster ganz deutlich, wie die Schauspieler schwitzen.

Es naht der große Tag, an dem Willy Fritsch singen soll: „Bin kein Hauptmann, bin kein großes Tier, sondern nur ein ungarischer Honved-Musketier . . ."

Pommer hat sich persönlich eingefunden. Als Fritsch eine Strophe gesungen hat, unterbricht er: „Herr Fritsch muß sofort Gesangstunden nehmen!" erklärt er trocken. Willy Fritsch nimmt also in Gottes Namen Gesangstunden. Und nach vierzehn Tagen ist es wieder soweit. Und es erweist sich, daß alle Stunden umsonst waren. Denn der Schreck lähmt alle diejenigen seiner Muskeln, die für den Gesang in Frage kämen, als ihm Pommer mitteilt:

„Mein lieber Herr Fritsch, Sie singen natürlich nicht nur deutsch. Sie müssen das Lied auch englisch, französisch und selbstverständlich ungarisch singen."

„Ungarisch?" ruft Fritsch entsetzt.

„Ja natürlich, ungarisch. Was ist schon weiter dabei?" fragt Pommer, der kein Wort Ungarisch sprechen oder verstehen kann. „Gerade von dem ungarischen Geschäft versprechen wir uns viel!"

„Ich sagte das ja auch nur so . . .", murmelte Fritsch, dem schon alles gleichgültig wird. Seinen deutschen Text kann Fritsch natürlich auswendig. Die fremdsprachigen Texte liest er von „Negern" ab, schwarzen Tafeln, auf denen sie mit weißer Kreide aufgeschrieben sind. Die Neger stehen außerhalb des Bildes, so daß die Kamera sie nicht erfassen kann. Wohin auch Fritsch blickt – überall starren ihm englische, französische und ungarische Texte von den Tafeln entgegen. Entsetzlich!

An jener Stelle des Liedes, wo er zu singen hat: „Bin kein Hauptmann, bin kein großes Tier . . .", will der Regisseur, daß er Dita Parlo liebevoll anblickt. Aber wie kann er sie liebevoll anblicken, wenn er immerfort die „Neger" mehr oder weniger liebevoll anstarren muß! Hanns Schwarz hat die erlösende Idee. Der Neger für jene Stelle wird auf das große Lebkuchenherz geklebt, das Dita und Willy gemeinsam in den Händen halten.

Wirklich verzweifelt wird die Situation erst, als Willy Fritsch erfährt, daß er das andere Lied singen muß, während er reitet. Er weigert sich. Wie soll er zur gleichen Zeit reiten und singen! Wenn er auf einem Pferd sitzt, ist ihm nicht nach Singen zumute, sondern mehr danach, um Hilfe zu schreien. Es wird nicht gehen.

Aber Pommer ist unerbittlich.

„Und die Neger? Wo werden die Neger stehen?" will Fritsch wissen.

„Die stehen auf dem Wagen, auf dem die Kamera vor Ihnen herfährt!" erklärt der Regisseur Schwarz.

Und nun geht es los. Tagelang reitet Fritsch durchs Atelier, krampfhaft lächelnd, mit einem Auge auf den Neger schielend, mit dem anderen auf das Pferd, und singt sein lustiges Lied. Der Höhepunkt kommt, als er die ungarische Version singen muß, wobei der ungarische Sprachlehrer, der herbeigeholt worden ist, sich noch besonders wichtig macht und großspurig sagt: „Joi, haben Sie eine Ahnung von Ungarisch, Freund!"

DRITTER TEIL · DIE NEUE GARDE

DER MANN AM KRONLEUCHTER

Willy Fritsch ist einer der wenigen Glücklichen, der sich sozusagen
automatisch vom Stummfilmstar zum Tonfilmstar entwickelt, weil er
in einem Stummfilm spielt, aus dem ein Tonfilm wird. Die meisten
Stummfilmschauspieler müssen erst zahlreiche Probeaufnahmen
machen, um festzustellen, ob ihre Stimme „kommt" oder nicht. Einer,
von dem alle Fachleute überzeugt sind, daß seine Stimme nicht
„kommt", ist Hans Albers. Aber das scheint keine sehr wichtige Frage
zu sein. Denn wo befindet sich Hans Albers noch ein Jahr, bevor er
seinen ersten Tonfilm macht? Er hängt an einem Kronleuchter.
Jawohl, an einem Kronleuchter, und dazu noch im Frack. Der
Kronleuchter befindet sich in der Komischen Oper, einem zweitklassigen Varieté-Theater in Berlin, wo man die Revue „Tausend nackte
Beinchen" spielt.
Viele hundert Augen starren auf Albers, der am Kronleuchter hängt.
Was wird geschehen? Wird er herunterspringen in das mit Wasser
gefüllte Bassin, das auf der Bühne steht? Es müssen vom Kronleuchter
bis zum Bassin gut zwanzig Meter sein, denken die Zuschauer atemlos.
Vielen bricht der Schweiß aus, es ist ihnen nicht wohl, es wäre ihnen
geradezu lieb, wenn Albers am Ende doch nicht herunterspringen
würde. Das Orchester hat aufgehört zu spielen. Jetzt schlägt der
Trommler einen Wirbel, die Spannung wächst ins Unerträgliche, ein
Aufschrei, Albers ist heruntergesprungen. Einige Sekunden später
verbeugt er sich, noch von Wasser triefend. Aber schon in der
nächsten Szene soll er in einem anderen, frischgebügelten Frack
auf der Bühne stehen, was bedeutet, daß er sich das nasse Gewand
auf der Treppe zur Garderobe abreißen, das neue auf dem Wege
von der Garderobe zur Bühne zurück überziehen muß. Jeder Hand-
griff, das Knöpfen jedes Knopfes ist mit der Stoppuhr berechnet.
Wenn Albers auch nur ein einziges Mal stolpern, wenn er mit einem
Arm den hingehaltenen Frack verfehlen würde, der ganze Auftritt
wäre verpfuscht.

Und es sieht ganz so aus, als würde er dergleichen noch viele Jahre tun, jeden Abend, auch sonntags nachmittags zu halben Preisen. Es sieht ganz so aus, als ob der Schauspieler Hans Albers es nicht weiterbringen wird, denn von einem zweitklassigen Varieté-Theater wie der Komischen Oper aus ist eine künstlerische Karriere zu Reinhardt, zum Film nicht denkbar.

Das Geburtsdatum von Hans Albers ist, wie das bei Filmstars vorkommen soll, nicht eindeutig festzustellen. Es schwankt zwischen dem 22. September 1891 und 1893. Wie dem auch sei: Der Vater ist wohlsituierter Schlachtermeister in der Langen Reihe in Hamburg, die Mutter eine Bäuerin aus den Vierlanden, jener fruchtbaren Landschaft um Bergedorf bei Hamburg herum. Beide Eltern sind groß und blauäugig. Der Vater sieht ungewöhnlich gut aus, die Mutter, der Hans wie aus dem Gesicht geschnitten zu sein scheint, ist geradezu eine Schönheit. Es gibt sechs Kinder, vier Mädchen und zwei Söhne. Hans ist bei weitem der Jüngste und wird infolgedessen von der Mutter ungemein verwöhnt. Er ist für sie „min Jung" schlechthin und wird es immer bleiben. Noch später, als Hans Albers schon berühmt ist, noch als Dreiundachtzigjährige, wird sie zu allen Albers-Filmen ins Kino gehen, wird alle Kritiken lesen und wird sich entsetzlich ärgern, wenn „min Jung" verrissen wird. Hans ist nicht gerade das, was man einen guten Schüler nennt. Auch wäre es übertrieben, zu behaupten, daß er seelisch leidet, wenn die Lehrer über ihn die Köpfe schütteln und ihm eine schlimme Zukunft prophezeien. Ja, es muß gesagt werden, daß er überhaupt keinen Respekt vor der Lehrerschaft hat.

Was er werden will? Seitdem er das erste Mal im Theater war, gibt es für ihn keinen Zweifel mehr. Natürlich muß er zur Bühne! Der Vater ist nicht sehr begeistert davon, erklärt sich aber bereit, die Bühnenkarriere seines Sohnes zu finanzieren, falls ein bekannter Hamburger Regisseur ihm bestätigt, daß Hans Talent hat. Der Regisseur bestätigt leider nur die trübsten Ahnungen des Vaters. „Junger Mann, geben Sie alle Hoffnungen auf!" sagt er zu Hans Albers. Der denkt gar nicht daran. Zwar wird er in die kaufmännische Lehre gesteckt, aber insgeheim nimmt er Schauspielstunden und wird schließlich für eine mit bloßem Auge kaum sichtbare Gage an das Frankfurter Neue Theater engagiert, wo er fast nichts zu sprechen bekommt. Dann geht es in die Provinz, nach Güstrow, für sechzig Mark pro Monat, wo er alles spielen muß: Heldenväter, Bösewichte, Salonschurken . . .

Der Vater fährt nach Güstrow, um sich seinen Sohn einmal anzusehen. Er sitzt erwartungsvoll in der zweiten Reihe und ist recht enttäuscht, weil er Hans durchaus nicht entdecken kann. Wie kann er ahnen, daß

jener Greis, dessen Gesicht hinter einem ungeheuren weißen Bart
verborgen ist und der wie ein vom Zipperlein Geplagter ganz gebückt
umherschleicht, sein Sohn ist?

Als Hans es ihm nach der Vorstellung mitteilt, kann sich der Vater nur
mühsam begeistern. Er ist überzeugt davon, daß sein Sohn einen
großen Fehler gemacht hat, als er zur Bühne ging, und daß er
hoffentlich noch die Vernunft aufbringen wird, einer Laufbahn ohne
jede Aussicht zu entsagen. Das tut er nicht, aber der Direktor in
Güstrow entschließt sich, Hans Albers zu entsagen. Dies geschieht
gleich nach einer Vorstellung von „Wilhelm Tell", in der der Direktor
natürlich den Tell spielt. Während seines großen Monologs „Durch
diese hohle Gasse muß er kommen!" fällt ein Baum um, und kein
anderer als Hans Albers, der in der gleichen Aufführung den Melchthal
zu spielen sowie in großen Szenen als Volksgemurmel mitzuwirken
hat, ist für jenen Unglücksbaum verantwortlich. Siehe Vertragspassus
„Umbauverpflichtung".

Fristlose Entlassung. Aber es gibt ja so viele Provinzbühnen und
Schmieren in Deutschland. Irgendwo findet sich immer ein Platz für
den blonden jungen Mann.

Und dann kommt der Weltkrieg. Verwundung. Urlaub in Berlin. Zum
ersten Male sieht Albers wirklich gutes Theater. Kaum ist er an die
Front zurückgekehrt, wird er wieder verwundet. Man will ihm sogar
das Bein abnehmen. Er protestiert. Lieber tot, nur kein Krüppel!

Das Bein wird nicht amputiert. Aber der Krieg ist für Albers zu Ende.
Er geht zuerst nach Wiesbaden, dann nach Berlin, um Theater zu
spielen und um zu filmen.

Wie ist Albers zum Film gekommen? Er saß in einem Café und brütete
vor sich hin. Mag sein, daß er darüber nachdachte, wie er seine
Spielschulden bezahlen sollte, mag sein, daß er überhaupt nichts
dachte. Albers stierte gern vor sich hin. Alle, die ihn kennen, haben
immer wieder festgestellt, daß ihm die Fähigkeit des Brütens in
besonderem Maße zuteil geworden ist . . .

Ein Aufnahmeleiter ging am Tisch vorbei, stutzte, ging weiter, kam
zurück, baute sich vor ihm auf und ließ sich wie folgt vernehmen:
„Sind Sie Schauspieler?"

„Es gibt einige Leute, die das verneinen würden!" sagte Albers.

„Haben Sie schon mal gefilmt?" Nein, das hatte Albers noch nicht.
Und er war auch im Augenblick nicht sehr scharf darauf, zu filmen. Er
verachtete die „Flimmerkiste", hielt sie für unkünstlerisch und
glaubte, daß der Film allenfalls eine vorübergehende Unterhaltungs-
mode sei . . .

Aber der Mann war nicht abzuschütteln. „Wollen Sie morgen bei uns filmen?" fragte er, und da er an der Miene des Schauspielers sah, daß der nicht wollte, fuhr er mit erhobener Stimme fort: „Sie bekommen acht Mark pro Aufnahmetag!"

In diesem Augenblick stellte Albers, der die Hände in den Hosentaschen hatte, fest, daß sich sonst nichts in diesen Hosentaschen befand. Und vor ihm stand eine Tasse Kaffee, die er zwar erst zur Hälfte getrunken hatte, aber in der allernächsten Zukunft ganz würde bezahlen müssen. Würde der Ober ihm noch weiteren Kredit gewähren? Gerade jetzt stand er ganz nahe am Tisch und spitzte seine Ohren. „Acht Mark, sagten Sie?" wiederholte Albers so laut, daß der Ober es nicht überhören konnte. „Nun gut, dann werde ich eben Filmschauspieler!"

1917 wirkte er bei einem Filmdrama mit, das den Titel „Mut zur Sünde" führte, und dessen Star die Nackttänzerin Olga Desmond war. Es folgten „Rauschgold" und „Rache des Gefallenen", zwei Werke, von denen heute niemand mehr irgend etwas weiß, die Mitwirkenden nicht ausgenommen. Albers hatte die Tatsache, daß er in den nächsten Jahren ungezählte – in des Wortes wahrster Bedeutung ungezählte – Filme machte oder in ihnen mitwirkte, weniger sich selbst als vielmehr der Konjunktur zu verdanken. Es gab viele Firmen, die in drei, vier Tagen einen Film herstellten, und selbst große Filme wurden in drei bis vier Wochen abgedreht. Es gab Stummfilmstars, die sechs oder gar zwölf Filme pro Jahr spielten – und wohlgemerkt, das waren die Stars, die schließlich in den meisten Szenen vorkamen. Die Chargenspieler, die einen oder bestenfalls zwei Drehtage hatten, konnten bequem im Monat ihre zehn bis fünfzehn Filme machen. Ein solcher Chargenspieler war Hans Albers.

Konjunktur. Es wurden so viele Filme gemacht, daß es gar nicht genug Schauspieler gab, um sie alle zu besetzen. Wenn man ein „verwendungsfähiger" Typ war, konnte man so viele Engagements haben, wie man wollte. Hans Albers war verwendungsfähig. Zudem war er ungemein elegant. Auch das spielte in dieser Zeit eine Rolle, daß einer seinen eigenen Frack und seinen eigenen grauen Gehrock, seinen Smoking stellen konnte.

Welche Rollen spielte Albers? Immer eine unsympathische. Er war niemals auf der Seite des Gesetzes, er durfte nie eine Figur verkörpern, für die das Publikum zitterte, er war, im Gegenteil, der Bösewicht, der Intrigant, der schlechte Kerl. Mit Vorliebe wurde er als Lebemann, Schieber oder Ganove eingesetzt, gelegentlich auch als Ehebrecher oder als einer, dem es beinahe gelang, die Frau, Braut oder Geliebte des

Helden zu verführen. Denn in letzter Minute kam der Held und verprügelte Hans Albers ganz fürchterlich. Manchmal spielte Albers auch einen Grafen oder einen Baron. Aber gewöhnlich stellte sich dann heraus, daß der Graf gar kein Graf war und der Baron kein Baron.

Im Jahre 1927 schien er einen gewissen Tiefpunkt erreicht zu haben. Denn in den Personenverzeichnissen war sein Name nur noch erwähnt unter: „Weiter wirken mit." Es sah alles recht aussichtslos für ihn aus beim Film, und auch beim Theater ging es nicht viel besser. Er war sozusagen von Stufe zu Stufe gesunken, und die Komische Oper war schon eine der letzten oder vorletzten Stufen für einen Schauspieler. Und da kommt die große Chance.

In Max Reinhardts Deutschem Theater haben die Proben zu Ferdinand Bruckners „Verbrecher" begonnen. Darüber, daß Ferdinand Bruckner, der vor einem halben Jahr einen Sensationserfolg mit seinem Drama „Krankheit der Jugend" gehabt hat, in Wirklichkeit der bisher erfolglose Theaterdirektor Theodor Tagger ist, sind nur einige wenige informiert. Die Öffentlichkeit weiß lediglich, daß Bruckner ein Pseudonym ist, hat keine Ahnung, wer sich hinter diesem Pseudonym verbirgt.

Was nun das neue Drama von Bruckner angeht, so spielt es in einem Wohnhaus, das vertikal aufgeschnitten ist, so daß man zur gleichen Zeit in je drei Zimmer in drei Etagen, also in neun Räume, blicken kann. Man sieht dort viele Schicksale sich erfüllen, Menschen in allen Tonarten glücklich und unglücklich werden.

Der große Max Reinhardt will das Stück selbst inszenieren. Dieser ungewöhnliche Regisseur hat den ungewöhnlichen Einfall, das ganz aufgeschnittene Haus auf eine versenkbare Bühne zu stellen, auf einen ungeheuren Fahrstuhl also, der das Haus jeweils so weit aus dem Keller heraufhebt, wie es gerade nötig ist. Es stellt sich aber heraus, daß, um dieses Projekt durchzuführen, ein kleiner unterirdischer Fluß, der sich unter dem Deutschen Theater befindet, umgeleitet werden müßte. Kein Hinderungsgrund für Max Reinhardt, wohl aber für den geschäftsführenden Direktor. Nun interessiert sich Reinhardt nicht mehr für das Stück, und Heinz Hilpert wird mit der Inszenierung beauftragt. Da ist eine der Hauptrollen des Stückes, die des Kellners Gustav Tunichtgut, der mit vielen Dienstmädchen des Hauses Verhältnisse hat und schließlich wegen eines Mordes hingerichtet wird, den er gar nicht begangen hat. Oskar Homolka, einer der beliebtesten Schauspieler Berlins, soll die Rolle spielen. Aber er zankt sich auf allen Proben mit dem Regisseur, und schließlich schickt er die Rolle zurück.

Guter Rat ist teuer. Woher einen Ersatz nehmen, jetzt, nur zwei Wochen vor der Premiere? Kein Schauspieler, der vom Typ her in Frage käme, ist frei.

Hans Albers bekommt die Rolle durch einen mehr als seltsamen Zufall. Bei einem Sechstagerennen hat er einen Journalisten geohrfeigt. Der schwor Rache und ging in die Komische Oper, um über Hans Albers eine vernichtende Kritik zu schreiben. Er war so begeistert von dem, was er zu sehen bekam, daß er eine Hymne schrieb.

Resultat: Das Engagement an das Deutsche Theater. Die Partner von Albers: Lucie Höflich, Maria Fein, Gustaf Gründgens, Mathias Wieman. In einer so erlauchten Gesellschaft hat Albers noch nie gestanden. Und schon auf den Proben spürt der Regisseur, spüren eigentlich alle: er spielt sie allesamt an die Wand.

Die Premiere bestätigt es.

Ganz Berlin ist anwesend. In den Logen die Diplomaten, die Regierungsmitglieder, das Auswärtige Amt, im Parkett die großen Bankiers, die Industriellen, die gefürchteten Kritiker, die über das Wohl und Wehe der Theater, der Dramatiker und der Schauspieler zu entscheiden haben.

Es wird ein Bombenerfolg für den Schauspieler Hans Albers, dessen Namen man gestern noch nicht gekannt hat.

Übrigens spielt Albers auch in den „Verbrechern" beileibe keine sympathische Rolle. Der arbeitslose Kellner Tunichtgut lebt von den Frauen, mit denen er lebt, und das sind die dienstbaren Geister des hochherrschaftlichen Hauses, in dem er ein Kämmerchen bewohnt. Da steht er, rasiert sich, oder er bindet sich die Krawatte, er pfeift einen Schlager vor sich hin, der damals sehr populär ist: „Ich küsse Ihre Hand, Madame!", und weiß genau, wie man diese Frauen und Mädchen nehmen muß. Er trägt einen kleinen nach oben gezwirbelten Schnurrbart, der es den Frauen angetan hat. Er hat den Kopf leicht zurückgeworfen, die Lider sind über den frechen und versprechenden Augen halb geschlossen, in der Ecke des Mundes baumelt ein Spitz mit halb aufgerauchter Zigarre, der steife Hut ist ins Genick geschoben, die Hände stecken in den Taschen. Jetzt komm' ich! Mir kann keiner! Was kostet die Welt? Es ist gar nicht die Welt, die dieser Tunichtgut will, es ist nur ein warmes Abendessen, das ihm eine Köchin liefern soll, oder ein paar Mark vom Sparkassenbuch, die ihm das Stubenmädchen pumpen wird, um sie nie wiederzusehen, oder ein paar Stunden Liebesglück mit der Wirtin einer Kaschemme. Dieser Tunichtgut ist ein wirklicher Tunichtgut, er ist frech, er ist zynisch, aber dabei gar nicht böse, und eigentlich kann man ihm auch gar nicht böse sein. Und als die eifersüchtige Köchin, die seinetwegen einen Mord begangen hat, ihn in diese Mordaffäre verwickelt und ihn durch ihre Aussage vom Leben zum Tod befördert, ist der Zuschauer geradezu erschrocken: So schlimm hatte der Kellner Tunichtgut das doch gar nicht gemeint!

Es ist hier so ausführlich die Rede von dieser Rolle, weil es sich um den Durchbruch des Schauspielers Hans Albers handelt, weil er ohne diesen Erfolg am 23. Oktober 1928 am Deutschen Theater zu Berlin niemals einer der zwei oder drei repräsentativen deutschen Filmschauspieler geworden wäre. Was ist es, das ihn von den anderen Schauspielern unterscheidet, daß sie neben ihm eben nur als Schauspieler erscheinen, während er gerade nicht wie ein Schauspieler wirkt, sondern wie ein echter stellungsloser Kellner, der gerade von der Straße hereingeholt worden ist, um diese Rolle – besser: um sein Leben zu spielen? Was ist das Besondere, das Einmalige an Albers, das an diesem historischen Abend die Menschen ergreift und sie nicht mehr losläßt, das in den fast fünfundzwanzig Jahren, die nun folgen, die Menschen überall ergreift und nicht mehr losläßt, wenn sie Hans Albers im Film sehen?

Vorläufig sieht es so aus, als werde er nur noch Theater spielen, denn im Film bietet man ihm nichts als kleine und kleinste Rollen an. Da kommt der „Singing Fool", der zweite Tonfilm Al Jolsons, in den Berliner Gloria-Palast, jener Film, in dem Jolson das berühmte Lied vom „Sonny Boy" singt. Hans Albers hat sich den Film mit seiner Freundin Hansi, der Tochter des bekannten Schauspielers Eugen Burg, angesehen. Die weint ein bißchen, wie alle Frauen nach dem „Singing Fool", aber kaum hat sie das Kino verlassen, da ist sie wie verwandelt. „Komm, laß uns irgendwohin gehen! Ich lade dich zu einer Flasche Champagner ein!"

Ein paar Minuten später sitzen sie in einer kleinen Bar. Albers ist noch immer ein wenig erschüttert. Und er wundert sich, daß Hansi nach einem so traurigen Film so unpassend vergnügt sein kann.

„Jawohl, ich bin vergnügt", sagt Hansi. „Warum auch nicht? Jetzt weiß ich, daß du eine große Karriere machen wirst!"

Um diese Zeit hat Albers bereits die „Verbrecher" gespielt. Er hat also Karriere gemacht und Hansis Worte sind ihm wieder mal recht unverständlich.

„Verstehst du nicht? Der Tonfilm! Erst mit dem Tonfilm wirst du dich ganz durchsetzen!" Niemals hat eine kluge Frau klüger prophezeit als damals in Berlin.

VON KOPF BIS FUSS MARLENE

Der Vater, Offizier, fällt im Ersten Weltkrieg. Damals ist Maria Magdalena von Losch ein Backfisch mit blonden Zöpfen und, für den damaligen Geschmack, viel zu langen dünnen Beinen. Trotzdem starren ihr die jungen Männer schon nach.

Sie erhält Unterricht im Violinespielen, besucht täglich das Konservatorium und übt hingebungsvoll. Der Lehrer meint, sie könne es noch weit bringen – mit der Geige natürlich. Er ahnt nicht, daß die eifrigen Besuche des Konservatoriums noch einen anderen Grund haben. Der Grund ist ein Tenor, der wesentlich älter ist als die junge Losch und nicht mehr ganz schlank, und dessen Haupthaar sich an den kritischen Stellen lichtet. Sie liebt ihn mit der ganzen Hingebung ihres Herzens, erst von weitem, dann von etwas näher. Einmal besucht sie sogar den Tenor. Aber der schickt sie, edelmütig wie Tenöre nun einmal sind, wieder nach Hause zu Mama. Oder hat er Angst?

Plötzlich ist der Traum vom Geigenspiel aus. Nicht nur wegen des Tenors, sondern vor allem, weil Maria Magdalena von Losch sich eine schwere, langwierige Entzündung des Handgelenks zugezogen hat. Sie geht, wie alle ihre Freundinnen, viel ins Kino, verliebt sich ein wenig in Harry Liedtke und Bruno Kastner. Aber ihr ganz großer Schwarm ist Henny Porten. Sie verbringt viele Stunden vor dem Haus der Porten und fühlt sich belohnt, wenn diese schließlich aus der Tür tritt und an dem jungen Mädchen lächelnd vorbei zu ihrem Auto eilt.

Natürlich beschließt Maria Magdalena, ebenfalls Schauspielerin zu werden. Davon ist sie nicht abzubringen, auch nicht durch die Mutter, die mit Entsetzen an die Gefühle der Ahnen denkt, wenn sie wüßten, was der jüngste Sproß der alten Familie zu tun gedenkt. Sie würden geradezu in ihren Gräbern rotieren.

Die Porten ist schließlich auf das junge Ding aufmerksam geworden, das vor ihrer Haustür nasse Füße bekommt, und lädt sie zu Schokolade und Kuchen ein. Als sie von den Plänen ihrer Besucherin hört, wird sie nachdenklich. Weiß die junge Dame auch, was ihr bevorsteht?

Aber wenn Maria Magdalena von Losch sich einmal etwas vorgenommen hat, dann kann sie nichts mehr erschüttern.

Die Mutter gibt schließlich nach. Die Tochter soll auf der Max-Reinhardt-Schule studieren. Sie stellt nur eine Bedingung: Der gute Name von Losch muß auf jeden Fall aus dem Spiel bleiben.

Die angehende Schauspielerin wählt den Mädchennamen ihrer Großmutter, Dietrich, und zieht ihre beiden Vornamen Maria und Magdalena zu Marlene zusammen. Maria Magdalena von Losch verschwindet von der Bildfläche: Marlene Dietrich betritt die Szene.

Eines Tages erscheint in der Max-Reinhardt-Schule ein großer, blonder, ausgezeichnet aussehender Herr, stellt sich als Rudolf Sieber vor und sagt, er sei Aufnahmeleiter bei Joe May.

„Ich brauche ein junges, hübsches Mädchen, das Kleider zu tragen versteht."

Man zeigt ihm verschiedene Schülerinnen, die in Frage kommen. Er wählt Marlene aus und bestellt sie für den nächsten Morgen ins Atelier.

„Die Szene geht im Spielsaal von Monte Carlo vor sich!" erläutert er. „Sie sollen eine Kokotte darstellen. Ich nehme an, Sie können das."

Und ob Marlene das kann! Die ganze Nacht über arbeitet sie an dem Kleid, das sie tragen wird, und probiert alle möglichen Frisuren dazu aus. Am nächsten Morgen erscheint sie in einem Brokatkleid, das ihr knapp bis zu den Knien reicht, und ihr Haar fällt aufgelöst auf die Schultern. Ins linke Auge hat sie sich ein Monokel geklemmt. Kurz, sie sieht genau so aus wie eine Kokotte in Monte Carlo – oder jedenfalls so, wie sie sich eine Kokotte in Monte Carlo vorstellt.

Als sie vor Joe May hintritt, bricht jegliches Gespräch im Atelier ab. Es wird ganz still. Und dann kann Joe May nicht mehr an sich halten. Er fängt an zu lachen, er muß so sehr lachen, daß ihm die Seiten wehtun. Er fällt hilflos in seinen Stuhl und lacht, bis ihm die Tränen die Wangen herunterlaufen. Er lacht so sehr, daß er fast erstickt. Sein Lachen wirkt ansteckend. Die Kameramänner lachen, die Beleuchter lachen, der Tonmeister lacht. Fünf Minuten lang lacht das ganze Atelier. Dies ist der erste Filmtag Marlene Dietrichs, der Anfang einer großen und weltweiten Karriere. Wichtiger als das Filmen ist für Marlene die Freundschaft mit Sieber. Bald darauf heiratet sie ihn. Es wird eine glückliche Ehe, obwohl die Verhältnisse mehr als bescheiden sind. Die keineswegs kleine Gage Siebers reicht nicht hin und her; noch stecken wir in der Inflation. Marlene bekommt eine Tochter, die Maria getauft, aber Heidede genannt wird. Wer Marlene von früher kennt, ist erstaunt darüber, wie sehr sie sich verändert hat. Nichts mehr von Mondänität. Sie lebt nur noch für ihr Kind, geht völlig in ihm auf, ist glücklich. Und wird so schön, wie nur eine Frau sein kann, die glücklich ist.

Wenn alle Freunde sagen, sie müsse nun endlich zur Bühne oder zum Film, winkt sie lächelnd ab. Sie spielt nur in einem einzigen Film mit, den Sieber dreht und in dem Heidede die Hauptperson ist. Der Film zeigt das Kind, wie es schläft, ißt, trinkt, spielt, gebadet wird. Marlene kommt nur gelegentlich ins Bild, scheint für immer ins Mutterfach übergegangen zu sein. Aber Sieber weiß es besser. Sieber weiß, daß seine Frau nicht ihr Leben lang Hausfrau und Mutter sein kann, weil sie eine geborene Schauspielerin ist. Er sorgt dafür, daß sie hin und wieder kleine Rollen in diesem und jenem Film erhält. Es sind allerdings wirklich sehr kleine Rollen, zu klein, um auf dem Programm auch nur erwähnt zu werden. Nein, es sieht nicht so aus, als ob aus der Dietrich noch etwas werden wird – aber was tut's? Sie hat ja ihren Mann und ihr süßes Kind.

Frühjahr 1926. Die berühmte Berliner Komikerin Cläre Waldoff spielt im Großen Schauspielhaus die Hauptrolle in Eric Charells Revue „Von Mund zu Mund". Die kleine, etwas dickliche und resolute Person mit den hellroten Haaren, der man nicht nachsagen kann, daß sie besonders hübsch ist, elektrisiert allabendlich das Publikum. Marlene wirkt nur als Chorgirl mit, steht aber, wenn sie nicht auf der Bühne sein muß, in der Kulisse und hört fasziniert der Waldoff zu, die mit einer seltsam tiefen Stimme, die direkt aus dem Bauch zu kommen scheint, ihre Chansons singt. Wenn man so singen könnte! Bei ihr würde die tiefe Stimme nicht komisch wirken, wie bei der kleinen, rothaarigen Waldoff, sie müßte eine andere Wirkung haben, eine sinnliche, erregende . . .
Kurz nach der Premiere wird eine Hauptdarstellerin der Revue krank. Marlene Dietrich darf einspringen, steht plötzlich im Scheinwerferlicht des Großen Schauspielhauses. Cläre Waldoff sieht Marlene zum ersten Mal und ist begeistert. „Wie scheen det Kind is! Die Beene! Ick sare nur – die Beene! Aus der kann wat werden!" Sie gibt ihr ein paar Gesangstunden, zeigt ihr, wie sie es anstellen muß, damit es klingt, als komme die Stimme aus dem Bauch. Und immer wieder sagt sie bewundernd: „Wie scheen det Kind is!"
Vorläufig wird noch nichts aus dem scheenen Kind. Marlene spielt die winzige Rolle eines Chorgirls in dem Stück „Broadway", das im Komödienhaus herauskommt. Eigentlich hat sie gar nichts zu spielen, sie hat nur da zu sein. Und sie ist da, sie ist nicht zu übersehen. Sie sitzt, oder besser, liegt ziemlich weit vorn an der Rampe. Sie hat ziemlich wenig an. Gelegentlich turnt sie etwas, wobei ihre Beine eine wichtige Rolle spielen. Sie tragen viel zum Erfolg des Abends bei. Aus allen Ecken des Theaters richten sich die Operngläser der Herren auf die Beine Marlenes.
Das Ensemble von „Broadway" gastiert in Wien. Nur die männliche Hauptrolle wird umbesetzt. Ein gewisser Willi Forst, ein Operettentenor, übernimmt sie.

Willi Forst ist ein junger, gutaussehender Schauspieler für leichtere und leichteste Stücke, ein Wiener, wie er im Buche steht, obwohl der Vater, ein Porzellanmaler, aus Karlsbad kommt. Willi Forst hat jahrelang auf allen möglichen Schmieren gespielt. Er war in Gablonz und Brünn der beliebteste Operettentenor. In Marienbad spielte er während eines Sommers und wurde von dem Regisseur Fritz Friedmann-Fredrich an das Berliner Metropol-Theater geholt. Niemand hält ihn für einen großen Schauspieler. Aber jeder muß zugeben, daß er ein Typ ist, der einem nicht jeden Tag über den Weg läuft.

Wie beschreibt man ihn am besten? Er ist – etwa zum Unterschied von Harry Liedtke – keiner, den man sich in Kostümen vorstellen kann. Er wirkt ungemein modern, er ist zwanzigstes Jahrhundert. Die Anzüge unseres Jahrhunderts vermag er zu tragen, und er sieht nicht wie die meisten seiner Kollegen aus, als habe er den Frack und den Smoking soeben aus einem Maskenverleih entliehen. Er bewegt sich mit einer selbstverständlichen Sicherheit. Niemand vermag mit solcher Lässigkeit einen Cocktail zu trinken oder eine Zigarette zu rauchen wie er. Verglichen mit ihm wirkt Willy Fritsch wie ein junger Mann aus der Provinz.

Ja, Willi Forst ist der Großstadtmensch in Person. Er ist liebenswürdig, aber durchaus nicht gutmütig, und von Naivität kann keine Rede sein. Er ist brillant, witzig, souverän, er kommt aus den Bezirken Oscar Wildes und Noel Cowards. Man könnte sich nicht gut vorstellen, daß er für die Frau, die er liebt, in den Tod ginge, aber man könnte sich sehr gut vorstellen, daß er für die Frau, die er liebt, am Spieltisch beim Baccarat betrügt oder eine Hochstapelei begeht.

Willi Forst macht mit der in weiten Kreisen vorläufig unbekannten Marlene Dietrich den Film „Café Electric". Er spielt unter der Regie von Gustav Ucicky einen verdorbenen jungen Mann, der ein unschuldiges junges Mädchen aus guter Familie verführt. Zur Darstellung des Unschuldslamms wird Marlene Dietrich engagiert.

Forst macht seine Sache glänzend. Die Dietrich ist, so finden Regisseur, Produzent und Geldmann, farblos und langweilig. Man will ihr die Rolle abnehmen.

Willi Forst benimmt sich, wie sich das für einen jugendlichen Helden und Liebhaber geziemt: „Wenn Frau Dietrich nicht spielt, spiele ich auch nicht mehr!"

Marlene spielt. Aber Erfolg hat sie keinen. Und die Pausen zwischen den einzelnen Engagements werden immer länger. Sie leidet darunter. Hätte sie doch nie mit dem Filmen angefangen! Jetzt hat sie Blut geleckt. Jetzt möchte sie gern spielen! Aber sie bekommt keine

Chance. Einmal sagt sie zu ihrer Freundin Trude Hesterberg völlig verzweifelt: „Es hat ja doch alles keinen Sinn mit der ganzen Filmerei! Ich werde nie zeigen können, ob ich was kann."

Die Hesterberg beschwichtigt sie lächelnd. „Jede von uns bekommt einmal die Chance. Dann mußt du nur da sein und kräftig zupacken! Dann darfst du dein Glück nicht mehr loslassen!"

Plötzlich, sozusagen aus heiterem Himmel, erhält Marlene Dietrich wieder ein Theater-Engagement. In Max Reinhardts „Komödie" am Kurfürstendamm soll eine kleine Revue herauskommen, geschrieben von dem hochbegabten, kaltschnäuzigen Marcellus Schiffer und dem Komponisten Mischa Spoliansky. Nur einige wenige Schauspieler werden mitwirken, darunter Hubert von Meyerinck, die Diseuse Margo Lion, Schiffers Frau, Oskar Karlweis. Und die Dietrich. Der Name der Revue: „Es liegt in der Luft!"

Schon auf den Proben ist die Dietrich großartig. Gelassen, ruhig, sehr überlegen, sehr Berlin, sehr Kurfürstendamm. In der Premiere wirkt sie sensationell. Schließlich steht sie an der Rampe und singt in exaktem Rhythmus, von einem Klavier, einer gestopften Trompete und einer Trommel begleitet:

> *Es liegt in der Luft eine Sachlichkeit,*
> *es liegt in der Luft eine Stachlichkeit,*
> *es liegt in der Luft! Es liegt in der Luft!*
> *Es liegt in der Luft was Erotisches,*
> *es liegt in der Luft was Idiotisches,*
> *es liegt in der Luft! Es liegt in der Luft!*
> *Und geht nicht mehr raus aus der Luft!*

Am nächsten Morgen spricht ganz Berlin nur noch von der Dietrich. „Haben Sie die Dietrich gesehen? Die muß man gesehen haben." „Es liegt in der Luft!" Das ist die Siegesfanfare der gefeierten Dietrich.

Ungemein reizvoll, wenn auch freilich auf andere Art als die Dietrich, ist Jenny Jugo. Ursprünglich hieß sie Jenny Walter, wurde als Tochter eines Diplomingenieurs auf dem Semmering geboren, wuchs in Graz auf, und zwar ausgerechnet in einer Klosterschule. Noch Jahre später schütteln die Nonnen den Kopf über das ungemein wilde, aber auch lustige Mädchen. Nein, sie wird nicht, wie die Eltern es gehofft haben, eine sittsame Haustochter. Sie will es auch gar nicht werden. Sie will studieren. Sie will in die Welt hinaus.

Knapp sechzehnjährig heiratet sie den blutjungen Filmschauspieler Emo Jugo, der ebenso schön wie untalentiert ist. Die Ehe dauert nicht

Kein Happy-End gibt es in Jenny Jugos Film „Flucht vor der Liebe" (1929). Die Mischung von Komik und Sex-Appeal, Mutwillen und Sentimentalität machte Jenny Jugo in ihren Filmen unwiderstehlich.

lange, es kommt zur Scheidung, und der Exgatte stirbt bald darauf. Immerhin ist Jenny Jugo durch ihren Mann in Filmkreise gekommen, und irgend jemand sagt ihr, sie müsse zum Film. Sie glaubt zwar nicht daran, aber sie ist immerhin bereit, eine Probeaufnahme zu machen. Die Probeaufnahme wird gemacht. Sie fällt zufriedenstellend aus. Aber damit wäre nicht viel geschafft. Es werden in dieser Zeit von hübschen jungen Mädchen Probeaufnahmen am laufenden Band gemacht, und viele fallen zufriedenstellend aus. Das sagt also noch gar nichts.

Mit Jenny Jugo ist es etwas anderes. Sie, die nie eine Stunde Schauspielunterricht genossen hat, wird sofort in großem Stil eingesetzt. In ihrem ersten Film spielt sie eine Blinde. Es handelt sich um einen ungeheuer tragischen Film, nur daß die Jugo gar nicht besonders tragisch wirkt. Dann spielt sie eine Rolle in dem historischen Film „Prinz Louis Ferdinand" und eine andere in dem Film „Pique Dame". Immer noch versucht man, sie als Tragödin herauszustellen, immer noch hat keiner begriffen, daß sie nun einmal keine ist. Erst in dem Lustspiel „Die Hose" nach der Komödie von Carl Sternheim schlägt sie ein. Sie spielt – unter der Regie von Hans Behrendt – eine kleine Bürgersfrau, die das entsetzliche Mißgeschick hat, mitten auf der Straße, und dazu noch bei einer Parade, ihre Hose zu verlieren. Daraus entwickelt sich allerlei und beinahe eine Tragödie. Aber zu guter Letzt kommt alles wieder ins Gleis.

Werner Krauß spielt ihren Mann, einen Spießbürger, wie er im Buche steht, einen, der entsetzlich pedantisch ist, für den Kegelabende und Herrenpartien und Weiße mit Himbeer den Himmel auf Erden bedeuten. Der Film „Die Hose" wird kein großer Publikumserfolg. Aber die Fachwelt sieht ihn sich mit Interesse an, vor allem wegen der durchschlagenden Leistung von Werner Krauß, dem eine einmalige Satire des Spießbürgertums gelingt. Die große Chance der Jugo kommt erst einige Zeit später, kommt mit dem Tonfilm.

Eine andere, die durch den Tonfilm nach oben gerissen wird: Lilian Harvey. Genaugenommen ist es nicht Lilian Harvey, die nach oben kommt, sondern das klassische deutsche Tonfilm-Liebespaar Willy Fritsch – Lilian Harvey. Lilian Harvey ist zum Unterschied von Willy Fritsch noch nicht besonders bekannt, obwohl auch sie schon in zahlreichen Stummfilmen mitgewirkt hat. Sie spielt mit Fritsch „Die keusche Susanne", eine Verfilmung der berühmten Operette aus der Zeit vor dem Ersten Weltkrieg von Jean Gilbert. Der Film wurde bald nach dem „Walzertraum" gemacht. Denn als es den Produzenten damals klar wurde, daß das Publikum verfilmte Operetten im Kino sehen wollte, gab es kein Halten mehr, obwohl selbst sie, die doch nie sehr viel begriffen, wissen mußten, daß die Textbücher der Operetten nicht gerade besonders kunstvoll waren, von einer logischen Handlung, von einer vernünftigen, glaubhaften Entwicklung der Charaktere ganz zu schweigen.

„Die keusche Susanne" wurde von Richard Eichberg inszeniert, einem sehr temperamentvollen Mann, der ursprünglich selbst Liebhaberrollen gespielt hatte. Eichberg gehörte zu dem Genre der sogenannten Pi-Pa-Po-Regisseure, die einen Film ungeheuer schnell herunterdrehten, aber mit einem Aufwand von unzähligen Worten, die mit einer nur im Stummfilm möglichen Lautstärke herausgeschleudert wurden. Eichberg begleitete das Spiel seiner Akteure mit lebhaften, ermunternden Ausrufen, er brüllte sie von der Kamera aus an, teils weil sie nicht so spielten, wie er das erwartet hatte, teils um sie zu ermutigen, teils um ihr Spiel zu intensivieren.

Mit einer Tugendmedaille ihrer Heimatstadt ist Susanne – „Die keusche Susanne" (1926) – bedacht worden. Aber inkognito amüsiert sich die Keusche im Pariser Nachtleben. Lilian Harvey, die Federgewichtige, mit Zylinder, schlanken Tanzbeinen und Wuschelkopf, bekommt in diesem frühen Film ihren Willy Fritsch noch nicht.

Willy Fritsch, der immerhin unter Ludwig Berger gearbeitet hatte, fühlte sich bei Eichberg nicht sehr glücklich. Wo er versuchte anzudeuten – wie ihm das Berger beigebracht hatte –, verlangte Eichberg ein ungeheures, ja, man darf wohl sagen, ein übertriebenes Maß an „Spiel". Und als Willy Fritsch nicht mitmachen wollte, schüttelte Eichberg vorwurfsvoll den Kopf und sprach jene klassischen Worte: „Mensch, Willy, du hast mir doch versprochen, daß du een Schauspieler bist!"

Obwohl Fritsch also nach Ansicht von Richard Eichberg kein Schauspieler war, oder vielleicht gerade darum, wurde „Die keusche Susanne" ein Riesenerfolg, der erste Filmerfolg Lilian Harveys.

Es geht die Sage, daß Richard Eichberg Lilian Harvey entdeckte, als sie während einer Ballettaufführung von der Bühne des Wiener Ronachertheaters ins Publikum fiel. Das ist eine hübsche Geschichte, aber kein Wort an ihr ist wahr. Wahr hingegen ist, daß Lilian Harvey – eigentlich Lilian Pape, später nahm sie den Namen ihrer Mutter, Harvey, an – 1907 in London geboren wurde, sechsjährig mit den Eltern und Geschwistern nach Berlin übersiedelte. Bald stellte sich heraus, daß sie unterernährt war und daß die Ärzte befürchteten, sie werde sich bei der Ernährung, die in Deutschland in und nach dem Ersten Weltkrieg zur Verfügung stand, ein Lungenleiden zuziehen. Die Eltern brachten Lilian daher in die Schweiz. Dort sollte sie Gymnastikunterricht nehmen. Aber schon war sie entschlossen, Tänzerin zu werden. Sie sparte sich von ihrem Taschengeld genug ab, um Ballettstunden zu nehmen.

Zumindest in Solothurn waren die Tanzlehrer begeistert. „Sie ist eine geborene Primaballerina!" sagten sie von dem jungen Mädchen, das wie selbstverständlich auf den Spitzen stand. Die Eltern hörten das nicht gern. Keiner aus der Familie war je bei der Bühne oder gar beim Ballett. Aber die blutjunge, zarte Lilian hatte einen besonders harten Schädel. Sie ließ nicht locker, und so erlaubte man ihr schließlich, weiterhin Tanz zu studieren. Mit sechzehn Jahren wurde sie Mitglied der sogenannten „Schwarz-Revue". Das war eine Truppe, die mit einem eigens für sie geschriebenen Ausstattungsstück in den großen Varietétheatern Europas gastierte. Die „Schwarz-Revue" spielte auch im Ronachertheater in Wien. Niemand beachtete Lilian Harvey, das blutjunge, blonde Mädchen in der vierten Reihe ganz links – eine fünfte Reihe gab es nicht.

Da fiel irgendeine Solotänzerin aus. Der Ballettmeister fragte, ob zufällig eine der Choristinnen die Tänze der Erkrankten zu tanzen imstande sei. Klopfenden Herzens meldete sich Lilian Harvey.

„Sie können die tanzen?"

„Ich glaube schon . . ." sagt sie zaghaft.

„Wann haben Sie die denn studiert?"

„Ich habe eben auf den Proben zugesehen, und nachher, als die Bühne frei war, habe ich geübt . . ."

Der Ballettmeister mustert sie kritisch. „Können Sie das denn durchhalten?"

„Ich glaube schon . . ."

„Also dann mal los!" Der Klavierspieler beginnt, und Lilian tanzt die Nummer fehlerlos.

Der Ballettmeister ist beeindruckt: „Das haben Sie sich also ganz allein beigebracht?"

„Die anderen Nummern auch . . ."

„Welche anderen Nummern?"

„Alle."

Der Ballettmeister gibt dem Mann am Klavier ein Zeichen. Der beginnt eine andere Nummer. Lilian Harvey tanzt sie sofort, tanzt sie vollendet.

Der Ballettmeister schüttelt den Kopf: „Man lernt doch immer etwas dazu!"

Am Abend hat Lilian Harvey großen Erfolg. Und nun wird sie von dem Ballettmeister herausgestellt, bekommt zwei Solonummern, steht plötzlich mitten im Scheinwerferlicht. In Wien beginnt man von ihr zu reden. Eines Abends kommt Richard Eichberg ins Ronacher, sieht sie und ist entzückt. Nach der Vorstellung kommt er in ihre Garderobe.

„Sie müssen zum Film. Dort werden Sie was."

„Ach, wissen Sie, Film ist so unsicher. Hier habe ich einen Dreimonatsvertrag!"

„Ich gebe Ihnen einen Jahresvertrag!"

Das tut Eichberg auch und dreht mit ihr sofort einen düsteren Film, „Leidenschaft", den kein Mensch sehen will.

Schließlich hat ihm auch die Harvey nicht „versprochen", daß sie Schauspielerin sei. Sie glaubt noch immer nicht an ihre Filmkarriere. Sie möchte zurück zum Ballett.

Es ist Sommer. Sie hat Ferien und geht nach Heringsdorf – und wird bei einem Schönheitswettbewerb preisgekrönt. Eichberg kann sich vor Begeisterung nicht fassen. Er hat ja schließlich einen Jahresvertrag mit diesem schönen Mädchen, das gestern noch unbekannt war. Eine Schönheitskönigin – so etwas wollen die Leute im Kino immer sehen! Er hat nach dem ersten Reinfall begriffen, daß es vielleicht besser ist, die Harvey in leichteren Rollen zu beschäftigen. Er macht also ein paar Lustspiele mit ihr.

Es sind, gestehen wir es nur, keine Meisterwerke. Es handelt sich mehr um das, was in der Industrie allgemein mit dem Ausdruck „Klamotten" bezeichnet wird. Aber die Harvey gefällt. Nur macht sie das nicht sehr glücklich. Sie ist überhaupt nicht so leicht glücklich zu machen. Auch als nach dem Schönheitswettbewerb ihr Bild in der „Berliner Illustrierten" erschien und alle ihr dazu gratulierten, wie hübsch sie aussähe, schüttelte sie den Kopf: „Hübsch kann jede sein. Ich will groß werden! Ich will berühmt werden!"

Das Besondere an ihr, was man dem schmalen, blonden Ding gar nicht zutrauen würde: sie ist ungeheuer ehrgeizig.

WETTRENNEN

Carl Froelich ist ein alter Filmhase. Es wurde schon erwähnt, daß er sehr früh bei Meßter als Kameramann begann, daß er die ersten Henny-Porten-Filme drehte. Später wurde er einer der rührigsten Filmregisseure, tat sich wiederum mit Henny Porten zusammen, nachdem diese die UFA verlassen hatte, und zog eine Produktion mit ihr auf, machte einige bemerkenswerte Filme mit ihr sowie auch andere Filme von Bedeutung, unter anderem: „Die Brüder Karamasoff" mit Emil Jannings und Werner Krauß, „Der Idiot", „Zuflucht" mit der Porten, „Kabale und Liebe" usw.

Von der Porten trennte er sich schließlich im besten Einvernehmen, vor allem, weil er fand, daß einem Regisseur, der jahrelang mit dem gleichen Star arbeitet, nichts Neues einfallen kann. Jetzt fällt ihm etwas Neues ein. Er wird als nächsten Film einen Tonfilm machen.

Er fährt nach London und sieht sich dort im Palace am Trafalgar Square den neuesten amerikanischen Tonfilm „Broadway Melodie 1928" an. Das ist ein hübscher Revuefilm, in dem alle Tonmöglichkeiten ausgeschöpft werden. Es wird gesungen, getanzt, Dialog gesprochen, man hört das Wasser plätschern, man hört die Schritte, wenn einer durchs Zimmer geht, das Hupen der Autos auf den Straßen. Die Geräusche sind noch ein bißchen laut; aber das sind Kinderkrankheiten.

Nach der Premiere ißt Froelich mit zwei deutschen Filmregisseuren zu Abend, die ebenfalls herübergekommen sind, um sich über den Stand des Tonfilms zu informieren, und zwar mit E. A. Dupont, dem Regisseur von „Varieté", und G. W. Pabst.

Diese drei Männer gehören zu der verschwindenden Minorität unter den deutschen Filmschaffenden, die von der Zukunft des Tonfilms überzeugt sind. Sie glauben, daß es in zwei, drei Jahren keine Stummfilme mehr geben wird. Sie betrachten einander halb argwöhnisch, halb belustigt. Eine Wette kommt zustande. Wer wird den ersten deutschen Tonfilm machen?

Der sie gewinnt, muß die anderen zu einem Champagnerdiner einladen.

Diese Wette wird übrigens niemals entschieden. G. W. Pabst scheidet aus; er wird erst später seinen ersten Tonfilm machen. E. A. Dupont macht zwar den ersten Tonfilm, aber genaugenommen ist es kein deutscher Tonfilm. Es handelt sich um „Atlantic", den Film vom Untergang eines großen Ozeandampfers, der auf einen Eisberg gestoßen ist – also den Fall der „Titanic". Die Passagiere, die sich nirgends so sicher wähnen wie an Bord des riesigen schwimmenden Hotels, erfahren von einer Minute zur anderen, daß sie sterben müssen. Die Reaktion der Menschen ist unterschiedlich: Der berühmte Schriftsteller, der gelähmt in seinem Rollstuhl sitzt, verliert allen seinen Zynismus, der ihn so berühmt machte, und wird für Minuten zum wimmernden Etwas. Der elegante Lebemann nimmt den Tod auf sich, als handle es sich um ein Barerlebnis. Andere werden von Panik ergriffen, schreien und toben und wimmern.

Und da ist auch ein junger Wiener, der eine gewisse Beliebtheit an Bord erlangt hat. Sein Name ist Poldi, und seine Rolle ist eigentlich kleiner als die anderen Rollen. Aber was Willi Forst aus ihr macht, ist einmalig.

Draußen auf dem Deck herrscht wildes Durcheinander; die Menschen kämpfen verzweifelt um die Rettungsboote. Im Salon aber sitzt der junge Poldi im Smoking am Klavier, spielt und singt leise:

> *Es wird ein Wein sein –*
> *Und wir wer'n nimmer sein;*
> *'s wird schöne Madl geben –*
> *Und wir wer'n nimmer leben . . .*

Dann bricht er plötzlich ab, der Kopf sinkt auf die Arme, nur einen Augenblick. Aber niemand, der diesen Augenblick sieht, vermag ihn zu vergessen. Überall, wo der Film gezeigt wird, ist Forst der Held des Tages. Alle Welt spricht von diesem kleinen, so unsagbar traurigen

Lied, von der Resignation, mit der es vorgetragen wird, von Forsts Abschied vom Leben.

„Atlantic" ist nicht der erste deutsche Tonfilm, denn er ist nur teilweise deutsch, es wird auch viel englisch in ihm gesprochen und vor allem: er wird in London gedreht. Den ersten deutschen Tonfilm in Deutschland selbst dreht Carl Froelich. Aus London zurückgekehrt, beschließt er: „Ich will 175.000 Mark in die Sache hineinstecken."

Wie macht man damals einen Tonfilm in Deutschland? Man wendet sich an die Firma, die Tonfilmapparaturen besitzt, Froelich wendet sich an die Tobis. Dort hat man nicht gerade auf ihn gewartet. „Wir dachten eigentlich, den ersten Tonfilm mit der UFA zu machen", teilt ihm die Tobis-Direktion mit. Aber schließlich wird man mit Carl Froelich handelseinig. Man verkauft ihm nicht etwa eine Apparatur – Froelich hätte auch nicht das Geld dazu gehabt –, man leiht ihm eine. Froelich erwirbt für einen gewissen Preis das Recht, mit der Tobis-Apparatur einen Film herzustellen. Er beginnt mit den Probeaufnahmen. Er gibt viel Geld dafür aus, um später desto mehr sparen zu können.

„Ich habe für 35.000 Mark Probeaufnahmen gemacht, bevor ich überhaupt an den Film heranging", wird er später sagen. „Die technischen Schwierigkeiten schienen unüberwindbar. Frauenstimmen waren überhaupt nicht aufzunehmen, jede Frau hörte sich an wie ein Mann mit einer Baßstimme."

Unter anderem muß Gerda Maurus, die eigentlich die Hauptrolle spielen soll, ausscheiden, sie, die doch eine gelernte Bühnenschauspielerin ist und sprechen kann! Weil ihre Stimme nicht „kommt"!

Manchmal ist Froelich überzeugt davon, daß er es nie schaffen wird. Die Probeaufnahmen werden die ganzen hundertfünfundsiebzigtausend Mark verschlingen. Dabei hat er schon einen Stoff, oder besser gesagt, er hat einen guten Wiener Autor an der Hand, Walter Reisch, der wiederum einen französischen Stoff an der Hand hat mit dem schönen Titel: „La nuit à nous! – Die Nacht gehört uns!"

Hauptperson dieses Films ist eine Autorennfahrerin, die anläßlich einer Trainingsfahrt verunglückt. Sie wacht in einer kleinen Jagdhütte auf, die sie niemals vorher gesehen hat. Sie ist verbunden, zu Bett gebracht worden, wird nur gepflegt von einem ihr völlig unbekannten Mann. Natürlich verliebt sie sich in ihn. Und da auch er sie liebt, kann sie ihn der Einsamkeit entreißen; er tritt an ihrer Seite in die große Welt, wird Autorennfahrer, Löwe der Gesellschaft, großer Bankier, aber glücklich macht ihn der Betrieb und der Erfolg nicht. Eines Tages läßt er alles im Stich und geht zurück in die Einsamkeit seiner Jagd-

hütte. Natürlich kommt die geliebte Frau ihm nach, und er wird von nun an mit ihr dort leben, wo die Nacht nur ihnen beiden gehört...
Carl Froelich möchte für die Rolle der Autorennfahrerin Marlene Dietrich heranziehen, aber er kann nicht einmal durchsetzen, daß sie zu den Probeaufnahmen herangeholt wird. Er stößt auf den einmütigen Widerstand seiner gesamten Mitarbeiter. Alle, alle sagen, die Dietrich sei zu „ordinär", man brauche für die Hauptrolle ein „reines Mädchen". Schließlich wird die Soubrette Charlotte Ander engagiert.

Die Tragödie der „Titanic" stand Modell zum Film „Atlantic", den E. A. Dupont 1929 mit Kortner, Forst, Loos, Lederer und Lucie Mannheim in London drehte. Er ging in die Filmgeschichte als erster deutscher Tonfilm ein. Neben den dramatischen Szenen im Maschinenraum (unser Bild) bleibt Willi Forst mit seinem traurigen Heurigenlied inmitten der Todesschrecken unvergeßlich: „Es wird ein Wein sein / und wir wer'n nimmer sein."

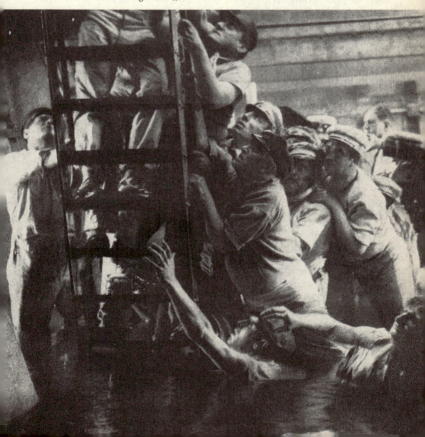

Auch um die männliche Hauptrolle gibt es unzählige Diskussionen. Die Direktion der Tobis: „Sie müssen einen gewählten Sprecher engagieren, Herr Froelich!" Am liebsten sähen die Herren, wenn ein gewisser Alberti, ein bekannter Vortragskünstler jener Zeit, die Rolle bekäme.

Froelich: „Aber der Mann muß doch keine Gedichte aufsagen. Ich dachte an einen natürlichen Menschen, Hans Albers zum Beispiel."

Einmütiger Protest: „Lassen Sie uns doch mit Albers zufrieden! Der spricht doch viel zu schnell für den Tonfilm."

Aber in diesem Falle bleibt Froelich fest. Und Albers wird aufgefordert, Probeaufnahmen zu machen.

Warum ist Froelichs Auge eigentlich gerade auf Albers gefallen? Besser: sein Ohr. Denn es ist tatsächlich die Sprechweise von Albers, diese ungekünstelte Art, sich zu geben, dieses gleichsam Ins-Unreine-Sprechen, die ihn fasziniert. Er hat Albers in den „Verbrechern" gesehen. Und Froelich sagt sich sofort, daß so, wie Albers auf der Bühne spricht, so ganz nebenher, so – um ein Berliner Wort zu gebrauchen – mit unfrisierter Schnauze, schnoddrig, auch im Tonfilm gesprochen werden muß.

Für Albers ist dies keineswegs eine Wiederholung der Situation von vor einem Jahr. Damals – im Sommer 1928 – war Albers ein fast erledigter Schauspieler, der sich sein Leben im wesentlichen durch akrobatische Kunststücke in einem zweitklassigen Revuetheater verdiente. Ihn ans Deutsche Theater zu holen, bedeutete ein Wagnis. Jetzt hat Albers bereits große Theatererfolge hinter sich. Er hat sich als Bühnenschauspieler durchgesetzt. Unbegreiflich, daß die Filmbranche nicht spürt, in ihm den Tonfilmschauspieler par excellence zu besitzen, das große Los, die Attraktion, auf die das Millionenpublikum seit Jahren wartet.

Hansi Burg hat es sofort begriffen. Und auch Carl Froelich. Die beiden sind überzeugt, daß Hans Albers es schaffen wird. Hans Albers ist nicht ganz so sicher. Er schwitzt vor Aufregung, als er Probeaufnahmen macht, obwohl er beim Stummfilm bereits ein alter Hase ist.

Hans Albers schwitzt. Er steht etwas fassungslos vor der ungemein komplizierten Apparatur. Niemand weiß in dieser ersten Zeit des Tonfilms, wieviel von dem, was im Atelier gesprochen, geschrien, geflüstert oder gesungen wird, hernach auf der Leinwand „kommt". Wie vernichtend für jeden Schauspieler, wenn abends die Muster gezeigt werden und er seine eigene Stimme nicht mehr erkennt und nichts von dem versteht, was er selbst gesagt hat! Wie groß die Versuchung, ein bißchen deutlicher zu werden, das heißt ein bißchen lauter, vielleicht auch ein bißchen langsamer oder pathetischer, eben so zu sprechen, wie früher Klassiker auf der Bühne gesprochen wurden. Auch Froelich erkennt diese Gefahr. Neben der Kamera stehend beschwört er Albers immer wieder: „Mensch, Hans, bleib natürlich! Ick beschwöre dir, natürlich! Sprich, wie dir der Schnabel gewachsen ist! Unfrisierte Schnauze, det will ick hier haben!" Unfrisierte Schnauze, in den Apparat hinein, vor dem er Todesangst hat! Hans Albers soll etwas bewußt machen, was eigentlich nur unbewußt gemacht, ja überhaupt nicht gemacht werden kann. Unfrisierte Schnauze! Wie einfach sich die Leute das vorstellen, die nachher das fertige Produkt sehen. Die denken: da hat der Albers sich einfach hingestellt und hat losgequasselt! Und damit war die ganze Sache erledigt! Wenn sie wüßten, diese guten Leute, daß nichts so schwer ist wie das Einfache, das scheinbar Hingeworfene. Unfrisierte Schnauze! Das ist so viel schwerer als frisierte Schnauze! Das ist: tausend Sachen, die man gelernt hat, nicht anbringen, tausend Möglichkeiten wegwerfen, auf tausend Wirkungen verzichten.

Hans Albers schwitzt, denn er weiß schon jetzt, was die wenigsten Schauspieler jemals begreifen, was nur die Größten ihrer Kunst – die ganz großen Schriftsteller, Sänger, Tänzerinnen, Schauspieler erfassen: Leichtigkeit ist vor allem Schweiß.

Am Abend vor der Berliner Premiere läßt sich Carl Froelich den fertigen Film ein letztes Mal vorführen. Er sitzt mit Albers zusammen in der Mittelloge des „Capitol". Außer ihnen ist niemand im Theater. Bis zu dieser Stunde war Hans Albers noch die Beute von tausend Zweifeln. War es richtig, was er gemacht hat? War es nicht zuviel? War es nicht zuwenig? Würde das Publikum ihm diesen Film „abnehmen"?

Jetzt sieht er mit Erstaunen, wie gelungen der Film ist, und daß alles, was er an Wirkungen erzielen wollte, wirklich von der Leinwand herunterkommt. Und mit einer Naivität, die typisch für ihn ist, schlägt er seinem Regisseur auf die Schenkel: „Mensch!" ruft er aus. „Ick bin ja der größte Schauspieler der Welt! Siehste denn das nicht? Ist das nicht wirklich erstklassig?"

Eine unerträgliche Äußerung, käme sie von irgendeinem anderen als Albers. Aber bei ihm ist es nicht Größenwahn. Er stellt nur sachlich fest, wie die Dinge stehen, und was am nächsten Abend die Premierenbesucher im „Capitol" ebenfalls feststellen.

Charlotte Ander, die man der Dietrich vorzog, wird zwar noch einige Filme machen, aber sie wird im deutschen Tonfilm nie mehr sein als eine von vielen. Hans Albers aber wird – Hans Albers.

Nach dem Erfolg seines ersten Tonfilms bricht eine Hans-Albers-Konjunktur sondergleichen aus. Alle Welt will mit diesem Liebling des Publikums Filme drehen. Der nächste Film heißt: „Der Greifer."

„Der Greifer" – das ist Harry Cross, ein Detektiv von Scotland Yard alias Hans Albers. Er hat sich zugeschworen, Londons sensationellsten Verbrecher, genannt Messer-Jack, zu finden und zu verhaften. Die Szenen spielen teils in einem großen Revuetheater, teils in einem Spielklub, teils in den Büros von Scotland Yard. Am Ende siegt Hans Albers und die Gerechtigkeit.

Der nächste Film ist „Hans in allen Gassen". Regie führt wieder Carl Froelich. Diesmal ist Albers der rasende Reporter Hans Steindecker, der in einem Hotel eine wildfremde Frau trifft und sich so sehr in sie verliebt, daß er völlig vergißt, seiner Zeitung eine begierig erwartete Sensation durchzutelefonieren. Er vergißt überhaupt alles: Vater, Mutter, Braut, um die fremde Dame über die Grenze zu schaffen, wie sie es von ihm verlangt. Sie überlistet ihn in jeder Beziehung, schwatzt ihm sogar schließlich das Sonderflugzeug seiner Zeitung ab, um zu flüchten, taucht dann mysteriöserweise wieder bei ihm auf, flüchtet abermals, diesmal zusammen mit ihm, vor der Polizei. Aber schließlich kommt doch heraus: Sie ist nämlich eine gesuchte Mörderin.

„Der Greifer" ist ein enormer Erfolg. „Hans in allen Gassen" ist keiner. Der Grund: Im „Greifer" kann Albers, wie in seinem ersten Film, ungemein aktiv sein. Im zweiten ist er meist der Gefoppte und Hintergangene. Nicht er, sondern die Frau, die ihn ständig betrügt, ist diesmal aktiv.

Die Produzenten begreifen. Von jetzt ab wird es viele, viele Jahre nicht mehr vorkommen, daß Albers passiv ist. Er wird aus den Aktionen gar nicht mehr herauskommen. Er wird der ideale Mann schlechthin sein, der Frauen ebenso gefällt wie Männern. Er wird die unsäglichsten Gefahren überwinden und nur der einen erliegen, nämlich: auf einen Typus festgelegt zu werden. Hans Albers wird nur noch Hans Albers spielen.

Willi Forst ist nach seinem Erfolg „Atlantic" immer noch kein Star. Die Großen der Filmbranche begreifen etwas meist erst, wenn das Publikum es schon lange begriffen hat. Für die Produzenten ist Willi ein ausgezeichneter Darsteller kleinerer Rollen, aber keiner, der einen kostspieligen Tonfilm zu tragen vermöchte. Es dauert noch eine ganze Weile, bis sie ihre Ansicht ändern, obwohl er auf der Bühne bereits ernsthafte Erfolge erzielt und ein so anspruchsvoller Kritiker wie Alfred Kerr vom „Berliner Tageblatt" über ihn schreibt, er sei eine wahrhafte „Weaner Parkettwonne".

Hans sucht den Messer-Jack der Londoner Unterwelt und ahnt mit dem sechsten Sinn des Kriminalisten, daß Revuestar Dolly (Charlotte Susa) mit ihm zu tun hat. Verfolgungsjagden über Beleuchtungsbrücken im Theater, Hechtsprung von der Bühne in die Proszeniumsloge, das alles macht Hans Albers in dem Film „Der Greifer" (1930).

Willis nächster Film: „Zwei Herzen im Dreivierteltakt". Der Regisseur Geza von Bolvary hatte ihn engagiert; aber nicht für die Hauptrolle, sondern für eine wenn auch hübsche Nebenrolle. Diesmal handelt es sich um einen erfolgreichen Komponisten, der eine neue Operette geschrieben hat; nur der so wichtige Walzer ist ihm nicht eingefallen. Darob große Verzweiflung beim Theaterdirektor, beim Kassierer, auch bei den Librettisten, zwei Brüdern, deren einer von Willi Forst dargestellt wird. Natürlich findet der Komponist seinen Walzer schließlich doch, und zwar – wer ahnte es nicht? – durch ein junges Mädchen, die Schwester Willi Forsts, in die er sich verliebt, und die sich in ihn verliebt. Tableau!

Der Produzent von „Zwei Herzen im Dreivierteltakt", Julius Haymann, ist das, was man einen alten Filmhasen nennt. Er ist schon eine Ewigkeit mit dabei, und er braucht einen Schauspieler nur anzusehen, um zu wissen, ob er das Zeug hat, ein Publikumsliebling zu werden. Er sieht Willi Forst an und entscheidet: der hat das Zeug. Und engagiert ihn für große Rollen seiner Superfilmgesellschaft.

Die nächsten Monate dreht Willi Forst sozusagen am laufenden Band. „Zwei Herzen im Dreivierteltakt" sind Mitte März 1930 herausgekommen, „Ein Tango für dich" am 1. August, „Das Lied ist aus" am 27. November, „Der Herr auf Bestellung" am 14. Dezember des gleichen Jahres. „Die lustigen Weiber von Wien" Anfang März und „Der Raub der Mona Lisa" im August des Jahres 1931. Das reicht.

Alle diese Filme werden von Geza von Bolvary inszeniert, der vielleicht mehr noch als sein Produzent als eigentlicher Entdecker Willi Forsts gelten darf. Alle diese Filme schreibt ein Jugendfreund Willis aus Wien, Walter Reisch, der Autor von „Die Nacht gehört uns!", oder wirkt doch zumindest als einer der Autoren mit. Ein anderer Autor oder Mitautor, ebenfalls ein Jugendfreund Willi Forsts, ist der Journalist Billy Wilder, der „Menschen am Sonntag" schrieb und daraufhin mit einem großen Gehalt von der UFA engagiert wurde.

UNTERNEHMEN „BLAUER ENGEL"

Die „Ungarische Rhapsodie" konnte natürlich kein hundertprozentiger Tonfilm werden. Der erste wirkliche UFA-Tonfilm von großer künstlerischer Bedeutung ist: „Die letzte Kompagnie". Die Regie führt Kurt Bernhardt, das Manuskript schrieb der ausgezeichnete Romancier Ludwig von Wohl. Es geht um eine Episode aus dem Krieg zwischen Napoleon und Preußen, um den Heldentod eines Hauptmanns und seiner zwölf Soldaten, die den Rückzug der 1806 geschlagenen Armee über die Saale decken. Und alle fallen. Conrad Veidt spielt den Hauptmann. Es ist ein neuer Conrad Veidt, den man sieht. Nichts mehr von Dämonie und den Verderbtheiten, die er in seinen früheren Filmen wie eine Spezialität, ja, man möchte sagen, wie eine Firmenmarke anbot. Conrad Veidt ist ganz einfach geworden, ganz natürlich, gerade, männlich. Die Handlung des Films, die in wenigen Stunden abrollt – der Schauplatz ist eine Mühle, die bis zum letzten Blutstropfen verteidigt wird, und am Ende sieht man, wie die Franzosen den geschlagenen toten Feind grüßen –, ist ein Nichts, gibt kaum zur Entfaltung besonderer Regiekünste Anlaß. Ein solches Buch wäre als Stummfilm nie gedreht worden. Der Tonfilm beweist, daß den Kammerspielen die Zukunft gehört, den Andeutungen, den Nuancen ... Der Regisseur Kurt Bernhardt, blutjung noch, erweist sich als

Zum letzten Appell ist Hauptmann Burk mit dem Rest seiner Kompanie angetreten. Die Mühle muß bis zum letzten Mann verteidigt werden. Dreizehn werden fallen, damit Tausenden der Rückzug über den Fluß gelingt. Conrad Veidt, aus den USA heimgekehrt, spielt den preußischen Hauptmann in dem Film „Die letzte Kompanie" (1930).

ein großer Könner. Freilich, er wird nicht lange zarte, leise Filme machen. Er wird bald große Schinken inszenieren, sogenannte Prestigefilme. Was die UFA selbst angeht, so genügt es ja auch nicht, mit der „Letzten Kompagnie" auf dem Tonfilmmarkt zu erscheinen. Sie will einen Film machen, der „Die Nacht gehört uns" und „Atlantic" in den Schatten stellt. Einen Film mit großen Kanonen. Einen Film, der viel Geld kosten darf – und hoffentlich mehr einbringen wird. Es steht von allem Anfang an fest, daß Erich Pommer diesen Film produzieren muß. Wer, außer ihm, könnte es auch?
Die Hauptrolle soll der ebenfalls aus Hollywood zurückgekehrte Emil Jannings spielen. Jannings ist nicht so ohne weiteres bereit, seinen ersten Tonfilm mit einem Regisseur ohne Erfahrung zu machen. Er unterhält sich lange mit Pommer darüber, wer Regie führen könnte, und er weist auf den jungen Josef von Sternberg hin, mit dem er bereits in Hollywood gearbeitet hat. „Wenn man den herüberbekommen könnte!" meint er.
Pommer nickt. Er hat natürlich den Film gesehen, den Sternberg und Jannings gemacht haben. Das war „Der letzte Befehl". Jannings spielte

da einen verarmten ehemaligen russischen General, der nach Hollywood verschlagen und dort Statist geworden ist; der nun in seinem Film, der im alten Rußland spielt, einen General – also sich selbst – darstellen soll, noch einmal ein paar Stunden glücklich sein darf, weil er wirklich vermeint, wieder General zu sein, und dann stirbt . . .

Pommer engagiert Josef von Sternberg. Der verlangt zwar amerikanische Gagen, denn eigentlich könnte er in Hollywood bleiben, wo man ihn mit Angeboten überschüttet, und Klitzsch ist ein bißchen entsetzt, als er erfährt, was er zahlen soll. Aber schließlich gibt er seine Einwilligung. Im übrigen ist er so mit anderen Dingen beschäftigt, daß er sich vorläufig gar nicht um die Frage des Stoffes kümmern kann. Und so geschieht das Unfaßbare, daß Pommer und Jannings beschließen, den nicht sehr bekannten Roman „Professor Unrat" zu verfilmen und die Rechte für immerhin 35.000 Reichsmark kaufen.

Warum unfaßbar? Weil der Autor des Buches Heinrich Mann ist, ein großartiger Romanschriftsteller zwar, aber auch ein Demokrat, ein Kämpfer gegen die Reaktion und daher unausgesetzt von der Presse Hugenbergs angegriffen. Und Hugenberg ist schließlich der Herr der UFA.

Trotzdem könnte es nie dahin kommen, daß die UFA ein Buch von Heinrich Mann erwirbt, wenn die meisten Filmleute nicht einer gewissen fundamentalen Bildung ermangelten. Damit rechnet Pommer. Er erklärt, er wolle einen Stoff des berühmten Schriftstellers Mann verfilmen. Die anderen, auch Klitzsch, nehmen an, daß es sich um einen Roman von Thomas Mann handelt, dessen politische Haltung ihnen zwar auch nicht besonders genehm ist, der aber als der führende deutsche, ja europäische Epiker jenseits aller Kritik steht. Inzwischen ist bereits das Drehbuch in Arbeit genommen worden, und zwar von dem Dichter Carl Zuckmayer, zusammen mit Karl Vollmöller, der Leni Riefenstahl einmal anbot, sie unter seine schützenden Arme zu nehmen. Schließlich wird aber noch der geschickte Routinier Robert Liebmann hinzugezogen, der bereits Drehbücher für zahllose UFA-Filme geschrieben hat.

Das Drehbuch ist schon fertig, als Josef von Sternberg sich auf der „Europa" von New York nach Bremen einschifft.

Unterhaltung zwischen Pommer und den Drehbuchautoren. Carl Zuckmayer, der bei der Arbeit gern ein Glas Wein trinkt, erkundigt sich, ob die Besetzung der Rollen bereits feststehe.

„Jannings wird natürlich den Professor Rath, genannt Unrat, spielen, den Gymnasiallehrer, der schließlich den Reizen und Verlockungen der Tingel-Tangeleuse zum Opfer fällt!"

„Tingel-Tangeleuse", protestiert Zuckmayer. „Im Roman wird sie die Künstlerin Fröhlich genannt!"

„Im Film kann sie jedenfalls nicht so heißen! Sie muß schon einen Namen mit mehr Sex-Appeal bekommen!"

„Vielleicht Lola?" schlägt Zuckmayer vor. „Lola wäre gar nicht so übel . . ."

Zuckmayer hat entschieden mehr als ein Glas Wein getrunken. Er beginnt zu singen: „Lola . . . Lola . . .!"

„Lola-Lola ist viel besser!" entscheidet Pommer. „Wir bleiben bei dem Namen." Und wer soll die Lola-Lola spielen? Josef von Sternberg möchte Brigitte Helm für die Rolle haben. Aber das geht nicht. Denn die Helm ist für das nächste Jahr besetzt. Heinrich Mann möchte die Diseuse Trude Hesterberg, mit der er befreundet ist. Die Filmleute jedoch glauben, daß die Hesterberg, die kaum gefilmt hat, außerhalb Berlins keine große Zugnummer sein wird. Emil Jannings schlägt Lucie Mannheim vor, eine vorzügliche Berliner Schauspielerin.

Noch ist alles unentschieden. Unentschieden auch, wer den jungen Artisten Mazeppa spielen soll, mit dem Lola den Professor betrügt – eine kleine, aber wichtige Rolle, denn Professor Rath erwischt die beiden und wird vom Schlag getroffen.

Pommer schickt Sternberg ein Radiogramm auf die „Europa": „Wie wäre es mit Hans Albers?"

Josef von Sternberg fragt zurück: „Wer ist Hans Albers?"

Während der Überfahrt spielt das Bordkino einen alten Stummfilm mit Hans Albers. Sternberg ist beeindruckt. Aber noch ist er nicht entschlossen. Er will sich Albers noch einmal persönlich ansehen.

Der Portier des Hotels Adlon weiß Rat: „Hans Albers spielt momentan im Lustspielhaus. Das Stück soll zwar nicht viel wert sein, aber . . ."

Das Stück ist in der Tat nicht viel wert, wie Josef von Sternberg schon nach wenigen Minuten feststellt. Es handelt sich um eine Revue, die der bekannte Dramatiker Georg Kaiser geschrieben und Mischa Spoliansky, der Komponist von „Es liegt in der Luft", vertont hat.

Es beginnt so: Ein Hochstapler, dem die Polizei auf den Fersen ist, erscheint im Frack und weißer Binde in einem eleganten Restaurant und bietet dem Oberkellner hundert Mark für seine schwarze Krawatte. Er verwandelt sich also durch den Krawattentausch in einen Kellner und – ist nun vor der Polizei sicher. Es folgen einige mehr oder weniger amüsante Erlebnisse des Hochstaplers – alles in allem ist die Geschichte nicht besser als die Textbücher der meisten Operetten.

Josef von Sternberg braucht keine Stunde, um sich zu entscheiden.

113

Natürlich bekommt Albers die Rolle des Mazeppa, er ist geradezu der geborene Mazeppa! Und nachdem er diesen Entschluß gefaßt hat, könnte der Regisseur eigentlich gehen. Aber er denkt nicht daran. Er sitzt wie gebannt in seiner Loge, läßt alle Trivialitäten über sich ergehen, starrt fasziniert auf die Bühne.

Starrt fasziniert auf eine junge Frau, die einen herrlichen Körper hat, obwohl sie keineswegs besonders schlank genannt werden kann; die – was weit wichtiger ist – sich vollendet zu bewegen weiß. Ihre Beine, die oft und reichlich gezeigt werden, wirken geradezu aufreizend. Und das Gesicht. Was ist eigentlich an diesem Gesicht, von goldblondem Haar umrahmt? Es ist nicht im klassischen Sinne schön zu nennen, und doch möchte man es sich nicht anders wünschen. Das Gesicht einer Frau, die ihrer selbst sicher ist und ihrer Wirkung auf die Männer. Das Gesicht einer Frau, die weiß, daß die Männer nach ihr verrückt sind, daß sie bereit sind, sich für sie zu ruinieren; daß sie ihre Lider nur ein ganz klein wenig zu heben braucht – und die Männer würden alles, alles für sie tun. Dies weiß sie, und ihr Mund verrät es. Dieser Mund mit der Andeutung von Ironie, aber auch von Mitleid mit den Männern, die an ihr leiden müssen, könnte einen verrückt machen. Diesen Mund müßte man küssen, küssen . . ., bis ihm das Lächeln vergeht. Wer ist diese wundervolle Frau? fragt sich Josef von Sternberg. Wie kommt es, daß sie in diesem kleinen und keineswegs erstklassigen Theater eine relativ unbedeutende Rolle spielt?

Dies fragt er den Herrn, der neben ihm in der Loge sitzt. „Sie irren", ist die Antwort. „Die ist froh, daß sie die Rolle überhaupt bekommen hat. Dreißig Mark pro Abend ist auch Geld."

Als der Vorhang sich senkt und das Licht im Zuschauerraum wieder angeht, greift er nach dem Programm und sucht nach dem Namen der blonden Frau mit dem herrlichen Körper, mit den aufreizenden Beinen, den halbgeschlossenen Augen und dem ironischen Lächeln. Wie heißt sie? Er liest: Marlene Dietrich.

Schon am folgenden Tage erhält Marlene Dietrich ein Schreiben auf dem Briefpapier der UFA – durch Boten zugestellt –, in dem ein Mr. von Sternberg um ihren Besuch im Filmatelier Babelsberg bittet.

Als sie erscheint, läßt Sternberg sie durch eine Sekretärin bitten, zu warten. Denn hinter der Szene tobt ein heftiger Kampf zwischen Sternberg, Pommer, Klitzsch und einigen anderen Herren der UFA. Sternberg hat gerade erklärt, daß er die weibliche Hauptrolle seines Films der jungen Berliner Schauspielerin Marlene Dietrich übertragen will.

Die anderen trauen ihren Ohren kaum. Marlene Dietrich? Die ist doch gar keine Schauspielerin! Die hat schöne Beine – und das ist alles! Zwei UFA-Direktoren wissen nicht einmal, wer Marlene Dietrich eigentlich ist und müssen erst aufgeklärt werden. Dann protestieren sie um so erbitterter. „Wie, Herr von Sternberg? Mit einer Unbekannten wollen Sie solch einen Film machen?"

„Nach diesem Film wird sie nicht mehr unbekannt sein!"

„Aber bedenken Sie das Risiko. Wir stecken anderthalb Millionen in den Film! Wir brauchen neben Emil Jannings noch einen Star, der die Leute in die Theater zieht!"

Josef von Sternberg lächelt. „Es ist ein Risiko, gewiß. Ich bin bereit, es einzugehen." Einer der Anwesenden äußert: „Sie soll sich gar nicht gut fotografieren lassen. Die Nase, wissen Sie . . ., ihre Nase ist doch nicht einwandfrei . . ."

„Ich kann nichts dafür, meine Herren, wenn Ihnen die Nase von Frau Dietrich nicht gefällt. Mir gefällt sie. Mir gefällt überhaupt die ganze Frau Dietrich."

Und damit dreht sich Josef von Sternberg um und geht hinaus, um Marlene Dietrich zu begrüßen, die im Vorzimmer wartet. Marlene Dietrich hätte allen Grund, glücklich zu sein. Es ist die Chance ihres Lebens! Aber sie ist nicht glücklich. Sie hat Angst. Sie vermag es auch nicht, dem Rat der Freundin Trude Hesterberg zu folgen, nämlich zuzupacken.

Sie wird ganz klein und verzagt, als Josef von Sternberg über Probeaufnahmen mit ihr spricht. Ja, sie weigert sich sogar, sie bittet Sternberg, eine andere Schauspielerin für die Rolle zu finden. Vergeblich redet ihr Mann ihr zu, vergeblich versucht Joe May, sie zu überzeugen, vergeblich mischen sich Cläre Waldoff und Mischa Spoliansky ein. Sie will nicht.

Schließlich wird Willi Forst geholt. Der redet ihr nicht zu, sondern erklärt mit eisiger Bestimmtheit: „Natürlich wirst du spielen, wenn Sternberg dich will! Jede Schauspielerin Berlins würde sich alle Finger danach lecken!"

„Wenn du meinst", gibt die Dietrich schließlich nach.

Probeaufnahme.

Die Dietrich ist unglücklich, nervös, zerfahren, als sie das Atelier betritt.

„Singen Sie etwas!" sagt Sternberg.

Marlene überlegt. Und dann plötzlich beginnt sie zu singen. Es ist, als habe sie sich entschlossen, in kaltes Wasser zu springen. „Wer wird denn weinen, wenn man auseinandergeht? Wenn an der nächsten Ecke schon ein andrer steht!"

115

Die Dietrich steht ganz still vor der Kamera, sie unterstreicht den Rhythmus des Liedes mit keiner Geste, keiner Bewegung ihres Körpers. Die Stimme klingt ohne Begleitung ein wenig rauh, fast ungeschult, aber es schwingt etwas wie Trotz in ihr, wie Herausforderung. Wer wird denn weinen? Wer wird denn weinen? Marlene ist alles schnuppe!

Der Kameramann dreht. Die Bühnenarbeiter, die Beleuchter feixen. Sie haben alle den gleichen Gedanken: Wer wird denn weinen, wenn an der nächsten Ecke schon eine andere steht, eine bessere Schauspielerin nämlich, die die Rolle morgen, übermorgen bekommen wird!

Trotzdem oder gerade deshalb ist der Dietrich mehr nach Weinen als nach Lachen zumute. Sie ist überzeugt, daß sie versagt hat. Schon wendet sie sich zur Tür.

Aber Josef von Sternberg hält sie zurück. „Sie waren fabelhaft, Frau Dietrich!" Das ist Marlene Dietrich zu viel.

„Ich kann alles vertragen, nur nicht, daß man mich verkohlt!" zischt sie und rauscht wütend davon. Scheußlich, dieser Kerl! Am liebsten möchte sie heulen.

In den nächsten Tagen läßt Sternberg die Probeaufnahme immer und immer wieder vorführen. Emil Jannings sieht sie sich an, alle UFA-Direktoren sehen sie sich an, andere Regisseure werden herangezogen, andere Kameramänner.

Eines Tages erscheint auch Leni Riefenstahl im Vorführraum. Sie hat sich mit Josef von Sternberg angefreundet, und er bittet sie um ihre ehrliche Meinung. Leni sagt: „Die Frau ist großartig."

Jannings und seine Gussy lassen sich die Probeaufnahme mehrere Male vorführen. Er murmelt: „Warum eigentlich nicht . . .?" Und Frau Gussy: „Ich kann mir vorstellen, daß das etwas wird! Sie sollen mal sehen, wenn die in dem Film singt . . .!"

Albers nickt. „Natürlich wird das was! Das wird ein richtiger Otto-Otto!"

Aber wenn die anderen unter sich sind, die Großen der UFA, herrscht eisiges Schweigen, und alle fragen sich, ob Sternberg wirklich beabsichtigt, mit dieser doch völlig untalentierten Person den ersten Emil-Jannings-Tonfilm zu drehen.

Es ist wichtig, dies festzustellen, denn später wird man es anders lesen und hören. Später werden alle, alle behaupten, Marlene Dietrich entdeckt zu haben, insbesondere die Herren der UFA, die sich jetzt an den Kopf fassen und Klitzsch fragen, ob dieser Herr von Sternberg aus Hollywood eigens herübergekommen sei, um die UFA zu ruinieren.

Zwei Wochen vergehen. Jeden Morgen erwartet die Dietrich einen Brief, in dem die UFA ihr mitteilt, daß sie leider für die Rolle nicht in Frage käme. Aber dieser Brief kommt nicht. Ihr wäre fast lieber, die ganze Sache läge hinter ihr.

Wieder einmal läßt sich Sternberg die Probeaufnahme vorführen. Außer ihm sitzt nur noch Erich Pommer in dem verdunkelten Raum. Der sagt: „Wir können Frau Dietrich nun nicht mehr länger warten lassen! Es sind jetzt vierzehn Tage!"

„Was meinen Sie denn, Herr Pommer?"

„Es ist Ihr Film, Herr von Sternberg."

Und da sagt Sternberg in den dunklen Raum hinein: „Ich nehme also Marlene Dietrich . . ."

Telefonanruf des Privatsekretärs von Ludwig Klitzsch bei Pommer: „Es handelt sich um den Film, den Herr von Sternberg mit Jannings dreht . . ."

„Ja . . .?"

„Nach einem Roman von Thomas Mann, nicht wahr?"

„Nein. Es handelt sich um den Roman ‚Professor Unrat' von Heinrich Mann!"

Eine Viertelstunde später ist Ludwig Klitzsch selbst am Apparat. „Sie können doch nicht einen Roman von Heinrich Mann bei der UFA verfilmen!"

„Warum nicht?"

„Politisch steht Heinrich Mann . . ."

Pommer wird eisig. „Ich habe in meinem Vertrag einen Passus, der besagt, daß keinerlei politische Erwägungen bei meinen Filmen mitsprechen dürfen!"

„Es wird leicht Schwierigkeiten geben, Herr Pommer!"

„Ich hoffe nicht", erwidert Pommer.

Der Film wird gewissermaßen im vollen Scheinwerferlicht der Öffentlichkeit gedreht. Vieles kommt hier zusammen: Es ist das erste Mal, daß ein großer Hollywood-Regisseur in Berlin arbeitet. Es handelt sich um den ersten Tonfilm von Emil Jannings. Es handelt sich um die erste Verfilmung eines Romans von Heinrich Mann. Hans Albers spielt mit, der gerade berühmt geworden ist. Und eine gewisse Marlene Dietrich, von der jetzt viele munkeln, man werde sich ihren Namen wahrscheinlich merken müssen . . .

Täglich kommt Besuch ins Atelier, und das Interesse konzentriert sich größtenteils auf die Dietrich. Sie hat das gewisse Etwas. Sie wirkt gar nicht wie eine Schauspielerin, sie wirkt wie eine Lola-Lola aus

117

irgendeinem Vorstadt-Kabarett, die ihre Chansons singt. Selbst Heinrich Mann zeigt sich beeindruckt. Zuerst wollte er überhaupt nicht ins Atelier kommen, er war gekränkt, weil seine Freundin Trude Hesterberg nicht die Lola-Lola spielen durfte. Nun sitzt er steif auf seinem Stuhl und betrachtet durch ein Lorgnon – jawohl, er trägt ein Lorgnon –, was da gefilmt wird.

Gerade spielt die Dietrich eine ihrer Szenen. Heinrich Mann beugt sich ein wenig vor, damit ihm auch nichts entgehe, und wendet sich dann an Emil Jannings, der neben ihm sitzt und auf ein ermunterndes Wort des Dichters wartet.

Statt dessen sagt Heinrich Mann: „Herr Jannings, den Erfolg dieses Films werden in erster Linie die nackten Oberschenkel der Frau Dietrich machen!"

Das ist nicht ganz gerecht, wenn man an die große schauspielerische Leistung von Emil Jannings denkt. Der ist besser denn je, weil er ganz einfach geworden ist. Er hat sich kaum geschminkt, er hat kaum Maske gemacht – ein Nichts an Maske, verglichen etwa mit dem „Letzten Mann". Und trotzdem ist er ein völlig anderer: die Verwandlung der letzten Jahre hat sich von innen heraus vollzogen.

Und doch: Heinrich Mann hat nicht unrecht. Denn was vermag der beste Schauspieler im Konkurrenzkampf gegen die nackten Oberschenkel der Marlene Dietrich?

Erich Pommer hat den Film nicht „Professor Unrat" genannt, das wäre zu literarisch für das Kinopublikum. Der vorläufige Arbeitstitel, der dann nicht mehr geändert wird, ist „Der Blaue Engel". Warum heißt der Film eigentlich „Der Blaue Engel"? In seinem ganzen Verlauf kommt doch niemand vor, der ein Engel genannt zu werden verdient, weder ein weiblicher, noch ein männlicher.

Dieser „Blaue Engel" ist ein typisches Vorstadt-Kabarett, so genannt wegen der Engels-Putten auf der Balustrade, mit einem Nudelbrett als Varietébühne, auf der gelangweilte Mädchen vor einem gemalten Hintergrund sitzen und Bier aus Maßkrügen trinken, mit vollgepfropften Garderoben, die nach Puder, Schweiß, Schminke, Zigarettenrauch und Schnaps riechen. In dieser Welt des „Blauen Engel" erscheint plötzlich der nicht mehr ganz junge Professor Rath vom Städtischen Gymnasium, ein Mann, dessen bisheriges Leben auf die Minute festgelegt war, ein Pedant, ein Spießer, ein Beamter.

Des Morgens stand er immer um die gleiche Minute auf, nahm sein Frühstück zu sich, spielte mit seinem Kanarienvogel – und war ein wenig traurig, als er ihn eines Morgens tot im Käfig fand.

„Ich bin von Kopf bis Fuß / auf Liebe eingestellt / denn das ist meine Welt / und sonst gar nichts!" singt Marlene Dietrich als Lola-Lola frech und frivol, daß es dem männlichen Filmpublikum heiß und kalt wird. Und auch den Professor Rath fängt sie, als sie im „Blauen Engel" auftritt. (In der Mitte Rosa Valetti als Frau des Zauberkünstlers.)

Dann zur Schule. Dort unterrichtete er in den höheren Klassen, und die jungen Männer, die seine Schüler sind – jawohl, es handelt sich schon um junge Männer –, trieben ihren Schabernack mit ihm. Er mochte sich wichtig machen, er mochte auf seine Autorität pochen – sie fanden doch immer einen Weg, um ihm einen Streich zu spielen, ihn zu hintergehen, ihn lächerlich zu machen. Er wußte es wohl auch, er ahnte es zumindest, und er nahm es keineswegs allzu tragisch.
Bis er eines Tages bei einem seiner Schüler einige Photos findet, die ihn wirklich entsetzen. Was eigentlich auf diesen Photos zu sehen ist, erfahren wir, die Zuschauer, vorläufig nicht. Aber wir können es erraten. Denn schon am Abend begibt sich der Professor in den „Blauen Engel", um Lola-Lola zu finden und zur Rede zu stellen. Denn sie ist auf jenen Photos zu sehen – und keineswegs in besonders

*bekleidetem Zustand. Vor allen Dingen aber will Professor Rath seine
Schüler erwischen.
Dies mißlingt. Denn Lola-Lola gestattet es den Gymnasiasten, sich in
ihrer Garderobe zu verbergen. Und einer von ihnen, der unter dem
Tisch sitzt, stopft dem Professor Rath die Spitzenhöschen Lola-Lolas in
die Manteltasche, während der Lehrer der reizenden jungen Frau
etwas ratlos gegenübersteht. Stotternd tritt er schließlich seinen Rück-
zug an.
Am folgenden Abend erscheint der Professor wieder im „Blauen
Engel". Warum? Vielleicht, weil er das Spitzenhöschen zurückbringen
will. Oder kommt er Lola-Lolas wegen? Diesmal glückt es seinen
Schülern nicht, sich vor ihm verborgen zu halten. Er entdeckt sie und
jagt sie mit seinem Regenschirm aus dem „Blauen Engel" hinaus.
Rechtzeitig hat Lola-Lola den Chef der Truppe alarmiert. Ein
Gymnasialprofessor, der sittlichen Anstoß nimmt, könnte dem Etablis-
sement gefährlich werden! Also behandelt man Professor Rath mit
besonderer Zuvorkommenheit, setzt ihn in die sogenannte Ehrenloge,
und nun bleibt er und sieht sich die Vorstellung an, hört sich das Lied
an, das Lola-Lola jetzt singen soll.*

Friedrich Holländer sitzt persönlich am Flügel. Friedrich Holländer,
damals der beliebteste Komponist von Chansons und gewagten
Liedern, ist mit der Musik für den „Blauen Engel" betraut worden.
Und er hat eine Musik geschrieben, die mehr für die Nerven als für das
Ohr bestimmt ist, Lieder, die die Dietrich aufreizend und hinreißend
singt.
Eines heißt: „Nimm dich in acht vor blonden Frau'n, sie haben so
etwas Gewisses!"
Ein anderer Song ist: „Ich bin die fesche Lola, der Liebling der
Saison!"
Dann hat Friedrich Holländer noch etwas geschrieben. Einen langsa-
men, schmachtend-sinnlichen Walzer mit vielen Zwischentönen. Noch
hat dieser Walzer keinen Text. Er hat nur einen „Schimmel". Ein
Schimmel besteht aus den Worten, die Schlagerkomponisten ihren
Melodien unterlegen, aus sinnlosen Worten, die ihnen gerade einfallen
und die sie vorsingen. Die Hauptsache, sie reimen sich. Der endgültige
Text wird dann später geschrieben.
Diesem langsamen, schmachtend-sinnlichen Walzer, den Holländer
für Lola-Lola schrieb, hat er ein paar Worte unterlegt, die ihm gerade
einfielen. Und nun trägt er den Walzer vor, während Pommer,
Sternberg, Jannings, Gussy Holl und Marlene Dietrich zuhören.

Die Klasse johlt, als Professor Rath (Emil Jannings) ins Klassenzimmer kommt und an der Tafel seine Karikatur entdeckt. Er fährt mit dem Schwamm in der Hand wütend und entsetzt herum. Aber mehr Angst als Zorn steht in seinem Gesicht. Seine ganze bisherige Existenz bricht zusammen. Tragisch erfüllt sich das Geschick des im tiefsten kindlichen Mannes. Professor Rath zieht die Konsequenzen, er heiratet das Girl aus dem „Blauen Engel". Nach Monaten der Erniedrigung in sein altes Reich zurückgekehrt, tastet er sich in sein Klassenzimmer und stirbt am Katheder.

Holländer also singt ohne besondere Überzeugung:

> *„Ich bin von Kopf bis Fuß*
> *auf Liebe eingestellt.*
> *Denn das ist meine Welt*
> *und sonst gar nichts!"*

Und während er weiterspielt, murmelt er: „Den richtigen Text habe ich noch nicht!"

„Aber das ist doch der richtige Text", ruft Gussy Holl.

Alle starren sie an.

„Sie dürfen kein Wort daran ändern, Holländer!" fährt Gussy Holl fort. „Ich wette, das wird der Schlager der Saison!"

„Na, na", macht Pommer, wohl vor allen Dingen, weil er abergläubisch ist. „Wollen Sie wetten, Gussy?"

Die Wette kommt zustande. Pommer wird sie haushoch verlieren.

Der langsame, schmachtend-sinnliche Walzer. Lola-Lola sitzt dabei auf einem Faß, die Beine übereinandergeschlagen, die in den schwarzen Seidenstrümpfen unendlich verführerisch sind. Und man sieht über der schwarzen Seide eine Handbreit weißes Fleisch und schwarze Strumpfbänder.

Marlene hat die Hände in die Hüften gestemmt und singt. Sie singt nicht lieblich, sie singt nicht zärtlich, sie singt wie eine Frau, die weiß, was sie will, und es auch bekommen wird. Sie singt gar nicht wie eine Frau, sondern wie ein Kerl, ihre Stimme scheint direkt aus dem Bauch zu kommen. Sie ist ebenso aufreizend wie das Stück weißen Fleisches oberhalb der schwarzen Seidenstrümpfe.

„Denn das ist meine Welt . . .

Und sonst gar nichts!"

Später sitzt sie vor ihrem Schminktisch und macht sich in ihrer winzigen Garderobe für eine neue Nummer zurecht. Neben ihr der Professor, der sie mit gierigen Augen verfolgt. Das stört sie nicht im geringsten. Sie zieht sich aus und bemerkt dazu trocken: „Na, nun sagen Sie gar nichts mehr?"

Und als der Professor vor Verlegenheit sprachlos wird, fährt sie fort: „Ich hab' ja gewußt, daß Sie wiederkommen. Bei mir komm' se alle wieder!"

Professor Rath versucht, sich aus der zweideutigen Situation zu retten. „Ich komme in amtlicher Eigenschaft!"

„Und wegen mir kommen Sie gar nicht?"

Dann streichelt sie ihn ganz leise, ganz nebenbei. Es wäre übertrieben, davon zu sprechen, daß sie ihn verführen will. Er tut ihr wohl eher ein wenig leid.

Aber das weiß er nicht, das ahnt er nicht. Schon ist er ihr verfallen. Er bleibt die Nacht bei Lola-Lola.

Und am nächsten Morgen, als sie das Frühstück bereitet, lächelt sie ihm gutmütig zu: „Na, siehst du, das könnt'ste alle Tage haben!"

Das Geheimnis dieser Affäre bleibt nicht lange gewahrt. Das Städtchen ist viel zu klein. Bald wissen es alle, daß Professor Rath und Lola-Lola... In der Schule gibt es Schwierigkeiten. Die Schüler rebellieren. Von einem solchen Professor wollen sie sich nichts sagen lassen. Die Kollegen machen eisige Mienen.

Dem alten Professor ist das völlig gleichgültig. Er liebt Lola-Lola, und es ist daher für ihn ganz natürlich, daß er sie bittet, seine Frau zu werden.

Lola-Lola ist darüber starr vor Staunen. Was fühlt sie eigentlich? Sicher keinen Triumph. Eher schon Mitleid. Ahnt sie schon jetzt, was noch alles kommen wird, was kommen muß? Wir sehen ihr ironisch-überlegenes Lächeln, wir hören sie schallend lachen. Aber dann heiratet sie ihn doch.

Nun ist Professor Rath völlig unmöglich im Städtchen geworden. Aber das bedeutet ihm nichts. Nur Lola-Lola bedeutet ihm etwas. Und da ihre Truppe im Lande herumzieht, reist er mit. Um sich nützlich zu machen, verkauft er während der Pause Postkarten, auf denen seine Frau in gewagten Posen zu sehen ist, Fotos wie jene, die er seinerzeit bei seinen Schülern konfiszierte.

Schließlich wird er der Clown der Truppe. Seine größte Leistung: die Imitation eines krähenden Hahns.

Er weiß genau, was mit ihm geschieht. Manchmal lehnt er sich gegen sein Geschick auf, erklärt Lola-Lola, daß er sie verläßt. Aber er kann sie ja nicht verlassen. Sie weiß es. Sie hat nur ein müdes Lächeln, als er ihr gleich darauf wortlos ihre seidenen Strümpfe anzieht. Und als er verzweifelt zusammenbricht, tröstet sie ihn. Sie ist Geliebte und Mutter in einer Person. Die Truppe kehrt in den „Blauen Engel" zurück. Das ganze Städtchen drängt sich in das Lokal. Denn es hat sich längst herumgesprochen, daß Professor Rath als Clown auftritt. Aber er will nicht. Hier nicht. Wenigstens diese letzte Schande muß ihm erspart bleiben! Er will nicht! Und zieht sich dann doch um, schminkt willenlos sein Gesicht. Er will nicht! Plötzlich sieht er seine Frau mit dem jungen Artisten Mazeppa. Die beiden gehen in seine Garderobe. Die Tür fällt ins Schloß.

Will er immer noch nicht? Ach, jetzt ist ihm schon alles gleichgültig.

Ohne Gegenwehr läßt er sich auf die Bühne zerren, erlaubt es, daß die anderen ihre Scherze mit ihm treiben, daß sie ihn erniedrigen. Es tut ihm nichts, daß sie auf seinem Kopf rohe Eier zerbrechen. Er sieht nur immer wieder zur Tür, die sich hinter Lola-Lola und Mazeppa geschlossen hat.

Dann aber bricht er los. Plötzlich hat er Riesenkräfte. Er rennt gegen die Tür an, er zertrümmert sie, er will der Frau, die ihn vernichtet hat, an die Gurgel.

Lola-Lola ist erstarrt: „Was hast du denn? Ich habe dir doch gar nichts getan!" Dann begreift sie und flieht in Todesangst vor dem alten Mann. Oder flieht sie, weil sie begriffen hat, wie stark sie selbst ist, wie leicht es ihr fiel, ein Leben zu zertrümmern?

Man muß den Professor in eine Zwangsjacke stecken. Später, als der „Blaue Engel" sich längst geleert hat, befreit ihn der mitleidige Direktor der Truppe, während er kopfschüttelnd murmelt: „Alles wegen eines Weibes!"

Rath antwortet nicht. Er verläßt den „Blauen Engel". Schleicht durch die menschenleeren Straßen des Städtchens, das einmal seine Heimat war. Wohin treibt es ihn? Nach Hause. Aber dieses Zuhause ist nicht die Wohnung, in der er lebte. Er geht zu der Schule, in der er lehrte. Er wankt die Treppe hinauf in sein altes Klassenzimmer. Mit letzter Kraft durchquert er es. Jetzt sitzt er auf dem Katheder und blickt hinunter, dorthin, wo seine Schüler einst saßen. Draußen vom nahen Kirchturm ertönt das Glockenspiel: „Üb immer Treu und Redlichkeit . . ." Seine Hände halten im Todeskampf das Katheder so fest umklammert, daß der Pedell, der ihm gefolgt ist, sie nicht zu lösen vermag. Professor Rath hat heimgefunden.

Die Premiere des „Blauen Engel" ist auf den 1. April 1930 im Gloriapalast am Kurfürstendamm festgesetzt. Aber innerhalb der UFA-Direktion weiß man immer noch nicht, ob der Film je herauskommen wird. Klitzsch äußert düster, Geheimrat Hugenberg wolle einfach nichts mit Heinrich Mann zu tun haben.

Pommer: „Es ist ja wirklich nicht viel von Heinrich Manns Roman übriggeblieben!"

Klitzsch: „Ich weiß. Aber davon wird der Geheimrat nicht zu überzeugen sein!"

Pommer hat eine geradezu geniale Idee. Er fährt zu Heinrich Mann. Der ist, wie die meisten Romanautoren, durchaus nicht einverstanden mit den Eingriffen, die die Drehbuchautoren vorgenommen haben. „Im Grunde genommen handelt es sich gar nicht mehr um mein Buch!

Ich schrieb eine Fanfare gegen die Obrigkeit! Professor Unrat war die
gestürzte Autorität. Jetzt ist er das bedauernswerte Opfer des Vamps!"
Nichts fürchten Filmgesellschaften mehr als die Behauptung von
Romanautoren, der Film stelle gar nicht mehr ihr Werk dar, eigentlich
hätten sie nichts mit dem Film zu tun und so weiter und so weiter.
Aber dieses Mal ist Pommer geradezu glücklich, dergleichen von
Heinrich Mann zu hören. Er sagt: „Warum bringen Sie Ihre Einwände
nicht zu Papier?"
„Ich will Ihnen nicht in den Rücken fallen, Herr Pommer!"
„Sie fallen mir nicht in den Rücken!"
Pommer verläßt Heinrich Mann mit einigen Zeilen, in denen der
Schriftsteller erklärt, der Film sei zwar sehr interessant, habe aber mit
seinem Buch im Grunde genommen nichts mehr zu tun. Pommer, weit
entfernt davon, diesen Brief verschwinden zu lassen, gibt ihn noch am
gleichen Tag weiter.
Am nächsten Morgen Telefonanruf von Klitzsch. „Der Geheimrat will
den Film selbst sehen! Ich komme heute nachmittag mit ihm nach
Babelsberg!"
Noch ein dritter Mann kommt mit, ein gewisser Friedrich Hussong,
Leitartikler bei Hugenberg, ein recht übler Bursche, der erst ein paar
Jahre später in seiner ganzen Erbärmlichkeit zu erkennen sein wird . . .
Erich Pommer sagt zu Klitzsch: „Sie wissen doch, wie das mit der
Presse ist! Eigentlich darf Herr Hussong den Film nicht vor den
anderen Zeitungsleuten sehen!"
„Herr Hussong kommt lediglich als ein Freund des Geheimrats
Hugenberg mit!"
„Ich kann mich also darauf verlassen, daß er nichts schreiben wird?"
„Sie können sich darauf verlassen!"
Zwei Stunden später fahren die drei fort. Ihre Gesichter sind uner-
gründlich. Am Abend telefoniert Klitzsch: „Der Film kann nicht
herauskommen!"
Pommer ruft Jannings an. Der fährt am nächsten Morgen zur
Direktion der UFA. „Wenn der Film nicht herauskommt, werde ich
nie wieder für die UFA arbeiten!" erklärt Jannings empört.
Vierundzwanzig Stunden später erklärt Klitzsch, Geheimrat Hugen-
berg habe sich umstimmen lassen . . .
Zwei Tage vor der Premiere erscheint dann in der „Nachtausgabe",
einem Blatt Hugenbergs, ein Artikel von Friedrich Hussong über den
„Blauen Engel". Hussong ist begeistert von dem Film. Aber neunzig
Prozent seines Artikels bestehen aus bösen Angriffen gegen Heinrich
Mann und dessen „zersetzende Kunst". Die Kritik gipfelt in den

Worten: „Es ist der UFA gelungen, aus dem Schandwerk von Heinrich Mann ein Kunstwerk zu machen!"

Pommer schäumt. Es handelt sich um einen glatten Wortbruch von Klitzsch. Oder ist Hugenberg dafür verantwortlich? Oder hat Hussong diesen Artikel geschrieben, ohne dazu autorisiert worden zu sein?

Pommer telefoniert mit Klitzsch. „Entweder die ‚Nachtausgabe' bringt morgen abend einige Zeilen, daß sie sich von Hussongs Artikel distanziert, oder ich werde mich mit einem Offenen Brief an die Öffentlichkeit wenden!"

Die entschuldigenden Zeilen erscheinen in der nächsten Ausgabe der „Nachtausgabe" nicht. Pommer schreibt einen Brief an das demokratische „Berliner Tageblatt", das ihn am folgenden Morgen, also am Tag der Premiere, bringt. In diesem Offenen Brief sagt Pommer alles, was er auf dem Herzen hat. Daß Heinrich Manns Roman kein Schandwerk, sondern ein großes Kunstwerk ist, daß die UFA alles daran gesetzt hat, dieses Kunstwerk würdig zu produzieren, daß Herr Hussong sein Wort oder das seines Chefs gebrochen hat. Pommer nimmt kein Blatt vor den Mund.

Klitzsch am Telefon, fast platzend vor Wut: „Sind Sie wahnsinnig geworden?"

Pommer: „Wollen Sie meine Demission sofort oder genügt es, wenn Sie sie morgen auf Ihrem Schreibtisch haben?"

Klitzsch haut den Hörer auf die Gabel.

Die Premiere vom 1. April wird ein großer Tag für Billett-Schwarzhändler. Berittene Polizei. Riesenauffahrt. Die ganze Prominenz erscheint.

Pommer ist natürlich schon seit dem Nachmittag im Gloriapalast, hat Hut und Mantel in die Direktionsloge gehängt und ist dann hinter die Bühne gegangen. Als er sieht, daß Hugenberg und Klitzsch in der Direktionsloge Platz genommen haben, bleibt er hinter der Bühne. Er bleibt, bis der Film vorbei ist, bis der rauschende Beifall einsetzt, der Jannings und die Dietrich immer wieder vor den Vorhang ruft.

Der „Blaue Engel" ist ein ganz großer Erfolg. Etwa eine Viertelstunde, nachdem das Haus sich geleert hat, will Pommer nach Hause fahren. Er erinnert sich seines Hutes und Mantels und geht zur Direktionsloge. Vor der Loge steht Ludwig Klitzsch mit der Garderobe von Pommer. Er eilt mit ausgebreiteten Armen auf ihn zu.

„Sie haben einen großen Film gemacht! Einen ganz großen Film!"

Er hilft seinem Produzenten in den Mantel. „Wir haben einiges getan, was nicht in Ordnung war, und Sie haben auch einiges getan, was nicht in Ordnung war! Wir wollen das vergessen!"

Die beiden schütteln sich die Hände. Von diesem Augenblick an wird Klitzsch in jeder Streitfrage automatisch auf der Seite von Erich Pommer stehen.

Polizei bahnt der Dietrich den Weg zu ihrem Auto. Wohin fährt der Wagen? Wo findet die obligate Siegesfeier statt? Im Adlon? Bei Horcher?

Es gibt keine Siegesfeier für Marlene Dietrich. Ihr Auto fährt zum Lehrter Bahnhof. In wenigen Minuten startet der Expreß nach Bremerhaven. Morgen früh schon muß sie an Bord der „Bremen" sein, die sie nach New York bringt. Von dort aus geht es nach Hollywood, zur Paramount, mit der sie einen langjährigen Kontrakt abgeschlossen hat.

Wie? Die UFA läßt Marlene Dietrich so einfach ziehen? Hat sie denn keine Klausel in den Vertrag gesetzt, die ihr das Recht gibt, weitere Filme mit der Dietrich zu drehen?

Natürlich hat Erich Pommer auf einer solchen Klausel bestanden. Aber als es dann so weit war, als der Tag herankam, an dem die UFA sich entscheiden mußte, lag Pommer krank zu Bett. Er war so elend, daß er sich um nichts kümmern konnte. Vor allen Dingen wünschten seine Ärzte, daß ihm jede Aufregung erspart bliebe. Infolgedessen erfuhr er erst später, daß die UFA in dem Vertrag auf das Recht der Option verzichtet hat.

Grund: Es liege kein Stoff vor, der für Marlene Dietrich geeignet wäre. Pommer ist außer sich, als er das vernehmen muß. „Wir hätten die Dietrich für ein Butterbrot haben können!"

„Immerhin sollte sie im nächsten Jahr fünfzigtausend Mark bekommen!"

„Fünfzigtausend Mark sind in diesem Fall ein Butterbrot! Zwei Dietrich-Filme, vielleicht drei für fünfzigtausend Mark. Nach dem ‚Blauen Engel' wird sie fünfzigtausend Mark und mehr für einen Film bekommen! Ich vermute sogar fünfzigtausend Dollar!"

Erich Pommer hat Grund zu dieser Vermutung. Er weiß, daß Josef von Sternberg schon seit Wochen die Dietrich bedrängte, mit ihm nach Amerika zu gehen. Die Paramount hatte ihr auch schon ein sehr anständiges, ein reizvolles Angebot gemacht. Marlene zögerte. In Berlin hatte sie ihren Mann, ihre Tochter. Ihr wäre am liebsten gewesen, die UFA hätte ihre Option ausgeübt. Da sie nicht ja und nicht nein sagte, verließ Sternberg verstimmt noch vor der Premiere Deutschland, um sich nach New York einzuschiffen. Auf hoher See erhielt er dann ein Radiogramm der Dietrich: „Akzeptiere den Paramountvertrag."

Am Tage nach der Premiere erscheinen die ersten Kritiken. Kritiken? Es sind Hymnen. „Der Blaue Engel" verspricht das größte Geschäft zu werden.

Aber nicht die herrlichen Kritiken sind es, die Emil Jannings am meisten Freude bereiten. Er erhält einen Brief aus einem Nest namens Bürgstein, der lautet:

„Sehr geehrter Herr!
Verzeihen Sie, wenn ich Ihre kostbare Zeit in Anspruch nehme, aber da ich in Erfahrung gebracht habe, daß Sie, geehrter Herr, einmal die hiesige Gegend mit Ihrem Besuch beehren wollen, so würde es mir zur besonderen Ehre gereichen, wenn Sie auch mein Gasthaus ‚Zum goldenen Lamm', wo Sie Ihre Künstlerlaufbahn begonnen haben, besuchen würden.
Der Verschönerungsverein von Bürgstein beabsichtigt, an meinem Gasthause eine Gedenktafel anzubringen, und es wäre für uns wirklich eine Freude, wenn Sie als der gefeierte Künstler der Enthüllung dieses Gedenkzeichens und der darauf folgenden Feierlichkeit persönlich beiwohnen könnten. Vielleicht wäre die Möglichkeit vorhanden, daß Sie mich verständigen könnten, und es könnte dann entsprechend auch die Zeit für diese Festlichkeit festgestellt werden. Vielleicht wäre auch die Möglichkeit, da wir eines der schönsten Waldtheater haben und bei schönem Wetter eine Festvorstellung stattfinden soll, daß Sie zu dieser vielleicht eine Partie übernehmen würden.
Es wäre dieses für den Ort Bürgstein, welcher Sommerkurort ist, ein großes Renommée, und Sie können unseres großen Dankes versichert sein. Halten Sie mein Ansuchen nicht für unbescheiden, aber ich spreche im Ortsinteresse. Es würde mir zur besonderen Ehre gereichen, wenn ich Sie in meinem Lokale begrüßen und in Bürgstein willkommen heißen könnte.
In höflicher Erwartung auf eine gütige Antwort, zeichnet
hochachtungsvoll

Hermann Liebscher,
Gastwirt Zum goldenen Lamm
Bürgstein bei Haida.

NS. Vielleicht könnten Sie Ihre Ferien bei uns zubringen, für entsprechende Wohnung würde Sorge getragen."

Aber Jannings erhält auch andere Briefe, die nicht so freundlicher Natur sind, und manche sind sogar geradezu unfreundlich, besonders solche, die von den Standesorganisationen der Lehrer stammen. Die fühlen sich nämlich persönlich gekränkt. Ist nicht der Sündenfall des Professors Rath dazu angetan, die gesamte Lehrerschaft in Mißkredit zu bringen? Pommer überlegt sich, ob er den Lehrern eine Erwiderung schicken soll. Ludwig Klitzsch beruhigt ihn. „Lassen Sie mal, Herr Pommer! Die Hauptsache, der Film ist ein Geschäft! Und niemand kann uns streitig machen, daß wir ein Meisterwerk der deutschen Filmkunst gedreht haben! Und daß wir Marlene Dietrich entdeckt haben!"

Jetzt ist es schon so weit. Er sagt „wir".

GÖTTERDÄMMERUNG

Der Tonfilm, der einige wenige unbekannte Schauspieler nach vorn bringt, bedeutet, daß andere Stars nach anfänglichen krampfhaften Versuchen, sich zu halten, bald im Hintergrund verschwinden. Es sind, wie in Hollywood, die Ausländer, die zuerst gehen müssen. Die göttliche Asta Nielsen, der schöne bleiche Wladimir Gaidarow, der elegante Ivan Mosjukin, der Schwede Gösta Ekman, der Sensationsdarsteller Luciano Albertini und wie sie sonst alle heißen. Aber das ist nur Beginn. Auch unter den deutschsprachigen Künstlern wird bald furchtbares Gericht gehalten. Alle werden gewogen. Viele, viele werden zu leicht befunden.

Die schöne Lya Mara, die Frau des Regisseurs Friedrich Zelnick, eben noch ein Star, verschwindet völlig von der Bildfläche. Da ist Ellen Richter, die mondäne, geheimnisvolle Frau, da ist Ossi Oswalda, einst Star von Ernst Lubitsch . . .

Auch der große Harry Liedtke muß von seinem Piedestal herunterklettern. Zwar trat er in einem Film auf, der noch stumm gedreht und nach einem berühmten Schlager: „Ich küsse Ihre Hand, Madame!" betitelt wurde. Und die Reklame verkündete kühn: „Harry Liedtke singt!"

Die Backfische Berlins und solche, die es einmal waren, stürzten in den Tauentzien-Palast, um ihren Liebling singen zu hören. Sie starben fast vor Entzücken. Harry sang herrlich! Er sang genauso schön wie Richard Tauber!

Groß war die Enttäuschung, als bekannt wurde, daß Harry Liedtke überhaupt keinen Ton gesungen hatte, weil er nämlich nicht singen konnte. Daß kein geringerer als Richard Tauber gesungen hatte, während Liedtke seine Lippen entsprechend bewegte. Als dann ein richtiger Tonfilm mit Liedtke gedreht wird, muß das entsetzte Publikum feststellen, daß es auch mit seinen Sprechkünsten nicht weit her ist – erstaunlich übrigens, wenn man bedenkt, daß er einmal Schauspieler war, ja, daß er sogar bei Max Reinhardt gespielt hatte. Nicht nur erstaunlich, sondern auch tragisch. Harry Liedtke war zu groß, zu populär, um die Niederlage einfach hinnehmen zu können. Er gibt natürlich nicht sich selbst die Schuld, sondern den anderen, vor allen Dingen den Produzenten, für die er einmal viel Geld verdient hat und denen er jetzt, bitter geworden, Undank vorwirft. Er gerät unter den Einfluß problematischer Persönlichkeiten. Jener üble Graf Helldorff, der wenig später die ersten Judenpogrome am Kurfürstendamm startet und der dafür von Hitler später zum Polizeipräsidenten von Berlin gemacht wird, besucht ihn und setzt ihm auseinander, daß die Juden an seiner, Liedtkes, Arbeitslosigkeit schuld seien.

Liedtke glaubt das nur zu gern und tritt in die Partei ein, um freilich bald auch von ihr enttäuscht zu werden. Denn auch die Nazis werden Liedtke nicht gerade übermäßig beschäftigen . . .

Götterdämmerung der Stars. Viele „kommen einfach nicht", wie Carl Froelich es ausdrückt. Er ist davon überzeugt, daß der Erfolg im Tonfilm mit der Nationalität zusammenhängt; daß zum Beispiel die Österreicher sich nicht durchsetzen können. Hingegen: „Die Preußen kommen!"

Und wie steht es mit der Frau, ohne die Froelich überhaupt nicht zu denken ist, mit der er jahrelang Filme gemacht hat?

Als der Tonfilm die deutsche Filmindustrie revolutioniert, steht Henny Porten auf dem Höhepunkt ihrer Popularität. Wenn es eines Beweises bedürfte, so erbringt ihn der Filmball des Jahres 1929. Alle sind sie da, die Prominenten von Bühne und Film. Keiner wagt es, jawohl, wagt es, nicht anwesend zu sein, da man doch gesehen werden muß. Nur Henny Porten fehlt. Ihr Produzent telefoniert mit ihr. Sie sagt, es täte ihr leid, sie habe Migräne – und hängt ab. Der Regisseur Froelich ruft an: „Henny, du mußt kommen!"

Schließlich läßt sie sich überreden.

Als sie den Saal betritt, hören die Unterhaltungen auf, alles starrt zur Treppe, die sie herunterkommt, die Musik bricht ab, und plötzlich klatschen sie alle in die Hände, die Filmschauspieler und die Bühnenschauspieler, die Presseleute, die übrigen Prominenten und diejenigen, die es gern sein möchten. Eine Ovation, wie sie keine andere Frau des Films erhalten würde. Schließlich sind es nicht zuletzt ihre Konkurrentinnen, die klatschen . . .

Es war nicht nur Migräne, die Henny Porten vom Filmball fernhielt. Sie ist um diese Zeit sehr unsicher. Die Frage, ob sie Tonfilme machen solle oder nicht, beschäftigt sie Tag und Nacht. Henny kann nicht glauben, daß der Stummfilm, in den sie alles gesteckt hat, was sie an Kraft besaß, einfach verschwinden soll. Und doch spürt sie in ihren Fingerspitzen, daß sich etwas Neues vorbereitet. Und wie wird sie selbst dabei abschneiden? Schließlich war sie niemals beim Theater, schließlich hat sie niemals sprechen gelernt.

Sie hat ein paar kleine Tonfilme gesehen, Wochenschauen und Kulturfilme, und war beeindruckt. Aber sie glaubte, daß es noch Jahre dauern würde, bis man große Spielfilme mit Ton machen könnte. Bekannte erzählten ihr von den Filmen mit Al Jolson, die bereits in Paris angelaufen waren, und sie fuhr hin und sah sie sich an. Sie war aufs tiefste beeindruckt, aber sie hoffte noch immer: bis wir Deutsche erst einmal so weit sind . . .!

Und dann kommt „Die Nacht gehört uns" heraus und „Melodie des Herzens" und andere Tonfilme, und die Porten weiß: jetzt gibt es kein Zögern mehr, jetzt wird auch sie Tonfilme machen müssen.

Aber da sie immer noch zögert, kursieren bald die wildesten Gerüchte über sie in der Filmwelt. Einige behaupten, sie lisple, andere versteigen sich zu der „Erklärung", sie habe einen Wolfsrachen, wieder andere sind überzeugt davon, daß sie stottert.

Die Wahrheit ist, daß sie sich einfach nicht zu dem entscheidenden Sprung entschließen kann. Sie verzagt völlig. Und wie immer, wenn sie keinen Ausweg sieht, überfallen sie tiefe Depressionen, und sie sieht sich als alte Frau auf dem Potsdamer Platz stehen und den Passanten Blumen anbieten.

Es dauert lange, bis sie sich zu ihrem ersten Tonfilm, „Skandal um Eva", entschließt. Aber als sie einmal im Atelier steht, sind alle Zweifel und alle Hemmungen überwunden. Und obwohl der Film erst im Juli 1933 herauskommt – während einer geradezu afrikanischen Hitze –, wird er ein Riesenerfolg. Das Publikum ist der Porten treu geblieben.

Einer verschwindet völlig – nicht nur aus den Filmen, sondern auch aus dem Leben: Bruno Kastner.

Sein Abstieg hat schon vor dem Aufkommen des Tonfilms begonnen. Mag sein, daß das mit den Stoffen zu tun hat, die er verfilmte, daß die Leute nicht mehr die albernen, sentimentalen Dramen sehen wollten, in denen er agierte. Jedenfalls gab es keine Rollen mehr für ihn. Er, der von einem Film in den anderen ging, der bis zu zehn Filme im Jahr drehte, war monatelang beschäftigungslos. Und wenn dann schließlich doch noch ein Film mit ihm gedreht wurde, blieb der Erfolg aus.

„Der Kastner wird auch nicht jünger!" sagten die Leute. Als ob das eine Erklärung wäre! Jannings wurde ja auch nicht jünger, Paul Wegener wurde nicht jünger, Werner Krauß und Albert Bassermann wurden nicht jünger. Nein, daran lag es nicht. Es lag daran, daß dieser Bruno Kastner, eben noch das Idol der Frauen Deutschlands, kein Schauspieler war.

Vom Tonfilm erhofft er sich eine neue Chance. Schließlich war er ja einmal beim Theater. Er geht zu den Produzenten, er sitzt in den Vorzimmern der Agenten. – Nichts. Nichts.

Dabei bräuchte er so dringend ein Engagement, denn das Geld, das er einmal verdient hat, ist völlig aufgebraucht. Der einzige, der ihm noch eine Chance gibt, ist Max Ophuels, als er den Film „Liebelei" dreht. Der Film wird ein Erfolg. Bruno Kastner wird kaum beachtet. Die Frauen wollen den Charakterspieler Bruno Kastner nicht sehen. Sie haben ihn als sieghaften jungen Mann geliebt – und vergessen.

Dabei ist Bruno Kastner alles andere als der junge Mann von ehemals. Er ist ein kranker Mann, der alle paar Monate operiert werden muß, der furchtbare Schmerzen erleidet, der im ärztlichen Sinn des Wortes überhaupt kein Mann mehr ist. Aber das wissen nur ganz wenige.

Und das alles ist die Folge des Motorradunfalles von Lugano, bei dem er entsetzliche Verletzungen davongetragen hat. Vielleicht wäre trotzdem alles gutgegangen, wenn er schnell ärztliche Hilfe hätte finden können. Aber der Arzt, der zur Unfallstelle gerufen wurde, erlitt selbst einen Autounfall, und infolgedessen konnte Kastner nicht frühzeitig genug operiert werden.

Kastner trat in Revuen auf. Kastner trennte sich von seiner Frau, der Schauspielerin Ida Wüst, die er ein paar Jahre vorher geheiratet hatte, obwohl sie wesentlich älter war als er. Er hatte keinen Pfennig Geld mehr. Kastner bekam immer seltener Engagements. Immer wieder sah es so aus, als ob es besser gehen würde, immer wieder kam etwas dazwischen. Es kam vor, daß Kastner einmal ein paar Monate irgendwie Geld verdiente. Zum Beispiel auf der Tournee „Je-Ka-Fi" – „Jeder kann filmen!" Die Sache war die, daß Frauen aus dem Publikum auf die Bühne kommen durften, um mit Kastner zu spielen, während Viggo Larsen, Stummfilmstar der Vor-UFA-Zeit, den Filmregisseur mimte.

1932 macht Kastner eine Tournee, die von dem Künstlernoteinsatz veranstaltet wird, spielt in Berlin, vor allem aber in den kleinen Bädern – während der Vorsaison. Nur wenige kennen ihn noch.

Eines Tages kommt er nach Bad Kreuznach. Am nächsten Morgen findet man ihn tot in seinem Hotelzimmer. Er hat sich erhängt.

VIERTER TEIL · DER GROSSE AUFTRIEB

RICHARD OSWALD WARNT

Der Tonfilm setzt sich langsam, aber sicher in Deutschland durch. Ende 1929 gibt es erst 223 Tonfilmtheater, ein Jahr später schon rund 1900, wieder ein Jahr später rund 2500. Die Skeptiker müssen sich geschlagen geben. Denn es stellt sich heraus, was die meisten für unmöglich gehalten haben, daß nämlich Tonfilme ebenso ernstzunehmende Kunstwerke sein können wie Stummfilme. Ja, man darf wohl sagen, daß das neue Medium als Stimulans wirkt, daß es die Phantasie der Drehbuchautoren und der Regisseure beflügelt.

Natürlich hat sich auch Richard Oswald ziemlich schnell auf den Tonfilm umgestellt, aber es dauert eine Weile, bis er sich selbst gefunden hat. Er dreht ein Singspiel „Wien, die Stadt der Lieder" – ein Lustspiel „Die zärtlichen Verwandten". Aber das sind Nebenwerke. Und dann weiß er, was er zu tun hat. Er wird im Tonfilm genau das tun, was er im Stummfilm versucht hat, er wird den Alltag zeigen, den Menschen ohne Schminke, ohne Pathos. Er wird es ablehnen, zu unterhalten, zu amüsieren, er wird seine Finger auf die schlimmsten Geschwüre am Körper der Menschheit legen. Oswald wird warnen. Wir schreiben das Jahr 1930. Schon steht Hitler vor den Toren. Schon ist Antisemitismus Mode geworden. Die Wirtschaftskrise wird immer schlimmer. Die Zahl der Arbeitslosen wächst täglich. Was ist einfacher, als zu behaupten, die Juden seien an dem ganzen Elend schuld?

Es gibt zwar keinerlei Beweise für solche unsinnigen Behauptungen – aber braucht Hitler Beweise? Er hat sich nie mit Kleinigkeiten abgegeben. Oswald berät sich mit seinen Mitarbeitern. Gab es nicht schon einmal eine Zeit, in der die Juden „an allem schuld" waren? Natürlich gab es eine solche Zeit! Sie ist noch gar nicht so lange her, daß Capitain Dreyfus mit Hilfe Zolas rehabilitiert wurde.

Die Affäre Dreyfus. Sie spielte sich zwischen 1890 und 1900 in Frankreich ab. Ältere Menschen können sich noch daran erinnern. Gebildete haben darüber nachgelesen. Aber das Volk? Was weiß das

Volk heute noch davon. Man vergißt ja so schnell. Der Fall Dreyfus, die größte Spionagegeschichte aller Zeiten:

In einem Papierkorb in der Deutschen Botschaft in Paris wird ein zerrissener Brief gefunden – von einer Putzfrau, die in den Diensten der französischen Gegenspionage steht. Aus dem Brief geht hervor, daß der deutsche Militärattaché einen Vertrauensmann innerhalb des französischen Generalstabes haben muß.

Geheime Untersuchung. Ein Schriftsachverständiger glaubt, Ähnlichkeiten zwischen dem Brief und der Schrift des Hauptmanns Dreyfus zu finden. Der Generalstabchef ist entzückt. Wenn schon ein Verräter im Generalstab sitzt, dann könnte er sich gar keinen besseren wünschen als Dreyfus. Denn Dreyfus ist der einzige Jude im französischen Generalstab.

Verhaftung. Verurteilung zu lebenslänglicher Verbannung auf die Teufelsinseln, obgleich Dreyfus seine Unschuld beteuert. Später sickert durch, daß die Verurteilung nur dadurch zustande kam, daß der Chef des Generalstabes belastendes Material gegen Dreyfus, das in der Verhandlung nicht vorgebracht wurde und von dem weder Dreyfus noch sein Anwalt wissen konnten, den als Geschworenen figurierenden Offizieren ins Beratungszimmer sandte. Ein äußerst ungewöhnliches Vorgehen. Übrigens wird sich herausstellen, daß dieses belastende Material gefälscht war.

Und es wird sich noch etwas anderes herausstellen. Nämlich, daß der deutsche Militärattaché weiterhin vertrauliches Material von seinem Spion im französischen Generalstab erhält. Es handelt sich um den gleichen Mann wie das erste Mal. Die Schrift ist identisch.

Oberst Picquard, der die erste Untersuchung gegen Dreyfus führte und fest von dessen Schuld überzeugt war, begreift jetzt, daß Dreyfus, der bereits auf den Teufelsinseln schmachtet, nicht der Schuldige gewesen sein kann. Er eilt zu seinem Vorgesetzten. Und wird sofort ins Innere Afrikas versetzt auf einen Posten, von dem er nach menschlichem Ermessen nicht zurückkehren dürfte.

Er kehrt aber doch zurück und benachrichtigt die Familie Dreyfus. Aber es ist unmöglich, eine Wiederaufnahme des Prozesses zu erreichen. Die Clique im Generalstab hält wie Pech und Schwefel zusammen. Madame Dreyfus wendet sich schließlich an Emile Zola, den großen Romanschriftsteller, der zuerst nicht die geringste Lust verspürt, sich mit der Affäre Dreyfus zu befassen. Er hat ein riesiges Arbeitsprogramm vor sich. Aber nachdem er die Akten studiert hat, die man ihm vorlegt, weiß er: Ein Unschuldiger verkommt auf den Teufelsinseln! Er wird nicht mehr ruhig schlafen können, bis dieser Unschuldige befreit ist . . .

Und er schreibt seinen bekannten Offenen Brief an den Präsidenten der Republik, in dem er ihn, den Präsidenten, den Kriegsminister, den Generalstab, in dem er sie alle anklagt, an einem Unrecht mitgewirkt, es zumindest vertuscht zu haben. Der Brief beginnt mit den Worten: „J'accuse – Ich klage an!"

Was Zola erwartet hat, geschieht. Er wird wegen Beleidigung des Präsidenten vor Gericht zitiert. Die Gerichtsverhandlung, die öffentlich geführt werden muß, gibt Gelegenheit, den Fall Dreyfus wieder aufzurollen.

Zwar wird Zola verurteilt – und muß ein Jahr lang, bis das Urteil kassiert ist, in England leben. Aber nun ist die Lawine im Rollen. Nun ist es gar nicht mehr möglich, zu erklären, die Akten des Falles Dreyfus seien geschlossen.

Nun muß alles noch einmal untersucht werden. Prozeß folgt auf Prozeß. Langsam zeigt es sich, daß die antisemitische Clique im Generalstab schon lange wußte, daß sie einen Landesverräter, einen gewissen Grafen Esterhazy – der noch rechtzeitig entkommen kann – geschützt hat. Der Hauptschuldige richtet sich selbst, andere werden mit Schimpf und Schande davongejagt. Dreyfus wird zuerst begnadigt, schließlich wird er rehabilitiert.

Oswald bekommt eine große Besetzung zusammen. Den Dreyfus spielt Fritz Kortner, den Obersten Picquard Albert Bassermann. Heinrich George ist Emile Zola, Oskar Homolka der Verräter Esterhazy.

Oswald dreht den Film mit einem Minimum an Ausstattung. Wie in seinen stummen Filmen, begnügt er sich mit wenig Räumen und beschränkt sich auf die nötigsten Außenaufnahmen. Die Kulisse, auf die es ihm ankommt, ist das menschliche Gesicht. Unvergeßlich die große Rede Zolas vor Gericht. Unvergeßlich die Unschuldsbeteuerungen des Hauptmanns Dreyfus! Unvergeßlich, wie es Oberst Picquard langsam dämmert, was gespielt wird, wie die Welt dieses Obersten zusammenbricht, als er begreift, daß Generale Meineide geschworen haben. Einmalig, wie Oswald mit ein paar Großaufnahmen zeigt, wie das Volk mit ein paar Schlagworten verhetzt werden kann; wie plötzlich Menschen, durch ein paar Schlagzeilen zur Weißglut gebracht, mit dem Ruf „Nieder mit Dreyfus!" durch die Straßen jagen. Ein Film, der viel zu eindrucksvoll ist, um nicht überall einen durchschlagenden Erfolg zu haben.

1930 verfilmt Richard Oswald die „Affäre Dreyfus". *Links oben:* Hauptmann Dreyfus (Fritz Kortner) muß eine Schriftprobe ablegen, die beweisen soll, daß er die Aktenpausen aus dem Kriegsministerium an die Deutschen gegeben hat. Hinter ihm: Oberst Henry (Ferdinand Hart), daneben: Major du Paty (Fritz Rasp). *Rechts oben:* Am 5. Januar 1895 wird Hauptmann Dreyfus in Paris degradiert. Er ist angeblich des Landesver-

rats überführt worden. Oberst Picquard, der neue Chef des Nachrichtenbüros, gespielt von Albert Bassermann (in der Mitte vor den Trommlern), hat bereits Beweise für Dreyfus' Unschuld. *Links:* Auch der Schriftsteller Emile Zola, den Heinrich George spielt, setzt sich für Dreyfus ein. Zola schreibt sein berühmtes „J'accuse". *Rechts:* Auf die Teufelsinseln verbannt, kämpft Dreyfus um seine Rehabilitierung.

Im nationalsozialistischen Lager begreift man sofort: Dieser Film ist eine Gefahr. Und es geschieht, daß sämtliche Zeitungen Hitlers gegen den Film Sturm laufen. Der „Völkische Beobachter" bringt am 30. Januar 1930 auf der ersten Seite die Riesenüberschrift: „Der jüdische Dreyfus-Skandal". Und darunter ist zu lesen: „Der Dreyfus-Film – ein jüdisches Wahlmanöver gegen den Nationalsozialismus".

Und dann versucht der „Völkische Beobachter" allen Ernstes zu beweisen, daß Dreyfus gar nicht unschuldig war und daß nur „das Weltjudentum" für seine Rehabilitierung gesorgt habe.

Nachdem dreißig Jahre vorher alles geklärt wurde, nachdem sich die Schuldigen teils selbst gerichtet, teils Geständnisse abgelegt haben, resümiert trotz alledem der „Völkische Beobachter":

„Die Affaire Dreyfus stellt eine Kraftprobe des Judentums ohnegleichen dar, das sonst immer als das wehrlose, von gehässigen Feinden umringte Opferlamm beurteilt werden möchte. Es hat, um einen der Seinigen freizubekommen, gegen die Regierung einer Großmacht Sturm gelaufen, diese gestürzt und die Verhältnisse eines ganzen Landes von oben nach unten gekehrt ... Zur Rehabilitierung eines gewöhnlichen Offiziers, der wegen Landesverrats zweimal verurteilt wurde, gleichviel, ob zu Recht oder Unrecht, wäre nicht die ganze Welt alarmiert worden. Ein solcher säße heute noch auf den Teufelsinseln oder lebte entehrt als ein nach langen Jahren Begnadigter verborgen in irgendeinem Winkel der Erde."

Richard Oswald kann nach diesem Artikel im „Völkischen Beobachter" keinen Zweifel darüber hegen, was ihm geschehen wird, wenn Hitler an die Macht kommen sollte. Wenn er sich nicht rechtzeitig „in irgendeinem Winkel der Erde" verbergen wird, dürfte er zumindest auf die Teufelsinseln verbannt werden. Aber das macht ihn in seiner Haltung nicht irre.

Er sucht und findet einen neuen Stoff, der ihn in den Nazikreisen noch unpopulärer machen wird. Er will zeigen, wie der Weltkrieg 1914 bis 1918 entstanden ist. Er besorgt sich die Akten des „Reichstagsausschusses zur Erforschung der Kriegsschuld", dessen Schriftführer Dr. Eugen Fischer er als Mitarbeiter engagiert.

Alle, die damals Geschichte gemacht haben, treten auf. Zar Nikolaus II., den Reinhold Schünzel spielt, die schwache Zarin, von Lucie Höflich dargestellt, der deutsche Kanzler von Bethmann-Hollweg, den Albert Bassermann verkörpert, während Heinrich George den französischen Sozialisten Jean Jaurès darstellt und Oskar Homolka den Kriegskommissar Sassanow.

Handlung? Eigentlich gibt es keine. Es wird nur dargetan, was geschah. Es treten die historischen Persönlichkeiten auf und sagen, was sie damals gesagt haben, schreiben, was sie damals geschrieben haben, handeln, wie sie damals gehandelt haben. Kurz, es wird in Oswalds Film gezeigt, wie die Lawine ins Rollen kam.

Es gibt nicht eine Szene, in der Oswald den Zeigefinger erhebt. Er klagt nicht an. Er spricht nicht frei. Keiner von denen, die damals in den Regierungen der verschiedenen Länder saßen, war ganz unschuldig; niemand war ganz schuldig. Keiner hatte eine ganz weiße Weste. Der Film nimmt keine Partei. Er zeigt nur, wie alles kam und warum alles so kommen mußte. Er ist also nicht dramatisch. Er ist geradezu betont undramatisch. Er besteht aus Dokumenten und ist daher selbst ein Dokument. Und wirkt gerade dadurch so ungeheuer erregend, läßt einen auch ohne Liebeshandlung, auch ohne daß faszinierende „Helden" oder schöne und leidenschaftliche Frauen auftreten, zwei Stunden lang nicht los.

Und gerade deshalb wird er verboten, denn es gibt ja eine Zensur. Vergebens ruft Oswald: „Schließlich war es doch so!" Aber es ist nicht vergebens, daß die liberale Presse sich für Oswald einsetzt. Lange Verhandlungen. Oswald wird geladen und man sagt ihm, daß sein Film freigegeben wird. Bedingung: Er muß ihn umarbeiten.

„Umarbeiten?"

„Nun ja, es gibt in Ihrem Film Stellen, aus denen hervorgeht, daß der Kaiser nicht ohne Schuld war ... Und es gibt fernerhin Stellen, aus denen hervorgeht, daß Männer, die dem Kaiser sehr nahestanden, sozusagen zu den Hauptschuldigen des Krieges zu rechnen sind."

„Waren sie es nicht? Vergessen Sie nicht, meine Herren, daß jedes Wort, das in meinem Film gesprochen wird, belegt werden kann. Durch Akten belegt werden kann, die im Deutschen Reichstag ... verstehen Sie, meine Herren, im Deutschen Reichstag ausgefertigt worden sind."

„Wir haben uns mit Ihnen nicht darüber zu unterhalten, Herr Oswald. Wenn Sie diese Umarbeitungen nicht vornehmen, wird es Zwischenfälle geben, Demonstrationen ... Die Leute werden sich diesen Film nicht gefallen lassen. Die Polizei müßte einschreiten. Es ist schon besser, daß Sie einige Schnitte machen."

Oswald macht einige Konzessionen. Trotzdem wird der Film aufs schärfste von der Rechtspresse angegriffen.

Noch einmal darf Richard Oswald seinen Mut beweisen, als er im gleichen Jahr den „Hauptmann von Köpenick" verfilmt. Er hält sich im wesentlichen an die Szenenfolge von Carl Zuckmayer. Er holt sich zum großen Teil die Schauspieler, die das Stück bei seiner Erstaufführung gespielt haben, aus dem Deutschen Theater. Die Titelrolle allerdings verkörpert jener Komiker, der sie im Deutschen Theater erst in zweiter Besetzung Werner Krauß nachgespielt hat, Max Adalbert. Das ist ein unendlich leiser Schauspieler, der wie kein zweiter die Tragik des Schusters Voigt vermitteln kann, jenes Mannes, der nichts will als einen Paß, um das Land zu verlassen, in dem man ihn nicht haben will, und den Paß nicht bekommt, weil er keinen Wohnsitz nachweisen kann, den er eben nicht hat, weil er keine Papiere besitzt . . . Ein circulus vitiosus.

Der „Hauptmann von Köpenick" wird ein herrlicher Film. Wieder gelingt es Oswald, mit einigen wenigen Strichen eine Figur zu zeichnen, die Blut hat und lebt, uns mit vier, fünf Sätzen einen Menschen nahezubringen. Wieder erweist er sich als der Meister des realistischen Films.

Die begeisterte Kritik spricht von einem klassischen „Filmlustspiel". Aber kann man diesen Film ein Lustspiel nennen? Ist dieser Schuster Voigt, der immer wieder mit dem Gesetz in Konflikt kommt, der immer wieder ausgewiesen wird, der in Deutschland keine Heimat findet und doch nicht über die Grenze kann, weil man ihm keinen Paß gibt, wirklich eine komische Figur? Schon 1932, als man den Film sieht, kann man darüber nicht mehr richtig lachen.

DIE SÜSSESTEN MÄDEL DER WELT

Erich Pommer hat schon seit langem ein Auge auf Lilian Harvey geworfen. Sie kann tanzen, sie kann auch singen. Und als er seine erste Tonfilmoperette plant, den „Liebeswalzer", holt er sie als Partnerin Fritschs zur UFA.

Der „Liebeswalzer" ist vermutlich die hundertste Verfilmung einer Operette. Aber zum Unterschied von allen seinen Vorgängern hat der „Liebeswalzer" den Vorzug – oder zumindest glaubten die Leute damals, es sei ein Vorzug –, daß man die Musik jetzt hören kann.

Das allein ist eine Sensation. Der „Liebeswalzer" ist keine. Er ist eine typische Operette, und alles, woran man sich ein paar Jahre später erinnern wird, ist, daß Willy Fritsch abwechselnd einen Prinzen und seinen Sekretär spielt, in Wirklichkeit aber der Sohn eines amerikanischen Automobilkönigs ist – nicht mehr und nicht weniger. Wie fast alle Filmschauspieler muß Lilian Harvey erleben, daß man ihr zuerst mitteilt, daß sie im Tonfilm nicht „kommt". Aber Lilian Harvey ist

nicht so leicht zu entmutigen, nicht einmal, als man ihr zu verstehen gibt, die Sache sei hoffnungslos, falls sie sich nicht einer Stimmbandoperation unterziehe. „Dann lasse ich mich eben operieren", sagt sie. Aber dazu kommt es nicht, denn schließlich „kommt" sie doch. Und am Tage nach der Premiere des „Liebeswalzer" singt Berlin: „Du bist das süßeste Mädel der Welt..." Eine Woche später singt es halb Deutschland, einen Monat später halb Europa, oder sagen wir, es wird sehr viel in jenen Städten gesungen, geträllert oder gepfiffen, wo die großen Kinos bereits Tonfilmapparaturen eingebaut haben.
Die UFA schickt sogar eine Kopie des Films nach Japan, und die dortigen Korrespondenten berichten alsbald, das Publikum ströme in Massen in den Nagasaki-Palast, um den Film zu sehen, und die Japanerinnen summten: „Du bist die süßeste ... Geisha der Welt!"
Das süßeste Mädel der Welt ... Ja, Lilian Harvey ist wirklich ein süßes Mädel. Sie ist zierlich, fast zerbrechlich, sie hat viel Grazie, sie wirkt mit ihren großen blauen Augen und ihren langen blonden Locken wie die Unschuld selbst. Die Produzenten erklären, sie habe

Das klassische Liebespaar des deutschen Films – Lilian Harvey und Willy Fritsch in „Liebeswalzer" (1930) – ist zum Klang der Melodien W. R. Heymanns endlich vereint.

eine „saubere Ausstrahlung", eine abscheuliche Formulierung, die besagen soll, daß das Publikum Lilian Harvey nichts Schlechtes zutraut und infolgedessen auch will, daß ihre Filme immer gut ausgehen – was sich für die UFA und für die Harvey in späteren Jahren zu einem Problem entwickeln wird.

Jedenfalls ist eines sicher: die Harvey ist ein ganz neuer Typ. Verglichen mit ihr wirkt Henny Porten robust, Lotte Neumann wie eine Kitschpostkarte, die Negri wie eine Operndiva, ja selbst Gerda Maurus wie eine Brünhilde. Lilian Harvey ist überhaupt keine Frau, sie ist auch kein junges Mädchen, sie ist vielleicht am besten mit dem Begriff „Girl" charakterisiert. Ein Girl hat ja auch, um mit den Produzenten zu reden, eine „saubere Ausstrahlung" und Girls wirken selbst im entkleideten Zustand merkwürdigerweise unerotisch . . .

Der zweite Tonfilm des Filmliebespaares Willy Fritsch und Lilian Harvey heißt: „Die drei von der Tankstelle."

Handelt es sich wieder um eine Tonfilm-Operette? Ja und nein. Es handelt sich eigentlich mehr um eine Parodie auf Operetten, also um keine Operette. In „Die drei von der Tankstelle" wird unter Führung von Erich Pommer und des Regisseurs Wilhelm Thiele, der auch schon den ersten Fritsch-Harvey-Tonfilm gemacht hat, etwas ganz Neues versucht. Anstatt einen gegebenen Operettenstoff zu verfilmen, der naturgemäß in den Sphären spielt, in denen nun einmal alle Operetten spielen, und der mit der Wirklichkeit weder gewollt noch ungewollt das geringste zu tun hat, wird versucht, die Wirklichkeit zu vertonfilmen. Es geht nicht mehr darum, eine Prinzessin oder einen Multimillionär in einem Schloß oder romantischen Park ihre Gefühle besingen zu lassen, es geht um den Alltag. Oder doch zumindest um eine Art Alltag.

Drei Freunde, die plötzlich ihr Geld verloren haben, verkaufen ihr Auto und erwerben dafür eine Tankstelle. Schon das stimmt natürlich nicht ganz. Mit dem Geld, das man für ein Auto bekommt, kann man – selbst 1930 – keine Tankstelle erwerben. Aber nehmen wir es nicht so genau. Jedenfalls floriert die Tankstelle, nicht zuletzt dank der wichtigsten Kundin, der Tochter eines Konsuls, die – braucht es gesagt zu werden? – zu einem der drei Tankwarte in Liebe entbrennt.

Da ist noch ein Anwalt, der seine Post mit einem Chanson diktiert. Da sind Einbrecher, die tanzend ein Haus ausräumen; ein Gerichtsvollzieher, der Pfändungen im Takt der Musik vornimmt, junge Menschen, die im Takt zu einem Foxtrott oder Walzer boxen oder flirten.

„Die drei von der Tankstelle" (1930) machen überall durch ihre Schlager von sich reden. Einer davon ist „Ein Freund, ein guter Freund, ist das Beste, was es gibt auf der Welt". Die drei sind (von links) Heinz Rühmann, Oskar Karlweis und Willy Fritsch.

Das alles ist etwas ganz Neues, sehr Charmantes, sehr Lustiges, sehr Flottes und sehr Modernes. Es hat mit Operette nichts mehr zu tun. Da wird nicht mehr geschmachtet, nicht mehr geseufzt, nicht mehr romantisch geliebt, verlassen, entsagt.
Also ein Wagnis? Aber ein Riesenerfolg, nicht zuletzt zuzuschreiben der schmissigen Musik Werner Richard Heymanns, dem Liebespaar Fritsch-Harvey und den beiden anderen jungen Männern der Tankstelle: Oskar Karlweis und Heinz Rühmann.
Karlweis aus Wien hat bereits einige Filme hinter sich. Heinz Rühmann steht zum ersten Male vor der Kamera. Der kleine, schmale, komische Rühmann ist um diese Zeit bereits ein recht bekannter Schauspieler. Er hat in den Münchner Kammerspielen wichtige Rollen gespielt, worauf ihn Max Reinhardt nach Berlin holte. Was eigentlich ist das Geheimnis dieses Schauspielers, der bald der erste Filmkomiker Deutschlands sein wird? Vielleicht, daß er nicht, wie andere Komiker, um jeden Preis komisch wirken will, daß er alle auf der Hand liegenden Wirkungen verschmäht, daß er es nicht komisch findet, sich neben einen Stuhl zu setzen anstatt auf ihn, eine Cremetorte ins Gesicht zu bekommen oder vor seiner Schwiegermutter zu flüchten.
Rühmann versucht, Menschen zu spielen. Sein Humor ist von einer seltenen Trockenheit. Es ist ein gütiger Humor, der Humor eines Menschen, der weiß, daß er und die anderen voll von Schwächen sind,

es ist der Humor der ewigen Verlegenheit, der Unfähigkeit, sich selbst
und die anderen allzu ernst zu nehmen, der Humor eines Mannes, der
weiß, daß er immer ein kleiner Junge sein wird . . . Es ist der Humor
des im Leben ein wenig zu kurz Gekommenen – im Gegensatz etwa zu
denen, die das Leben mit der linken Hand meistern, wie Hans Albers.
Und es ist durchaus kein Zufall, daß Rühmann später in einigen Filmen
neben Albers auftreten wird.
Willy Fritsch ist der Held des Tonfilms leichteren Genres. Er ist nicht
nur der Partner Lilian Harveys. Er spielt mit der hübschen dunkelhaa-
rigen Dorothea Wieck und mit der blonden Camilla Horn, die als
Gretchen im „Faust" herauskam. Er spielt mit der schönen Käthe von
Nagy als Partnerin in dem Film „Ihre Hoheit befiehlt".
Käthe von Nagy ist Ungarin, Tochter eines Bankdirektors, der sie aufs
Gymnasium schickte und sie dann zu sich ins Büro nahm. Da
langweilte sie sich. Sie versuchte es mit Schreiben von Novellen. Das
langweilte sie ebenfalls. Sie brannte, knapp sechzehnjährig, aus Maria-
Theresiopel nach Berlin durch, wurde auf Veranlassung ihres Vaters
von der Polizei zurückgeholt, hatte eine ernsthafte Aussprache mit
dem Vater und ging wieder nach Berlin, wo der Regisseur David
Konstantin ihr eine kleine Rolle in dem Film „Männer vor der Ehe"
gab. Das dunkelhaarige, unwahrscheinlich schöne, dabei pikante
Geschöpf gefällt dem Publikum. Aber erst der Tonfilm bringt sie ganz
nach vorn.
So erfolgreich indessen ihre Filme mit Willy Fritsch auch sind, der
Erfolg der Filme, in denen Fritsch und die Harvey zusammen
auftreten, sich ineinander verlieben, sich zanken und sich schließlich
doch finden, ist bei weitem der größte. Sie werden das offizielle
Filmliebespaar. Erich Pommer dekretiert: „Es ist völlig gleichgültig,
wer sonst in dem Film mitspielt. Willy Fritsch muß am Ende Lilian
Harvey kriegen!"
Pommer könnte mit einem solchen Tagesbefehl nie durchdringen,
wenn das Publikum es nicht so wollte. Das Publikum will das Kino
verlassen mit der Gewißheit, daß Lilian Harvey und Willy Fritsch nun
für immer vereint und glücklich sind.
Erich Pommer und seine Mitarbeiter begreifen sehr wohl, daß es besser
wäre, zwei oder drei Auswegmöglichkeiten zu haben, das heißt andere
Liebhaber und andere junge Damen, mit denen man Willy Fritsch und
Lilian Harvey ersetzen könnte. Unaufhörlich versuchte die UFA,
solche jungen Männer und jungen Damen zu entdecken. Ein ganzes
Heer von Spürhunden grast die Provinztheater ab. Probeaufnahmen
werden am laufenden Band gemacht. Jede Fritsch-Harvey-Szene wird

Prinzessin und Rittmeister treffen einander in der Filmoperette „Ihre Hoheit befiehlt" (1931) inkognito als Mizzi und Karl auf dem Gesindeball. Der Film Reinhold Schünzels lebt von der sprühenden und temperamentvollen Käthe von Nagy und ihrem Karl (Willy Fritsch), den sie vom Leutnant zu ihrem Leibhusaren befördert.

von vielen Dutzend jungen Nachwuchsschauspielern und Nachwuchsschauspielerinnen nachgespielt. Umsonst! Niemand kann die Unersetzlichen ersetzen.

Was ist der Grund dieses gemeinsamen Erfolges? Warum will das Publikum immer wieder von Fritsch hören, daß er zur Harvey sagt: „Ich liebe dich!" und die Harvey in seinen Armen hinschmelzen sehen, während sie ihm ihren Mund zum Kusse bietet? Warum muß er immer wieder vor der Kamera stehen und die drei Worte sagen, laut oder leise, lächelnd oder traurig, warum muß er sie flüstern oder brüllen?

Dabei handelt es sich immer wieder nur um ein paar Meter Film. Liebesszenen im Tonfilm sind nicht mehr halb so lang, wie sie im Stummfilm waren. Damals hatte man sie ausgespielt, damals hatten die Regisseure darauf Wert gelegt zu zeigen, wie ein Gefühl entstand. Man denke nur an die Liebesszenen im „Walzertraum", die Ludwig Berger mit Xenia Desni und Willy Fritsch drehte. Damals hatte man den Wunsch, die Erotik einer Liebesszene zu zeigen. Man denke nur an die Kußszenen der Garbo mit John Gilbert, die oft mehr als eine halbe Minute dauerten und die an Deutlichkeit nichts zu wünschen übrigließen!

Nein, so lange Liebesszenen gibt es im Tonfilm nicht mehr. Es scheint, daß jede Zeit ihren besonderen Liebesszenenstil besitzt. Früher wollte man die Liebesszenen „ausgespielt" sehen, und ein junger Mann mußte mit seinem Mädchen mindestens tausend Meter vertrödeln, bevor er sie küssen durfte. Jetzt will man möglichst schnell einen Kuß sehen – nicht viel mehr, aber auch nicht weniger. Und die Küssenden müssen selbstverständlich Willy Fritsch und Lilian Harvey sein.

Der tiefere Grund dafür? Vielleicht ist Lilian Harvey wirklich „das süßeste Mädel der Welt". Vielleicht hat es auch damit zu tun, daß Willy Fritsch seine Szenen mit einer gewissen Zurückhaltung und Dezenz spielt – Ludwig Berger hat ihn das gelehrt – und Lilian Harvey gewissermaßen behutsam in die Arme nimmt, wie viele junge Mädchen von einem Mann wie Willy in die Arme genommen zu werden wünschen ... Jedenfalls werden die Lilian-Harvey-Willy-Fritsch-Filme gewissermaßen Ausdruck der Lebensfreude und als solche repräsentative UFA-Filme. Denn die UFA-Filme sind Filme der Lebensfreude. Während Deutschland um diese Zeit bereits mitten in einer wirtschaftlichen Krise steckt, will die UFA zeigen, wie schön und wie lustig das Leben sein kann.

Das ist – über Willy Fritsch und Lilian Harvey hinaus – das Rezept und der Erfolg der UFA in dieser Zeit.

Trotzdem würde der Erfolg des offiziellen UFA-Liebespaares nicht so lange anhalten, wenn Lilian nicht beschlossen hätte, diesen Erfolg mit Nägeln und Klauen festzuhalten. Sie ist ehrgeizig wie kein anderer Filmstar vor ihr, und sie ist bereit, diesem Ehrgeiz alles zu opfern, vor allem ihr Privatleben. Sie ist von einem Arbeitsfanatismus, den man dem schmalen, zerbrechlichen Wesen kaum zutrauen würde, ja, man darf wohl sagen, sie ist von einer einmaligen Arbeitswut gepackt.

Sie spricht deutsch und englisch. Da auch französische Versionen gedreht werden, lernt sie in den Abendstunden Französisch. Während Willy Fritsch sich damit begnügt, die deutsche Version der Filme zu spielen und sich von französischen und englischen Kollegen in den anderen Versionen ablösen läßt, besteht die Harvey darauf, in allen drei Versionen persönlich aufzutreten. Sie will kein Double, lieber arbeitet sie zwölf bis vierzehn Stunden im Atelier. Keines ihrer Fotos darf veröffentlicht werden, bevor sie es begutachtet hat. Während andere Filmschauspieler nach Beendigung der Dreharbeiten müde nach Hause fahren, geht sie den Text der Szenen durch, die sie am nächsten Tag spielen soll – und Willy Fritsch muß mit dabeisein. Schließlich ist er so fertig, daß er nur noch an sein Bett denkt. Sie aber nimmt noch Tanzstunden, lernt steppen, macht französische Konversation, wozu sie sich eine französische Zofe engagiert hat.

Nach dem Erfolg der „Drei von der Tankstelle" will Erich Pommer mit ihr und Willy Fritsch einen Film machen, der „Der blonde Traum" heißen soll. Noch steht die Story nicht fest. Pommer hat nur eine ungefähre Idee und erkundigt sich, wie sich Lilian Harvey den Film vorstelle.

Die Harvey: „Es muß eine Szene vorkommen, in der ich nach Hollywood fahre. Ein Traum, verstehen Sie . . . Ich sitze in einem Zug, der einfach unter dem Ozean durchfährt, bis nach New York. Die Freiheitsstatue winkt mir zu. Der Portier des amerikanischen Konsulats in Deutschland, der mich immer hinausgeekelt hat, steht zur Begrüßung da."

Pommer sagt: „Gut. Und was möchten Sie noch in dem Film tun?"

„Singen und tanzen natürlich!"

„Und was noch?"

Lilian Harvey weiß nicht recht, was sie Pommer antworten soll. Sie spürt ganz deutlich die eisige Ironie hinter seinen Worten, und gleichsam aus Trotz sagt sie: „Vielleicht Seiltanzen?"

Pommer verzieht keine Miene: „So was muß man können, meine Liebe!"

Drei Wochen später findet wieder eine Sitzung statt, in der über den neuen Film beraten werden soll. Pommer, Fritsch und einige andere Herren der UFA erscheinen in der Villa Lilian Harveys in Babelsberg. Die Mutter empfängt sie. „Meine Tochter ist auf dem Dachboden und bittet Sie, sich doch hinaufzubemühen."

Pommer ist einigermaßen erstaunt, erklimmt aber die beiden Stockwerke bis zum Dachboden und sieht Lilian Harvey lächelnd auf einem Drahtseil auf und ab spazieren. Was ist geschehen?

Nach der ersten Sitzung mit Pommer rief Lilian Harvey im Zirkus Busch an und bestellte sich einen Lehrer nebst seiner Assistentin, die ihr das Laufen auf dem Drahtseil beibringen sollten. Auf dem Dachboden des Hauses wurde ein Seil gespannt, und sie begann zu üben – was streng geheimgehalten wurde. Es dauerte acht Tage, bis sie auf dem Seil stehen, es dauerte vierzehn Tage, bis sie auf dem Seil laufen konnte, und nach drei Wochen konnte sie auf dem Seil bereits ein wenig tanzen.

Und so tanzt sie nun auch in dem „Blonden Traum", was aber niemand außer den Eingeweihten anerkennt, denn alle Welt ist davon überzeugt, daß es sich um einen Trick handelt, daß der Drahtseilakt von einem Double ausgeführt wird. Man muß die Harvey eben wirklich kennen, ganz genau kennen, um zu wissen, wieviel Energie und Entschlossenheit in diesem schmalen und zerbrechlichen Körper steckt, der ja gar nicht zerbrechlich ist.

Lilian Harvey geht von einem Film in den anderen. Trotzdem, alle Filme, die für sie erworben werden, kann sie nicht spielen. Und das ist das Glück einer jungen Schauspielerin namens Renate Müller.

Sie soll ein häßliches Kind gewesen sein. Es ist schwer, sich das vorzustellen. Aber die Familie, die es schließlich wissen muß, behauptet es. So häßlich, daß eine mehr oder weniger wohlmeinende Tante Anna, von der Lesewut der Zehnjährigen beeindruckt, erklärte: „Ein Glück, daß Renate wenigstens klug ist. Sonst würde sie es mit der Stupsnase einmal sehr schwer haben." Die Stupsnase wuchs sich aus. Renate wurde ein bildhübsches Mädchen. Schon mit fünfzehn und sechzehn war sie die Sensation der Bälle in Danzig, auf die der Vater, Chefredakteur einer dortigen Zeitung, sie mitnahm. Trotzdem kam es ihr nicht in den Sinn, mit dem hübschen Gesicht und ihrer außerordentlich reizvollen Figur Karriere zu machen. Sie wollte, wie ihr Vater, in den Journalismus gehen. Sie beschäftigte sich mit schwerer und schwerster Lektüre, las Schopenhauer, Nietzsche, Spengler, führte unendliche Gespräche mit älteren Freundinnen über die Welt im allgemeinen und den Sinn des Lebens im besonderen.

Gelegentlich sang sie auch. Irgend jemand meinte, sie habe Talent. Die Hochdramatische des Danziger Stadttheaters wurde ins Haus zitiert. Schon nach wenigen Stunden äußerte sie sich entzückt: „Renate wird eine große Karriere als Opernsängerin machen." Der Vater zur Tochter: „Erst mach mal gefälligst dein Abitur!"

Der Vater wird nach Berlin geholt. Es ist 1924. Die Inflation ist vorüber. Deutschland hat neuen Auftrieb. Berlin ist nicht nur der Mittelpunkt Deutschlands, sondern Europas. Theater, Kinos, Konzertsäle sind ausverkauft. Das Leben pulsiert. Der Krieg, die Hungerjahre sind vergessen. Man spürt förmlich, wie diese Stadt von Tag zu Tag wächst, wie Hunderte von neuen Ideen aus dem Nichts entstehen, wie das Leben in dieser so urlebendigen Stadt Triumphe feiert. Das alles hat etwas Mitreißendes. Man will mit dabeisein.

Renate will mit dabeisein. Jede Stunde, die sie noch in der Schule verbrächte, wäre verloren. Irgendwie macht sie das dem Vater auch klar. Der hat nur eine Bedingung: „Du mußt Stenografie und Schreibmaschine lernen!" Sie lernt Stenografie und Schreibmaschine. Aber die Hauptsache bleiben doch die Gesangstunden.

Ein Bekannter äußert: „Wenn Renate zur Oper geht, müßte sie doch auch eine gewisse schauspielerische Ausbildung haben." Beziehungen machen es möglich, daß Renate in die Max-Reinhardt-Schule aufgenommen wird. Und während der harten Arbeit dort wird ihr langsam klar: sie will gar nicht zur Oper. Sie will zum Theater. Ein Jahr Provinz. Ein paar Monate winzige Rollen am Berliner Lessing-Theater. Dann eine Sonntagvormittag-Vorstellung der „Jungen Bühne", die noch nicht entdeckte und daher noch nicht gespielte Autoren aufführt. Die Autoren bleiben übrigens auch nach diesen Aufführungen unentdeckt. Und das ist im übrigen gut so. Renate bleibt nicht unentdeckt. In einem Stück, in dem es ziemlich blutschänderisch zugeht und das nie ganz zu Ende gespielt wird – denn das teils entrüstete, teils amüsierte Publikum veranstaltet ein Pfeifkonzert, gegen das nicht mehr aufzukommen ist –, sieht sie Berlins berühmtester und berüchtigtster Kritiker Alfred Kerr. Am anderen Tage schreibt er im „Berliner Tageblatt": „Man wird sich den Namen Müller merken müssen!"

Ein paar Wochen später schon hat Renate ihre große Chance. Eine bekannte Schauspielerin des Lessing-Theaters wird krank. Sie muß einspringen, hat einen Sensationserfolg. Ihre Bühnenlaufbahn ist gesichert. Vom Film spricht noch niemand.

Dann sieht sie Reinhold Schünzel auf der Bühne. Schünzel ist um diese Zeit bereits sein eigener Produzent, führt Regie und spielt die Hauptrolle in den Filmen, die er herausbringt. Er erkennt die Filmmöglichkeiten der jungen Schauspielerin. Sie soll in seinem nächsten Film mitspielen. Kaum hat sie mit den Aufnahmen begonnen, wird sie schwerkrank. Nur mit Mühe und unter unsäglichen Schmerzen dreht sie den Film zu Ende. Dann muß sie operiert werden. Wochenlang schwebt sie zwischen Tod und Leben. Die Schmerzen werden immer schlimmer. Die ratlosen Ärzte geben ihr Morphium, mehr Morphium und immer noch mehr Morphium. Schließlich kann Renate Müller ohne Morphium nicht mehr leben. Sie macht eine Entziehungskur. Es gelingt ihr, das Gift aus ihrem Leben zu verbannen. Sie wird von nun an nie wieder Morphium nehmen . . ., obgleich später immer und immer wieder von ihr behauptet wird, daß sie Morphinistin sei.

Sie hat die verlockendsten Theaterangebote. Aber sie lehnt sie alle ab.

Denn inzwischen ist der Film auf sie aufmerksam geworden. Und sie hat Blut geleckt. Sie will filmen.

Dafür gibt es viele Gründe. Einer: Sie ist das Lampenfieber niemals losgeworden. Jedes neue Auftreten hat sie Überwindung gekostet. Im Film ist das anders. Wenn sie filmt, kann ihr das Publikum nicht auf den Leib rücken. Im Theater kann kein Wort, das einmal gesprochen ist, wieder zurückgenommen werden. Im Film kann sie eine mißlungene Szene wiederholen, kann sie probieren, bis sie es geschafft hat.

Dann ist da auch die Frage des Geldes. Renate Müller liebt das Leben. Sie will es genießen. Sie will sich keinerlei Zügel anlegen müssen. Das bedeutet für sie vor allen Dingen geben können, schenken können, großzügig sein. Großzügig mit allem! Mit Geld, mit ihren Gefühlen, ja mit ihrem Leben. Sie verschwendet alles – nicht zuletzt sich selbst. Ahnt sie, wie wenig Jahre ihr noch bleiben? In Berlin kolportiert man, daß sie gesagt haben soll: „Ich wäre ja gern am Theater, aber von dreitausend Mark im Monat kann ich nicht leben!"

So hat sie das natürlich nicht gesagt. Aber etwas ist schon daran. Und sie kann auch von dreitausend Mark im Monat nicht leben, dazu schenkt sie viel zu viel her.

Lange Beratungen mit Familienmitgliedern und Freunden. Wie soll sie sich nennen? Denn es ist doch klar, daß man als Fräulein Müller keine Filmkarriere machen kann! Alfred Kerr hat zwar spaßhaft bemerkt, man müsse sich den Namen Müller merken ..., aber wenn es auch auf der Bühne ziemlich gleichgültig ist, wie man heißt – es gibt um diese Zeit in Berlin eine große Charakterdarstellerin namens Gerda Müller –, so ist es doch mit dem Film eine andere Sache. Der Film wendet sich an die kleinen Leute. Die wollen Glanz und Romantik von ihren Stars. Der Name Müller hat keinen Glanz und schon gar keine Romantik. Lya de Putti oder Erna Morena müßte man heißen! denkt Renate. Ob sie ihren Namen latinisiert? Ob sie sich Molinari nennt?

Der Vater ist dagegen. „Entweder du wirst was, oder du wirst nichts. Der Name wird dir dabei nicht viel helfen."

Der Vater hat recht und unrecht. Renate wird etwas, obwohl sie Müller heißt. Und weil sie Müller heißt. Denn der Name hilft letzten Endes doch. Sie wird eben keine Schauspielerin wie Lya de Putti oder Erna Morena. Sie wird Fräulein Müller.

Große Erfolge sind nie Zufall. Und ein so enormer Erfolg wie der Renate Müllers hat seine tieferen Gründe.

Sehen wir sie uns ein wenig an. Sie ist ein junges Mädchen. Sie ist natürlich. Sie hat Herz. Aber sie ist nicht sentimental. Sie ist eine, mit der man Pferde stehlen kann, und sie ist grundanständig.

Dies alles spürt man. Ja, man weiß es, wenn man Renate Müller einmal im Film gesehen hat. Da ist nichts gemacht. Da ist nichts gespielt. Da gibt es keine „großen Szenen", da gibt es keine „Ausbrüche", da gibt es keine „Dämonie". Renate Müller wirkt nie gefährlich. Man könnte sich gar nicht vorstellen, daß sie zu etwas Schlechtem imstande wäre. Man kann sich eigentlich auch nicht vorstellen, daß sie sich verstellen kann, im Grunde nicht einmal, daß sie eine Schauspielerin ist.

Sie ist eben – Fräulein Müller. Sie ist Fräulein Müller für die vielen Millionen Fräulein Müller, die im Kino sitzen, mögen sie nun Müller, Schulze, Lehmann, Meier oder Schmidt heißen.

Es ist höchst interessant, daß sie zwar hübsche Anfangserfolge hat – in dem Reinhold-Schünzel-Film „Peter der Matrose", in dem revolutionären Anklagefilm „Revolte im Erziehungsheim" sowie in „Liebe im Ring", wo sich Max Schmeling als Filmschauspieler versucht –, daß aber diese Erfolge im wesentlichen zurückzuführen sind auf ihre Schönheit, auf ihren Charme und auf ihre Liebenswürdigkeit.

Ihre eigentliche Stunde kommt, als sie die „Privatsekretärin" spielen soll, eine Rolle, die ursprünglich Lilian Harvey zugedacht war. Ein Nichts von einer Story. Die Geschichte einer Tippmamsell, die ihren Chef heiratet, eine Geschichte, wie sie schon viele Dutzend Male verfilmt worden ist. Auch daß die Privatsekretärin sich keinerlei dubioser Methoden bedient, daß sie ein anständiges Mädel ist und „sauber" bleibt, hat man schon im Kino erlebt; vielleicht schon zu oft erlebt.

Die Familie Müller, mit der sich Renate berät, äußert sich geschlossen gegen den Film. „Du wirst es nie zu etwas bringen, wenn du jeden Mist machst!" ist das einmütige Verdikt des Familienrates.

Renate singt der Familie, um sie zu besänftigen, die beiden Schlager vor, die in diesem Film für sie vorgesehen sind. Das eine Lied mißfällt der Familie nicht gerade. Das andere wird allgemein abgelehnt. Dieses andere Lied heißt: „Ich bin ja heut so glücklich, so glücklich wie noch nie!"

„Das hat ja gar keine Melodie", lautet das Familienurteil, „das ist ja viel zu banal!" Und dann spielt Renate Müller die „Privatsekretärin" und singt: „Ich bin ja heut so glücklich . . ." Und ein paar Wochen später weiß jeder Mensch in Deutschland, wer Renate Müller ist. Und jeder Mensch singt: „Ich bin ja heut so glücklich . . ."

Der Grund für diese plötzliche Popularität liegt auf der Hand. Die Privatsekretärinnen, die in den Kinos sitzen, die etwas weniger gut placierten Tippmamsells, die Buchhalter und Laufburschen, die Portokassenjünglinge, die Lehrlinge und selbst die Chefs setzen sich mit einem Ruck hoch: „Das ist sie! Das ist sie wirklich – die Kleine bei uns im Büro, die immer vergnügt ist, die die Arbeit so vorzüglich macht, die so gesund ist, daß man in sie hineinbeißen möchte wie in einen Apfel."

Das sind wir ja wirklich, denken die privaten und nicht privaten Sekretärinnen, die es sich höchstens einmal pro Woche leisten können, ins Kino zu gehen. Woher weiß sie nur, wie wir sind?

Ja, woher weiß Renate Müller das alles? Denn was da oben von der Leinwand herunterkommt, das ist kein großes Spiel, das hat überhaupt mit Schauspielerei kaum etwas zu tun. Die vielen anderen hundert Privatsekretärinnen, die man seit der Erschaffung des Films gesehen hat – das waren Schauspielerinnen, gute und schlechte, das waren Damen – oder auch keine Damen –, die so taten, als ob. Renate Müller ist. Sie ist einfach da, und es ist alles ganz selbstverständlich, was sie tut und wie sie es tut, sie könnte gar nicht anders sein. Sie könnte gar nicht anders sprechen, gar nicht anders handeln ... Der Erfolg dieser doch nun wirklich typisch deutschen, man möchte fast sagen typisch berlinerischen Privatsekretärin Müller nimmt – merkwürdigerweise – internationale Ausmaße an.

Ein paar Monate schon nach der Premiere wird Renate Müller nach England geholt, um die Privatsekretärin auf Englisch zu drehen. Der Film heißt: „Sunshine Susy". Und nun singt Renate in ihrem frisch aufgebügelten Schulenglisch: „Today, I am so happy, so happy ..."

Und aus aller Welt kommen Briefe an Renate Müller. Denn in aller Welt gibt es Müllers, auch wenn sie Miller oder Smith heißen oder Dupont oder Duval, und in aller Welt finden die Menschen, daß dieses Mädchen namens Müller das Herz am rechten Fleck hat.

Unter den Briefen finden sich zahllose Heiratsanträge an die kleine Sekretärin ... Nun folgt ein steiler Aufstieg. Renate Müller könnte bei der UFA einen Film nach dem andern drehen. Aber sie will nur zwei Filme pro Jahr machen oder allerhöchstens drei. „Das Publikum soll mich nicht so schnell überbekommen!" erklärt sie. Sie weiß, was sie will.

Eine andere, die weiß, was sie will, und die auch mit dem Tonfilm ganz plötzlich nach oben kommt: die Österreicherin Lucie Englisch. Eine reizende kleine Person, die typische Soubrette, voll von guter Laune, die die merkwürdige Eigenschaft hat, ansteckend zu wirken. Früh holt Carl Froelich die in Wiener und Berliner Theatern Erfolgreiche für einen seiner ersten Tonfilme, und da zeigt sich, daß sie großartig „kommt". Sie wird in den nächsten Jahren zahllose Tonfilme machen, in denen zwar andere die Stars sind – die Helm oder die Cebotari oder

Renate Müller, die als „Privatsekretärin" (1931) den zudringlichen Personalchef (Ludwig Stössel) abwimmelt und den jungen Chef als Haupttreffer aus der Lebenslotterie zieht, wird das Sehnsuchtsbild der Stenotypistinnen. Sie alle trällern den Schlager: „Ich bin ja heut' so glücklich, so glücklich, so glücklich wie noch nie..."

der Komiker Bressart, von dem gleich die Rede sein wird –, aber Lucie Englisch ist immer dabei, und die Kassen beweisen, daß das Publikum es so will.
Ein anderes neues Gesicht: Brigitte Horney. Bisher ist mindestens hundertmal die Geschichte eines Stars erzählt worden, die immer die gleiche Geschichte war: Kind armer Eltern will, anstatt einen vernünftigen Beruf zu ergreifen, zur Bühne, erlebt einen furchtbaren Reinfall, muß sein (ihr) Leben jahrelang auf der Schmiere fristen, filmt schließlich, nur um nicht zu verhungern – und setzt sich durch.
Brigitte Horneys Weg zum Filmruhm ist ein anderer. Sie kommt nicht aus einem armen Hause, sie muß sich nicht jahrelang abquälen, von Hunger oder Not kann bei ihr keine Rede sein. Kaum hat sie sich entschlossen, Schauspielerin zu werden, da ist sie auch schon ganz oben.

Der Vater war im Ersten Weltkrieg der leitende Mann der gesamten chemischen Ausfuhr aus Deutschland, wurde später die rechte Hand von Hugo Stinnes, interessierte sich so nebenbei für den Film und finanzierte gelegentlich eine Produktion.

Die Mutter machte nach der Hochzeit ihr Staatsexamen als Medizinerin, wurde schließlich eine bedeutende Nervenärztin. Es gehörte zu ihren Gewohnheiten, gelegentlich einen Irren oder eine Irre, die sie für harmlos hielt, ins Haus zu nehmen, um sie dort kochen, waschen oder Gartenarbeiten verrichten zu lassen. Eine dieser Patientinnen hieß Emma und arbeitete zur vollsten Zufriedenheit aller Hausbewohner, bis sich herausstellte, daß Emma keine Emma war, sondern ein Mann, der leidenschaftlich gern Frauenkleider trug und Frauenarbeit verrichtete.

Manchmal waren die Irren auch gar nicht so harmlos, wie die Ärztin angenommen hatte. Der Haushaltungsvorstand äußerte darüber nur leichte Verwunderung, zog kaum merklich die Augenbrauen hoch. Ihm war alles recht, wenn die Patientinnen nicht gerade die Kinder gefährdeten.

Die Mutter behauptete: „Ärzten und Kindern tun Irre nichts!"

Brigitte – oder Biggi, wie ihre Freunde sie nannten – taten die Irren jedenfalls nichts. Sie wuchs in einer schönen Villa in Berlin-Grunewald auf. Sie lebte gern. Sie wollte leben, möglichst intensiv leben, und so sollte es eigentlich lange bleiben.

Zuerst wollte sie Tänzerin werden. Tanzen schien ihr – vielleicht waren ihr die Zusammenhänge nicht einmal so bewußt – der intensivste Ausdruck der Lebensfreude. Die Mutter war bereit, sie tanzen zu lassen. Sie hatte die Idee, daß ihre Tochter später vielleicht Gymnastiklehrerin werden könnte. Das behagte Brigitte wenig. Gymnastiklehrerin – das bedeutete drei Jahre Studium. Drei Jahre Studium: drei verlorene Jahre! Dabei interessierte sie sich gar nicht so sehr für Gymnastik. Wenn schon tanzen, dann Pantomime spielen, ja, das war's, was sie wollte! Und warum nur Pantomime? Warum nicht richtig Theater spielen? Warum nur gestikulieren, warum nicht auch sprechen?

Also beschloß Biggi, Schauspielerin zu werden. Das hatte auch den Vorteil, daß man nicht drei Jahre studieren mußte.

Die Mutter sagte: „Zuerst mal sehen, ob du überhaupt Talent hast!" Sie traf eine Verabredung mit Berlins großer Schauspielerin Ilka Grüning. Am nächsten Tage sollte Brigitte vorsprechen. Prompt wurde sie krank. Die Mutter lächelte grimmig: „Erst vorsprechen, dann krank werden!"

Brigitte wurde wieder gesund.

Sie nahm Stunden bei Ilka Grüning. Die akzeptierte nur ein paar Schüler, nur diejenigen, die sie für besonders begabt hielt. Sie pflegte zu sagen: „Ich gebe meinen Schülern eine gute Ausbildung, aber ich tue nichts für ihre Karriere!"

Sie meinte damit, daß sie ihre Schüler nicht protegieren wollte. Bei Brigitte Horney war das auch nicht nötig. Noch bevor sie fertig war, hatte sie einen Jahresvertrag – an das Stadttheater Würzburg. Nach der Schlußprüfung, die in Anwesenheit des großen Max Reinhardt im Deutschen Theater stattfand – Brigitte erhielt dort den Reinhardtpreis für die beste Nachwuchsschauspielerin –, bekam sie sofort von den Reinhardt-Bühnen ein Angebot. Allerdings konnte sie den Vertrag erst ein Jahr später antreten, da sie ja bereits dem Würzburger Theater zugesagt hatte.

Übrigens durfte sie die Zeitungen, in denen zu lesen stand, daß sie die Prüfung mit Auszeichnung bestanden hatte, den Eltern nicht zeigen, ja, sie mußte sie sogar vor ihnen verstecken. Denn man hatte sie fotografiert – im blauseidenen Mantel ihrer Mutter, den sie sich zu diesem Zwecke heimlich ausgeborgt hatte. Das zu erklären, wäre zu kompliziert gewesen . . .

Einen Tag nach der Prüfung – im Sommer 1930 – meldete sich die UFA. Sie wollte Probeaufnahmen machen. Nachdem die Probeaufnahmen gelungen waren, wurde sofort ein Film mit Brigitte Horney gedreht.

Es handelte sich um den Film „Abschied". Regie führt Robert Siodmak, das Buch hat Billy Wilder geschrieben. Beide waren erst vor ein paar Monaten durch „Menschen am Sonntag" – halb Spiel-, halb Dokumentarfilm – berühmt geworden.

Der Film „Abschied" soll ein billiger Film werden. Man muß ihn in ein paar Wochen abdrehen. Das Atelier steht nicht länger zur Verfügung. Brigitte Horney steht nicht einmal diese paar Wochen zur Verfügung. Sie muß ja nach Würzburg. Also dreht sie von morgens neun bis nachts um drei oder vier. In vierzehn Tagen ist das vorbei.

Die Herren der UFA sehen sich die Muster im Vorführraum an. Sie sind sehr angetan von dem jungen schlanken Mädchen mit den großen Augen, den hohen Backenknochen, der dunklen, fast heiseren Stimme. Brigitte Horney wird in die Direktion bestellt. „Wir sind bereit, Ihnen einen Jahresvertrag zu geben. Was haben Sie für den Film bekommen?"

„Siebenhundert Mark! Siebzig Mark Lohnsteuer gingen davon ab!"

„Das werden wir Ihnen auch für den nächsten Film zahlen!"

Brigitte Horney schüttelt den Kopf. „Ich muß nach Würzburg!"
Die Direktion ist belustigt. „Das lassen Sie man unsere Sorge sein. Wir
werden dem Stadttheater Würzburg schreiben, besser, wir werden mit
dem Stadttheater telefonieren. Das Schlimmste ist, wir bezahlen die
Konventionalstrafe. Was bekommen Sie denn dort?" – „Ich habe
unterschrieben." – „Bei uns können Sie das Dreifache und mehr
bekommen!"
Brigitte eilt zu ihrer Lehrerin. Ilka Grüning schüttelt den Kopf: „Der
Film läuft Ihnen nicht davon, Biggi! Sie müssen erst einmal Theater
gespielt haben! Sie gehen nach Würzburg! Dort lernen Sie es. Seien Sie
vernünftig und hören Sie auf mich!"
Brigitte geht nach Würzburg, spielt, was gut und teuer ist, spielt
Klassiker und moderne Stücke, die Marie in „Was ihr wollt", die Hero
in „Des Meeres und der Liebe Wellen", lernt Nächte hindurch bei
schwarzem Kaffee, erfrischt sich des Morgens durch einen schnellen
Sprung in den Main, ißt Mainfischli – das sind kleine Fische, die man
mit Gräten, Schwanz und allem verzehrt –, trinkt Steinwein, ist froh,
daß sie lebt, und macht viele andere froh.
Zurück nach Berlin.
Brigitte Horney spielt noch während der Sommersaison in zweiter
Besetzung die Rolle der Fanny in „Goldener Anker" und hat, obwohl
ihr nur vier Tage Zeit bleiben, die Rolle zu lernen, einen durchschlagenden Erfolg, einen größeren fast als Käthe Dorsch, die Fanny der
Premiere. Das mag damit zu tun haben, daß Fanny ein blutjunges
Mädchen sein soll und die Horney 1931 ein blutjunges Mädchen ist.

MILITÄR SO ODER SO

Während die UFA in einem ihrer ersten Tonfilme die Geschichte jener
Soldaten erzählt, die sich im Jahre 1806 opferten, um Napoleon
zurückzuhalten, hat die Universal in Hollywood einen Film gedreht,
der ebenfalls kämpfende deutsche Soldaten zeigt. Es handelt sich um
die Verfilmung des berühmten Romans von Erich Maria Remarque
„Im Westen nichts Neues", der in Europa und Amerika Millionenauflagen erzielt hat, jenes Romans, der die Unsinnigkeit des Krieges an
sich aufzeigt. Der amerikanische Film kommt jetzt nach Deutschland.
Der Mozartsaal, ein unabhängiges Kino, denn es gehört weder der
UFA noch einer der anderen großen Filmgesellschaften, hat nach
einigem Zögern die Aufführungsrechte erworben.

Vorsichtshalber hat man sich im Reichswehrministerium erkundigt. Bestehen irgendwelche Bedenken gegen die Aufführung des Films? Die Frage wird verneint. Hohe Offiziere haben sich den Film angesehen, haben festgestellt, daß er den Weltkrieg darstellt, wie er wirklich war, daß die deutschen Soldaten in ihm gezeigt werden, wie sie wirklich waren: schlicht, ruhig, tapfer. Ja, einige Generale sind geradezu entzückt von diesem Film, den sie das „hohe Lied des deutschen Soldatentums" nennen, ein bemerkenswertes Prädikat für ein Werk, das in Hollywood entstanden ist. Aber sie haben ihre Rechnung ohne Goebbels gemacht. Goebbels ist Berliner Gauleiter der Nationalsozialistischen Deutschen Arbeiterpartei und mehr oder weniger verantwortlich für die Propaganda der Partei. Aus Gründen, die niemals festgestellt werden, ist er gegen das Buch von Erich Maria Remarque. Weil es pazifistisch ist? Wohl kaum. Wahrscheinlicher schon, daß er, der gerissene Reklamefachmann, begriffen hat: wer ein Buch, das in aller Munde ist, angreift, kommt automatisch mit in aller Mund.

Dabei ist ihm übrigens – ganz unprogrammäßig – ein Mißgeschick passiert:

Ein Bekannter von Remarque hat einige Seiten des Buches abgeschrieben und unter einem falschem Autorennamen dem „Angriff", der Zeitung von Goebbels, eingesandt. Die Redaktion war begeistert und druckte die Sache ab, bis das „Acht-Uhr-Abendblatt", eine große Berliner Zeitung mit demokratischer Tendenz, die Blamage aufdeckte. Goebbels platzte fast vor Wut. Jetzt, da der Film „Im Westen nichts Neues" nach Berlin kommt, sieht er seine Stunde gekommen. Er organisiert mit großem Geschick eine „spontane Demonstration" gegen den Film, der plötzlich „unpatriotisch", „zersetzend", „jüdisch" ist.

Die Polizei wird von dieser Demonstration, die erst bei der zweiten Vorstellung einsetzt, überrascht, und als sie schließlich eingreifen will, stellt es sich heraus, daß sie viel zu schwach dazu ist. Die Hälfte der Eintrittskarten ist von den Nationalsozialisten aufgekauft worden. Stinkbomben werden geworfen, schlimmer noch: ein Rudel weißer Mäuse wird losgelassen. Die Tiere jagen im Finstern durch das Theater, und selbst die entschlossensten Kinobesucherinnen suchen schreiend das Weite.

Hier wäre eine Gelegenheit für die Weimarer Republik, einzugreifen und gegen die Übeltäter vorzugehen, denn es ist ja klar, daß es sich um vorbereitete Aktionen handelt, und auch, wer sie vorbereitet hat. Goebbels versucht nicht etwa seine Urheberschaft zu vertuschen; im

Gegenteil, er hält auf dem Nollendorfplatz, direkt vor dem Kino, eine flammende Rede gegen das Buch, gegen den Film, gegen Erich Maria Remarque, gegen die Weimarer Republik, gegen das „System".

Aber nichts wird gegen ihn unternommen. Die Berliner Polizei erklärt sich schon am nächsten Tag außerstande, die Sicherheit der Kinobesucher zu garantieren, falls der Film weitergespielt werden sollte. Daraufhin wird er verboten. Gleichzeitig fallen auch die Herren im Reichswehrministerium um. Plötzlich tun sie so, als seien sie von Anfang an gegen den Film gewesen, der – unnötig, das zu sagen – auf der ganzen Welt einen Riesenerfolg hat, übrigens einen verdienten Erfolg, denn es ist wirklich ein guter Film, anständig in der Gesinnung, hervorragend durch Regie und Spiel.

Um die gleiche Zeit läuft in Berlin ein anderer Film an, der nicht die Nazis, wohl aber die Demokraten und die Liberalen in Empörung versetzt, der jedoch nicht verboten wird. Und wer gegen ihn und damit für die Republik demonstriert, wird von der Polizei dieser Republik niedergeknüppelt. Es handelt sich um den ersten Fridericus-Tonfilm „Das Flötenkonzert von Sanssouci". Natürlich wieder mit Otto Gebühr als Friedrich II.

Auch dieser Fridericus-Film ist, wie seine Vorgänger, ein Konjunkturfilm. Die ersten Fridericus-Filme gleich nach der Niederlage von 1918 sollten den über die Gegenwart verzweifelten Deutschen die herrliche Vergangenheit zeigen und sie aufrütteln. Der neue Fridericus-Film soll den Deutschen zeigen, daß sie einen „Führer" brauchen und daß sie mit einem starken Mann alles erreichen können. Schon der Vorspruch zu dem Film läßt daran keinen Zweifel. Es heißt da: „Umgeben von den europäischen Großmächten hat das kleine Preußen sein Lebensrecht verteidigt. Die ganze Welt staunt über den König von Preußen, der, erst verlacht, allmählich gefürchtet, sich gegen starke Übermacht erfolgreich zur Wehr setzte . . ."

Nur Vollidioten würden diese Anspielungen nicht verstehen. Und was vermag denn die Welt gegen ein Deutschland oder Preußen, das energisch geführt wird? Die Welt, die in dem Film gezeigt wird, jedenfalls vermag nicht, sich zu wehren. Die in dem UFA-Film vorkommenden Österreicher und Franzosen sind Komiker. Und wenn einmal ein vernünftiger Franzose auftritt, wie zum Beispiel Voltaire, dann schlägt er sich sofort zu Friedrich II., ja, erteilt ihm ausdrücklich das Recht, absolut zu regieren: „Gute Monarchen sind allen Gesetzen überlegen!" sagt er.

Friedrich II. ist denn auch ein vorzüglicher Monarch. Er hilft den kleinen Leuten, er läßt den Kriegsopfern Geld zukommen, er interessiert sich für kulturelle Institutionen, ja, er hindert die Frau eines seiner Majore sogar daran, ihren Mann zu betrügen. Er führt gerissene Diplomaten an der Nase herum, gewinnt Schlachten, hat immer recht, auch wenn seine Generale an seinem Verstand zweifeln – und ist doch unglücklich, wie es sich für einen Filmhelden geziemt. Denn er ist natürlich einsam, er hat keine Freunde, und die Barberina, die seine Freundin spielt, ist in Wirklichkeit keine, sondern wird nur eingesetzt, um die ausländischen Diplomaten zu täuschen und glauben zu machen, der König sei in ein Liebesabenteuer verstrickt, während er in Wirklichkeit bereits die Mobilmachungsorder gegeben hat . . . So Friedrich, der Große von der UFA Gnaden . . .

Immerhin, diese UFA wird von Geheimrat Hugenberg gesteuert, der um diese Zeit bereits geheime Unterhandlungen mit Adolf Hitler pflegt und in Bälde seinen ganzen Einfluß dafür aufwenden wird, Hitler an die Macht zu bringen.

Friedrich, der Große von der UFA Gnaden . . . Nicht der historische! Er selbst wäre der erste gewesen, gegen die Verfälschung der Historie zu protestieren. Denn die Geschichte vom „Flötenkonzert" stimmt nicht vorn und nicht hinten. Der Manuskriptautor hat alles auf den Kopf gestellt, und wenn die Regie nicht wäre . . . Die Regie führt Gustav Ucicky, ein um diese Zeit bereits bekannter österreichischer Regisseur. Ursprünglich wollte er Schauspieler werden, dann Filmschauspieler. Verschiedene Versuche, bei Filmfirmen Engagements zu bekommen, mißlangen. Schließlich wurde er Assistent bei einem Kameramann. Auf seine Frage, wieviel Gehalt er bekommen würde, antwortete sein Chef erstaunt: „Was, Geld willst du auch noch?" Er lernte fotografieren und schneiden. Im Kriege drehte er für die Sascha-Film-Gesellschaft in Wien Propagandafilme, war vorübergehend sogar persönlicher Kameramann des Kaisers Karl I. Als er das erste Mal Regie führte, konnte ihm niemand mehr etwas vormachen. Er hatte auch einen starken Sinn für Bildwirkungen, vielleicht hing das damit zusammen, daß sein Vater ein bekannter Maler war; jedenfalls behauptete er gelegentlich, der uneheliche Sohn von Gustav Klimt zu sein.

Er hatte unter anderem schon Filme wie „Café Electric" gemacht, in dem Willi Forst und Marlene Dietrich mitwirkten, Filme also, die ohne besondere Bedeutung waren. Aber er hatte nicht nur Begabung zum Filmen, er hatte auch Begabung, sich durchzusetzen. Den kleinen Schauspielern und Komparsen gegenüber benahm er sich recht grob. Sie waren ihm ja ausgeliefert. Hingegen war er von bemerkenswerter Höflichkeit den Stars gegenüber. Später, als Hitler an die Macht kam, sollte er seine Bereitschaft, mit dem Mächtigen zusammenzuarbeiten, noch oft unter Beweis stellen. Er war etwas schwach, wenn es darum ging, Charakter zu beweisen.

Jetzt also dreht Gustav Ucicky das „Flötenkonzert von Sanssouci", dreht den Vorbeimarsch von tausend Soldaten an Friedrich dem Großen, dreht mit viel Geschick die zarten, wie hingetupften Roko-koszenen, die hinreißenden Kavallerieangriffe und mit weniger Geschick die Szenen, in denen der große König ziemlich dummes Zeug zu reden hat und in denen auch dem letzten Kinobesucher klar werden muß, daß eben nicht ein genialer Herrscher, sondern ein nicht untalentierter Schauspieler vor der Kamera steht, kurz, daß nicht Friedrich der Große, sondern Otto Gebühr redet, befiehlt oder lächelt.

Als der Film herauskommt, protestieren die Republikaner und die Demokraten gegen die Verhimmelung der Monarchie und der Hohenzollern. Vergebens. Die Berliner Polizei, die nicht genügend Kraft hatte, um die Republikaner gegen die Nationalsozialisten zu schützen, ist bereit, Friedrich II. unter allen Umständen zu schützen – oder schützt sie den Film der UFA?

Genau eine Woche nach dem Verbot von „Im Westen nichts Neues" wird zum ersten Mal das „Flötenkonzert von Sanssouci" gespielt, im UFA-Palast, der bei dieser Gelegenheit von Hunderten von Schupos umstellt ist. Als einmal mitten im Film Pfiffe und Schlußrufe ertönen, wird es sofort hell, und die Polizisten machen sich mit Begeisterung daran, Hunderte von Besuchern aus dem Kino zu werfen. Dann betritt ein Polizeimajor die Bühne und erklärt zackig, es werde während der restlichen Vorstellung das halbe Licht brennen bleiben und jeder, der zu stören versuche, werde sofort entfernt werden.

Jeder, der zu stören versuche … Auch diejenigen werden hinausgeworfen, die nur einige kritische Wort zu ihrem Nachbarn sagen oder auch nur flüstern. Und zuletzt sind nur noch die im Saal, die mit Begeisterung „Deutschland erwache!" brüllen.

Nach den Uraufführungen des Remarque-Films und des Fridericus-Films müßte man eigentlich wissen, welche politische Entwicklung Deutschland nehmen wird …

Was eigentlich ist der tiefere Grund für den Erfolg des Fridericus-Films? Der Wunsch der Massen nach einer Führerpersönlichkeit, nach einem Manne, der alles für sie in Ordnung bringt und sie dadurch der Verantwortung enthebt? Oder das Bedürfnis der Massen nach Disziplin, die den einzelnen der Verantwortung enthebt?

Was zieht? Friedrich der Große oder seine Grenadiere? Oder die Uniform?

Die Frage ist nicht leicht zu entscheiden. Denn wenn auch Filme mit Friedrich dem Großen seit Beendigung des Krieges sichere Geschäfte waren, so darf das gleiche von Filmen behauptet werden, die nur gewöhnliche Soldaten zeigten, und nicht einmal in besonders heroischen Situationen. Seit vielen Jahren ist eine Gattung Film in Deutschland besonders erfolgreich: der Kasernenhof-Film. Wie der Fridericus-Film fällt auch die Geburtsstunde des Kasernenhof-Films in die erste Zeit nach dem Weltkrieg. Er befriedigt die Sehnsucht vieler nach den guten alten Zeiten, den Zeiten, in denen der bunte Rock noch etwas bedeutete bei der Menge.

Diese Kasernenhof-Filme gibt es in den zwanziger Jahren wie Sand am Meer. Da sind „Des Königs Grenadiere", „Husarenliebe" und „Zapfenstreich". Da ist „Der Stolz der dritten Kompanie" und „Annemarie und ihr Ulan". „In der Heimat – da gibt's ein Wiederseh'n" rührt die Besucherinnen zu Tränen, ebenso wie „Ein Tag der Rosen im August". „Dragonerliebchen" ist weniger düster als „Ich hatt' einst ein schönes Vaterland".

Der Tonfilm macht diesem Unfug kein Ende; nur daß es sich jetzt in der Hauptsache um Schwänke handelt. Der so lebensmüde Leutnant verschwindet im Hintergrund, niemand ist mehr neugierig, ob er sich erschießt oder weswegen er sich erschießt. Um so wichtiger wird der ach so komische Gemeine, der alles verkehrt macht und den Feldwebel bis fast zum Schlaganfall reizt. Der Grund dafür, daß diese Art Filme so populär werden, ist die Existenz eines Komikers, der meist im Mittelpunkt des Geschehens steht und der im Grunde genommen ein ernsthafter und außerordentlich begabter Schauspieler ist.

Felix Bressart ist sein Name.

Dieser Bressart ist im Leben genau das, was er im Film darstellt: ein schüchterner, verschlossener, etwas ungeschickter Mensch. Seine Tapsigkeit im Leben und vielleicht auch im Film ist von einer gewissen Tragik umwittert. Aber das merkt das große Publikum nicht, das will es nicht merken. Es findet diesen Bressart so komisch – es lacht nicht so sehr über das, was ihm geschieht, als daß es ihn auslacht mit der Rohheit von Kindern, die Menschen, die stottern, komisch finden.

Der erste Film, in dem Felix Bressart den ungeschickten Soldaten spielt, heißt „Drei Tage Mittelarrest". Es ist ein komischer, aber auch ein böser Film. In der wichtigsten Szene erscheint ein Dienstmädchen vor der versammelten Kompanie, um den Vater ihres unehelichen Kindes zu erkennen. Niemand will es gewesen sein, alle lachen über die arme junge Mutter, die vergeblich ihr Recht sucht. Das Publikum, das diese Szene sieht, lacht am meisten. Schließlich wird der Film

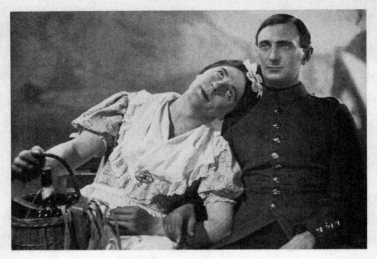

In „Drei Tage Mittelarrest" (1930) spielen bei einer Kompaniefeier die Soldaten Theater.
Fritz Schulz als Köchin und Felix Bressart als Füsilier Novotny im Tête-à-tête.

verboten, weil er „das Schicksal einer unglücklichen Mutter auf schamlose Weise verhöhnt". Wo wird er verboten? In den Vereinigten Staaten von Nordamerika, nicht in Deutschland.
Felix Bressart aber spielt den „Schrecken der Garnison" und zahllose ähnliche Filme. Viele, wenn nicht die meisten, stammen von dem Regisseur Carl Boese, der sich auf diese Art von Filmen spezialisiert. Wie hießen sie doch noch? „Kasernenzauber", „Wenn die Soldaten...", „Dienst ist Dienst", „Mutter der Kompanie", „Schön ist die Manöverzeit", „Reserve hat Ruh", „Der Stolz der Kompanie" und „Der schönste Mann im Staate".
Solche Filme kosten rund 250.000 Mark. Sie spielen gewöhnlich zwei bis drei Millionen ein. Sie sind ja so komisch. Es ist ja wirklich zu komisch, wenn einer über seine eigenen Füße stolpert, wenn ein verführtes Dienstmädchen den Vater ihres unehelichen Kindes nicht findet, wenn ein älterer Offizier, der mit einer jüngeren Kellnerin geflirtet hat, sich vor seiner eigenen Frau verstecken muß, die ihn wütend, mit einem Regenschirm bewaffnet, sucht – um nur einige, dem täglichen Leben entnommene und höchst banale Situationen zu nennen.
Wenn von Kasernenhof-Filmen geredet wird, muß ein Mann Erwäh-

nung finden, der viele, wenn nicht die meisten von ihnen geschrieben hat. Nein, schon das ist eine Einschränkung. Der Mann, von dem gesprochen werden soll, hat überhaupt die meisten Filme geschrieben. Es handelt sich um Erwin Robert Konrad Lüthge, kurz B. (Bobby) E. Lüthge.

Lüthge kam aus Oberschlesien, studierte Nationalökonomie und Literatur in Berlin, ging dann in den Krieg, war Offizier, später Kriegsberichterstatter, wurde schließlich von der Tänzerin Valeska Gert zum Journalismus gebracht. Er arbeitete für den „Roland von Berlin", ein Skandalblättchen; er gründete den „Filmkurier", er begann Filme zu schreiben, und keine geringere als Asta Nielsen beschäftigte ihn als Dramaturgen. Er heiratete den Stummfilm-Star Hanni Weiße und schrieb Filme am laufenden Band. Um diese Zeit – also 1930/31 – ist er bereits und mit Recht der gesuchteste deutsche Filmautor.

Er liest Zeitung. Er schneidet alles aus, was sich einmal für einen Film verwenden lassen könnte. Er hat einen riesigen Zettelkasten, ja, man darf wohl sagen, er hat ganze Schränke mit Ausschnitten und Zetteln. Und wenn er einen Filmauftrag bekommt, braucht er nicht lange, bis er mit sicherem Griff diejenige Situation, die Figuren und Ereignisse in seinem Archiv gefunden hat, die ein hieb- und stichfestes Drehbuch und einen guten Film ergeben.

DAS LEBEN GEHT WEITER

Im März 1931 kommt die Nachricht nach Deutschland: Der erfolgreiche Regisseur F. W. Murnau ist plötzlich in Hollywood gestorben. Gestorben? Er war doch noch so jung, er war doch knapp vierzig Jahre alt . . . Nun, er ist verunglückt. Er ist einem Autounfall zum Opfer gefallen. Sein Auto, mit dem er von Hollywood nordwärts nach dem Fischerdorf Monterey, unweit von San Franzisko, unterwegs war, stieß mit einem schweren Lastwagen zusammen. Murnau war sofort tot.

Murnau . . . Plötzlich wird man sich darüber klar, daß man lange, allzu lange nichts mehr von Murnau gehört hat. Vor fünf Jahren ist er nach Hollywood gegangen. Er hat dort zwei oder drei erfolgreiche Filme gemacht, genau vermag sich niemand daran zu erinnern, beim Film geht alles so furchtbar schnell. Dann ist Murnau verschollen.

Verschollen? Ein weltberühmter Regisseur verschwindet doch nicht einfach! Man will Genaueres wissen. Man fragt Emil Jannings, der Murnau drüben noch gesehen hat, man befragt Ludwig Berger, der erst vor einigen Wochen von Dreharbeiten aus Hollywood zurückgekehrt ist.

Und folgendes stellt sich heraus:

Murnau war nicht glücklich in Hollywood. Murnau, der eigenwilligste unter den großen deutschen Regisseuren und vielleicht der eigenwilligste aller Regisseure der Welt, fand sich in Hollywood nicht zurecht. Gewiß, seine ersten beiden Filme waren Erfolge, durchschlagende Erfolge sogar, aber es waren, strenggenommen, nicht seine Filme. Zu viele Leute redeten ihm hinein: Produzenten, Direktoren, sogar Schauspieler. Jeder wollte Murnau darüber belehren, daß man dies oder das „in Hollywood nicht so machen könne". Jeder wußte es besser als er. Er durfte nicht einmal darüber bestimmen, wie seine Filme geschnitten werden sollten. Dafür waren die Cutter da. Die hatten eine Gewerkschaft, und die sorgte dafür, daß Regisseure nichts anderes taten, als Regie führen. Er bekam nur das fertige Drehbuch, er durfte keine Zeile, keine Einstellung daran ändern.

Nach zwei Jahren hatte Murnau genug. Er war nicht Filmregisseur geworden, um am laufenden Band irgendwelche Filme zu machen. Er wollte machen, was ihm am Herzen lag. Er spielte mit dem Gedanken, nach Deutschland zurückzukehren.

Aber er konnte nicht. Er war nicht mehr sein eigener Herr. Er, der nüchterne, kühle, zurückhaltende Mann war zum ersten Mal in seinem Leben verliebt. Er hatte sich in die Südsee verliebt. Die Südsee mit ihren tausendfarbigen Wassern, mit ihren jungfräulichen, noch von keiner Zivilisation beleckten Inseln, mit ihren schönen, nackten Menschen, mit ihren Korallenfelsen, mit dem Himmel, der so unendlich sauber aussieht, als werde er täglich mit Seife abgewaschen. Und Murnau hatte eine Idee. Er wollte einen Südseefilm machen. Er würde nicht mit richtigen Schauspielern, sondern mit den Eingeborenen einen Film drehen, nach einem ganz unkomplizierten, ja geradezu naiven selbstverfaßten Buch.

Murnau versuchte, die Fox für den Plan zu interessieren. Fox sagte nein; Paramount sagte nein; Metro-Goldwyn-Mayer sagten nein. Alle in Hollywood sagten nein. Wen interessierte schon ein Südseefilm? Das roch ja geradezu nach Kulturfilm.

Aber Murnau war nicht so leicht zu entmutigen. Murnau ging zu seiner Bank. Er war ein reicher Mann, vielleicht nicht nach amerikanischen Begriffen, aber er hatte mehrere hunderttausend Dollar gespart.

Das war Geld genug, um einen solchen Film zu drehen, mehr als genug. Er gründete seine eigene Gesellschaft. Die Gesellschaft hatte zwei Mitglieder: ihn selbst und seinen Kameramann. Sie waren alles zusammen in zwei Personen: Aktionäre, Aufsichtsrat, Direktorium und Schatzmeister.
Murnau kaufte eine Jacht und fuhr los.
Er lebte auf Tahiti, wo er sich einen wunderschönen Palast baute. Und auf der Insel Bora-Bora, wo er seinen Film drehte. Der Film hieß übrigens „Tabu" und hatte mit dem Aberglauben der Eingeborenen zu tun und mit dem Fluch eines Medizinmannes, der schließlich das Liebespaar ereilte. Die Handlung war freilich nur Vorwand für Murnau. Er wollte Natur drehen, er wollte natürliche Menschen zeigen in ihrer Schönheit und Nacktheit.
Es dauerte fast drei Jahre, bis er den Film zu Ende gedreht hatte. Eine ungewöhnlich lange Zeit. Aber Murnau wollte sich ja Zeit lassen. Er mußte mit den filmungewohnten Einwohnern intensiv arbeiten, bis er

Ein verlorenes Paradies zeigt F. W. Murnau der zivilisierten Menschheit in seinem Film „Tabu", den er im Zusammenleben mit den Eingeborenen einer Südseeinsel ohne Schauspieler dreht. Der Film schildert die Liebe des Mädchens Reri zu Mahati, dem Jüngling.

es erreichte, daß sie sich vor der Kamera so ungezwungen benahmen wie sonst im Leben. Es dauerte Monate, bis jeder Filmstreifen von der Kopieranstalt in Los Angeles zurückkam. Aber schließlich war der Film fertig. Murnau kam nach Hollywood. In Hollywood war man, wenn möglich, um diese Zeit noch weniger an einem Südseefilm interessiert als vor drei Jahren. Man bedenke: Murnau brachte nicht nur einen Südseefilm, sondern dazu noch einen Stummfilm, jetzt, Ende 1930, wo nur noch Tonfilme gedreht wurden! Mit Mühe überredete Murnau die Direktoren der Paramount, sich den Film, bevor sie ablehnten, doch wenigstens einmal anzusehen.

Zwei Stunden später war die Situation völlig verändert. Die Direktoren waren beeindruckt, ja geradezu erschüttert. So etwas hatten sie seit Jahren nicht mehr gesehen. Adolph Zukor, der alte Chef der Paramount, weinte sogar.

Er erklärte sich bereit, den Film sofort zu kaufen. Eine Kleinigkeit freilich mußte geändert werden: Murnau sollte den Film synchronisieren. Zukor dachte an Musik der Eingeborenen, an hawaiische Lieder. Murnau war einverstanden.

Zukor hatte einen weiteren Vorschlag. Murnau sollte sich für zehn Jahre an die Paramount binden. Zehn Jahre lang sollte er jährlich einen Südseefilm machen. Für jeden Film sollte er eine Million Dollar erhalten. Niemand würde ihm dreinreden, weder was das Manuskript, noch was die Besetzung, noch was den Schnitt anging. Murnau war glücklich.

In den nächsten Wochen sah er viele alte Freunde in Hollywood wieder. Er erzählte von den Jahren, die er auf den Südseeinseln verbracht hatte. Es waren, so versicherte er, glückliche Jahre. Er liebte die Natur, er liebte die Eingeborenen, obwohl es nicht immer leicht war, mit ihnen auszukommen; der Glaube an übernatürliche Kräfte war schwer zu überwinden gewesen. Sein Haus stand nämlich angeblich auf verfluchtem Grund. Dort waren früher einmal die Häuptlinge der Inselbewohner begraben worden. Man hatte ihn beschworen, das Haus nicht an dieser Stelle zu bauen. Er hatte nur gelacht. Aber das waren Kleinigkeiten. Alles in allem war es eine schöne und geradezu paradiesische Zeit gewesen. Murnau war dunkelbraun gebrannt und heiter. In Zukunft würde er machen dürfen, was er machen wollte.

Und dann fuhr er nach Monterey, um sich mit dem Mann zu besprechen, der seinen nächsten Südseefilm schreiben sollte, und starb in dem Augenblick, da das Leben für ihn eigentlich erst beginnen sollte. Es war ein schneller und guter Tod.

Hollywood war erschüttert. In Hollywood begriff man, daß einer der Großen der Filmindustrie abgetreten war. Bei der Paramount war man geradezu außer sich. Was sollte nun geschehen? Würde der Film „Tabu" auch nach dem Tode des Regisseurs ein Erfolg sein? Sollte man ihn überhaupt herausbringen? Plötzlich kamen Forderungen von überall her. Murnau, der peinlich gewissenhafte Mann, sollte zahllose Rechnungen nicht bezahlt haben. Seine Jacht wurde beschlagnahmt. Seine Konten wurden beschlagnahmt. Und immer noch liefen neue Rechnungen bei der Paramount ein.

Die Familie in Deutschland verlangte die Leiche Murnaus. Sie wurde in einem doppelten Sarg nach Europa geschickt.

Auf dem Waldfriedhof in Stahnsdorf bei Berlin findet am 14. April 1931 die Beisetzung F. W. Murnaus statt. Im Namen der Dachorganisation der Filmschaffenden, des Verbandes der Filmregisseure, würdigt Fritz Lang die großen Verdienste des Toten. Carl Mayer spricht für den Freund. Alle, die im Film einen Namen haben, stehen am Sarge. Zuletzt geschieht etwas Schreckliches. Irgend jemand berührt eine verborgene Feder am Sarg. Der Sargdeckel klappt zurück, und vor den Trauernden liegt F. W. Murnau im Frack mit roten Backen, mit geschminkten Lippen, friedlich lächelnd. Was man in Deutschland nicht weiß, ist, daß es in Amerika Sitte ist, die Toten einzubalsamieren, sie fein anzuziehen, sie zu schminken, damit die tieftrauernden Hinterbliebenen sie in besonders guter Erinnerung behalten. Der Sarg wird schnell wieder geschlossen, wird in die Erde gesenkt. In Hollywood aber läuft der Film „Tabu" an und wird ein Sensationserfolg. Ist es der Film, der den Erfolg hat, oder hat dieser Erfolg etwas mit den Gerüchten zu tun, die man sich bereits in ganz Amerika zuflüstert und die schließlich auch nach Deutschland kommen?

Um was handelt es sich denn? Es handelt sich darum, daß der Autounfall Murnaus kein Zufall gewesen sein soll, sondern die Rache der beleidigten Südseegötter. Jawohl, Murnau soll gestorben sein, weil er den Film „Tabu" gedreht hat auf der Insel Bora-Bora, die kein Fremder ungestraft betreten darf, weil er sich ein Haus dort baute, wo die alten Südseehäuptlinge begraben liegen, an einem Fleck also, der nicht berührt werden darf, der tabu ist.

Eine schauerliche Geschichte. Schauerlicher noch, wenn man weiß, daß sie nicht etwa auf irgendeine geheimnisvolle Weise über die Südsee in die Welt gedrungen ist, sondern durch die Publicity-Agenten der Paramount auf gar nicht geheimnisvolle Weise verbreitet wurde.

Das „Gerücht" also besagt, daß Murnau bereits vor Beginn des Films gewarnt wurde. Ein Zauberdoktor mit Namen Tuga soll ihn beschworen haben, die Bora-Bora-Insel so schnell wie möglich zu verlassen, denn er befinde sich in höchster Lebensgefahr. „Wenn der weiße Mann den Schrei des Totenvogels hört, wird der Teufel Orama-tua-hiarororoa ihn holen!"

Die Versionen darüber, wie Murnau diese düstere Prophezeiung aufnahm, sind verschieden. Einige Quellen, sprich: Reklamefachleute, behaupten, er sei erbleicht. Andere wollen wissen, daß er nur gelacht habe. Jedenfalls ließ sich Murnau nicht von seinem Film abbringen.

Und nun geschahen viele seltsame Dinge. Man könnte geradezu auf den Gedanken verfallen, daß die Reklameagenten aus Hollywood die ersten Filme Murnaus kannten, in denen es ja auch spukte, was das Zeug hielt, besonders den Film von dem Vampir Nosferatu; denn was Murnau nun alles passierte, hatte eine gewisse Ähnlichkeit mit dem Film, der vor zehn Jahren produziert worden war.

Wie dem auch sei: Murnau hörte sich mit Gleichmut an, daß ein Mädchen, das auf der verfluchten Insel landete, von einem Vampir erdrosselt, daß ein junger Mann, der in der Nähe der Insel aus einem Kanu fiel, von einem Haifisch verspeist wurde. Es brachte ihn auch nicht aus der Fassung, daß, als er an den angeblich besonders verfluchten Korallenriffen filmte, dort, wo früher die Kanus der Zauberer landeten, eine plötzliche Sturmflut eine Menge Kanus umwarf, wodurch zwar niemand getötet wurde, aber eine Menge wunderbarer, unersetzlicher Filmstreifen verlorenging. Murnau war eben – immer der Sage nach – unbelehrbar. Wenn man dem unsinnigen Geschwätz glauben darf, das nach seinem Tode verbreitet wird, hatte er nicht deshalb so lange an seinem Film gearbeitet, weil es schwer war, ohne Schauspieler zu filmen, und das auf einer Insel, auf der es kein Atelier und keine Kopieranstalt gab, sondern weil die rächenden Götter der Südsee ihm immer wieder in den Arm fielen. Ein junger Amerikaner, der bei einer nächtlichen Szene eine Magnesiumfackel trug, trug schwere Brandwunden davon. Einige farbige Statisten legten die Arbeit nieder, weil sie Angst vor dem Fluch hatten. Der Totenvogel Toerau machte sich durch schrille geisterhafte Schreie bemerkbar. Murnaus chinesischer Koch ertrank unter mysteriösen Umständen. Kurz, Murnau hatte keine Langeweile.

Aber es schien alles noch einmal gut zu gehen. Der Film wurde fertig. Murnau verließ sein Haus, kam nach Hollywood und durfte hoffen, den Rachegöttern ein für allemal entronnen zu sein. Das Autounglück auf der Landstraße zwischen Hollywood und San Franzisko freilich „bewies" dann, daß der Arm der Südseegötter sogar bis nach Amerika reicht.

So jedenfalls flüstern sie es in Hollywood, flüstern sie es in ganz Amerika, flüstern sie es schließlich überall dort, wo der Film „Tabu" aufgeführt wird. Und so wird der Film „Tabu" überall ein Riesenerfolg – denn wer will es sich entgehen lassen, einen Film zu sehen, den die Südseegötter verflucht haben und dessen Regisseur mit dem Tode für das Unterfangen bezahlen mußte, ihnen Trotz geboten zu haben? Die Paramount geht ja schließlich nicht so weit, verkünden zu lassen, daß auch die Besucher des Films „Tabu" von der Rache der Südseegötter bedroht sind.

F. W. Murnau hätte sicher eigenartige, vielleicht einzigartige Tonfilme gedreht, denn er gehörte nicht zu denen, die es sich leichtmachen; aber was den Tonfilm angeht, kann das auch von allen Regisseuren gesagt werden. Diejenigen mit künstlerischem Ehrgeiz – Männer wie Fritz Lang, Gerhard Lamprecht, Ludwig Berger, um nur einige wenige zu nennen – können sich nicht so mir nichts, dir nichts „umstellen". Sie haben künstlerische Bedenken. Sie fürchten, daß alles, was bisher erreicht worden ist, insbesondere die Beweglichkeit der Kamera, geopfert werden muß, da ja die Tonapparatur noch unbeweglich ist. Sie fürchten, daß alles noch einmal von vorn angefangen werden muß. Lamprecht arbeitet sich am schnellsten in den Tonfilm ein, und das hat wohl damit zu tun, daß er sich schon immer für alles Technische besonders interessierte. 1930 machte er „Zweierlei Moral" nach der „Perlenkomödie" von Bruno Frank, mit Elga Brink. Ein halbes Jahr später folgt die „Dirnentragödie", die einst Asta Nielsen im Stummfilm spielte, mit der schönen Aud Egede Nissen. Gleich darauf dreht Lamprecht „Emil und die Detektive" nach dem bekannten Roman von Erich Kästner. Lamprecht hat sich diesen Stoff schon vor einem Jahr gesichert, konnte ihn aber nirgends unterbringen. Die Produzenten wußten es wieder einmal besser: „Dies ist ja nur ein Film für Kinder!" erklärten sie.

Jetzt ist die UFA bereit, diesen Film zu drehen, in dem zwar fast nur Kinder spielen, der aber, wie sich bald herausstellen wird, den Großen ausgezeichnet gefällt. Nicht nur in Deutschland; in Paris läuft er ein Jahr lang in einem einzigen Kino, in London und in New York hat er einen fast ebenso großen Erfolg.

Zum Unterschied von „Emil und die Detektive" ist Hans Albers immer wieder eine todsichere Sache. Jeder seiner Filme füllt die Kassen der UFA-Kinos. Eigentlich möchte er nicht so viel filmen, würde viel lieber mehr Theater spielen – und hat gerade im Admiralspalast in der Friedrichstraße wieder „Liliom" zu spielen begonnen. Da bringt ihm die UFA eine neue Rolle. Der Film heißt „Bomben auf Monte Carlo"

und ist nach einer wahren Begebenheit geschrieben. Der Kommandant eines russischen Kriegsschiffes verspielte in Monte Carlo – Ende des letzten Jahrhunderts – die Schiffskasse und drohte das Spielkasino zusammenzuschießen, wenn man ihm sein Geld nicht wiedergäbe.
Populärer fast als Albers und Heinz Rühmann, der in diesem Film auch mitspielt, wird durch den Monte-Carlo-Film ein Schlager, den Werner Richard Heymann komponiert.
Er geht wie folgt:

> *„Das ist die Liebe der Matrosen –*
> *auf die Dauer, lieber Schatz,*
> *ist mein Herz kein Ankerplatz.*
> *Es blühn in jedem Hafen Rosen,*
> *und für jede gibt es tausendfach Ersatz.*
> *Man kann so schön im Hafen schlafen,*
> *doch heißt es bald: auf Wiedersehn!*
> *Das ist die Liebe der Matrosen –*
> *es geht fort und an Bord –*
> *Ahoi! Herr Kapitän!“*

Unnachahmlich, wie Hans Albers das singt! Wieder erlebt man, daß er einen unbedeutenden, ja banalen Text mit dem Zauber seiner Persönlichkeit erfüllt, so daß kaum einer merkt, wie abgeschmackt und dagewesen die Reime sind. Wieder einmal stellt man fassungslos fest, daß er, scheinbar alle Regeln der Vortragskunst mißachtend, gegen alle diese Regeln verstoßend, Wirkungen erzielt, die in dem Lied gar nicht enthalten sind.
Wenige Wochen nach der Premiere von „Bomben auf Monte Carlo" im UFA-Palast am Zoo hat das Lied ganz Deutschland, ja halb Europa erobert. Ja, als kurz darauf die deutsche Flotte zu einem Manöver ausläuft, fungiert der Albers-Schlager als der offizielle Marsch, zu dessen Klängen die Anker gelichtet werden.
Gleich der nächste Albers-Film bringt einen neuen Schlager. Der Film heißt „Der Draufgänger", und der Schlager von Kurt Schwabach mit Musik von Hans May lautet:

> *„Kind, du brauchst nicht weinen,*
> *du hast ja einen, und der bin ich!*
> *Brauchst du einen ganz schnell,*
> *dann ruf nach Hans schnell,*
> *denn der bin ich!“*

Das bringt Albers ganz zügig, ganz schmissig, mit der Überlegenheit eines wirklichen „Draufgängers".

Als „Draufgänger" ist Hans Albers der Hamburger Hafenpolizist Hans Roeder. Nach seinen Abenteuern zu schließen, haben Hamburger Hafenpolizisten eine Menge zu tun. Dieser Roeder jedenfalls zieht ein Mädchen aus dem Wasser, wird aber von einem Mann, der unbemerkt ins Polizeiboot klettert, selbst ins Wasser befördert. Als er schließlich ans Ufer schwimmt, findet er zwar sein Boot wieder, nicht aber das Mädchen und den Mann, die in einem merkwürdigen Tanzunternehmen, „American Hippodrome", verschwunden sind.
Die Sache wird dadurch noch komplizierter, daß während eines Maskenballes an Bord der im Hamburger Hafen liegenden Jacht des amerikanischen Multimillionärs Patterson ein wertvoller Perlenschmuck gestohlen wird. Nicht aber, wie man vermuten dürfte, von besagter Dame, die über Bord sprang und „Animierreiterin" in jenem Hippodrom ist, sondern von ihrem Begleiter, einem ausgesprochenen Bösewicht namens Barini, dem Besitzer des Hippodroms, der in Beziehung zu einem gewissen George Brown aus Sing-Sing steht. Damit die Sache nicht gar zu einfach ist, gibt es auch noch eine Gloria, die einerseits die Geliebte von Patterson ist, anderseits die von Brown und sich diesem zuliebe bereit findet, jenen ins Verderben zu locken. Aber keine Angst: Alles geht gut aus. Zwar wird Patterson ermordet, zwar muß auch Barini dran glauben, zwar gibt es viele Raufereien, Verfolgungen und andere Komplikationen, aber zum Schluß wird der Schmuck doch gefunden, der Mörder bestraft, die Komplizin dito, und die Animierreiterin und Hans Albers werden ein Paar.

Der nächste Albers-Film, wie die beiden vorangehenden im Jahre 1931 gedreht: „Der Sieger". Die Geschichte eines Hamburger Telegraphisten, der durch Zufall neunhundert Mark auf der Rennbahn gewinnt. Er verliert das Geld so schnell, wie er es gewonnen hat. Aber er bekommt dafür die schöne Helena, die Tochter eines amerikanischen Bankiers, nachdem er auch hier gezeigt hat, daß er erreichen kann, was er will, daß er am Mann bleibt, nicht abzuschütteln ist, daß er sich schließlich immer durchsetzt. Auch hier ist wieder ein Schlager im Mittelpunkt:

> „Hoppla – jetzt komm' ich!
> Alle Türen auf, alle Fenster auf,
> und die Straße frei für mich!"

Man glaube nicht, daß so etwas einfach zu singen ist. Im Gegenteil, es gibt wohl nichts Gefährlicheres als so einen Text, und der ihn bringt, hat eine gute Chance, sich lächerlich zu machen. „Hoppla, jetzt komm' ich!" – welche Überheblichkeit, welche Frechheit im Grunde genommen!

Das Geheimnis des Erfolges eines solchen Schlagers ist natürlich Hans Albers. Er, und nur er allein in Deutschland kann so etwas singen, ohne daß man sich sofort zu der Antwort verpflichtet fühlt: „Also, nun geben Sie mal nicht so an, Herr, nun halten Sie mal die Klappe!" Er allein kann so etwas über die Lippen bringen, weil er eine gewisse Berechtigung dazu hat. Er ist eben der Sieger, der Draufgänger, der Hans in allen Gassen, der Mann, der, gleichgültig, welchen Gefahren er ausgesetzt ist, zuletzt doch immer siegt.

Dies freilich ist auch eine Gefahr für Albers. Denn die Filmindustrie legt ihn nun fest. Für andere Rollen gibt es viele Schauspieler, für den ewigen Sieger gibt es nur einen. Also muß Albers immer und immer wieder den Sieger spielen.

Wenn er es nicht tut, wie in seinem nächsten Film, der etwas larmoyanten Clowntragödie „Quick", gibt es geschäftliche Rückschläge. Die werden in dem darauffolgenden Film wettgemacht, dem „Weißen Dämon", der im Milieu des Rauschgiftschmuggels spielt.

Von einem großen Luxusdampfer fällt der Sohn des Konsuls Gorre. Schon scheint er verloren – große Dampfer stoppen ja viel zu langsam! Rettungsboote werden ebenfalls allzu gemütlich klargemacht – da springt ein blonder junger Mann über Bord, Hans Albers, pardon: Heini Gildemeister, und rettet ihn; weist aber jede Belohnung zurück. Das kann er um so mehr, als er in Brasilien gutes Geld verdient hat und jetzt zu Muttern nach Hamburg zurückkehrt. Zufällig ist auch ein böser Rauschgifthändler mit Glatze und Buckel an Bord, der das mitgebrachte Rauschgift in Blechbüchsen durchs Bullauge seiner Kabine ins Wasser wirft. Die Blechbüchsen werden von einem „harmlosen" Fischer aufgefischt. Das alles würde unseren Heini herzlich wenig interessieren, wenn seine Schwester nicht in den Jahren seiner Abwesenheit Morphinistin geworden wäre.

Als er etwas gegen den Rauschgifthändler unternehmen will, wird er erst einmal in einer Hafenspelunke betäubt. Inzwischen wird seine Schwester nach Paris gebracht. Während Heini seiner Schwester folgt, wird sie immer wieder entführt, bis er sie schließlich mit dem Geld des dankbaren Konsuls Gorre in ein Sanatorium bringen kann. Es muß noch mitgeteilt werden, daß der Bucklige mit der Glatze schließlich der

Was Käthe von Nagy im Leben schon ausprobiert hatte – sich einfach entführen zu lassen –, wird im Film „Der Sieger" (1932) wiederholt. Hans Albers, der strahlende Optimist des deutschen Films, kreiert W. R. Heymanns Schlager „Hoppla, jetzt komm' ich. Alle Türen auf, alle Fenster auf . . ." und führt Käthe am Ende heim.

Polizei in die Hände fällt, daß ein anderes Mitglied der Bande, das den schönen Namen „Marquis d'Esquillon" führt, ebenfalls daran glauben muß und daß sich schließlich herausstellt, daß der Chef der Bande niemand anderer als jener Konsul Gorre ist, von dem man es wirklich nicht geglaubt hätte und der sich selbst richtet, indem er die Tür eines in der Luft befindlichen Flugzeuges öffnet – und abspringt, ohne Fallschirm, versteht sich. Wie gesagt, so aufregend ist nun einmal das Leben.

Im „Weißen Dämon" und auch in den vorhergehenden Filmen hat es Albers nicht leicht gehabt. Beständig muß er jemandem nachrennen, nachklettern, nachspringen, muß sich mit überlegenen Gegnern herumboxen und herumschlagen. Das ist es ja gerade, was das Publikum von ihm sehen will, und die Produzenten der UFA bestürmen ihre Autoren, nur ja recht viele atemraubende Situationen zu erfinden, aus denen Hans Albers sich und andere schließlich immer wieder retten kann.

Dergleichen macht, seitdem es Filme gibt, ein Double. Das ist nur logisch: Der Star braucht sich nur ein Bein zu brechen, und die Vollendung des Films ist auf Monate hinaus verzögert, wenn er überhaupt je fertiggestellt werden kann. Ein Filmstar braucht sich nur das Nasenbein zu zertrümmern oder sich eine häßliche Gesichtsnarbe zuzulegen, und er ist als Brecher von Mädchenherzen nicht mehr qualifiziert. Ein Double ist ersetzbar, ein Filmstar, zumindest für den betreffenden Film, der täglich Unsummen kostet, nicht.

Man kann sich also das Entsetzen der Herren der UFA vorstellen, als sie vernehmen, daß Hans Albers immer alles selbst machen will. Man redet auf ihn ein, man zitiert Paragraphen des Vertrages, nach denen es ihm eigentlich verboten wäre, dies oder jenes zu tun, aber er schüttelt nur den Kopf. Wenn in seiner Rolle steht, daß er irgend etwas Gefährliches tun muß, wird er es tun und kein Double. Schließlich hat er nicht umsonst am Kronleuchter der Komischen Oper in Berlin gehangen.

Er macht also alles selbst. Sicherlich bricht vielen Zuschauern der kalte Schweiß aus, wenn sie ihren geliebten Hans immer wieder in gefährlichen Situationen sehen. Aber dieser kollektive Schweiß ist ein Nichts verglichen mit den Schweißbächen, die die Direktoren von der UFA vergießen, während Hans Albers, in den sie Millionen investiert haben, die gefährlichen Dinge in eigener Person ausführt.

Da ist zum Beispiel jene Szene im „Weißen Dämon", in der Hans Albers vom Deck des Dampfers hinunter ins Meer springen soll. Der Regisseur Kurt Gerron hat den Auftrag erhalten, diese Szene mit einem Double zu drehen. Was alles geschieht, damit Hans Albers von dieser Absicht nichts erfährt, wäre Stoff zu einem neuen Film und einem sehr lustigen. Aber Albers kriegt es doch heraus. Vergebens zeigt man ihm die Szene, die man mit dem Double bereits gedreht hat. Eigensinnig besteht er darauf, daß die Szene noch einmal gedreht werde – und mit ihm. Also wird die Szene noch einmal gedreht. Albers springt. Aber in diesem Augenblick gibt es, was man in der Branche „Salat" nennt, das heißt, die Perforation des Filmstreifens springt aus den Zahnrädern der Abwicklungsvorrichtung der Kamera.

„Ein Fingerzeig des lieben Gottes!" ruft der erleichterte Produzent. „Sie sehen, Albers, es sollte nicht sein!"

Albers schüttelt nur den Kopf: „Dann springe ich eben noch mal!" Und er springt noch mal.

Nachdem Erich Pommer die moderne Zeit mit Autos, Lifts, Restaurants, Villen, Tankstellen et cetera für die Tonfilmoperette erobert hat,

Ohne Double arbeitet Hans Albers zum Entsetzen seiner Regisseure. In „Der weiße Dämon" (1932) springt er 10 Meter tief von der Reling selbst ins Wasser, um laut Drehbuch den kleinen Gorre zu retten. Er ist auch Rauschgifthändlern auf der Spur.

will er seine beiden Stars Lilian Harvey und Willy Fritsch in historischem Milieu zeigen. Es geht ihm nicht so sehr um das Historische, als um die Ausstattungsmöglichkeit, die bei einem Kostümfilm immer größer ist als bei einem Film, der in modernem Milieu spielt.
Ausstattung! Wer wäre geeigneter, einen Ausstattungsfilm größten Ausmaßes zu inszenieren als Eric Charell, der seit vielen Jahren im Großen Schauspielhaus Revuen größten Stils inszeniert und der mit „Die drei Musketiere" und „Casanova" bewiesen hat, daß man auch Stimmung und Humor mit historischem Hintergrund erzeugen kann. Er steht in seiner Art einzig auf der Welt da. Selbst in Paris und London reißt man sich um ihn. Er ist das, was der berühmte Ziegfeld zwanzig Jahre vorher war. Er hat Einfälle und Witz, und nichts, was er macht, hat den fatalen Beigeschmack der veralteten Pariser Revue. Freilich, er hat noch nie einen Film gemacht.
Als Erich Pommer ihn engagiert, weiß er, daß der Film sehr teuer

werden wird. Er ist sich auch klar darüber, daß der Film entweder ein riesiger Erfolg oder ein riesiger Mißerfolg werden wird.

Ein riesiger Erfolg – denn Charell ist ungemein begabt. Ein riesiger Mißerfolg – denn er weiß ja nichts vom Film. Also tut Pommer das einzig Mögliche: er umgibt Charell mit allem, was es an Gutem und Teurem in der UFA gibt. Charell bekommt die besten Manuskript-autoren, die besten Kameramänner, Werner Richard Heymann macht die Musik, und die Besetzung besteht aus den erprobtesten Publikums-lieblingen: Conrad Veidt, Lilian Harvey und Willy Fritsch sollen die Hauptrollen spielen.

Die Manuskriptschreiber einigen sich auf den Wiener Kongreß als Schauplatz der turbulenten Vorgänge, die das Publikum in Begeiste-rung versetzen sollen. Wien während des Kongresses zeigen, das bedeutet, eine Stadt in ihrem Glanz zeigen, Bälle, Paraden und andere Festlichkeiten filmen! Die Historie ist ja nicht so wichtig. Das heißt, was nun wirklich auf dem Wiener Kongreß geschah, nämlich daß Talleyrand, der geniale Diplomat des besiegten Frankreich, die Vertre-ter der Siegermächte gewissermaßen um den Finger wickelte, interes-siert das Kinopublikum nicht. Das Publikum interessiert sich wesent-lich mehr für die erfundenen Liebesaffären des Zaren von Rußland, für den amüsanten Metternich, der dadurch, daß er den Zaren durch solche Liebesaffären ablenkt, seine politischen Ziele erreicht, und natürlich für das süße Wiener Wäschermadel, Christl, das dem Zaren den Kopf verdreht.

Das Drehbuch sieht vor, daß der Zar einen Doppelgänger hat, einen etwas dämlichen jungen Mann, der ihm täuschend ähnlich sieht und der immer den Zaren spielen muß, wenn der Zar selbst auf Abenteuer ausgeht. Willy Fritsch soll den Zaren spielen, sein Doppelgänger aber soll ein anderer sein. Dagegen protestiert Fritsch, denn gerade zwei so verschiedene Rollen zu spielen, scheint ihm besonders interessant. Charell hat Bedenken. Pommer hat Bedenken. Aber Fritsch setzt sich durch. Für die Szenen, in denen der Zar und sein Doppelgänger erscheinen, wird eine sehr amüsante Lösung gefunden. Der Schauspie-ler Garat, der die Rolle von Fritsch in der französischen Version spielt, wird in diesen Szenen als sein Doppelgänger eingesetzt, während Fritsch wiederum den Doppelgänger in der französischen Version darstellt.

Auch die Harvey ist mit ihrer Rolle ursprünglich nicht ganz einver-standen. Da gibt es nämlich eine Szene, in der Christl, die Wiener Wäscherin, arretiert wird, weil sie sich dem Zaren zu nähern versuchte und dafür vom Stockmeister eine Tracht Prügel bekommen soll. Sie

In „Der Kongreß tanzt" ist Adele Sandrock als Fürstin eine knurrige, knorrige Eiche im Walzersturm des Wiener Kongresses, unter deren Schutz sich das Wäschermädel Christl (Lilian Harvey) begeben darf und deren majestätische Sentenzen und Lebensweisheiten das süße Wiener Kind sich schüchtern und fast voller Bestürzung anhört.

wird über den Bock gelegt, und der Stockmeister hebt genießerisch langsam ihre zahllosen Röcke und Unterröcke auf, bis er schließlich zu den reizenden Unterhöschen gelangt. In diesem Augenblick erscheint natürlich der Zar und rettet die Situation. Die Harvey aber will nicht, daß das Publikum sie in Hosen sieht. In diesem Fall freilich bleibt Charell fest, und die UFA bleibt fest.

„Der Kongreß tanzt" wird in jeder Beziehung der pompöseste Film, den die UFA bisher gemacht hat. Es wird an nichts gespart. Die Kostüme und Dekorationen stellen alles in den Schatten, was der deutsche Film je gezeigt hat. Da ist zum Beispiel jene Fiakerfahrt der Harvey, die sich gerade in den Zaren verliebt hat und überglücklich das Lied singt: „Das gibt's nur einmal, das kommt nicht wieder . . .!"

Die Kamera fährt vor ihr her, und man sieht Christl mit den Augen der Kamera durch halb Wien fahren, durch die engen Straßen, über den Marktplatz, an Landleuten vorbei, die auf dem Feld arbeiten. Es ist eine Fahrt von vielen hundert Metern, bei der viele hundert Schauspieler und Statisten mitwirken, Bürger, Marktfrauen, Soldaten, Wäscherinnen, Kinder – und die erst in dem Schloß endet, das der Zar der kleinen Wäscherin geschenkt hat. Oder da ist die große Ballszene, in der wirklich ganz Europa tanzt und die von einem Heer von Kameraleuten gedreht wird. Die Mitwirkenden werden die Szene niemals vergessen können. Denn während sie gedreht wird, fliegt ein Funke aus einem Scheinwerfer auf das Cellophankleid einer Statistin, und sie steht in Flammen, bevor irgend jemand zu Hilfe kommen kann. Die Unglückliche stößt fürchterliche Schreie aus – vergeblich! Eine Stunde später stirbt sie im Krankenhaus.

„Der Kongreß tanzt" ist das Meisterstück Erich Pommers. Er ist überall, denkt an alles, sorgt für alles, führt den Regisseur so geschickt, daß niemand, der den fertigen Film sieht, auf die Idee kommt, dies sei der erste Film Eric Charells. Und dann geschieht etwas Unerwartetes, und um ein Haar wäre alle Mühe umsonst gewesen.
Die UFA kommt auf die grandiose Idee, die Uraufführung des Films in Wien stattfinden zu lassen. Ist das wirklich eine so grandiose Idee? Es ist eine absurde Idee; denn wenn irgendein Publikum der Welt merken muß, daß das Wien, das in Babelsberg aufgebaut wurde, eben nur ein Film-Wien ist, dann ist es das Wiener Publikum. Wenn irgendwo die Menschen bis in die Fingerspitzen hinein spüren, daß die Wiener Lieder des Berliners Werner Richard Heymann eben keine Wiener Lieder sind – dann sind es die Wiener. Sie kann man mit der falschen Heurigen-Sentimentalität, die die ganze Welt zu Tränen rührt, nicht hinter dem Ofen vorlocken.
Und die Wiener Uraufführung wird eine Katastrophe. Die Leute lachen an den traurigen Stellen und verziehen keine Miene, wenn es lustig wird. Das Festdiner, das die UFA nach der Uraufführung gibt, gleicht einem Trauermahl. Charell, der im allgemeinen keinen Alkohol anrührt, betrinkt sich vor Verzweiflung.
Nur Erich Pommer begreift, daß hier schnell etwas geschehen muß. Hals über Kopf läßt er die deutsche Premiere in Berlin im UFA-Palast am Zoo ansetzen. Großes gesellschaftliches Ereignis, riesige Begeisterung der Berliner, wenn Paul Hörbiger „Wien und der Wein . . ." singt.
Und die „Deutsche Allgemeine Zeitung" schreibt: „Die Zuschauer

sind in Wien, schmecken den Wein, erleben die Vergangenheit, ihren Glanz . . ."

Die Schlacht ist gewonnen, noch ehe sie begonnen hat – und nachdem sie eigentlich in Wien schon verloren war, wovon allerdings im UFA-Palast niemand etwas ahnt. Nachher fallen sich alle um den Hals: Conrad Veidt, Willy Fritsch, Lilian Harvey, Erich Pommer, Eric Charell.

Wie haben sie, wie hat irgend jemand daran zweifeln können, daß Charells Film ein Riesenerfolg würde?

Ein anderer großer Theaterregisseur – der, zum Unterschied von Eric Charell, keine Revuen inszeniert, sondern klassische Dramen und moderne Autoren – ist Erich Engel. Der hat die „Dreigroschenoper" inszeniert – und plant ein Filmlustspiel: „Wer nimmt die Liebe ernst?" Es handelt sich um die Geschichte eines jungen Mannes namens Max, den der bekannte Komiker Max Hansen spielen soll. Max, von der Polizei verfolgt, springt in ein offenstehendes Parterrefenster und in ein Bett, ohne zu bemerken, daß in dem Bett ein junges Mädchen liegt. Sie will schreien, er hindert sie daran. Er erzählt ihr, wer er ist und welchen Beruf er ausübt. Er und sein Kompagnon stehlen Hunde, um sie dann den Besitzern zurückzubringen und den Finderlohn einzukassieren. Gewiß, das ist nicht gerade ein feiner Beruf, aber von irgend etwas muß man leben. Das junge Mädchen, Ilse, ist gerührt und verliebt sich sofort in den jungen Mann . . .

Der Produzent des Films ist besorgt. Wer will so etwas denn wissen? In der Krisenzeit wollen die Leute Filme sehen, die in vornehmen Kreisen spielen, in Villen, unter Leuten, die Cocktails trinken, in schweren Autos fahren, von todernsten Butlern in Schlössern bedient werden.

Erich Engel aber hat seine eigenen Ideen. Er ist im Film wie auf der Bühne ein sehr eigenwilliger Regisseur. Er ist unsentimental, unpathetisch, er will, daß die Schauspieler sprechen, wie ihnen der Schnabel gewachsen ist, sich bewegen, wie es ihrem Naturell entspricht, nicht sich verstellen, keine großen Szenen machen. Er lehnt alles ab, was nicht echt ist – und erst, wenn er im Regiestuhl sitzt, merken die Schauspieler, wie wenig von dem, was sie bisher gemacht haben, echt war.

Was nun den Film „Wer nimmt die Liebe ernst?" angeht, so glaubt Erich Engel, im Gegensatz zu seinem Produzenten, daß die Leute schon lachen, schon mitgehen werden, wenn er den Film so machen kann, wie er will. Und er möchte gern Jenny Jugo für die weibliche

Hauptrolle haben. Auch das ist dem Produzenten nicht recht. „Dieses tragische junge Mädchen?"

„Sie ist eben bisher verkehrt eingesetzt worden", antwortet Engel. Jenny Jugo kommt zum Vorsprechen. Was spricht sie vor? Ausgerechnet „Der Tor und der Tod" von Hofmannsthal. Sie spricht ungeheuer geschraubt und unnatürlich.

Engel: „Nun vergessen Sie mal Hofmannsthal und sprechen Sie ganz ungezwungen, so, als wenn Sie sich mit mir unterhalten." Jenny Jugo verwandelt sich. Es ist, als streife sie eine Haut ab, die ihr gar nicht gehört, als wälze sich ein Stein von ihrer Brust. Sie wird leicht, natürlich, selbstverständlich. Sie ist lustig. Es ist nicht die sentimentale Lustigkeit der Filmdamen, nicht die kokette Lustigkeit der Soubretten. Es ist die Lustigkeit eines etwas hilflosen jungen Mädchens, das eigentlich nie ganz zurechtkommt im Leben, aber es doch irgendwie schafft. Man kann es ihr förmlich vom Gesicht ablesen, wie befreit sie sich fühlt. Überhaupt kann man alles von ihrem Gesicht ablesen: jedes Wort, das sie jetzt sagen wird, Erschrecken, Erstaunen, Glück. Erich Engel macht seinen Film mit der Jugo. Es wird ein Riesenerfolg. Vor allem, weil er seit Lubitsch der erste deutsche Filmregisseur ist, der Lustspiele machen kann, ohne mit dem Zeigefinger zu drohen: „Seht Ihr denn nicht, wie lustig ich bin? Jetzt lacht mal gefälligst!" Und dann wegen der Jugo, in die das Publikum sich auf den ersten Blick verliebt. Der nächste Film: „Fünf von der Jazzband" nach einem reizenden Lustspiel von Felix Joachimsohn (später wird er unter dem Namen Felix Jackson ein berühmter amerikanischer Produzent werden). Wieder ein durchschlagender Erfolg für beide. Wie die Jugo, während ihre vier Freunde Jazzmusik auf einer Varietébühne machen, von einer Leiter ausgerechnet in eine große Pauke fällt, ihr entsetztes Gesicht, das gleichsam um Entschuldigung bittet – das muß man gesehen haben. Dergleichen hat man im deutschen Film seit Lubitsch nicht mehr gesehen, und so etwas wie die Jugo hat es in Deutschland überhaupt noch nie gegeben: eine Schauspielerin, die sich nicht ernst nimmt, eine Grotesk-Komikerin, etwa im Stil der amerikanischen Marion Davies. Das Publikum, erlöst, lachen zu dürfen, doppelt erlöst, weil eine Schauspielerin über sich selbst lacht, strömt in die Filme der Jenny Jugo. Sie macht fast nur noch Filme mit Erich Engel. Der dritte heißt „Pechmarie":

Die Jugo spielt ein Mädel, das Zeitungen austrägt. Und überall, wo sie kassieren will, machen die Leute nicht auf oder haben kein Geld. Sie hat eben Pech. Da ist auch ein Kunde, dem tut es wirklich leid, daß er sie abweisen muß, aber er verreist gerade, hat kein Geld übrig. Na, weil sie so traurig schaut, wird er ihr ein Buch schenken. Sie nimmt es, das ist besser als gar nichts. Beim Durchblättern fällt ihr ein Los in die Hand, das im Buch liegt. Das dürfe sie auch haben, hat der Herr gesagt. Sie steckt es in die Tasche – es kommt übrigens später mit dem Haupttreffer heraus. Um sich ein bißchen abzulenken, geht sie dann auf den Jahrmarkt. Nicht, weil es sie dahin zieht, nur, um auf andere Gedanken zu kommen. Sie hat nämlich eine unglückliche Liebe. Sie schlendert über das Gelände, überall Musik, Lärm, vergnügte Gesichter; sie allein ist einsam.

Nun sieht das Drehbuch vor: sie soll sich – trotzdem – eine Wurst kaufen, damit sie dort doch auch ein kleines Vergnügen hat.

Sie tritt also an die Würstchenbude, schaut, zählt verstohlen ihr Geld, will schon fort, legt dann mit raschem Entschluß die Münzen hin und empfängt die Wurst auf einem Pappteller und ein Stückchen Brot dazu. Sie beißt in die Wurst, ins Brot, die Tränen über ihre unglückliche Situation sitzen locker. Gleich werden sie aus ihren Augen strömen. Da sieht sie plötzlich: auf ihrem Papptablettchen fehlt der Senf. Sie tritt wieder zum Stand, fordert den Senf, taucht die Wurst hinein und ißt ... und nun laufen die Tränen herunter. Sie ist zwar todunglücklich – aber doch wieder nicht so sehr, daß sie die Wurst ohne Senf essen möchte. Senf muß trotz allem dabeisein!

Das Publikum ist gerührt und belustigt zugleich. Jeder hat so etwas schon einmal erlebt. Etwas aufzuzeigen, was alle schon einmal erlebt haben – das kann die Jugo.
P.S. Die Szene mit dem Senf hat übrigens zuerst keineswegs im Drehbuch gestanden.

1932: ABSCHIED VON DER GROSSEN ZEIT

In Filmkreisen wundert man sich allgemein, daß Fritz Lang seit der „Frau im Mond" keinen Film mehr inszeniert, besser, daß Fritz Lang nicht sofort einen Tonfilm gemacht hat. In der Tat vergehen fast zwei Jahre, bis Lang seinen ersten Tonfilm dreht, der Filmgeschichte machen wird.

In der Zwischenzeit ist vieles geschehen. In die Zwischenzeit fallen gewisse private Tragödien, die hier nicht näher beleuchtet werden sollen. Es genügt zu sagen, daß Fritz Lang schon seit einiger Zeit mit seiner Frau, Thea von Harbou, nicht mehr glücklich ist – vielleicht darf man auch sagen, daß sie mit ihm nicht mehr glücklich ist. Jedenfalls ist die Zusammenarbeit der beiden nicht mehr so ungestört, so selbstverständlich wie sie früher war.

Hinzu kommen Schwierigkeiten zwischen Fritz Lang und der UFA. Die wollte, daß er „Die Frau im Mond" nachträglich in einen Tonfilm umwandle. Er sollte „Ton hinzufügen". Er weigerte sich.

Die Folge: Kräche und Prozesse. Die UFA glaubte, Fritz Lang aushungern zu können. Fritz Lang war entschlossen, sich nicht aushungern zu lassen. Das war nicht so ganz einfach, da er, auf großem, man darf wohl sagen, auf größtem Fuße lebend, darauf angewiesen war, daß die UFA ihren Zahlungsverpflichtungen restlos nachkam.

Die Zahlungen kamen nicht. Fritz Lang stand plötzlich fast ohne Geld da, jedenfalls ohne das, was er Geld nannte. Aber die UFA hatte ihre Rechnung ohne Phantasie gemacht. Sie wußte nicht, daß Lang zuerst und zuletzt ein Künstler war und daß er schlimmstenfalls auch ohne Autos, ohne Diener, ohne eine Villa und ohne Luxus leben konnte.

In dieser Situation trat der Filmproduzent Seymour Nebenzal an ihn heran. Nebenzal, der viel von Filmen verstand und späterhin einige der besten europäischen Filme produzieren sollte, schlug Fritz Lang vor: „Machen Sie einen Film für mich! Sie können sich jedes Thema wählen! Sie können sich die Besetzung wählen! Sie können sich alles wählen!"

Seymour Nebenzal war damals Anfang dreißig, obwohl er wesentlich jünger aussah, und ein erfolgreicher Filmproduzent.

Er wurde in Amerika geboren. Als kleiner Junge nahmen ihn die Eltern zu einem „kurzen" Besuch zu Verwandten nach Deutschland mit. Sie blieben, und er blieb auch. Nach dem Weltkrieg trat er als Lehrling in ein Bankgeschäft ein, wurde in der Inflationszeit Makler, gründete eine eigene Bankfirma, war plötzlich, einundzwanzig Jahre alt, reich. Der Vater hatte einige Harry-Piel-Filme produziert. Das erweckte das Interesse des Sohnes, der 1924 selbst einen Film finanzierte, sich dann mit Richard Oswald zusammentat und die Nero-Filmgesellschaft gründete, die er schließlich ganz übernahm. Die Nero produzierte etwa sechzig Stummfilme, und Seymour Nebenzal war verantwortlich für viele künstlerisch interessante, wenn nicht gar wertvolle Filme. Der letzte Stummfilm, den er produzierte, war Wedekinds „Büchse der Pandora" unter der Regie von G. W. Pabst, mit der amerikanischen Schauspielerin Louise Brooks aus Hollywood in der Hauptrolle – ein Dirnenfilm von unwahrscheinlicher, aber bezwingender Härte.

Seymour Nebenzals große Zeit kam allerdings erst mit dem Tonfilm. Er produzierte „Westfront 1918", einen Kriegsfilm mit pazifistischen Tendenzen, unter der Regie von G. W. Pabst, der in manchen europäischen Ländern einen stärkeren Erfolg hatte als „Im Westen nichts Neues".

Es folgte die „Dreigroschenoper" von Bert Brecht und Kurt Weill, mit Rudolf Forster in der Hauptrolle, wieder unter der Regie von G. W. Pabst. Ein Film, der unter schwierigen Bedingungen fertiggestellt

In der Verfilmung der „Dreigroschenoper" von Bert Brecht mit der Musik von Kurt Weill, die G. W. Pabst 1931 drehte, spielten Rudolf Forster als Meckie-Messer, Carola Toelle als Polly und Valeska Gert als Frau Peachum (Mitte).

wurde, da Bert Brecht zwar das Geld einsteckte, aber alles tat, um die Produktion unmöglich zu machen.

Es folgte „Ariane" nach dem Roman von Claude Anet. Es handelte sich um die Geschichte eines jungen russischen Mädchens, das sich in einen berühmten Geiger verliebt. Ariane war Elisabeth Bergner, der Geiger Rudolf Forster. Die Regie führte Paul Czinner, der Mann der Bergner.

Dieser Film wurde nur unter den größten Schwierigkeiten zu Ende gedreht, und auch dann schien es, als würde er nie aufgeführt werden. Es gab schlimme Szenen zwischen der Bergner und ihrem Mann, da sie ihre eigenen Ideen darüber hatte, wie der Film geschnitten werden müßte. Einmal wurden sogar Flaschen geworfen. Schließlich siegte Czinner mit Hilfe seines Produzenten. Er arbeitete bis zum letzten Moment. Als am Tag der Uraufführung die Wochenschau lief, verließ der erste Akt die Kopieranstalt und traf im Berliner „Capitol" nicht eine Minute zu früh ein. Und so ging es mit den anderen Akten auch. Niemand hatte den Film, wie er nun lief, vorher gesehen, geschweige denn kontrolliert, ob die Schnitte stimmten. Die Bergner, überzeugt, daß es ein Reinfall werden würde, wollte gar nicht zur Premiere kommen. Nebenzal war überzeugt, daß er eine Million an dem Film verlieren würde.

Er verdiente dann eine Million.

Kein Erfolg war der Film „Kameradschaft", der mit deutschen und französischen Schauspielern gemacht wurde – er spielte in den Bergwerken in der Nähe von Gelsenkirchen, direkt an der Grenze. Es ging um eine Katastrophe, während der Deutsche französischen Arbeitern zu Hilfe kamen, die über keinerlei Rettungsgerät verfügten. Es sollte ein Film der deutsch-französischen Annäherung werden. Aber die deutsche Presse tat ihn als französische Propaganda ab, die französische Presse ihrerseits als deutsche Propaganda.

Es gab viele Ehrungen für den Produzenten des Films, aber er verlor Geld an ihm. Trotzdem war er bereit, neues Geld mit einem Fritz-Lang-Film zu riskieren.

Fritz Lang traf sich mit Thea von Harbou; noch waren sie Freunde. Er erzählte ihr von dem Anerbieten Nebenzals. Welches Thema sollte er wählen? Welche Art von Film sollte er machen?

Eines war ihm klar: die Zeit fieberte, die Zeit war krank. Große Entscheidungen standen bevor. Jetzt einen Film machen wie „Die Nibelungen" oder „Die Frau im Mond" – hieß das nicht, sich vor einer Stellungnahme zu drücken? Unterhaltungen zu machen, wo es vielleicht wichtig wäre, in die Debatte einzugreifen, Stellung zu beziehen?

Ein stummer Zweikampf ist die Liebe der beiden Menschen in „Ariane" (1931). Paul Czinner, der Mann Elisabeth Bergners, hat die Spannungen zwischen Ariane und dem geliebten Mann (Rudolf Forster) in tausend feinen psychologischen Nuancen gezeichnet.

Es war für Fritz Lang undenkbar, jetzt einen zeitlosen Film zu machen. Sein nächster Film mußte ein Film der Zeit, ein Film aus der Gegenwart werden.
Die Kinobesitzer schrieben: „Wann kommt der nächste Film von Fritz Lang? Was macht Lang? Warum bringt er nicht wieder einen Film wie ‚Mabuse' heraus?"

Fritz Lang sagte zu Thea von Harbou: „Man könnte einen Film über einen Verbrecher machen! Verbrecher... Verbrechen... Die Luft ist voll davon."
Ja, die Zeitungen waren voll von Verbrechen. Von politischen Verbrechen. Von Sexualmorden. Von Raubmorden... Aber Fritz Lang wollte nicht irgendeinen Verbrecherfilm machen. Wenn er einen Film über einen Verbrecher machte, mußte dieser Verbrecher irgendwie ein Symptom der Zeit sein. Er fragte die Harbou: „Hast du die Zeitungen gelesen? Von welchen Verbrechen wird berichtet?"
Drei oder vier Tage später meldete Thea von Harbou: „Morde... Lustmorde... Eisenbahnattentate..."

Lang erinnerte sich. Da gab es doch einen schaurigen Vers, der in Deutschland die Runde machte:

„Warte, warte nur ein Weilchen,
bald kommt Haarmann auch zu dir,
mit dem großen Hackebeilchen
macht er Schabefleisch aus dir!"

Einige Tage später berichtete die Harbou: „Kindermorde . . . Es gibt jetzt viele Kindermorde . . ." Fritz Lang dachte: Kindermorde . . . das war sicher das Schlimmste . . . daß so etwas geschah, zeigte am deutlichsten, wie krank die Zeit war. Er faßte einen Entschluß: „Das ist es!"

Die nächsten Wochen verbringt er auf dem Polizeipräsidium am Alexanderplatz, studiert Akten, hört zu, wenn Verhaftete vernommen werden. Er will sie kennenlernen, er will wissen, wie es in ihnen aussieht, er will die kranke Zeit kennenlernen, indem er die Kranken studiert.

Thea von Harbou hat das nicht nötig. Thea von Harbou dichtet in ganz kurzer Zeit die Geschichte eines Kindermörders. Fritz Lang sagt: „Vielleicht solltest du einmal mit zum Alexanderplatz kommen. Die Menschen dort sehen . . . die Typen . . ." Sie schüttelt den Kopf. „Das ist nicht nötig. Ich sehe alles vor mir!"

Was sie vor sich sieht, hat nichts mehr mit der Wirklichkeit von 1930/1931 zu tun. Als Fritz Lang es liest, weiß er es. Die entscheidenden Szenen des Films: „Die Mörder sind unter uns" werden von ihm neugeschrieben oder umgeschrieben.

„Die Mörder sind unter uns" ist die Geschichte eines pathologischen Menschen, der aus seiner Veranlagung heraus Kinder morden muß. Fritz Lang weiß auch, wer diese Rolle in seinem Film spielen wird. Es ist der Schauspieler Peter Lorre.

Peter Lorre ist drei Jahre vorher nach Berlin gekommen, aus Wien, aus der österreichischen und tschechischen Provinz, ein kleiner Schauspieler, klein auch von Statur, mit unendlich großen Augen, die fragend in die Welt blicken. Ein Schauspieler, der in zwei, drei Stücken in Berlin auftrat und bereits in aller Munde ist. Die Stücke, die er spielte, waren sehr modern, avantgardistisch, er selbst ist ein avantgardistischer Schauspieler. Man könnte sich ihn nicht in einem Stück von Schiller oder Shakespeare vorstellen. Peter Lorre gehört zu der Zeit, in der er lebt. Und er drückt sie auch aus. Von ihm geht die Faszination der Echtheit aus, der Echtheit bis zum Grauenhaften.

Eines Tages kam Fritz Lang in seine Garderobe. Damals wußte er noch nicht, daß er einen Kindermörderfilm machen würde. Er wußte überhaupt nicht, wovon sein nächster Film handeln sollte. Er wußte nur, daß es ein Tonfilm sein würde.

Er hatte Peter Lorre gesehen und war erschüttert. Er sagte: „Sie spielen in meinem ersten Tonfilm die Hauptrolle. Bedingung ist, daß Sie keinen Tonfilm vorher machen! Versprechen Sie mir das?"

Lorre versprach es. Das fiel ihm nicht schwer, denn um diese Zeit hatte noch kein anderer Filmregisseur oder Filmproduzent sich um ihn gekümmert. Dann wurde er bekannt, und die ersten Filmangebote kamen.

Richard Oswald besuchte ihn. Er wollte Wedekinds „Frühlings Erwachen" drehen. Das war ein damals berühmtes, um nicht zu sagen berüchtigtes Stück des großen Dramatikers Frank Wedekind. Es handelt, wie der Titel schon besagt, von den Problemen junger Mädchen und Knaben im Pubertätsalter. Die große tragische Figur ist Moritz Stiefel, ein Junge von etwa fünfzehn Jahren, der mit den Problemen der Sexualität nicht fertig wird und sich schließlich umbringt. Peter Lorre hatte die Rolle mit großem Erfolg auf der Bühne gespielt. Jetzt wollte ihn Richard Oswald für die gleiche Rolle im Film haben.

Lorre lehnte ab eingedenk des Versprechens, das er Fritz Lang gegeben hatte.

Richard Oswald, der glaubte, es handele sich um Gage, konterte: „Ich biete Ihnen drei Tage Garantie!" Das war viel für Oswald, der schnell arbeitete.

Lorre sagte noch einmal nein. Und so kam es, daß er wirklich noch nicht gefilmt hatte, als Fritz Lang ihn schließlich anrief: „Es ist so weit. Wir können beginnen."

Es war nicht so weit. Sie konnten noch lange nicht beginnen.

Fritz Lang zweifelt nicht daran, daß der UFA-Verleih auch seinen nächsten Film übernehmen wird. Und so ist es eigentlich selbstverständlich, daß er ihn draußen im Atelier Babelsberg dreht.

Babelsberg oder UFA-Stadt – das ist jetzt schon der offizielle Name – ist um diese Zeit die größte Filmproduktionsstätte Europas. UFA-Stadt sind 200 Morgen oder 480.000 qm Aufnahmegelände; das sind zehn Tonfilmateliers; das ist ein Synchronisierungsgebäude und ein Mischatelier; das sind Garderoben für 2500 Kleindarsteller und Komparsen und 250 Sologarderoben; das ist eine Wiener Straße, 85 m lang und 14 m breit mit 15 m hohen Häusern, die im „Der Kongreß tanzt" vorkam; das ist eine moderne Großstadtstraße, 90 m lang und 22 m breit und asphaltiert; das ist ein kleines Palais, von einem Park umgeben; das sind Flüßchen und Teiche; das ist ein 50 m hoher Freihorizont, 150 m lang, 45 m breit.

UFA-Stadt – das ist ein Fundus von 10.000 Möbelstücken, 8000 Kostümen, 2000 Perücken, 800 Paar Stiefeln. UFA-Stadt ist ein Waffenarsenal; das ist ein Autopark, eine ganze Kollektion von Eisenbahnwagen, von Fahrzeugen aus allen Epochen, von Schiffseinrichtungen, von Öfen und Kaminen; UFA-Stadt – das ist ein kleiner Zoologischer Garten.

UFA-Stadt ist ein Fundus von 39.000 verschiedenen Arten von Materialien, mit denen gebaut werden kann. UFA-Stadt hat eigene Transformatoren, ein eigenes Trickfilmatelier, eine eigene Feuerwehr, ein Hydrantennetz, eine eigene Sanitätsstation, ein Archiv, wie es kein zweites in Europa gibt, ein Besetzungsbüro mit 3000 Kartothekkarten. In UFA-Stadt werden jährlich 110.000 kg Farben und Lacke verbraucht, 115.000 qm Bretter, 880.000 qm Latten, 60.000 kg Nägel, 16.000 Zentner Gips, 6500 qm Glas, 27.000 cbm Sperrholz . . .

Als Fritz Lang in Babelsberg nachfragt, wann er mit den Dreharbeiten zu seinem Film „Die Mörder sind unter uns" beginnen könne, erhält er die Antwort, es seien leider keine Ateliers frei.

Keine Ateliers frei? Lang weiß ganz genau, daß das nicht stimmt. Also will ihn die UFA nicht haben? Es scheint so. Das ist erstaunlich, denn die UFA ist sonst froh, wenn sie Hallen vermieten kann.

Fritz Lang vermutet, daß die Direktion wütend über ihn ist, weil er sich nicht hat kleinkriegen lassen. Aber wohin immer sich Nebenzal und Lang wenden, um Filmateliers zu mieten – überall bekommen sie ein Nein zur Antwort. Es scheint, als sei da eine Verabredung im Spiel, es scheint, als sei die gesamte deutsche Filmindustrie entschlossen, dafür zu sorgen, daß Lang seinen Film nicht drehen kann.

Lang kommt auf den Gedanken, die leerstehende Zeppelinhalle in Staaken zu mieten. Der Verwalter dieser Baulichkeit, die seit Jahren leer steht und viel Geld kostet, sollte glücklich über jedes Angebot sein. Zudem ist er ein alter Bekannter von Fritz Lang. Trotzdem druckst er lange herum und sagt schließlich, er glaube nicht, daß er die Halle vermieten könne.

Lang beschließt, nun endlich herauszukriegen, warum man ihm das Leben, will sagen das Filmen, so schwermacht. Er geht mit dem Bekannten aus Staaken in eine Bar, sorgt für ständigen Zufluß von Kognak und stellt schließlich fest: die Filmindustrie ist der Überzeugung, daß er einen Film gegen Hitler, gegen die Nationalsozialisten, insbesondere gegen die SA drehen will; so wird allgemein der Titel „Die Mörder sind unter uns!" verstanden. Als es sich herausstellt, daß es sich um einen Film gegen einen Kindermörder handelt, steht dem Abschluß nichts mehr im Wege.

Und Fritz Lang dreht seinen Kindermörder-Film in der alten Zeppelinhalle in Staaken. Damit keinerlei Mißverständnisse unterlaufen können, gibt er ihm einen anderen Titel. Aus „Die Mörder sind unter uns" wird „M". „M" ist der Film von dem pathologischen Kindermörder. „M" ist der Film der Unterwelt, die ihre besonderen Gesetze hat und ihre Missetäter selbst bestraft. „M" ist der deutsche Tonfilm, der vielleicht noch mehr internationalen Ruhm ernten wird als „Der Blaue Engel".

Dabei gibt es zahllose Schwierigkeiten bei den Aufnahmen. Viele macht der Hauptdarsteller Peter Lorre. Er spielt viel lieber Theater, als daß er filmt. Er würde „M" auch gar nicht spielen, wenn er den Vertrag mit Lang nicht unterschrieben hätte.

Um die gleiche Zeit nämlich probt Peter Lorre im Berliner Staatstheater die Hauptrolle in der Komödie „Mann ist Mann" von Bert Brecht – unter der persönlichen Regie des Dichters. Das interessiert Lorre viel mehr als die ganze Filmerei. Manchmal kommt er gar nicht nach Staaken, und wenn ihn Fritz Lang dann empört zur Rede stellt, erklärt Peter Lorre: „Ich hatte Probe bei Brecht! Das ist wichtiger!"

Lang muß mit einstweiligen Verfügungen und Prozessen drohen, um Lorre schließlich dahin zu bringen, seinen Kontrakt zu erfüllen. Inzwischen sind die Proben zu „Mann ist Mann" zu Ende. Das Stück wird ein fürchterlicher Durchfall, wird viermal gegeben und verschwindet vom Spielplan.

„M" wird immer noch gespielt.

Neben Peter Lorre setzt sich ein junger Schauspieler durch, der auch viel mehr Interesse für das Theater als für den Film hat, der nicht nur Schauspieler, sondern Regisseur ist und, wenn er nur wollte, einer der ersten Filmregisseure Deutschlands sein könnte: Gustaf Gründgens.

Gustaf Gründgens ist der Sohn eines rheinischen Großindustriellen, in Düsseldorf geboren und aufgewachsen. Er soll ursprünglich später einmal die Firma des Vaters übernehmen. Dazu hat er nicht die geringste Lust. Theater – um es gleich zu sagen – interessiert ihn auch nicht besonders. In der Schule trägt er einmal „mit Zittern und Zagen" und mäßigem Erfolg des „Sängers Fluch" vor.

Musik ist sein Lebenselement. Er kann der Mutter, die noch von Lili Lehmann ausgebildet wurde, stundenlang zuhören, wenn sie Brahms oder Hugo Wolf singt.

Fritz Lang drehte im Jahre 1931, als der Kindermörder Kürten Düsseldorf unsicher machte, den Film „M".
Ein krankhafter Zug zum Morden treibt ihn durch die Straßen. Peter Lorre sieht im Spiegel entsetzt das Zeichen „M" auf seinem Rücken *(links)*.
Sentimental ist dieser Kindermörder, der sein Opfer vor einem Spielwarenladen an sich lockt *(rechts)*.

Verurteilt vom Tribunal der Unterwelt, mit deren Ehrbarkeit der Film kokettiert, sieht der Kindermörder keinen Ausweg mehr. Links: Peter Lorre als Mörder. Am Tisch das Ganovengericht: Fritz Odemar, der Falschspieler, Gustaf Gründgens, „der Schränker", Theo Lingen, der Bauernfänger, und Paul Kemp, der Taschendieb.

Er will Oratoriensänger werden. Er kennt ganze Opernpartien auswendig. Leider muß sein Klavierlehrer feststellen, daß ihm das Wichtigste für die Karriere, zu der er sich entschlossen hat, fehlt: Der junge Mann hat keine Stimme.

Es kommt der Krieg. Gründgens wird schließlich eingezogen, erkrankt, kommt ins Lazarett. Langweilt sich dort zu Tode, liest, daß Fronttheater gebildet werden. „Geeignete Talente" sollen sich melden. Er schreibt ein Gesuch, in dem er kühn behauptet, ein erfahrener Schauspieler zu sein. Man schickt ihn nach Saarbrücken, aber bis das Fronttheater endlich spielbereit ist, gibt es kaum noch eine Front. Also betritt Gründgens am 2. Oktober 1918 in Saarbrücken zum ersten Male die Bretter, die die Welt bedeuten. Bis zum Morgen dieses historischen Tages hat er geglaubt, daß er den Rodrigo in „Othello" spielen soll. Am Abend spielt er dann einen Professor, der dreimal so alt ist wie er selbst und über einen Vollbart verfügt, in einem Stück Ludwig Fuldas namens „Jugendfreunde". Ein typisches Schicksal, das sich noch oft in seinem Leben wiederholen wird: Wie oft noch möchte er Klassiker spielen und muß aus Kassengründen in seichten Komödien auftreten!

Aber jedenfalls weiß Gründgens jetzt, wo er hingehört. Er wird kein Oratoriensänger. Er wird Theater spielen. Über verschiedene Provinzbühnen gelangt er an die Hamburger Kammerspiele, eines der ersten Theater Deutschlands, geleitet von dem großen Künstler Erich Ziegel. Dort arbeitet er sich schnell nach vorn, spielt die großen klassischen und modernen Rollen, inszeniert, was zu inszenieren ist: Shakespeare und Lessing, Strindberg und Wedekind.

Reinhardt versucht einige Male, ihn nach Berlin zu holen. Aber es klappt nicht, weil Ziegel seinem besten Pferd im Stall naturgemäß keinen Urlaub geben will, weil er weiß, daß Gründgens, wenn er erst einmal nach Berlin kommt, Berlin für alle Zeiten nicht mehr verlassen wird.

Schließlich kommt Gründgens doch nach Berlin. Aber Reinhardt hat keine besonderen Aufgaben für ihn. Überhaupt scheint niemand besondere Aufgaben für den jungen Mann aus Hamburg zu haben. Gründgens sagt später darüber: „In der Provinz geleistete Arbeit war bedeutungslos. Berlin steht für sich und hat keinen Kontakt mit dem Theater im Reich. Nichts nützte mir meine fachliche Bewährung: es ging nicht weiter. Es fing von vorne an. Nichtssagende Rollen, unwichtige Inszenierungen: nach dem Abitur zurück in die Sexta . . . Nach Hamlet und Mephisto, Keith und Spiegelmensch spielte ich fade Lebemänner in dummen Stücken, nach Shakespeare und Büchner,

Wedekind und Jahnn inszenierte ich Maugham und Lonsdale als bedeutende Autoren."

Die Berliner Theaterdirektoren erklären einmütig, er sei der gegebene Mann für das Konversationslustspiel – er sieht so ganz anders aus, als er ist; blond, schmal, ein Monokel im Auge, wirkt er wie ein blasierter, dekadenter Lebejüngling – es gibt ja so wenige Männer, die auf der Bühne einen Frack zu tragen verstehen, und Gründgens ist einer von ihnen! Als er den Wunsch ausspricht, Hamlet zu spielen, grinsen sie. Auch ernsthafte Regieaufgaben will man ihm nicht anvertrauen. Zur Operette mag es allenfalls langen . . .

Das verbittert Gründgens. Und als eine immerhin so bedeutende Künstlerin wie Fritzi Massary an ihn herantritt und ihn auffordert, ein Lustspiel für sie zu inszenieren, lehnt er es schroff ab. So dauert es lange, bis sich Gründgens in Berlin durchsetzt, der echte Gründgens, der so ganz anders ist, als er aussieht. Seltsamerweise sind es seine Operninszenierungen, vor allem „Figaros Hochzeit", „Così fan tutte" und der „Rosenkavalier", die bewirken, daß man endlich beginnt, ihn als Regisseur ernst zu nehmen.

Was ist denn nun die Besonderheit seiner Regie? Gründgens ist ein Fanatiker der Präzision, ein geschworener Feind all dessen, was sich nicht kontrollieren läßt. Einer, der glaubt, daß es wichtiger ist, etwas richtig zu machen, als etwas gut, aber falsch zu machen. Richtig heißt für ihn, auszudrücken, was der Dichter sagen wollte. Falsch ist, auszudrücken, was dem Regisseur zu einem Stück einfällt – oder nicht einfällt. Richtig bedeutet: deutlich sein. Das Publikum muß wissen, woran es ist. Es muß wissen, was auf der Bühne vorgeht.

Mit dem Film geht es Gründgens anfangs wie mit dem Theater. Auch hier will man ihm nach Möglichkeit Rollen aufhalsen, die ihm, wie die Produzenten behaupten, „geradezu auf den Leib geschrieben sind": elegante, verlebte Jünglinge, nichtssagende Liebhaber. Carl Froelich gibt ihm dann eine wirkliche Chance in „Der Brand in der Oper", und der Durchbruch erfolgt im „M"-Film von Fritz Lang.

Gründgens spielt hier den Beherrscher der Unterwelt, der seine Getreuen sozusagen zur freiwilligen Selbstkontrolle aufruft, damit der Kindermörder beseitigt werde. Denn selbst die Ganoven haben ihre Ehre, und außerdem erregt der Kindermörder die Öffentlichkeit in solchem Maße, daß die Polizei mit sonst ungewohnter Konzentration arbeitet. Und das bekommt der Unterwelt nie sehr gut . . .

Aber wie Gründgens die Rolle spielt, ist bezeichnend für ihn. Er stellt einen Unterweltkönig auf die Beine, der genau das Gegenteil von dem

„Die wunderbare Lüge der Nina Petrowna" (1928) ist eines der unvergeßlichen Kammerspiele des deutschen Stummfilms. Brigitte Helm in der Titelrolle hat Franz Lederer zum Partner.

ist, wie der kleine Moritz sich so eine Figur vorstellt. Da ist nichts von Romantik, nichts von Dämonie. Dieser Superverbrecher könnte ein Beamter sein, ein Anwalt, ein Wissenschaftler. Er ist unauffällig, präzise, klar.
Auch in seiner nächsten Filmrolle muß Gründgens einen Verbrecher darstellen, allerdings keineswegs den Chef einer Bande, sondern einen etwas schmierigen, aber dabei ungemein liebenswürdigen Hochstapler, einen weltgewandten, freilich auch überaus gefährlichen Mann.
Der Film heißt „Die Gräfin von Monte Christo". Die Hauptrolle spielt Brigitte Helm. Sie hat in den letzten Jahren unzählige Filme gemacht. Da war „Die wunderbare Lüge der Nina Petrowna". Sie hat „Alraune" nach dem etwas unpassenden Roman über den künstlichen Menschen von Hanns Heinz Ewers stumm und als Tonfilm gedreht. Sie hat „Im Geheimdienst" mit Willy Fritsch und Karl Ludwig Diehl gespielt, Regie Gustav Ucicky. Sie hat „Die singende Stadt" mit dem polnischen Tenor Jan Kiepura verfilmt.

Unter den Galgen des Mittelalters suchten die Menschen nach Alraunwurzeln, die aus der letzten Lebenskraft der Gehenkten an der Grenze zwischen Leben und Tod entstanden sein sollten. Hans Heinz Ewers schrieb darüber einen phantastischen Roman. Unter dem Titel „Alraune" verfilmte Henrik Galeen den Stoff 1928 mit Paul Wegener als Biologen und Brigitte Helm in der Titelrolle.

Kiepura ist ein junger polnischer Operntenor, der für einen Opernsänger besonders gut aussieht und, eine Seltenheit, kein schlechter Schauspieler ist. Er wird in den nächsten Jahren zahlreiche Filme machen, deren Drehbücher eigentlich nicht viel mehr sind, als ein Vorwand für ihn, seine erstaunliche Stimme ertönen zu lassen. Später wird seine Partnerin die blonde Wienerin Martha Eggerth sein, die er auch heiratet. Die Eggerth ist ihrem Mann übrigens als Schauspielerin weit überlegen und übertrifft ihn wohl auch an Popularität.

Was aber Brigitte Helm angeht: in allen Filmen, die sie seit „Metropolis" gedreht hat, wie auch in „Metropolis" selbst, war sie die

Kein Operettenbeau, sondern ein deutscher Agent ist Willy Fritsch in dem Film „Im Geheimdienst" (1931). Getarnt als amerikanischer Violinvirtuose, soll er die Offensivpläne der Russen erkunden. In Brigitte Helm, der Frau des russischen Generalmajors, findet er eine Landsmännin und Bundesgenossin für seine Aufgabe.

dämonische Frau, der Vamp. Kaum ein natürliches Wort kam über ihre zuerst stummen, dann tönenden Lippen.

Jetzt macht sie „Die Gräfin von Monte Christo" unter der Regie des Wieners Karl Hartl mit Rudolf Forster, dem damals sehr populären, nicht mehr ganz jungen Liebhaber, und Gustaf Gründgens, dem aufkommenden großen Charakterdarsteller.

Dieser Film ist insofern eine Seltenheit, als er nach einem wirklich guten Drehbuch des Wieners Walter Reisch gedreht ist. Die Story hat übrigens nichts mit dem berühmten Grafen von Monte Christo zu tun.

Es handelt sich vielmehr um eine Filmkomparsin. Die soll eines Abends vor einem beleuchteten Hoteleingang vorfahren und aussteigen – im Atelier natürlich. Das ist ihre ganze Rolle. Damit die Szene realistischer wirkt, läßt der Regieassistent die Koffer, die im Auto stehen, mit Steinen beschweren.

Die Szene wird einige Male geprobt, die Komparsin – Brigitte Helm – wird ziemlich schikaniert. Und nun hat sie endgültig genug. Als die

Der schöne Rücken gehört Brigitte Helm in der „Gräfin von Monte Christo" (1931), die im Semmering-Hotel hochstapelnd die grande dame in fremden Kleidern und mit fremdem Schmuck spielt, beschützt von einem Kavalier (Rudolf Forster), der sich später als Gentleman-Ganove entpuppt.

Szene schließlich gedreht wird, hält sie nicht mehr, wie vorgesehen, vor dem Hoteleingang, sondern fährt weiter. Fort . . . fort . . . fort . . . Sie möchte fliehen.

Wohin? Sie weiß es selbst nicht. Plötzlich hält sie vor einem Hotel. Und nun spielt sich im Leben alles so ab, wie es im Film geplant war. Der Portier reißt den Schlag des Wagens auf, ein Hausdiener trägt die mit Steinen beschwerten Koffer nach oben. Da die Komparsin einen eleganten Pelzmantel trägt, gibt man ihr die besten Zimmer.

Sie lernt zwei Männer kennen. Beide scheinen Männer der großen Welt zu sein. Beide sind Hochstapler. Beide wollen sie für ihre Zwecke benutzen. Aber der eine, ein edler Hochstapler – Rudolf Forster – rettet sie und bringt es auch fertig, den anderen etwas schäbigeren Hochstapler – Gustaf Gründgens – unschädlich zu machen.

Der Film wird ein riesiger Erfolg, vor allem eben, weil ihm ein gutes Drehbuch zu Grunde liegt – übrigens beweist der Erfolg, daß die übliche Angst der Produzenten, Film im Film zu zeigen, völlig unbegründet ist –, dann auch, weil die Helm seit „Metropolis" nie wieder so gut war. Sie darf mal wieder ein junges Mädchen sein, ganz natürlich, ganz frisch, ganz undämonisch, ganz selbstverständlich . . . Die UFA versucht, den Filmerfolg propagandistisch auszuschlachten. Es wird ein Preisausschreiben veröffentlicht für Komparsinnen, die eine Chance bekommen sollen, eine große Filmkarriere zu machen. Unzählige Komparsinnen melden sich, aber keine Brigitte Helm, keine Brigitte Horney, keine Jenny Jugo wird entdeckt.

Dies sind große Zeiten des deutschen Films. Die besten deutschen Schauspieler haben Gelegenheit, sich zu bewähren. Da ist zum Beispiel Werner Krauß, um diese Zeit bereits der Star von Reinhardts Deutschem Theater, der 1932 unter Gustav Ucicky einen Film, „Menschen ohne Namen" dreht.

Die Geschichte stammt von Balzac. Der schrieb eine Novelle, „Oberst Chabert". Es handelt sich bei diesem Oberst um einen berühmten napoleonischen Kriegshelden, von dem man allgemein glaubt, daß er in einer Schlacht den Heldentod gestorben ist. Seine Frau hat wieder geheiratet, sein Vermögen ist ihr zugefallen. Er selbst geriet in Vergessenheit, denn inzwischen ist ja sein Kaiser abgesetzt worden.

Da erscheint er eines Tages wieder. Niemand will ihm glauben, daß er Chabert ist. Jeder hält die Geschichte, wie er dem Tode entronnen ist, für Schwindel. Insbesondere die Ämter machen ihm alle erdenklichen Schwierigkeiten. Alles dies könnte den alten Haudegen nicht irre machen. Aber als auch seine Frau versagt, deretwegen allein er wieder von den Toten auferstanden ist, macht er kehrt und verschwindet in das Dunkel, aus dem er kam . . .

Diese Geschichte wird jetzt auf die Gegenwart übertragen. Werner Krauß spielt einen Großindustriellen, der während des Krieges in Rußland gefangen war und dort sein Gedächtnis verlor. Er kommt schließlich zurück, findet auch sein Gedächtnis wieder und erfährt, daß die Behörden ihn längst für tot erklärt haben. Er wird aus seinem eigenen Haus gewiesen. Niemand kennt ihn wieder oder will ihn wiedererkennen. Er geht.

Bei den Behörden zuckt man die Achseln. Da ist eine unvergeßliche Szene: Ein Beamter klettert eine unendliche Leiter hinauf, sucht in vermoderten Akten und ruft dem unten Wartenden schließlich zu: „Sie sind ja längst tot, mein guter Mann! Sie existieren ja gar nicht mehr!"

Krauß wankt fort. Er steht vor dem Nichts. Er ist bereit, sich das Leben zu nehmen, nachdem man ihn ja doch schon für tot erklärt hat. Aber wildfremde Menschen helfen ihm: ein armer Agent und eine arbeitslose Stenotypistin. Er beschließt, es wieder zu versuchen. Und er, der es schon einmal geschafft hat, schafft es wieder. Er macht eine Erfindung. Er wird unter dem neuen Namen reich und berühmt. Er heiratet die Stenotypistin, die ihm treu zur Seite stand. Die wird von der Schauspielerin Maria Bard gespielt, einer gescheiten, amüsanten und ungemein eleganten Schauspielerin. Sie hat bisher wenig gefilmt. Aber durch diese eine Rolle spielt sie sich in die vordersten Reihen der Filmschauspielerinnen. Diese Stenotypistin ist nicht Film, sie ist Leben. Sie riecht förmlich von der Leinwand herunter – nach schlecht geschmierten Stullen, nach nicht gelüfteten Zimmern, überfüllten Straßenbahnen, durchwachten Nächten, in denen ein Dutzend Bewerbungsschreiben geschrieben werden, auf die niemals eine Antwort kommen wird . . .

Übrigens: Maria Bard, die Stenotypistin, die Werner Krauß am Ende heiratet, ist im Privatleben die Frau von Werner Krauß.

Ende 1932 ist auch Asta Nielsen noch einmal zu sehen – in ihrem ersten und letzten Tonfilm. Seit 1926 war es still um sie. Kein Produzent zeigte Interesse für die große Schauspielerin, die zwanzig Jahre vorher den Film als Kunstwerk überhaupt durchgesetzt hatte. Man sagte, das Publikum interessiere sich nicht mehr für sie. Man sagte, die Einnahmen ihrer Filme seien zu entmutigend, um noch Filme mit ihr zu riskieren. Es scheint mit ihr vorbei zu sein. Circulus vitiosus: Weil man nicht mehr an die Nielsen glaubte, machte man keine Filme mehr mit ihr. Weil man keine Filme mehr mit ihr machte, wurde sie vergessen. Weil sie vergessen wurde, fragte niemand mehr nach ihr – und die Produzenten, die behaupteten, sie sei nicht mehr gefragt, hatten dann gar nicht so unrecht. Freilich, sie selbst hatten es dahin gebracht, daß Asta Nielsen nicht mehr gefragt wurde.

Der Regisseur Erich Waschneck ist es, der die Nielsen noch einmal zurückholt. Der Film heißt: „Unmögliche Liebe". Er erzählt die Geschichte einer Frau, die zwei erwachsene Töchter hat und den Mann liebt, in den sich eine ihrer Töchter verliebt hat. Nach schwerem seelischem Ringen verzichtet die Alternde, die Mutter.

Der Film wird kein Erfolg. Die jungen Menschen, die in die Kinos strömen, wissen gar nicht mehr, wer Asta Nielsen ist, und ziehen die blonden hübschen Dämchen, die in den unzähligen Filmen dargeboten werden, einer alternden Frau vor, die ein Gesicht hat, das zwar bedeutend, aber weit davon entfernt ist, hübsch zu sein.

Diese Reaktion ist verständlich. Schlimmer schon, daß niemand spürt, was das Gesicht der Nielsen ausdrückt. Daß die Menschen – und hier beginnt eine Entwicklung, die in den nächsten Jahren unaufhaltsam weitergehen wird – überhaupt das Gefühl dafür verlieren, was bedeutend und groß in der Kunst ist; daß sie sich lieber amüsieren als erschüttern lassen wollen.

Da steht die Nielsen noch einmal, ein letztes Mal. Man kann nicht sagen: da steht sie auf der Leinwand, denn wenn je ein Mensch diese Leinwand gesprengt hat, wenn je ein Mensch durch diese weiße Leinwand hindurch in das Nervensystem, in das Herz der Menschen gedrungen ist, dann war sie es. Sie ist es auch jetzt noch, da sie die liebende Frau im gefährlichen Alter spielt, die schließlich verzichtet.

Und alle, die Augen haben zu sehen, begreifen: Eine Kunst, wie die der Nielsen, braucht keinen Tonfilm. Ihre Augen sagen mehr, als alle Dialoge auszudrücken vermögen. Eine Bewegung ihrer Hände zum Mund, um den Schrei des Entsetzens zu unterdrücken, eine Bewegung ihrer Hände zum Herzen, um darzutun, wie unglücklich sie ist, wie müde, wie satt dieses Lebens, das keines mehr sein kann, jetzt, da sie den Geliebten aufgeben muß – das alles entlarvt im gewissen Sinne der Tonfilm, der so viel mehr gibt als der stumme Film. Asta Nielsen steht noch einmal vor uns, unsere Augen brennen, unsere Herzen werden schwer, unsere Hände sind eiskalt. Wir spüren: Das ist einmalige Kunst.

Und dann, da dieser Film durchaus kein Geschäft ist, verschwindet die Nielsen in ihr heimatliches Dänemark und wird vergessen. Vergessen – von der Filmindustrie und von denen, die ins Kino gehen, um ein paar

Stunden totzuschlagen. Denjenigen freilich, die sie einmal sehen durften, die sie wirklich zu sehen vermochten, bleibt sie ewig unvergeßlich.

Wenn die Nielsen einen wirklich großen Regisseur gehabt hätte . . . Etwa Fritz Lang . . . Es war ja nicht nur das Thema von „M", das die Menschen mit sich riß. Es war ja vor allem die einfallsreiche Regie von Fritz Lang. Er arbeitete mit Geräuschen, wie er in seinen früheren Filmen mit Licht und Schatten gearbeitet hatte. Nebensächliches fiel weg. Manchmal blieb die Leinwand minutenlang stumm. Dann einige Schritte oder ein schrilles Pfeifen oder ein rasendes Auto. Und das war dann mehr als realistische Geräuschkulisse, das war ein Akzent, das war etwas, das einen aufhorchen machte, das einem das Herz stillstehen ließ, ein Alarmsignal sozusagen. Wie Fritz Lang in seinen großen Stummfilmen gezeigt hat, daß man eine Figur dadurch hervorheben kann, daß man sie zeigt und die anderen im Dunkel oder Halbdunkel läßt, beweist er jetzt, daß ein Geräusch eine tragische, eine düstere oder befriedigende Bedeutung erhält, indem man es von den anderen Geräuschen isoliert.

Kaum ist „M" heraus, da schreiben schon wieder die Kinobesitzer aus ganz Deutschland: Wann macht Fritz Lang seinen nächsten Film? Wovon wird er handeln?

Es kommen auch Briefe, die sagen: Warum macht Lang nicht wieder einen Film wie „Dr. Mabuse"? Nebenzal greift die Frage auf: „Warum machen Sie nicht wirklich einen neuen Mabuse-Film?"

Fritz Lang lacht: „Mein Dr. Mabuse ist doch wahnsinnig geworden! Wie kann ich da noch einen Film über ihn machen?"

„Er kann ja wieder gesund werden", meint Nebenzal, der ein großes Geschäft wittert.

Fritz Lang unterhält sich mit Thea von Harbou über die Möglichkeiten eines neuen Mabuse-Films. Auch Norbert Jacques, der Autor des Mabuse-Romans, wird hinzugezogen. Nun hat sich ja der Film, den Fritz Lang und Thea von Harbou vor rund zehn Jahren schrieben, sehr weit von dem Roman entfernt, besonders was das Ende angeht. Im Roman stürzte Mabuse aus einem offenen Flugzeug heraus und war damit natürlich erledigt. Im Film wurde er, wie gesagt, wahnsinnig.

Er kann zwar kaum so einfach wieder gesund werden, wie Herr Nebenzal sich das so sehnlichst wünscht. Aber muß er denn gesund werden? Kann nicht auch der wahnsinnige Mabuse im Mittelpunkt eines Films, eines „II. Teils Mabuse", stehen?

Es ist 1932. Fritz Lang macht sich keine Illusionen mehr über die Macht, die Hitler bereits besitzt, obwohl er noch kein öffentliches Amt innehat. Fritz Lang ist sich auch klar darüber, daß die Macht Hitlers, gar nicht unähnlich der Mabuses, auf eine Art Hypnose zurückzuführen ist; nur daß Dr. Mabuse einzelne Menschen hypnotisiert, während Hitler gleich Tausende oder Zehntausende unter seine Hypnose zwingt.

Lang würde gern einen Film machen, der Hitler, den Demagogen, entlarvt.

Darüber kann er natürlich nicht sprechen – vor allem mit niemandem aus der Filmbranche, denn dort ist man vor allen Dingen am Geschäft interessiert. Und wenn man auch allgemein hofft, daß Hitler nicht an die Macht kommen wird, so hält man es doch nicht für ein gutes Geschäft, einen Film zu machen, der die Millionen, die für Hitler gestimmt haben, so vor den Kopf stößt, daß sie nicht ins Kino gehen. Fritz Lang kann auch nicht mit Thea von Harbou über seine Absichten sprechen, denn sie ist bereits mit fliegenden Fahnen in das Lager Hitlers übergegangen. Eine seltsame Frau, diese Thea von Harbou! Sie ist kein schlechter Mensch. Sie ist, im Gegenteil, ein im Grunde genommen anständiger Kerl, immer bereit, anderen zu helfen, immer willens, sich von anderen ausnutzen zu lassen.

Sie ist auch nicht dumm. Man kann nicht dumm sein und die Bücher und Filme schreiben, die sie geschrieben hat. Aber wenn es zur Politik kommt, dann sieht es in ihrem Kopf gar wirr aus. Von Politik hat sie die Vorstellung des kleinen Moritz. Vergessen wir nicht, daß sie „Metropolis" geschrieben hat, einen Film, der damit endete, daß sich Arbeitgeber und Arbeitnehmer die Hand reichen – und alles ist gut. Die Harbou glaubt ernsthaft, daß die Wirklichkeit so aussieht, und fällt daher auf alles herein, was Hitler, Goebbels und Göring an Propaganda ausstreuen.

Fritz Lang fällt auf nichts herein. Fritz Lang beschließt, einen Anti-Hitler-Film zu machen. Er läßt sich von der nichtsahnenden Thea von Harbou – ahnte sie etwas, sie würde natürlich nicht mitmachen! – das Buch schreiben. Der Inhalt:

In einer Stadt häufen sich gewisse seltsame Sabotageakte. Die Polizei kann nur feststellen, daß eine Bande am Werk ist, die von irgendeinem geheimnisvollen Führer geleitet wird. Ein Kommissar, der etwas tiefer forscht, bekommt schließlich heraus, daß alle Fäden in einer berühmten Nervenheilanstalt zusammenlaufen. Dort treffen sich die Unterführer der Bande, dort erhalten sie ihre geheimnisvollen Befehle! Als der Kommissar im Begriff ist, das Geheimnis zu lüften, verschwindet er. Neue Nachforschungen. Schließlich stellt sich heraus: In dieser Nerven-

heilanstalt liegt der wahnsinnige Dr. Mabuse, den die Öffentlichkeit schon seit vielen Jahren tot wähnte. Zwar ist er fast gelähmt, aber noch besitzt er die Fähigkeit, seinen Willen auf andere zu übertragen. Und er hat seinen Arzt, einen der berühmtesten Nervenspezialisten der Welt, hypnotisiert. Mabuse schreibt Stunde für Stunde, Tag für Tag Befehle aus, die jener befolgt. Befehle, die dazu angetan sind, die bestehende Ordnung umzustürzen, Mord, Totschlag, das Chaos zu verbreiten. Es ist natürlich kein Zufall, daß die Parolen, die der wahnsinnige Mabuse ausgibt – und durch ihn der berühmte Nervenarzt – verzweifelte Ähnlichkeit mit gewissen Geheimparolen der Nazis haben.

Fünf Minuten, bevor die Revolution ausbricht, die Mabuse will, fünf Minuten, bevor alles verloren wäre, gelingt es der Polizei, den Nervenarzt unschädlich zu machen. Dr. Mabuse ist, als man ihn festnehmen will, bereits tot.

Der Film „Das Testament des Dr. Mabuse" wird von Lang im Sommer 1932 gedreht. Neben Rudolf Klein-Rogge, der schon den ersten Mabuse spielte und jetzt den gelähmten darstellt, wirkt der junge Schauspieler Gustav Dießl mit.

Als der Film endlich fertiggedreht ist, als Fritz Lang ihn geschnitten hat, ist es zu spät. Hitler ist an der Macht. Eines der ersten Verbote, die der Propagandaminister Dr. Goebbels ausspricht, gilt dem Film „Testament des Dr. Mabuse" des Regisseurs Lang.

FÜNFTER TEIL · DIE GLEICHSCHALTUNG

SITZUNG IM KAISERHOF

Warum eigens erwähnt wird, daß Hitler an die Macht kommt? Es ist wahr, seitdem es einen deutschen Film gibt, wechselten die Regierungen mehr als ein dutzendmal. Nur die Revolution von 1918 veränderte die Lage der deutschen Filmindustrie, und auch sie kaum entscheidend. Was die UFA angeht, so wurde sie nur gewisser Fesseln ledig: General Ludendorff hatte sie gegründet, um das neutrale Ausland im deutschen Sinne zu beeinflussen. Nachdem Ludendorff verschwunden war, konnte sich die UFA ganz ihrem höheren Ziel zuwenden, nämlich Geld zu verdienen.

Seitdem waren Ministerpräsidenten und Reichskanzler gekommen und gegangen. Das war für die UFA, das war für die deutsche Filmindustrie völlig gleichgültig. Aber nach der Machtübernahme Hitlers ist das etwas anders geworden.

Man könnte die Geschichte der amerikanischen Filmindustrie schreiben, ohne jemals die Namen Wilson, Coolidge, Hoover, Roosevelt zu erwähnen. Man könnte die Geschichte der französischen Filmindustrie schreiben, ohne daß der Name auch nur eines der zahllosen Ministerpräsidenten von Frankreich zu fallen brauchte. Aber man kann die Geschichte des deutschen Films nicht schreiben, ohne daß die Namen Hitler und Goebbels fallen, wäre es auch nur, weil diese Männer alles taten, um Deutschland zu zerstören, und damit auch alles taten, um die deutsche Filmindustrie zu schlagen.

Als Hitler am 30. Januar 1933 von dem alten, viel zu alten Hindenburg den Auftrag erhält, die neue Regierung zu bilden, ahnt das noch niemand. Seltsamerweise erweist sich gerade Alfred Hugenberg, ohne dessen gütige Mitwirkung Hitler niemals an die Macht gekommen wäre, als besonders uninformiert. Ja, Hugenberg glaubt am 30. Januar 1933 noch ernsthaft, daß er Hitler kontrollieren kann, daß er und seine Parteifreunde sich Hitlers baldigst – in ein paar Monaten schon – entledigen werden. Hugenberg gibt seinem Verlagsleiter, dem Generaldirektor der UFA, Ludwig Klitzsch, die Weisung, vorläufig „mitzumachen". Man solle Hitler nicht widersprechen; er werde sich in ein paar Monaten zu Tode geredet haben.

Kurz, der schlaue Alfred Hugenberg benimmt sich, wie man sich dümmer und ahnungsloser nicht benehmen könnte. Es ist wichtig, dies festzuhalten. Denn es entlastet zumindest diejenigen, die mitmachten, weil sie sich sagten: „Wenn Hugenberg Hitler nur ein paar Monate gibt, warum sollten wir Kleinen dann Kopf und Kragen riskieren?"

Man kann nur annehmen, daß Hugenberg kein Wort von dem gelesen hat, was Hitler schrieb und redete. Man kann nur annehmen, daß er nichts ahnt von dem „totalen Machtanspruch" der Partei.

Nicht alle, die mit der UFA oder mit dem deutschen Film zu tun haben, sind so ahnungslos wie der Besitzer der größten Zeitungskette Deutschlands. Hans Albers zum Beispiel, der sich wenig um Politik kümmert, hat einen weitaus besseren Riecher als der Geheimrat Hugenberg.

Albers lehnt die Nazis vom ersten Tag an ab, und er wird während der zwölf Jahre, die sie regieren und Deutschland ruinieren, sich mehr als einmal gegen sie auflehnen. Er wird jeden Kontakt mit ihnen vermeiden und wird diejenigen unter seinen Freunden und Kollegen, die der Partei beitreten, schneiden – er wird aus diesem Grunde eines Tages sogar den Verkehr mit seinem Bruder abbrechen.

Goebbels ist nicht gerade der lebende Beweis für die besondere Qualität der arischen Rasse. Aber er hat einen Kopf. Und Hitler, der das sehr wohl weiß, macht ihn schon knapp sechs Wochen, nachdem er selbst an die Macht gekommen ist, zum Minister für „Volksaufklärung und Propaganda". Vielleicht hat Hitler dabei vor allem an Zeitungen, Nachrichten-Agenturen, Rundfunk und Buchverlage gedacht, die nationalsozialistisch „ausgerichtet" werden sollen. Goebbels denkt auch an die Theater – Theater war immer die Leidenschaft seines Lebens – und an den Film. Zugleich verkündet er: „Die Regierung will sich in weit größerem Maße als ihre Vorgänger um den Film kümmern, vor allem um seinen künstlerischen und geistigen Gehalt." Er denkt jetzt schon an Propaganda-Filme wie „Jud Süß" . . .

Schon wenige Wochen, nachdem Hitler die Regierung übernommen hat, befindet sich die ganze Filmindustrie in heftiger Nervosität. Niemand weiß, was nun eigentlich geschehen soll. Die meisten Filmschauspieler und Regisseure haben nie den „Völkischen Beobachter" in der Hand gehabt oder den „Angriff", ganz zu schweigen von Hitlers „Mein Kampf".

Die UFA-Direktoren vermuten, ähnlich wie Geheimrat Hugenberg, daß Hitler nicht daran denken wird, alles in die Tat umzusetzen, was er in seinen unzähligen Wahlreden versprochen hat. Schließlich wird ja irgend jemand Hitler und Goebbels darüber verständigt haben, daß der deutsche Film nicht gerade das ist, was sie „arisch" zu nennen belieben. Das mag Zufall sein. Wahrscheinlicher schon hängt es mit der großen Begabung der jüdischen Rasse für Theater und Schauspielerei zusammen, und damit, daß die Juden sich zu einer Zeit mit dem Film einließen, als konservativere Geschäftsleute auf der ganzen Welt nicht daran glaubten, daß es sich um mehr handele, als um eine sehr schnell vorübergehende Mode.

Wie dem auch sei: Kann man sich den deutschen Film vorstellen ohne den kleinen Davidson oder Erich Pommer, ohne Ernst Lubitsch oder Ludwig Berger, ohne Fritz Lang oder Wilhelm Thiele, ohne Werner Richard Heymann oder Reinhold Schünzel oder Hanns Schwarz? Und nun ist plötzlich vom Arier-Paragraphen die Rede? Nun äußert der „Völkische Beobachter", daß der deutsche Film „judenrein" werden müsse?

Und in allen Filmgesellschaften werden sogenannte NSBO-Zellen gegründet, und überall tauchen Männer auf, die bisher obskure Posten innehatten oder überhaupt keine Posten und die jetzt das große Wort führen, weil sie niedrige Parteinummern besitzen, weil sie schon vor Jahren in die NSDAP eingetreten sind.

In vielen Ateliers wird die Arbeit unterbrochen. Wer weiß, ob es noch zu verantworten ist, einen in Arbeit befindlichen Film mit „nicht-arischen" Schauspielern und Regisseuren zu Ende zu führen?

Die gesamte Filmindustrie fühlt sich geradezu erlöst, als Goebbels zu einer allgemeinen Aussprache in den Kaiserhof einlädt. Nun wird man endlich erfahren, was die Regierung zu tun beabsichtigt! Jetzt wird man klar sehen. Die Optimisten werden optimistischer denn je. Die Pessimisten pessimistischer denn je.

Um acht Uhr abends soll es losgehen. Schon eine halbe Stunde vorher ist der große Saal überfüllt. Alle sind gekommen: die Direktoren, die Regisseure, die Schauspieler, die Autoren, die Vertreter der verschiedensten Berufsorganisationen des Films, die Vertreter der Spitzenorganisationen der deutschen Filmindustrie und des Reichsverbandes der Lichtspiel-Theater.

Alle sind erschienen – und sehen einander mit erschreckten, ungläubigen Augen an. Denn viele der Geladenen tragen SA- und SS-Uniformen. Es sind nicht gerade die Prominenten, wie Albers, Fritsch, Veidt oder Jannings, sondern die ewig Zukurzgekommenen, die ewigen Zweiten.

Jetzt befinden sie sich in großer Fahrt. Hochmütig und mit schlecht verhehlter Empörung sehen sie sich im Saal um. Sitzt dort nicht Gitta Alpar? Vor ein paar Wochen noch war Gitta Alpar der Star der deutschen Operette, eine Frau von ungeheurem Temperament, mit einer bezaubernden Stimme, die Riesenhäuser füllen konnte und die mit ihren ersten zwei Filmen bereits Welterfolge hatte. Jetzt weiß man nur noch, daß sie „nichtarisch" ist. Sitzt dort nicht die blonde, blauäugige Grete Mosheim? Die dunkelhaarige Lucie Mannheim? Auch sie haben, wie man sich zuflüstert, nicht die vorgeschriebene Abstammung. Es sind überhaupt sehr viele im Saal, die sich nicht werden halten können, falls es den neuen Herren mit ihrem idiotischen Rassengesetz ernst ist.

Aber wer hält das schon für möglich?

Pünktlich um acht Uhr erscheint Goebbels in Begleitung des Prinzen August Wilhelm von Preußen und des Führers der Berliner SA, Graf Helldorff, bekannt durch viele private Skandale und durch seine antisemitischen Exzesse am Kurfürstendamm.

Carl Froelich, einst Kameramann bei Meßter, später Produzent und Regisseur, hält eine kurze Ansprache, aus der noch nicht zu entnehmen ist, daß er bald in das Lager der neuen Machthaber übergehen wird.

Dann erhebt sich Ludwig Klitzsch. Er sieht schlecht aus, so, als habe er in der letzten Zeit wenig geschlafen. Und das dürfte wohl auch der Fall sein. Klitzsch macht sich Sorgen. Er sieht klarer als die anderen, in welcher Gefahr die deutsche Filmindustrie schwebt, auch wenn Hugenberg meint, die Sache sei in ein paar Monaten erledigt. Freilich, selbst Klitzsch kann nicht ahnen, zu welchen Mitteln Goebbels in den nächsten zwölf Jahren noch greifen wird . . .

Klitzsch hält eine überaus gescheite Rede. Er macht ein paar nichtssagende Verbeugungen vor den neuen Machthabern. Wird aber dann unvermutet sehr ernst und sehr mutig und meint, so wie in den letzten Wochen ginge es nicht weiter. Er braucht Worte wie „Konjunkturritter" und „Gerüchtemacher". Er stellt fest, daß „allgemeine Unsicherheit" herrsche. Er betont, daß es notwendig sei, wieder in Ruhe zu arbeiten. Er stellt fest: „Der deutsche Film ist auf das Ausland angewiesen!"

Klitzsch wird oft unterbrochen. Offenbar haben die alten Parteigenossen die Parole ausgegeben, er müsse lächerlich gemacht werden. Als Klitzsch von seiner Absicht spricht, ein Lehr- und Forschungsinstitut in Babelsberg zu schaffen, johlt ein Braunhemd im Hintergrund: „Wohl auch wieder für die ausländischen Juden!"

Einen Augenblick ist es ganz ruhig im Saal. Und dann erhebt sich

Dr. Goebbels. Viele von denen, die gekommen sind, hörten ihn noch nie sprechen. Sie hatten keine Zeit und keine Lust, zu den Goebbels-Veranstaltungen im Sportpalast zu gehen, und sie halten nicht viel von dem kleinen Mann mit dem scharfgeschnittenen, ebenso intelligenten wie verbissenen Gesicht.

Aber schon bald müssen sie zugeben: dieser Goebbels kann reden. Dieser Goebbels hat Charme, hat Witz, versteht zu formulieren.

Goebbels beginnt mit der Feststellung, der Film befände sich in einer Krise, die nicht materiellen, sondern geistigen Ursprungs sei. Eine durchgreifende Reform müsse erfolgen. Zur Erläuterung der Richtlinien, nach denen sich die künftige Produktion vollziehen soll, will er fünf Filme nennen. Als ersten Film nennt er den „Panzerkreuzer Potemkin", der trotz „seiner Tendenz ein Kunstwerk ist, ein Kunstwerk ohnegleichen und ein Vorbild dafür, wie weltpolitische Anschauungen mit allen Mitteln moderner Technik wirkungsvoll zum Ausdruck gebracht werden können".

Allgemeines Geraune im Saal. Hat man recht gehört? Macht Goebbels Propaganda für einen kommunistischen Propagandafilm? Und weiß er denn nicht, daß der Mann, der „Potemkin" gedreht hat, daß der Regisseur Eisenstein ein Jude ist?

Der zweite Film, den Goebbels nennt, ist „Anna Karenina". Seit Jahren regt sich die Nazipresse über die degenerierten amerikanischen Filme auf. Und jetzt versteift Goebbels sich ausgerechnet auf „Anna Karenina"? Weiß er denn nicht, daß der Produzent Irving Thalberg...? Weiß er denn nicht, daß der Regisseur...?

Dr. Goebbels spricht weiter: „Der Film ‚Die Nibelungen' hat gezeigt, daß auch ein abgelegenes Thema wieder aktuell und zeitnah werden kann..."

Man faßt sich an den Kopf. Jetzt ist Goebbels auch noch für „Die Nibelungen".Weiß er denn nicht, daß Fritz Lang...?

Das vierte Beispiel ist „Der Rebell". Dieser Film ist erst vor kurzer Zeit herausgekommen. Er ist von Paul Kohner produziert worden. Kurt Bernhardt führte die Regie. Aber weiß denn Goebbels nicht...?

Es scheint, als ob Goebbels plötzlich begreift, daß er eigentlich für alles Propaganda macht, was er und die anderen Nationalsozialisten in den letzten Jahren als verabscheuungswürdig angeprangert haben. Infolgedessen erspart er sich und seinen Zuhörern ein fünftes Beispiel.

Viele Jahre später wird er erklären, wenn auch nur vor einigen wenigen prominenten Schauspielern, daß der beste Film, den er je gesehen habe, „Ninotschka" sei. „Ninotschka" ist ein Film von Ernst Lubitsch. Goebbels wird also bis zuletzt einen Unterschied machen zwischen seinem privaten Geschmack und dem, was das deutsche Volk zu sehen bekommen darf.

Am 27. März 1933 redet er noch eine Weile weiter, sagt, zu Klitzsch gewandt, er wundere sich doch sehr, daß man sich in den Filmateliers unsicher fühle. „Sie können sich sicher fühlen, meine Herren! Die Zeit des ewigen Regierungswechsels ist vorbei. Wir sind jetzt da, und wir bleiben! Darauf können Sie sich verlassen!"

Die begeisterten Braunhemden erhalten jetzt eine kalte Dusche. „Selbstverständlich können wir nicht von früh bis spät in Gesinnung machen! Eine gewisse Bewegungsfreiheit muß herrschen!" sagt Goebbels.

Als Goebbels sich setzt , sehen sich die Zuhörer enttäuscht und besorgt an. Sie wissen immer noch nicht, was erlaubt und was verboten ist. Die Verwirrung steigert sich, als die Braunhemden das Horst-Wessel-Lied anstimmen. Es stellt sich nämlich heraus, daß mehr als die Hälfte der Anwesenden dieses Lied gar nicht kennt.

Dann will Goebbels den Anwesenden vorgestellt werden. Er zeigt sich besonders interessiert daran, mit den schönen Damen vom Film einige Minuten zu plaudern. Noch ahnt freilich niemand, welche Ausmaße dieses „Plaudern" einmal annehmen – welche Bedeutung es für die deutsche Filmindustrie haben wird.

Fritz Lang ist einer von denen, die in den Kaiserhof geladen waren. Er kam mit seiner Ex-Gattin Thea von Harbou, die sich vor Begeisterung nicht zu fassen wußte. Er selbst ist alles andere als begeistert. Er durchschaut Goebbels, spürt mit dem ihm eigenen Instinkt bis in die Fingerspitzen, wohin die Reise geht.

Gewiß, Goebbels hat seinen Nibelungen-Film über den grünen Klee gelobt. Aber seinen letzten Film, „Das Testament des Dr. Mabuse", hat er bereits verboten.

Fritz Langs Telefon läutet. Es ist der Produzent Nebenzal, der sich meldet. Er weiß bereits, was Goebbels am Abend vorher im Kaiserhof gesagt hat – in der Filmindustrie spricht man ja von nichts anderem. Er weiß von der Lobeshymne über den Nibelungen-Film. Und er sagt: „Sie müssen zu Goebbels gehen und versuchen, den ‚Mabuse'-Film freizubekommen!"

Lang glaubt nicht recht gehört zu haben. „Ich soll zu Goebbels gehen? Er wird mich gar nicht empfangen!"

„Ich habe gute Informationen, Herr Lang! Goebbels wird Sie mit Freuden empfangen!" Lang überlegt blitzschnell. Wenn er den Mabuse-Film freibekäme ... Wenn Goebbels sich überreden ließe, diesen Anti-Nazi-Film spielen zu lassen ...

Er läßt im Propagandaministerium anrufen. Wäre der Minister bereit, ihn zu empfangen? Der Minister erklärt sich dazu bereit. Er will Lang schon heute empfangen. Lang soll sich um zwei Uhr im Propagandaministerium einfinden.

Lang begibt sich ins Propagandaministerium. Er wird über verschiedene Treppen geführt, durch lange dunkle Korridore, in denen seine Schritte widerhallen. An jeder Ecke steht ein SA-Mann und will wissen, wohin Lang will, verlangt seinen Ausweis, mustert den Regisseur mißtrauisch. Es dauert mindestens eine Viertelstunde, bis Lang zum Vorzimmer des Ministers gelangt, und mit jeder Minute ist er überzeugter: Hier komme ich nie wieder heraus . . .!

Im Vorzimmer des Ministers muß er nur wenige Augenblicke warten. Dann öffnet ein Braunhemd die Tür, und Goebbels humpelt ihm entgegen.

Nichts mehr von der Feindseligkeit, nichts mehr von dem Mißtrauen der Wachen in den Korridoren. Goebbels ergreift beide Hände Fritz Langs. „Ich freue mich so sehr, daß Sie gekommen sind . . . Wenn Sie sich heute nicht gemeldet hätten, würde ich um Ihren Besuch gebeten haben, mein lieber Herr Lang."

Er nötigt den Besucher, Platz zu nehmen. „Wir haben ja über so viele Fragen, die den deutschen Film betreffen, zu sprechen." Fritz Lang ist bei so viel Liebenswürdigkeit nicht wohl zumute. Er beschließt, den Besuch so kurz wie möglich zu gestalten.

„Ich bin gekommen, Herr Minister, weil mich der Produzent meines letzten Films gebeten hatte . . ."

Ein Schatten huscht über das Gesicht von Goebbels.

„Ich weiß, ich weiß. Ich habe den Film verbieten lassen müssen . . ."

„Vielleicht bestände doch eine Möglichkeit, ihn wieder freizubekommen?"

Goebbels geht nicht darauf ein. „Sprechen wir von anderen Dingen. Sprechen wir doch von der Zukunft!"

Fritz Lang wartet. Er ist einigermaßen gespannt auf das, was jetzt kommen wird. Aber selbst seine Phantasie kann ihm nicht ausmalen, was kommt. „Ich sprach dieser Tage mit dem Führer. Wir brauchen einen starken Mann in der Filmindustrie, einen Mann, der uns den großen nationalen Film schenkt, Herr Lang!"

Lang denkt: Weiß Goebbels denn nicht . . .?

Goebbels fährt fort: „Auch der Führer ist ein begeisterter Anhänger von Ihnen! Besonders der Nibelungen-Film hat es ihm angetan! Sie wären unser Mann!"

„Sie meinen . . .?" fragt Lang ungläubig.

„Sie würden direkt unter mir arbeiten. Die gesamte deutsche Filmindustrie, die zusammengefaßt wird, wäre Ihnen unterstellt!"

Lang denkt: Wenn ich nein sage, läßt er mich auf der Stelle verhaften!

Goebbels versprüht Charme: „Sie brauchen sich natürlich nicht sofort zu entscheiden, Herr Lang. Ein paar Tage Bedenkzeit . . . Oder warum eigentlich ein paar Tage? Sagen wir einen Tag! Morgen werden Sie uns sagen, ob der deutsche Film, ob wir mit Ihnen rechnen können!"

Fritz Lang räuspert sich. „Aber wissen Sie denn nicht, Herr Minister . . .?"

Goebbels winkt ab. „Natürlich weiß ich . . . Der Führer und ich stehen auf dem Standpunkt, daß in Ausnahmefällen wie bei Ihnen . . . Wer wird wagen, etwas zu sagen, wenn der Führer Sie durch Sondererlaß zum Arier erklärt?"

Ich muß fort, denkt Fritz Lang. Ich muß so schnell wie möglich Deutschland verlassen. Nachdem er einmal so weit gegangen ist, wird er mein Nein gar nicht mehr akzeptieren können.

„Welchen Film werden Sie als ersten für uns machen?" will Goebbels wissen.

Fritz Lang sieht auf die Uhr in der Ecke des Zimmers. Zwölf Uhr dreißig. Wenn er in zehn Minuten hier loskommt, kann er noch zu seiner Bank fahren, kann noch alles Geld, was er dort hat, abheben.

Goebbels scheint sich bereits den Kopf für Lang zerbrochen zu haben. „Ich dachte, Sie sollten vielleicht einen Wilhelm-Tell-Film machen. Große Möglichkeiten für Massenszenen und Außenaufnahmen im Gebirge!"

Ich habe noch fünf Minuten Zeit, denkt Fritz Lang. Wenn ich in fünf Minuten wegkomme, kann ich noch zur Bank. Sonst . . . Sein Herz klopft rasend.

Dr. Goebbels merkt nichts von der Nervosität seines Besuchers. Er plaudert gemächlich über den Wilhelm-Tell-Film, den Fritz Lang dem „Führer schenken wird" – dies sind seine Worte. Nebenbei erwähnt er auch den Judenboykott, den er in drei Tagen zu inszenieren gedenkt. „Das Weltjudentum wird aufhorchen!" äußert er begeistert. Offenbar ist für ihn Fritz Lang bereits „arisiert".

Es ist halb zwei, als Lang schließlich seinen Abschied nimmt. Der Minister bringt ihn persönlich zur Tür.

„Also bis auf morgen, mein lieber Herr Lang!" sagt er freundlich lächelnd.

Es ist zu spät. Die Banken sind bereits geschlossen. Fritz Lang geht zum Kaiserhof hinüber, trinkt einen doppelten Kognak an der Bar und überlegt. Vielleicht hat er noch Zeit. Vielleicht kann er die Entscheidung ein paar Tage hinziehen. Er kann ja morgen Goebbels anrufen lassen, daß er sich nicht wohl fühle, daß er später . . . Aber er verwirft diese Idee sofort wieder. Wenn er nicht sofort zusagt, wird Goebbels mißtrauisch werden. Vielleicht ist er es jetzt schon. Wer weiß, vielleicht läßt er ihn bereits beobachten . . .

Aber selbst wenn Goebbels das nicht tut – er, Lang, kann nicht mehr riskieren, morgen einen größeren Betrag von seiner Bank abzuheben. Das würde Goebbels sofort gemeldet werden. Und Goebbels würde daraus seine Schlüsse ziehen.

Fritz Lang entschließt sich, noch am gleichen Abend zu fahren. Er wird den Schlafwagenzug nach Paris nehmen. Er geht in eine Telefonzelle und führt ein vorsichtiges Gespräch mit einer Freundin. Er wird jetzt nach Hause gehen. Er wird seinen Sekretär – dem er nicht mehr traut, denn auch der hat sich nach der Machtergreifung als ein langjähriges Parteimitglied entpuppt – unter irgendeinem Vorwand entfernen. Er wird das Notwendigste packen. Er hat zu Hause ein paar tausend Mark im Safe liegen. Die wird er mitnehmen – und das Negativ des verbotenen Mabuse-Films.

Er fährt nach Hause. Der Sekretär erhält einen ungeheuer komplizierten Auftrag, der ihn für mehrere Stunden entfernt. Lang packt hastig. Die Freundin hat inzwischen ein Billett nach Paris besorgt und ein Schlafwagenabteil belegen lassen. Auf dem Bahnhof Friedrichstraße erscheint Lang genau drei Minuten vor Abgang des Zuges. Er wäre nicht im geringsten verwundert, wenn er noch in Köln oder an der Grenze aus seinem Schlafwagenabteil herausgeholt würde. Goebbels hat wohl nicht damit gerechnet, daß Fritz Lang so schnell die letzten Konsequenzen zieht. Ein Jahr später, als die Gestapo bereits durchorganisiert ist, würde Lang nicht mehr so leicht entkommen können, sich so leicht retten können.

ABREISEN

Fritz Lang ist nicht die einzige deutsche Filmpotenz, die verschwindet. Es verschwinden die Regisseure Hanns Schwarz, Wilhelm Thiele. Es verschwindet der Komponist Werner Richard Heymann. Es verschwindet der junge begabte Billy Wilder, der gescheite Walter Reisch und der alte Filmroutinier Robert Liebmann, die drei besten deutschen Drehbuchautoren. Eric Charell reist ab. Elisabeth Bergner ist bereits nach London verzogen, Conrad Veidt siedelt sich ebenfalls an der

Themse an. Fritz Kortner hat sich nach Wien abgesetzt. Peter Lorre nach Paris. Gitta Alpar fährt in die Schweiz.

Begreift denn niemand, daß das nicht gut gehen kann? Versucht denn niemand, Goebbels klar zu machen, daß man nicht die großen Könner einer Industrie ausschalten kann, ohne die Industrie selbst in Gefahr zu bringen? Filmerfolge sind Kollektiverfolge. Der beste Filmschauspieler kann sich nicht durchsetzen, wenn er kein gutes Drehbuch hat. Willy Fritsch oder Hans Albers haben das Talent, einen Song populär zu machen, und dies Talent muß brach liegen, wenn niemand da ist, der einen guten Song für sie schreibt. Wie sollen neue junge Regisseure entdeckt werden, wenn ein Mann wie Pommer, der ständig neue Talente entdeckte, ausgeschaltet ist?

Ja, auch Erich Pommer hat Deutschland verlassen. Später wird es heißen, daß zwei SA-Männer ihn einfach aus seinem Büro hinausgeworfen haben. Aber so einfach hat sich das denn doch nicht abgespielt.

Denn in puncto Pommer kennt Klitzsch keinen Spaß. Er weiß, was er Pommer zu verdanken hat. Er weiß, daß die Pommer-Filme die großen Erfolge der letzten Jahre waren. Er weiß, daß Pommer einfach durch niemanden zu ersetzen ist.

Er kämpft für Pommer. Er spricht mit den alten Parteigenossen in der UFA. Er appelliert schließlich sogar an Goebbels. Hat Hugenberg ihm nicht immer wieder versichert, daß der verrückte Hitler nur ein paar Monate an der Macht bleiben wird? Wenn er also Pommer nur ein paar Monate halten kann . . .

Dergleichen kann er natürlich Goebbels nicht sagen. Stattdessen erzählt er ihm davon, wie sehr die UFA auf Export angewiesen sei und daß die Filme, die die großen Gelder im Ausland eingespielt haben, meist Pommer-Filme gewesen wären.

Goebbels weiß natürlich, daß der deutsche Film exportieren muß. Er hat auch nichts dagegen unternommen, daß die zwei Dutzend Filme, die er in den ersten Wochen in Deutschland verboten hat, im Ausland weiter gespielt werden. Aber das genügt nicht. Schon werden in manchen Ländern deutsche Filme boykottiert. Freilich, welche Ausmaße das noch annehmen wird, ahnt nicht einmal er. Im letzten Jahr sind noch rund dreißig Millionen Mark von deutschen Filmen im Ausland eingespielt worden. In zwei, drei Jahren werden es nur noch drei bis vier Millionen Mark sein. Im vergangenen Jahr sind noch vierzig Prozent der Herstellungskosten eines Films im Ausland verdient worden. In drei Jahren werden es knapp fünf Prozent sein. Nein, das kann Goebbels 1933 noch nicht wissen. Aber er weiß, daß es richtig wäre, Pommer zu halten, über dessen Bedeutung er sich im klaren ist.

Das sagt er natürlich nicht dem Generaldirektor Ludwig Klitzsch oder vielmehr dem kleinen Angestellten der UFA, von dem sich herausgestellt hat, daß er ein altes Parteimitglied ist, der infolgedessen sehr schnell die Treppe hinauffällt und von Klitzsch zu den Großen des Dritten Reiches als Sonderbeauftragter geschickt wird. Goebbels läßt Klitzsch vielmehr bestellen: „Ich kann nicht alle jüdischen Filmleute arisieren! Und Herr Klitzsch soll endlich verstehen, wie untragbar es ist, daß ein Jude weiterhin der erste deutsche Filmproduzent bleiben soll!"

Klitzsch ist verzweifelt. Er sucht Pommer auf. „Wir müssen einen Weg finden, um Sie zu halten!" ruft er.

Pommer ist durchaus nicht verzweifelt. Er ist sich völlig klar darüber, daß seine Tage in Deutschland gezählt sind. Überdies hat er einen Vertrag mit der amerikanischen Fox-Filmgesellschaft in der Tasche. Er soll für diese große Filmgesellschaft in Paris eine europäische Produktion aufziehen.

Irgendwie erfährt Goebbels von dem Fox-Vertrag Pommers. Und Goebbels entwickelt folgenden Plan: Wenn die Fox, anstatt Pommer in Paris zu beschäftigen, die Produktion in Berlin aufziehen würde, flössen erstens ausländische Gelder nach Deutschland, und zweitens könnte man Pommer halten. Goebbels lächelt: „Wer der Chef einer amerikanischen Produktionsfirma in Berlin ist, kann uns letzten Endes gleichgültig sein!"

Und nun beginnt ein sehr merkwürdiges Spiel. Beamte des Propagandaministeriums erscheinen bei Erich Pommer, um ihm vorzuschlagen, seinen Einfluß bei der Fox geltend zu machen, damit die geplante europäische Produktion von Paris nach Berlin verlegt werde. Pommer kann nicht riskieren, nein zu sagen. Aber er hat nicht die geringste Lust, im Dritten Reich Filme zu produzieren, und er weiß, daß die Fox auch nicht daran denkt, ihm so etwas zuzumuten. Trotzdem werden wochenlang Telefongespräche zwischen Paris und Berlin geführt, lange Kabel von Hollywood an Pommer abgesandt, und er beantwortet sie mit noch längeren Kabeln.

Und eines Tages kommt dann ein Kabel der Fox: „Zu unserem lebhaften Bedauern sehen wir uns vorläufig außerstande, in Deutschland zu produzieren."

Pommer teilt es den Herren vom Propagandaministerium mit, und er fügt hinzu: „Hiermit ist meine Tätigkeit in Deutschland beendet. Ich beabsichtige, noch heute abend nach Paris zu reisen."

Sehr betretene Gesichter allerseits.

Pommer zieht seinen Paß aus der Tasche. „Hier ist mein Paß. Ich möchte, daß Sie mir einen Sichtvermerk vom Propagandaministerium besorgen. Denn ich habe keine Lust, noch auf dem Bahnhof vor Abfahrt des Zuges verhaftet zu werden."

Allgemeiner Protest.

„Aber davon kann doch gar keine Rede sein, Herr Pommer!"

Pommer lächelt. Soll er den Herren vom Reichspropagandaministerium sagen, daß ihm bekannt ist, daß in diesen Tagen Verhaftungen nicht gerade selten sind?

Die Herren erheben sich zögernd und mit sichtlichem Bedauern. „Ist das Ihr letztes Wort, Herr Pommer?"

„Ich fürchte, ja!"

Am Abend finden die Herren sich alle wieder am Bahnhof ein. Und einer überreicht Pommer den Paß mit dem Sichtvermerk des Propagandaministeriums. Goebbels hat in den Paß Pommers die Erlaubnis eintragen lassen, während der folgenden Jahre so oft nach Deutschland zu kommen, wie er es wünscht, und Deutschland auch wieder zu verlassen.

Als der Zug schon im Fahren ist und alle die Hüte schwenken, ruft einer: „Kommen Sie bald wieder, Herr Pommer! Wir hoffen alle auf Ihre baldige Rückkehr!"

Aber Pommer wird nicht so bald wiederkommen. Er wird erst wieder nach Deutschland zurückkehren, wenn dort kein Propagandaministerium mehr existiert.

DIE TRAGÖDIE DER TREUEN

Henny Porten hat sich nie um Politik gekümmert. Von Hitler und seinen Kumpanen weiß sie nichts. Die sogenannte „Machtergreifung" machte nicht den geringsten Eindruck auf sie. Sie kümmert sich nicht um die Nazis und nimmt an, daß auch diese sich nicht um sie kümmern werden – was sich in kurzer Zeit als schwerer Irrtum herausstellen soll. Noch ahnt Henny Porten nicht, was diese Nazis in Wirklichkeit sind, welcher Verbrechen sie fähig sind. Noch glaubt sie, wie viele andere Deutsche, „daß alles vorübergehen wird". Und dann weiß sie plötzlich, daß auch sie selbst betroffen ist. Ihr Mann gehört zu denen, die „rassisch" nicht tragbar sind. Jawohl, Dr. von Kaufmann – jener Arzt, der sie vor zehn Jahren gesund pflegte und dann ihr zuliebe sein Sanatorium in Garmisch-Partenkirchen aufgab und ihr nach Berlin folgte, um Filmproduzent zu werden – ist in den Augen der Nazis Jude. Was tut es, daß seine Familie um ihrer besonderen Verdienste willen geadelt wurde, was tut es, daß der Vater einer der bekanntesten Gelehrten Deutschlands war, daß seine Sammlung antiker Kunstwerke eine Sehenswürdigkeit ist, um die die ganze Welt Deutschland beneidet? Was tut es, daß Dr. Wilhelm von Kaufmann mehr deutsche Kultur im Leibe hat als ein halb Dutzend SA-Stürme zusammen? Die Großeltern waren Juden, also ist er Jude. Die Porten erfährt also, daß sie in einer „Mischehe" lebt.

Nun wird es plötzlich ruhig um sie. So plötzlich, daß diese Ruhe sie wie ein Keulenschlag trifft. Sie, die in ihrer ersten Zeit zwölf Filme im Jahr gemacht hat, sie, die in den zwanziger Jahren vier große Filme pro Jahr drehte, sie, die, um einen Film zu machen, drei, vier Angebote ausschlagen mußte, erhält keine Angebote mehr. Niemand kümmert sich um sie; sie scheint, obwohl sie mitten in Berlin wohnt, auf einem anderen Planeten zu leben. Die viel Umworbene ist plötzlich ganz isoliert, ist ganz einsam geworden.

Im Fahrstuhl des Hamburger Atlantic-Hotels stößt sie auf Emmy Sonnemann, die Freundin Görings. Die spricht sie an. „Wie geht es Ihnen, meine liebe Frau Porten?"

„Ich bin sehr unglücklich . . ."

Als Emmy die Gründe dafür hört, sagt sie: „Ich wußte von alledem nichts. Es muß etwas geschehen. Sie bekommen Nachricht."

Ein paar Tage später wird Henny Porten zu Göring zum Tee geladen. Göring sagt ihr, daß er schon als Leutnant im Ersten Weltkrieg ein großer Verehrer ihrer Kunst gewesen sei. Dann:

„Mit Ihnen muß eine Ausnahme gemacht werden; eine Frau, die so viel für den deutschen Film getan hat!"

Ein paar Tage später wird sie wieder zu Ministerpräsident Göring bestellt.

„Ich habe mit dem Führer gesprochen. Ihr Mann ist doch Halbjude?"

„Nein, nach den Gesetzen des Dritten Reiches ist er Volljude."

Göring macht ein unglückliches Gesicht. „Ach, um Gottes willen! Der Führer hatte mir nämlich versprochen, Ihrem Mann den Reichsbürgerbrief zu geben. Unter diesen Umständen geht es natürlich nicht. Aber ich werde wenigstens dafür sorgen, daß Sie arbeiten dürfen. Der Film untersteht zwar eigentlich Goebbels, aber wir wollen sehen."

Tatsächlich schließt das Deutsche Lichtspielsyndikat vier Wochen später einen Vertrag mit Henny Porten ab. Aber Goebbels, wütend, daß Göring sich eingeschaltet hat, sorgt dafür, daß man ihr nur ein paar Statistenrollen anbietet. Als sie ablehnt, läßt Goebbels ihr mitteilen, er könne sie nicht mehr beschäftigen.

Es wird mehr als zwei Jahre dauern, bis Henny Porten eine neue Rolle bekommt. Albers steckt in ähnlichen Schwierigkeiten wie Henny Porten. Die Frau, mit der er seit vielen Jahren zusammenlebt, die Tochter des bekannten Schauspielers Eugen Burg, ist „rassisch" nicht tragbar – wenigstens nicht für Goebbels. Zu einem Regisseur, von dem er weiß, daß er Albers alles wiedererzählen wird, sagt er: „Es macht mich geradezu krank, daß dieser blonde, blauäugige Mann, das Ideal so vieler deutscher Frauen, mit einer Jüdin zusammenlebt." Und er fügt hinzu: „Sagen Sie Herrn Albers, er soll meine Geduld nicht mißbrauchen." Der Regisseur heuchelt, daß er nicht wisse, wovon der Minister redet.

Der kleine Goebbels wird ungeduldig. „Er muß sich von Frau Burg trennen! Sofort! Wenn ich sein Freund wäre, würde ich ihm diesen guten Rat geben."

Noch am gleichen Abend hört Albers, was Goebbels gesagt hat. Er wird so wütend, daß es einen Augenblick scheint, als wolle er den Tisch, an dem er sitzt, mit der bloßen Faust zertrümmern. „Sagen Sie Herrn Dr. Goebbels, er soll sich um seine eigenen Angelegenheiten kümmern! Ich lasse mir in mein Privatleben nicht hineinreden!"

Als Hitler an die Macht gekommen ist, war Renate Müller in Kairo, um unter Reinhold Schünzels Regie ein Lustspiel zu drehen. Sie nahm kaum Notiz von dem, was in Deutschland vorging. Sie nahm auch Schünzel nicht ernst, der düster erklärte: „Vielleicht gehe ich gar nicht mehr zurück . . ."

Um so furchtbarer ist der Schock, der Renate Müller trifft, als sie nach Berlin zurückkommt. Ihr Freund macht am Telefon geheimnisvolle Andeutungen, kommt erst spät abends zu ihr, als die Dienstboten bereist schlafen gegangen sind. Renate wirft einen Blick auf ihn und sieht erschrocken, daß er totenbleich ist.

Er sagt: „Ich bin nicht mit dem Wagen hergekommen. Ich bin die letzten paar hundert Meter zu Fuß gegangen."

„Was hast du? Was ist los? Sprich schon!"

„Ich muß fort!" Er versucht zu lächeln. Renate ist fassungslos. „Fort? Wohin?"

„Ich muß aus Berlin fort . . . aus Deutschland!"

„Eine Reise?"

Der Freund lächelt bitter. „Es wird eine lange Reise werden."

„Aber so erkläre doch!"

Er erklärt. Man darf ihn nicht mehr mit Renate Müller sehen. „Das wäre gefährlich für deine Karriere. Ich möchte auch nicht mehr zu dir kommen. Und du darfst auf keinen Fall zu mir kommen . . .!"
Und dann sagt er: „Schließlich bin ich Jude!"
„Dieses ganze Gerede gegen die Juden! Das ist doch alles Unsinn."
„Ich fürchte, du hast Unrecht. Sie werden alles durchführen, sie sind . . . Verbrecher!"
Zwei, drei Tage später läßt Goebbels Renate Müller mitteilen, daß es in ihrem Interesse besser sei, wenn sie ihren Freund nicht mehr sähe.
Sie will auffahren, bezwingt sich aber, zuckt die Achseln. Niemand wird sie zwingen können, den Mann, den sie liebt, nicht mehr zu sehen. Als sie ihn eine Stunde später anrufen will, erfährt sie, daß er bereits nach London abgereist ist.
Renate Müller würde, ginge es nach ihr, mit dem nächsten Flugzeug nach London fliegen. Was liegt ihr an Ruhm, Karriere, an großen Gagen, wenn sie dem Menschen, den sie liebt, nicht mehr gehören darf?
Aber sie hat einen Vertrag mit der UFA. Sie muß den „Walzerkrieg" drehen. Sie muß lächeln, sie muß tanzen, sie muß singen. Ihr Publikum braucht sie mehr denn je, ihr Publikum will in diesen turbulenten Zeiten abgelenkt und amüsiert werden.
Der Regisseur des „Walzerkrieg" ist Ludwig Berger. Jawohl, Ludwig Berger! Weiß denn Goebbels nicht . . .? Er muß wohl. Aber das Propagandaministerium erhebt keinen Einspruch gegen Berger. Schon sind es einige Monate her, daß Hitler an der Macht ist, aber noch immer kann man nicht sehen, worauf Goebbels nun eigentlich hinauswill. Henny Porten und Hans Albers haben Schwierigkeiten. Das „Testament des Dr. Mabuse" bleibt verboten, und der berühmte „M"-Film soll, wie das Propagandaministerium unter der Hand verbreiten läßt, nicht gespielt werden, wird aber erst im Sommer 1934 offiziell verboten werden. Übrigens wird ein paar Jahre später auch die „Frau im Mond" verboten werden, als nämlich Hitler den Auftrag gibt, mit Raketen zu experimentieren, und Professor Oberth, der Verfasser des Buches „Die Möglichkeit der Weltraumfahrt", der Fritz Lang beraten hat, sich nach Peenemünde zurückzieht, wo er viele, viele Jahre später die V 2-Rakete konstruieren wird . . .
Auf der einen Seite also Zensur auch von längst gespielten Filmen und Zensur des Privatlebens. Auf der anderen Seite ist es möglich, daß Ludwig Berger einen Operettenfilm, den „Walzerkrieg", in Babelsberg drehen darf.
Renate Müller spielt also die weibliche Hauptrolle im „Walzerkrieg", und zum ersten Male seit vielen Jahren genügt es nicht, daß sie ist, was

sie ist. Sie muß sich als Schauspielerin bewähren. Sie muß Fröhlichkeit markieren, wo sie am liebsten weinen möchte. Es ist die uralte Geschichte des „Lache Bajazzo!", die sich hier abspielt. Es ist eine herzzerreißende Geschichte – für diejenigen, die Renate Müller kennen. Sie, die, um Erfolg zu haben, nur zeigen mußte, wie es ihr ums Herz war, darf jetzt alles, nur das nicht. Sie muß sich verstellen. Sie muß lügen – zumindest so lange, wie sie vor der Kamera steht.

Und sie bekommt es tatsächlich fertig, die meisten Menschen zu täuschen. Nur wenige wissen, was es sie kostet, diesen „Walzerkrieg" durchzustehen.

Kaum einer weiß, daß sie die Verbindung zu dem Freund nicht abgebrochen hat. Wann immer sie zwei oder drei Tage erübrigen kann, fliegt sie nach London oder trifft sich mit ihm in Paris oder an der Riviera. Das ist gar nicht so leicht, denn sie muß immer neue Ausreden ersinnen.

Einmal nimmt Corell sie beiseite: „Seien Sie vorsichtig, Renate! Goebbels ist ein gefährlicher Bursche . . ."

Es wird immer schwerer für Renate Müller, sich zu verstellen, heiter und unbeschwert zu wirken, immer unerträglicher, ohne den geliebten Mann zu leben.

Und dann meldet sich ein neuer Liebhaber: Adolf Hitler. Der Propagandaminister hält es nämlich für eine ausgezeichnete Idee, den „Führer" mit einer Frau zu verkuppeln, die ja nun wirklich das leibhaftig gewordene Rassenideal ist: blond, blauäugig, fraulich, schön. Also wird Renate in die Reichskanzlei geladen. Ihr Tischherr ist Adolf Hitler. Man sitzt zu zwölft um den ovalen Tisch herum.

Eine Woche später eine neue Einladung. Diesmal ist man in ganz kleiner Gesellschaft. Hitler hat nur fünf Gäste geladen.

Zwei Tage später telefoniert Goebbels: „Der Führer erwartet Sie in der Reichskanzlei. Sie werden mit ihm allein essen!"

Darauf Renate Müller: „Es tut mir außerordentlich leid, aber ich fühle mich nicht wohl und werde nach der Arbeit im Atelier sofort ins Bett gehen!"

Goebbels glaubt nicht recht gehört zu haben. Wie? Der „Führer" ist bereit, sich mit Renate Müller einzulassen – und sie lehnt es ab? Ist diese Müller so dumm? Nein, so dumm kann gar niemand sein! Vielleicht ist sie wirklich unpäßlich . . .

Drei Tage später ruft Goebbels wieder an. „Wenn Sie sich morgen abend freimachen könnten, Frau Müller. Nur der Führer, meine Frau und ich . . ."

„Ich bin leider schon vergeben", erwidert Renate Müller eisig.

Oben: Adolf Wohlbrück als Johann Strauß hat seinem Meister Josef Lanner einen Streich gespielt, als er eine eigene Kapelle gründete. Der „Walzerkrieg" der Komponisten beginnt. Bei Strauß schlägt Willy Fritsch als Gustl die Pauke. *Rechts:* Lanners Tochter Kati (Renate Müller) umschmeichelt tröstend ihren Papa (Paul Hörbiger). Sie liebt zwar den Gustl von der Strauß-Kapelle, aber in diesem „Walzerkrieg" gibt es für sie keine Herzensregungen.
Bei dem 1933 gedrehten Film führte Ludwig Berger Regie.

Weiß sie, daß sie sich mit dieser eindeutigen Absage den Zorn des allmächtigen Propagandaministers zuzieht, von Hitler ganz zu schweigen? Sie muß es wissen. Sie ist ja eine kluge Frau. Und sie sieht, daß täglich Menschen von der Gestapo abgeholt werden und in Konzentrationslagern für immer verschwinden.

Goebbels rast. Wenn er könnte, wie er wollte, würde er Renate Müller sogleich auf seine schwarze Liste setzen. Aber das geht denn doch nicht, dazu ist sie zu populär. Es würde Schwierigkeiten geben, man würde peinliche Fragen stellen . . . Nein, auf beruflichem Gebiet kann er nichts gegen sie unternehmen.

Aber es gibt ja noch andere Möglichkeiten. Schon eine Stunde später unterhält er sich mit einem hohen Beamten der Gestapo. „Ich möchte, daß Frau Müller dauernd unter Beobachtung gestellt wird, auch auf ihren Auslandsreisen!"

Und nun beginnt eine Hetzjagd hinter Renate Müller her, eine Hetzjagd, die erst viel später, erst mit ihrem Tode enden wird.

DAS UNTERNEHMEN QUEX

Einer, der in diesen Wochen und Monaten begreiflicherweise große Schwierigkeiten hat, ist Heinrich George. Im Gegensatz zu den meisten seiner Kollegen war er politisch interessiert, ja, man darf wohl sagen, politisch festgelegt. Während etwa Werner Krauß sich überhaupt nicht um Politik kümmerte, während Emil Jannings die Nazis so unsympathisch fand, daß er vorübergehend mit der Idee spielte, überhaupt nicht mehr nach Deutschland zurückzukommen – seine Antipathie war weniger politisch als menschlich fundiert –, hatte Heinrich George ganz bestimmte politische Bindungen, stand dem Kommunismus nahe. Mag sein, daß er nicht Mitglied der Partei war, wie er später behauptete, obwohl andere, die es eigentlich wissen müßten, das Gegenteil zu bezeugen bereit waren. Immerhin war seine politische Einstellung nicht unbekannt. Er bevorzugt Stücke und auch Filme, in denen radikale Ideen gestaltet waren. Er rezitierte bei jeder nur erdenklichen Gelegenheit revolutionäre Gedichte. Er schloß sich dem kommunistischen Regisseur Erwin Piscator an. Er befreundete sich mit Ernst Legal, dem letzten Intendanten des Staatlichen Schauspielhauses, bevor die Nazis dort einzogen. Und so sehr glaubte er zu wissen, wohin er gehörte, daß er in seinen Vertrag mit dem Schauspielhaus einen Passus aufnehmen ließ, der ihm erlaubte, diesen Vertrag fristlos zu lösen, falls Legal seine Stellung verlöre . . .

Der erste Nazi-Intendant des Staatlichen Schauspielhauses, ein gewisser Ulbrich, bisher Leiter des Theaters in Weimar, dessen Talent nicht einmal für diesen Posten ausreichte, ist aus einem bestimmten Grunde von Göring nach Berlin geholt worden: Im Weimarer Ensemble Ulbrichs befindet sich die Schauspielerin Emmy Sonnemann, und Göring will Emmy Sonnemann, die er später heiraten wird, in Berlin haben.

Dieser Ulbrich, der tatsächlich glaubt, man habe ihn seiner eigenen Talente wegen nach Berlin geholt, findet nun wiederum Frau Sonnemann nicht talentiert genug für Berlin und macht vorerst keine Anstalten, sie in die Hauptstadt zu holen. Er begreift viel zu spät, um seine Position retten zu können – und Frau Sonnemann wird ans Staatstheater engagiert.

Heinrich George, der ebensowenig weiß, was es mit Frau Sonnemann auf sich hat und worauf sich ihre Berechtigung, am ersten Theater Deutschlands eine erste Position zu beziehen, gründet, macht eine abfällige Bemerkung über die Kollegin während einer Probe. Er meint, Frau Sonnemann sei wohl nicht besonders talentiert – George sagt es vielleicht in etwas weniger gewählten Worten – und daß man ihm nicht zumuten könne, mit ihr aufzutreten. Der Intendant Ulbrich vermutet, daß solche Worte Göring sehr schnell zu Ohren kommen werden – worin er übrigens irrt; denn Emmy Sonnemann ist vielleicht keine gute Schauspielerin, aber sie ist eine gute Kollegin. Ulbrich jedenfalls sucht nach einem Vorwand, George loszuwerden, und findet in seinen Akten jenen Vermerk, der George berechtigt, seinen Vertrag fristlos zu lösen, falls Ernst Legal seine Stellung als Intendant verlöre.

Wohlgemerkt: Legal ist abgetreten, und Heinrich George hat gar nicht daran gedacht, seinen Vertrag zu kündigen. Aber für Ulbrich ist die Sache sonnenklar. Der Aktenvermerk bedeutet nicht mehr und nicht weniger als ein Beweis der Einstellung Georges gegen die Nazis. Ulbrich forscht weiter – und erfährt einiges über die kommunistische Vergangenheit des Schauspielers.

Er läßt ihn kommen und teilt ihm mit: „Sie sind entlassen!" Der Intendant Ulbrich verheimlicht auch nicht, warum er George hinauswirft. „Sie sind ja Kommunist!" Da er stark sächselt, sagt er „Gommunist".

Als Göring ein paar Tage später erfährt, daß George entlassen ist, brüllt er seinen Intendanten an: „Sind Sie verrückt geworden? Das ist doch unser bester Mann!"

„Aber er ist doch Gommunist!"

„Wer Kommunist ist, bestimme ich!" sagt Göring, in solchen Augen-
blicken nicht ohne Humor.

Ulbrich sieht sich schon wieder im Weimarer Nationaltheater, wenn
nicht überhaupt brotlos. Um sich zu retten, klatscht er: George habe
doch erklärt, Frau Sonnemann sei nicht talentiert.

Göring grollt: „Warum erfahre ich das erst jetzt?"

Dann läßt er sich George kommen. Er brüllt ihn sehr lange und sehr
ausgiebig an. Was kann George antworten? Jede Antwort wäre eine
Freifahrkarte ins nächste Konzentrationslager. Er schweigt. Und siehe
da, Göring beruhigt sich nach einer Weile. Jedenfalls wird George
nicht verhaftet, nicht als er Görings Arbeitszimmer verläßt und auch
nicht später.

Er hat also Zeit zum Nachdenken. Und wenn er nachdenkt, wenn er
eine Bilanz macht, muß er sich sagen: in dieses Berlin, in dieses
Staatstheater, in diese Zeit gehört er nicht. Alle seine Freunde, seine
wirklichen Freunde am Theater und beim Film, haben Deutschland
bereits verlassen. Alle die Menschen, die in seiner Entwicklung eine
Rolle gespielt haben, sind emigriert oder haben Hals über Kopf fliehen
müssen. Die Autoren, mit deren Stücken oder Filmen er nach oben
gekommen ist, stehen auf den schwarzen Listen. George müßte
eigentlich die Koffer packen und aus Deutschland verschwinden.

Gewiß, er hat Familie. Aber noch ist es ja nicht so, daß die Gefahr des
Verhungerns besteht. Er hat viel Geld verdient. Und wenn er die Villa,
wenn er das Auto, wenn er seine Bilder verkauft . . .

Aber an all dies denkt George nicht. Er möchte nur um keinen Preis in
die Fremde. Er braucht die deutsche Bühne. Er hat geradezu Angst
davor, nicht mehr spielen zu können, spielen zu dürfen.

In der Folge erlebt man in Berlin ein seltsames Schauspiel. George
besucht die Versammlungen der Nazis. George, der höhnisch aus-
spuckte, wenn früher der Name Hitler fiel, spricht jetzt von dem
deutschen Reichskanzler nur noch als seinem „Führer". George grüßt
Leute, die er früher – mit Recht – über die Schulter angesehen hat, und
schneidet andere, die er bisher grüßte. Das alles hilft ihm nichts. Der
Vertrag mit dem Staatstheater wird nicht erneuert. Und da man
inzwischen überall in Deutschland weiß, daß Göring auf George nicht
gut zu sprechen ist, wagt auch kein anderes Theater, ihn für eine Saison
zu engagieren.

Es sieht so aus, als ob die Demütigungen, die George auf sich
genommen hat, umsonst waren. Es sieht aus, als sei er erledigt – einer,
der zu spät umgefallen ist. Da erhält er ein höchst erstaunliches

Angebot der UFA, das Angebot, in einem Propagandafilm für den Nationalsozialismus, einem Spielfilm, mitzuwirken.

Auch Leni Riefenstahl erhält um diese Zeit ein ähnliches Angebot.

Sie hörte den Namen Adolf Hitler zum ersten Male im April 1932. Bis dahin hatte sie sich für Politik überhaupt nicht interessiert. Aber der Mann Hitler interessierte sie schon deshalb, weil in einer Gesellschaft, in der sein Name – zum ersten Male vor ihr – fiel, so ungemein scharf über ihn debattiert wurde. Die einen sagten, er sei ein Genie, zumindest ein Übermensch. Und die anderen sagten, er sei ein Verbrecher, und nicht einmal ein besonders gescheiter.

Sie ging in den Sportpalast, um sich Hitler anzuhören. Sie war sehr beeindruckt. Um ihre eigenen Worte zu gebrauchen: „Ich hatte die Vision einer ungeheuren Wassersäule, die den Horizont erschüttert . . ."

Sie wollte Hitler kennenlernen. Da sie niemand kannte, der Hitler kannte, kaufte sie sich den „Völkischen Beobachter", stellte fest, daß es so etwas gab wie das „Braune Haus" in München, und schrieb dorthin.

Inzwischen bereitete die Universal für sie den Film „SOS Eisberg" vor. Sie sollte zu Außenaufnahmen nach Grönland fahren. Da kam in allerletzter Minute eine Nachricht von Hitlers Adjutanten Brückner. Sie sollte Hitler in der Nähe von Wilhelmshaven treffen. Man ging am Strand auf und ab. Hitler sprach über den Tanz Leni Riefenstahls im „Heiligen Berg". Leni fand Hitler sympathisch, aber nicht gerade bedeutend. Schließlich sagt er: „Wenn wir an die Macht kommen, müssen Sie meine Filme machen!"

Im Mai 1933 – also etwa sechs Wochen nachdem Fritz Lang das ehrende Angebot von Goebbels, der „Führer des deutschen Films" zu werden, abgelehnt hatte – schlägt Hitler ihr vor, die „künstlerische Abteilung" des gesamten deutschen Films zu übernehmen. Sie ist beeindruckt – fast alles, was Hitler jetzt sagt oder tut, beeindruckt sie –, aber sie hat keine Lust, sich festzulegen. Sie möchte ihre eigenen Filme nach eigenen Ideen machen, sie möchte nicht die Filme anderer beaufsichtigen.

Hitler fragt: „Wie wäre es mit einem Horst-Wessel-Film?" und muß zu seinem Schmerz erfahren, daß Leni Riefenstahl nicht einmal eine Ahnung davon hat, wer Horst Wessel war.

Leni plant einen anderen Film. „Ich will das Leben von Mademoiselle Docteur verfilmen!" erklärt sie – und muß zu ihrem Schmerz erfahren, daß Hitler nicht ahnt, daß Mademoiselle Docteur die große deutsche Spionin des Weltkrieges war.

Übrigens wird sie diesen Film nie drehen, denn die deutsche Abwehr wird sogleich ihre Bedenken anmelden. Wie seltsam ... bisher hat Leni Riefenstahl, eine Privatperson innerhalb der Weimarer Republik, tun können, was sie wollte. Jetzt, da sie die gute Freundin des allmächtigen Hitler ist, kann sie nicht mehr tun, was sie will.

Adolf Hitler verfügt, daß Leni Riefenstahl die offizielle Verfilmerin des großen Parteitages, der im September in Nürnberg stattfinden wird, werden soll.

Goebbels trifft fast der Schlag, als er von der Absicht Hitlers erfährt. Wie? Ist es nicht die Aufgabe des Propagandaministeriums, dafür zu sorgen, daß die Parteitage verfilmt werden? Und wenn man schon einen Außenseiter heranholt, warum dann gerade eine Frau? Und wenn eine Frau, warum dann gerade Leni Riefenstahl, mit der er so schlecht steht – wenn man überhaupt von „stehen" sprechen kann.

Was hinter den Kulissen des Propagandaministeriums im einzelnen und der anderen sogenannten Dienststellen vorgegangen ist, wird auch später nie zu erfahren sein. Tatsache ist jedenfalls, daß man es Leni Riefenstahl nicht mitteilt, sie solle den ersten Parteitag verfilmen. Die entsprechende Weisung wird einfach nicht weitergeleitet. Erst drei Tage bevor der Parteitag beginnt, platzt die Bombe. Hitler läßt Leni Riefenstahl kommen und fragt sie: „Wie weit sind Sie mit den Vorbereitungen zum Parteitag-Film?"

Es stellt sich heraus, daß sie mit den Vorbereitungen noch nicht begonnen hat.

Hitler beginnt zu toben, erklärt allen, die gerade anwesend sind, daß er es unerhört fände, wie man seine Anweisungen sabotiere. Leni, so befiehlt er, soll dennoch nach Nürnberg fahren, soll sich die Sache wenigstens ansehen, soll auch ein paar Aufnahmen machen, damit der Parteitag-Film im nächsten Jahr um so besser gerate.

Leni Riefenstahl fährt nach Nürnberg.

Aber sie kommt nicht sehr weit. Offenbar hat Goebbels den Wochenschaufotografen Anweisung gegeben, sich gar nicht um sie zu kümmern. Die Wochenschaufotografen unterstehen nämlich dem Propagandaministerium. Sie kümmern sich also nicht um Leni. Und es ist ihnen geradezu eine Wonne, ihr mitzuteilen, warum sie es nicht tun und daß Goebbels dahinterstecke. Denn sie mögen weder Leni noch Goebbels besonders gut leiden.

Leni möchte alles hinwerfen. Aber geht das? Das wäre ja geradezu Befehlsverweigerung dem „Führer" gegenüber. Das kann sie nicht wagen. Zumindest hält sie es damals für etwas wie ein Sakrileg, Hitler zu trotzen. Sie bringt es also doch zustande, ein paar Aufnahmen zu

Beim Eskimodorf Thule am Karajakgletscher in Nordgrönland drehte Dr. Arnold Fanck im Sommer 1932 mit Leni Riefenstahl, dem Flieger Ernst Udet, Gustav Dießl, Sepp Rist und einem Stab von Eis- und Bergspezialisten den Film „SOS Eisberg". Im Bild wird Leni Riefenstahl von Eskimos gerettet.

machen, und es entsteht ein Kurzfilm: „Sieg des Glaubens". Es ist kein sehr guter Film, es ist eigentlich nicht viel mehr als eine mittelmäßige Wochenschau. Aber Hitler ist zufrieden. Er lädt Leni ein, als der Film vorgeführt wird. Anschließend soll sie über ihre Nürnberger Erlebnisse berichten. Sie berichtet, wie man ihr auf Schritt und Tritt Schwierigkeiten gemacht hat, und läßt dabei nichts aus.
Hitler wird blaß. Hitler wird rot. Hitler wird grün. Der ebenfalls anwesende Dr. Goebbels wird bleich.
Hitler brüllt: „Sabotage!"
Als Goebbels widersprechen will, brüllt er weiter: „Nur weil Leni Riefenstahl eine Frau ist!" Goebbels wird noch um eine Schattierung bleicher.
Leni Riefenstahl hat die Absicht, nach Spanien zu fahren, um die Oper „Tiefland" zu verfilmen – eine Absicht, die sie in den nächsten zehn

Jahren trotz Krieg, Zusammenbruch, Gefängnis und anderen Mißhelligkeiten niemals aufgeben wird. Ende 1933 hat sie erst ein halbes Jahr an „Tiefland" gearbeitet – keine besonders lange Zeit für Leni Riefenstahl.

Hitler schüttelt den Kopf und diktiert: „Sie machen den Reichsparteitag-Film des nächsten Jahres!"

Am folgenden Tag bestellt Goebbels sie ins Propagandaministerium und zischt: „Wenn Sie keine Frau wären, würde ich Sie die Treppe hinunterwerfen!"

Um diese Zeit steht der erste Propagandafilm, zu dem Dr. Goebbels die UFA gezwungen hat, dicht vor seiner Vollendung. Es war gar nicht so einfach, selbst nicht für den mächtigen Propagandaminister, seinen Willen durchzusetzen. Denn Generaldirektor Ludwig Klitzsch steht auf dem etwas altmodischen Standpunkt, der Spielplan der UFA sei eine Privatangelegenheit der UFA, die ja schließlich immer noch ein privates Unternehmen sei.

Auch muß Goebbels erkennen, daß Propagandafilme – oder, wie er sie nennt: weltanschauliche Filme – nicht aus dem Boden zu stampfen sind. In Rußland hat es nach der Revolution viele Jahre gedauert, bis einer den „Panzerkreuzer Potemkin" filmte. Aber immerhin geschah das noch freiwillig. Goebbels hat keine Zeit, darauf zu warten, daß die UFA freiwillig einen nationalsozialistischen Film macht. Er würde vermutlich noch heute darauf warten. Er übt sanften Druck aus. Sanft insofern, als er Generaldirektor Klitzsch nicht androht, er werde ihn in ein Konzentrationslager abführen lassen, wenn kein nationalsozialistischer Film gedreht würde. Immerhin brüllt er ihn durchs Telefon an, er werde ihm „die Bude schließen lassen, wenn nicht binnen vierzehn Tagen . . ."

Guter Rat ist teuer. Wo bekommt die UFA schnell einen Stoff her, der Goebbels besänftigt und der doch nicht zu blamabel ist? 1933 lassen sich die Menschen noch nicht alles gefallen.

Schließlich entdeckt irgend jemand in der UFA den Roman des alten Parteigenossen K. A. Schenzinger, „Hitlerjunge Quex". Corell kauft ihn.

Und damit kommen wir zu dem Regisseur Hans Steinhoff, einem der begabtesten und charakterlosesten Männer des deutschen Films, und einem der bösartigsten.

Steinhoff ist keine Erfindung von Goebbels. Es gibt ihn schon so lange, wie es den deutschen Film gibt. Er hat von der Pike auf gedient. Er kennt jedes technische Detail des Films. Ihm kann niemand etwas vormachen.

Zweimal Hitlerjunge und Kommunist. *Rechts* der kleine Heini mit dem kommunistischen Agitator (Hermann Speelmans), der den „Hitlerjungen Quex" (1933) für die Jugendinternationale gewinnen möchte; *oben* Heinrich George als Heinis Vater, der mit Ärger auf seinen Nachbarn, den HJ-Bannführer Kass (Claus Clausen), blickt.

Er war ursprünglich – das sieht man dem schon recht alten kleinen Mann, der eine gewisse äußere Ähnlichkeit mit Richard Wagner hat, gar nicht einmal an – bei der Operette. Er war natürlich nicht gerade einer der führenden Operettentenöre seiner Zeit. Immerhin spielte er große Rollen an dem zweitklassigen Wiener Apollo-Theater. Dort wechselte man bald von der Operette zur Revue – und Steinhoff wurde Regisseur. Regie bei der Revue bestand vor allem darin, Gruppen mit mehr oder weniger bekleideten jungen Damen zu stellen. Direktor Schultz holte ihn ans Berliner Metropol-Theater, das bereits um 1905 herum große Ausstattungs-Revuen spielte: mit Magde Lessing, mit Giampietro, mit Guido Thielscher und bald auch mit der unvergleichlichen Fritzi Massary.

Steinhoff war sozusagen zweiter Mann neben oder hinter Schultz. Der sagte, wenn er große Szenen stellte: „Hier brauche ich noch ein paar Menscher!"

Er sagte nicht Frauen, er sagte nicht Mädchen, er sagte nicht Choristinnen, nicht Girls. Er sagte „Menscher".

Von ihm lernte Steinhoff, daß man Menschen schlecht behandeln soll; daß man ihnen zeigen muß, wie sehr man sie verachtet; daß man nach unten treten, nach oben katzbuckeln soll . . .

Er trat nach unten und katzbuckelte nach oben. Seine Filme zwischen 1912 und 1933 – reine Geschäftsfilme, ohne den geringsten künstlerischen Ehrgeiz – brachten ihn nach oben. Er, der zuerst nur die Komparsen hatte anbrüllen dürfen, konnte sich bald gestatten, auch die Darsteller kleiner Rollen zu zwiebeln, schließlich die Darsteller der großen Rollen, ja sogar seine eigenen Produzenten. Er war ein Star geworden, mit Launen, mit Schwierigkeiten, und er war bei jeder Gelegenheit bereit, eine Szene hinzulegen.

Man fürchtete ihn, man haßte ihn, aber man engagierte ihn doch immer wieder. Denn seine Filme waren Geschäfte. Sie gingen. Sie hatten jenes gewisse Etwas, das das Publikum reizte.

Übrigens war nicht Corell es, der ihn für den Quex-Film vorschlug, sondern Steinhoff selbst hatte diese Idee. Er vertraute seinem Produktionschef an: „Sie müssen nämlich wissen, daß ich seit Jahren Mitglied der Partei bin . . ."

Am nächsten Tage wird der Schauspieler Heinrich George zur UFA gebeten, die ihm ein höchst erstaunliches Angebot macht.

Natürlich steckt Corell dahinter, dem Heinrich Georges anti-nationalsozialistische Vergangenheit sympathisch ist.

Es steckt aber auch der Regisseur Steinhoff dahinter, der zwar als überzeugter Opportunist begeisterter Nationalsozialist ist, aber als guter Filmregisseur auch gute Schauspieler haben will. Und er ist ein bißchen besorgt wegen der Schauspieler, die ihm die Partei vorgeschlagen hat, die zwar alle sehr niedrige Parteinummern, aber überhaupt kein Talent haben. Heinrich George hat Talent – daran ist nicht zu zweifeln.

George wird also in die Direktionsräume der UFA gebeten. Steinhoff erzählt ihm von dem Projekt: „Wir machen einen Film aus dem Roman vom Hitlerjungen Quex." George schweigt.

„Sie kennen natürlich den Roman?"

George schweigt noch immer. Er kennt den Roman natürlich nicht und weiß, daß Steinhoff das weiß.

Steinhoff erzählt ihm jetzt den Inhalt des Buches vom Hitlerjungen Quex. Es handelt sich um eine höchst alberne Geschichte. Sie spielt in einer Großstadt in dem sogenannten „roten Arbeiterviertel", wo die bösen Kommunisten ihr Unwesen treiben. Diese bösen Kommunisten haben eine besondere Freizeitbeschäftigung. Sie jagen die guten Nationalsozialisten. Die sind ihres Lebens nicht mehr sicher. Alle Augenblicke wird einer umgelegt.

„Sie spielen den Vater des Hitlerjungen Quex", sagt Steinhoff zu George.

„Also einen Nationalsozialisten?"

„Nein, eben nicht! Der Vater ist Kommunist!" Und Steinhoff fügt hinzu: „Kommunisten können Sie ja spielen, nicht wahr?" George muß wieder schweigen.

Ja, wie ist das mit dem Hitlerjungen Quex, dem fünfzehnjährigen Heini Quex, dessen Vater ein böser Kommunist ist und der überhaupt von bösen Kommunisten umgeben ist? Er selbst ist eben keiner. Er ist durch und durch Nationalsozialist. Als er schließlich in die Reihen der Nationalsozialisten aufgenommen wird, in die Hitlerjugend, ist er glücklich, daß er trotz der „gefährlichen roten Gegend" in einem Kellerlokal mit den anderen Nazis hausen darf. Es gelingt ihm sogar, die anderen Hitlerjungen vor einem kommunistischen Attentat zu retten. Inzwischen hat sich seine Mutter mittels Gas umgebracht, weil George nicht nur Kommunist, sondern auch arbeitslos ist und schwierig obendrein. Heini zieht daraufhin ganz zu den Nazis, das heißt in das Kellerlokal. Er fühlt sich dort sicher, er fühlt sich bei ihnen geborgen. Aber das ist er nicht, denn die bösen Kommunisten haben beschlossen, mit ihm abzurechnen. Es kommt der Tag der Wahlen. Heini verteilt Werbezettel – ausgerechnet im roten Viertel – und wird bei dieser

Gelegenheit umgebracht. Er lebt noch lange genug, um eine Vision zu haben, ein hinreißendes Zukunftsbild!

Steinhoff schwitzt vor Begeisterung, als er diese letzte Vision schildert: „Während Heini noch einmal das Lied von der Fahne hört, sieht er sterbenden Auges die unendlichen Scharen der Hitlerjugend marschieren, darüber die Hakenkreuzfahne im Lichte einer helleren Zukunft!"

„Wie finden Sie das, Herr George?" fragt Steinhoff.

George hütet sich, darauf zu antworten.

Aber er hat seinerseits eine Frage. „Und die Gage?" will er wissen.

Jetzt ergreift ein anderer Herr das Wort, ein kaufmännischer Direktor Corells, dem das alles unsympathisch ist. „Sie stehen nicht mehr so hoch im Kurs wie im vorigen Jahr, Herr George."

Man bietet ihm schließlich sechstausend Mark. Vor einem Jahr hat er dreißig-, vierzigtausend für einen Film bekommen. George würde auch unterschreiben, wenn man ihm tausend Mark böte. George würde im Augenblick alles unterschreiben, wenn man ihn nur wieder spielen ließe! Wenn nur alles wieder wird, wie es einst war! Ach, weiß er denn nicht, daß alles nie wieder so werden wird, wie es einst war, nie wieder, solange er lebt?

Jedenfalls entschließt er sich, das Ruder herumzuwerfen. Er behauptet, die Kommunisten hätten ihn nur als Aushängeschild benutzt – und erlaubt von nun an den Nationalsozialisten, ihn als Aushängeschild zu benutzen. Er begeht Verrat an allem, woran er bisher geglaubt hat, und an allen, die bisher an ihn geglaubt haben.

Da es nicht um das bißchen Essen und Trinken geht – worum handelt es sich? Es handelt sich um einen Anfall von Lebensangst. Der schwere, starke Heinrich George, der wirkt, als ob er sich mutig mit einer hundertfachen Übermacht herumschlagen könnte, zittert innerlich. Er zittert um sein Leben. Er zittert darum, nicht mehr spielen zu dürfen. Denn spielen dürfen ist für ihn alles . . .

Die Atmosphäre im Atelier, in dem der „Hitlerjunge Quex" gedreht wird, ist nicht gerade erfreulich. Das ist sie nie, wenn Steinhoff Regie führt. Aber da ist noch etwas anderes: Keiner der Mitwirkenden kann sich der Tatsache verschließen, daß eine idiotische Geschichte verfilmt wird. Es ist schwer, heute noch begreiflich zu machen, wie die Geschichte vom Hitlerjungen Quex in einer Zeit wirken mußte, in der Hitlerjungen keineswegs umgebracht wurden, sondern ihrerseits eine Menge Bluttaten und andere Verbrechen begingen; in einer Zeit, in der jeder Kommunist, der noch zugab, einer zu sein, und nicht, wie Heinrich George, plötzlich anderer Meinung war, längst in irgendeinem Konzentrationslager saß oder unter der grünen Erde ruhte, wobei er vielleicht noch „sterbenden Auges die unendlichen Scharen der Roten Armee anmarschieren sah", um in der Tonart des Hitlerjungen Quex zu bleiben. Aber das würde 1933 niemand zu denken wagen, geschweige denn auszusprechen. Und so wird der Film beendet und wenige Wochen vor dem „Walzerkrieg" herausgebracht. Die festliche Welturaufführung findet in München statt, in Anwesenheit Adolf Hitlers natürlich, der von Rudolf Heß und Baldur von Schirach begleitet wird.

Letzterer äußert noch einiges über „den Opfergeist der deutschen Jugend", nachdem Brucknersche Musik verklungen ist. Dann wird es dunkel im Saal. Trommelwirbel ertönen, und nun läuft der Film.

Ein paar Tage später läuft er überall in Deutschland, und die Zeitungen, von Goebbels dirigiert, lancieren das Märchen, daß die Geschichte vom jungen Quex eine wahre Erlebnisgeschichte sei.

Aber Goebbels hat Pech. Seine Greuelpropaganda verfängt nicht, obwohl er die gesamte deutsche Presse zur Verfügung hat. Alles, was die Zeitungen tun können, ist, sich vor Begeisterung über den Film zu überschlagen und Regie und Darstellung über den grünen Klee zu loben.

Übrigens wird der Film trotz allem ein geschäftlicher Mißerfolg, und die UFA verliert viel Geld an ihm. Das deutsche Filmpublikum ist also nicht so dumm, wie Goebbels es gern machen möchte.

Dies sind schwere Zeiten für Ludwig Klitzsch. Er stellt fest, daß das Auslandsgeschäft immer weiter zurückgeht, ja, bald kann man von einem Auslandsgeschäft gar nicht mehr reden. Überall in der Welt werden deutsche Waren boykottiert, und deutsche Filme sind deutsche Waren. In der Tschechoslowakei und in Polen braucht ein solcher Boykott gar nicht ausgesprochen zu werden; dort geht niemand, der noch etwas auf sich hält, in einen deutschen Film. In der Schweiz muß die UFA ihre Theater verkaufen, in Budapest und Stockholm ihre Büros schließen. Klitzsch sieht ein, daß jeder Pfennig, den er im Ausland investiert hat, abgeschrieben werden muß.

Klitzsch muß also kämpfen, und dabei darf es nicht so aussehen, als ob er kämpfe. Nach außen hin tut er, als sei er begeistert über den Einbruch des Nationalsozialismus in die UFA und in die Filmindustrie überhaupt, denn nur mit einigen wenigen Vertrauten darf er offen sprechen. Klitzsch muß feststellen, daß er nicht mehr Herr im eigenen Hause ist. SA- und SS-Stellen, der Reichsjugendführer und die Reichsfrauenschaft, die Arbeitsfront, vor allem das Propagandaministerium wollen mitreden.

Und Klitzsch kann nicht, selbst wenn es es theoretisch dürfte, zu allen Vorschlägen nein sagen. Denn die UFA braucht Kredite, muß sich also doch mit dem Staat gut stellen. Goebbels weiß das sehr gut. Und er ist bereit, Geld zu geben, aber nur, wenn seine Ratschläge mit dem Geld zusammen abgenommen werden.

Schon am 1. Juni 1933 wurde die „Filmkreditbank G.m.b.H." gegründet. Ein paar Wochen später trat die sogenannte „Filmkammer" in Erscheinung, und ungefähr zwei Monate später die „Reichskulturkammer", von der die „Filmkammer" natürlich nur ein Teil war.

Niemand kennt sich mehr aus, wer was zu sagen hat. Klar ist nur, daß kein Film finanziert wird, dessen Hersteller nicht der Reichsfilmkammer angehören. Der gehören natürlich bald alle an. Aber das bedeutet nicht, daß alle Filmvorhaben finanziert werden. In der Praxis ist es so – insbesondere nach Erlaß des Lichtspielgesetzes vom 16. Februar 1934, das die Errichtung des Postens eines Reichsfilmdramaturgen vorsieht und die einer Filmprüfstelle –, daß nur die Filme hergestellt werden, die von dem Reichsfilmdramaturgen gebilligt worden sind. Der hat den schönen Namen Willi Krause, war Redakteur des „Angriff" und versteht überhaupt nichts vom Film, wie sich später herausstellt, als er unter einem anderen Namen selbst einige Filme inszeniert.

In Wahrheit ist Krause natürlich nicht die entscheidende Instanz. Hinter Krause steht Goebbels. Er liest die Filmexposés, er liest die Besetzungspläne, er liest die Drehbücher. Es regnet Vorschläge und Sonderwünsche: Der Herr Propagandaminister wünscht, daß dieser Schauspieler spiele, jener nicht; der Propagandaminister wünsche insbesondere, daß diese und jene Nachwuchsschauspielerin beschäftigt werde, weil sie dem „Führer" so gut gefallen hat. Die Intrige blüht. Künstler, die sich benachteiligt fühlen, drohen mit Beschwerden bei Hitler und Goebbels. Und in der Tat genügt oft ein Wort, hingeworfen während eines Tees bei Frau Goebbels oder später bei Frau Göring, um seit langer Zeit vorbereitete Filme in letzter Minute einfach unmöglich zu machen. Klitzsch ist entschlossen, nicht alles mitzumachen, Corell sekundiert ihm vortrefflich. Generaldirektor und Produktionschef müssen mit kleinen und kleinsten Listen arbeiten, ihre eigenen Intrigen spinnen, um nicht völlig in die Netze des Propagandaministeriums zu geraten.

Goebbels spürt die Opposition innerhalb der UFA, schickt seine Spitzel hin. Aber die können nicht viel ausrichten. Schon nach wenigen Minuten weiß man in der UFA, in welches Lager einer gehört. Wenn man freilich der gleichgeschalteten Presse der Nationalsoziali-

234

sten glauben darf, erreicht der deutsche Film erst jetzt Weltgeltung, hat sich bisher sozusagen „in geknechtetem Zustande" befunden – was genau das Propagandaministerium sich darunter vorstellt, wird niemals herausgefunden. Jedenfalls wird immer wieder versichert, der Film sei allzu verjudet gewesen und dies sei nun Gott sei Dank vorüber. So liest man zum Beispiel in den gesammelten Werken des damals immerhin bekannten Journalisten Otto Kriegk: „Das Rücksichtslos-Triebhafte dieser meist jüdischen Weltbürger gab der Filmfabrikation in Deutschland zwischen 1919 und 1927 manchen Auftrieb. In der prallen Sonne dieser Ausbeutung der künstlerischen Kräfte Deutschlands schossen natürlich auch Treibhauspflänzchen empor, die dann aber wieder zusammenfielen. Im Schatten der von Geschäftemachern erfüllten Glashallen konnten sich aber wertbeständige deutsche Künstler langsam vorarbeiten. In manchen Filmen brach der rein künstlerische Blick eines deutschen Kameramannes, das saubere und tapfere Herz deutscher Schauspieler und Schauspielerinnen und der Gestaltungswille deutscher Statisten durch."

Die alten Filmschauspieler und Regisseure, die diese Worte lesen, sehnen sich nach den vergangenen Jahren zurück.

SECHSTER TEIL · NICHT GLEICHGESCHALTET

WILLI FORST WIRD REGISSEUR

Die Stars der guten alten Zeit, Brigitte Helm etwa oder Willy Fritsch oder Hans Albers, müssen feststellen, daß es mit jedem Tag schwieriger wird, Stoffe zu finden. Wo sind die Zeiten hin, da, während sie einen Film drehten, der nächste schon in Vorbereitung war? Da die UFA noch ein Heer von amüsanten und gescheiten jungen Leuten Ideen für sie ausbrüten, Gags für sie schreiben, Songs für sie komponieren ließ? Gewiß, die großen Stars haben über Arbeitsmangel nicht zu klagen. Aber wie mühsam ist alles geworden! Wie schwierig! Da ist Willi Forst. Er hat als Filmliebhaber Karriere gemacht, aber es langweilt ihn, immer wieder die gleichen Rollen zu spielen. Er möchte anderes spielen. Die Produzenten zucken die Achseln. „Wenn man so hübsch und jung ist wie Sie, ist man Liebhaber!"
Es scheint für ihn nur einen Ausweg zu geben: Er muß Regisseur werden. Die Branche lächelt oder lacht ihn aus. Willi Forst als Regisseur! Er ist ja nicht einmal ein richtiger Schauspieler, wenigstens nicht nach Ansicht der Großen der Filmindustrie. Ein richtiger Schauspieler muß auf jeden Fall einen Charakterkopf haben. Ein Mann wie Willi Forst ist bestenfalls für kleine Lustspiele geeignet. Aber er kann doch nicht Regie führen! Dazu braucht man Autorität, Gewicht, Alter.
Nur einer zeigt sich interessiert. Das ist Gregor Rabinovitsch, der Mitinhaber der Cine Allianz, um jene Zeit eine der bekanntesten Figuren im deutschen Film. Dieser Rabinovitsch kann keinen Satz richtig Deutsch sprechen – er stammt aus Rußland –, aber er hat mehr Fingerspitzengefühl für das, was im Film Erfolg haben kann, als zehn andere Produzenten mit richtigem Deutsch zusammen.
Rabinovitsch kann ungemein geizig sein oder mit dem Geld nur so um sich werfen, je nachdem. Er weiß, man kann kein Geld verdienen, ohne Geld zu riskieren. Einmal läßt er eine kostspielige Filmdekoration wieder aufbauen, um eine ganze Szenenfolge noch einmal zu drehen, bloß weil ihm einige Komparsinnen, die sich zu sehr in den Vorder-

grund spielten, mißfallen haben. Dabei meint Rabinovitsch, alles käme auf „Errotik" an. Jeder Film, der gehen soll, müsse irgendwie „errotisch" sein.

Nun kommt Willi Forst also zu Rabinovitsch. Er schlägt vor, ihm eine Chance als Regisseur zu geben. Und Rabinovitsch hört ihm aufmerksam zu.

Willi erzählt ihm nichts anderes als das, was er den anderen Produzenten auch gesagt hat. Und Rabinovitsch glaubt, die Stimme eines Mannes zu hören, der genau weiß, was er will, und der, mag er noch so jung und leichtsinnig aussehen, doch ein reifer Mensch ist.

Rabinovitsch beugt sich vor. Er setzt Willi Forst auseinander, daß so ein erster Film immer ein Risiko ist, auch unter den günstigsten Umständen. „Man müßte einen Stoff finden, Herr Forst, der dieses Risiko möglichst gering macht. Eine todsichere Sache, sozusagen."

Forst überlegt. Dann: „Ich habe eine todsichere Sache, Herr Rabinovitsch!" Und er sagt ihm, worum es sich dabei handelt. Jetzt ist es Rabinovitsch, der nachdenkt. Er denkt so lange nach, daß es scheint, als habe er den anderen vergessen. Er hat die Augen geschlossen – vielleicht schläft er?

„Nun, wie ist es?" fragt schließlich Willi Forst. „Werde ich Regisseur?"

„Warum nicht?" antwortet Rabinovitsch.

Was ist im Film eine todsichere Sache?

Eine todsichere Sache ist – Franz Schubert. Eine todsichere Sache ist sein Leben, das sind seine Enttäuschungen, seine süßen, traurigen und fröhlichen Melodien, das ist das alte Wien, wo alles noch so gemütlich zugeht, das sind die Wiener, die noch Zeit genug haben, um Herz zu haben. Das ist so todsicher, daß es gar nicht schief gehen kann. Auch Rabinovitsch ist davon überzeugt. Schließlich läuft die Operette „Das Dreimäderlhaus" nun schon bald zwanzig Jahre mit unvermindertem Erfolg: ein albernes und rührseliges Libretto mit unterlegter Musik von Schubert. Was tut's, daß die Kenner darauf schwören, Schubert drehe sich im Grabe um? Die Leute, die die Idee zum „Dreimäderlhaus" hatten, verdienen jedenfalls Millionen. Und die Sache ist so erfolgreich, nicht obwohl, sondern weil sie so kitschig ist!

Aber Willi Forst denkt gar nicht daran, den Kitsch des „Dreimäderlhaus" zu überbieten. Im Gegenteil, er versucht mit seinem Schubert-Film etwas ganz anderes zu machen. Er will die Zartheit und den Duft Wiens einfangen, nicht seine Gemütlichkeit, nicht das Wiener Herz, über dessen Qualität man ja verschiedener Ansicht sein kann. Er „drückt nicht auf die Tube", wie es im Filmjargon heißt.

Es ist kein Zufall, daß er den Film „Leise flehen meine Lieder" nennt. Der Ton liegt auf „leise". Das Buch hat sein Freund Walter Reisch geschrieben. Es ist in der Tat ein leises Buch, geradezu ein Kammerspiel. Für die männliche Hauptrolle hat Forst einen anderen Freund, Hans Jaray, verpflichtet, einen jungen Wiener Schauspieler von außerordentlichem Charakterisierungsvermögen, der zum Unkonventionellen bereit ist. Sein Schubert ist nicht der typische Filmliebhaber, es wird ein gutmütiger, beinahe unbeholfener, ja tolpatschiger junger Mann daraus, der sich nicht zurechtfindet in einer Welt, in der Frauen zwar seine Musik, aber doch andere Männer lieben.
„Leise flehen meine Lieder..." Wenn Willi Forst Regie führt, herrscht im Filmatelier eine ganz andere Atmosphäre als sonst. Es wird nicht gehupt, gehämmert, gebrüllt. Alles geht ganz leise zu. Willi Forst räumt schon bei seinem ersten Film mit dem Aberglauben auf, ein guter Film könne nur mit Krach entstehen.

Zum erstenmal Regie: Der Wiener Schauspieler Willi Forst gibt dem Paar Franz Schubert / Karoline Esterhazy Anweisungen (Hans Jaray, Martha Eggerth). Wiener Philharmoniker und Sängerknaben wirkten in dem Film „Leise flehen meine Lieder" (1933) mit.

Alles läuft ab wie eine beiläufige Unterhaltung in einem Café. Kein lautes Wort wird gesprochen. Die Schauspieler sind, wenn sie einen Tag mit Forst gearbeitet haben, nicht, wie gewöhnlich, gerädert und verstimmt, sondern fühlen sich frisch, als ob der Arbeitstag erst beginne. Dies alles überträgt sich auf den Film, dies alles macht es möglich, daß der Film, anstatt ein handfestes Stück Wiener Chronik, ein Gebilde aus Zartheit und Musik wird.

Großer Erfolg in Wien. Riesenerfolg in Berlin und ganz Deutschland. Außerordentlicher Erfolg auch im Ausland, obwohl es sich doch eigentlich um ein für Paris, London oder Rom recht fernliegendes Thema handelt.

Von einem zum anderen Tag ist Willi Forst in die erste Reihe der jungen Regisseure aufgerückt. Nun lachen die Produzenten nicht mehr, wenn sein Name fällt. Nun sitzt er schon an seinem zweiten Film.

Forst schreibt das Drehbuch zusammen mit Walter Reisch, der um diese Zeit in Berlin rassisch schon nicht mehr tragbar ist. Aber Reisch und Forst arbeiten ja in Wien.

Der Film soll „Maskerade" heißen.

Es handelt sich da um eine Geschichte, die im Wiener Fasching im Jahre 1905 spielt. Ein hübscher Maler, dessen Bilder gerade sehr in Mode sind und der selbst bei den Frauen in Mode ist, hat die Gattin eines berühmten Chirurgen in einer Faschingsnacht gemalt, ganz nackt, nur mit Maske und Muff bekleidet. Aber ganz Wien kennt den Muff, er ist in der fraglichen Nacht auf der Tombola eines großen Balles gewonnen worden.

Um die in Frage kommende Dame der Gesellschaft zu schützen, erklärt der Maler ihrem Mann, er habe nicht sie, sondern ein unbekanntes Fräulein namens Dur gemalt. Den Namen hat er erst im Augenblick des Verhörs durch den Ehemann erfunden oder, besser, von einem Notenblatt abgelesen. Er kann ja nicht ahnen, daß es in Wahrheit ein Fräulein Dur gibt, ein armes, liebes Mädchen, Vorleserin einer alten Fürstin. Diese Leopoldine Dur wird nun in den Wirbel der Ereignisse gerissen. Der Maler muß, schon um die andere Frau zu schützen, sich um sie kümmern – und verliebt sich in sie. Alles wäre in bester Ordnung, wenn eine andere Frau nicht, von Eifersucht geplagt, alles verriete und dazu noch den Maler niederschösse. Trotzdem kommt es zu einem Happy-End, da Fräulein Dur nicht ruht noch rastet, bis der größte Chirurg Wiens, eben jener Gatte des Modells, ihn, den Maler, von der lebensgefährlichen Kugel befreit.

Ein hübsches Buch, aus dem ein hübscher Film werden könnte, einer von vielen, wie er schon oft gemacht worden ist. Aber der Film „Maskerade" wird eine Sensation, etwas Einmaliges. Der Grund dafür: die Regie Willi Forsts und die Besetzung der Hauptrolle mit Paula Wessely.

Paula Wessely ist um diese Zeit bereits eine der ersten Schauspielerinnen der deutschsprachigen Bühne. Sie hat – übrigens zusammen mit Hans Jaray – die Max-Reinhardt-Schauspielschule in Wien besucht und kennt Willi Forst schon seit vielen Jahren. Sie ist an Max Reinhardts Theater in der Josefstadt herausgestellt worden. Sie hat gelegentlich auch in Berlin an Max Reinhardts Deutschem Theater gespielt, und niemand, der sie einmal gesehen hat, kann sich dem außerordentlichen Zauber ihrer Persönlichkeit entziehen. Mit ihr verglichen wirken fast alle anderen Schauspielerinnen unnatürlich. Sie ist von unnachahmlicher Schlichtheit und Innigkeit. Aber sie ist im herkömmlichen Sinne nicht eigentlich schön; dazu ist sie zu herb, zu breit, auch zu bürgerlich. Und die Großen der deutschen Filmindustrie haben beschlossen, daß sie für den Film überhaupt nicht in Frage komme. Trotz ihrer Bühnentriumphe hat die Wessely also noch keinerlei Filmangebote erhalten.

Vielleicht reizt gerade das Willi Forst. Schon bevor er das Buch zu „Maskerade" schreibt, ist es bei ihm ausgemacht, daß Paula Wessely die Hauptrolle spielen wird. Auch das erweist sich als gar nicht so einfach. Die Wessely will erst einmal sehen, was sie da filmen soll. Als sie das Drehbuch gelesen hat, ist sie entschlossen.

Und als sie im Atelier steht, ist jeder begeistert, der irgendetwas mit dem Film zu tun hat. Man spürt, hier entsteht etwas Außerordentliches. Hier kommt ein Film zustande, wie es ihn im besten Falle alle zehn Jahre einmal gibt. Und das wiederum ist Forsts Verdienst, sein Verdienst allein. Denn er hat ja nicht nur die große Schauspielerin Paula Wessely zu führen. Er hat eine ganze Reihe von Schauspielern und Schauspielerinnen zu führen, die bis dahin teils anständige, teils äußerst mittelmäßige Filme gemacht haben. Da ist Walter Janssen, der Held aus den „Zwei Herzen im Dreivierteltakt", da ist die schöne Olga Tschechowa, da ist der interessante Wiener Charakterspieler Peter Petersen, da ist der damals gerade am Anfang seines Filmruhms stehende Komiker Hans Moser, und da ist vor allem der Liebhaber Adolf Wohlbrück, jung, schön, elegant, der bald darauf Forst ebenfalls verlassen wird, weil auch er „rassisch nicht mehr tragbar" ist . . .

Alle diese Schauspieler sind unter Forst besser denn je zuvor, ja mehr noch: er scheint sie zu verwandeln, er scheint aus ihnen Fähigkeiten

Kolportage und tiefste Erschütterung, Ausstattung und verhaltene Innerlichkeit liegen in dem schönsten Film, den Willi Forst als Regisseur gemacht hat, dicht beieinander: „Maskerade" (1934). Adolf Wohlbrück spielt den Modemaler Heideneck, in den sich Anita (Olga Tschechowa) verliebt hat *(unten)*. Voller Eifersucht hat Anita den Maler niedergeschossen, weil er zu dem Mädchen Leopoldine Dur (Paula Wessely) tiefe Zuneigung gefaßt hat *(oben)*.
Rechts: Paula Wessely und Adolf Wohlbrück.

herauszuholen, von denen nicht einmal sie wußten, daß sie sie besaßen. Dieser Film wird für alle, die mitwirken, genau wie für das Publikum, eine Art Verzauberung.

Und über dem ganzen liegt ein erotisches Fluidum, ganz wie Rabinovitsch es sich gewünscht hat. „Errotik", die aber ganz selbstverständlich aus der Handlung strömt, die dem Maler und den von ihm geliebten und weggeworfenen Frauen gleichsam anhaftet. Da ist nichts gemacht, um erotisch zu wirken. Nicht einmal die nackte Dame mit dem Muff ist zu sehen, ja nicht einmal das Bild dieser Dame. Und gerade die Tatsache, daß man es nicht zu Gesicht bekommt, erhöht die Spannung, erhöht den erotischen Gehalt dieses Films.

ERREGENDE FRAUEN

Die vielleicht erotischste Attraktion des deutschen Films dieser Jahre ist ohne Zweifel Brigitte Horney.

Sie hat am Deutschen Theater große und kleine Rollen gespielt, ist an die Volksbühne gegangen, filmte dazwischen, unter anderem „Rasputin" mit Conrad Veidt, „Der ewige Traum" und „Ein Mann will nach Deutschland" mit Karl Ludwig Diehl. Dann kommt 1934 „Liebe, Tod und Teufel", ein Film nach einer Novelle von Robert Louis Stevenson, „Das Flaschenteufelchen". – Der Inhalt:

Der Besitz des Teufels in der Flasche bedeutet, daß einem alle Wünsche erfüllt werden. Man kann die Flasche auch weiterverkaufen, aber immer nur für einen geringeren Preis als denjenigen, für den man sie erworben hat. Wer zuletzt auf der Flasche sitzenbleibt, gehört dem Teufel . . .

Ein altes Thema, hundertmal variiert – man denke bloß an Balzacs „Eselshaut".

Die Hauptrollen spielen Käthe von Nagy und Albin Skoda. Biggi spielt ein lockeres Mädchen aus der Hafengegend und hat ein Chanson zu singen. Das wird von dem jungen Theo Mackeben komponiert, der in den letzten Jahren viel Bühnenmusik gemacht hat und sich mit dieser seiner ersten Filmmusik sofort durchsetzt. Das Chanson, das er für die Horney schreibt, hat alles: Schmiß und Schwung, Sinnlichkeit und Trauer, ein bißchen Sentimentalität und ein bißchen Ironie.

Und als die Horney es singt, glauben die Menschen, die Dietrich zu hören, wie sie „Ich bin von Kopf bis Fuß auf Liebe eingestellt" vortrug.
Das Chanson, das die Horney und Theo Mackeben in ganz Europa über Nacht berühmt machen wird:

So oder so ist das Leben,
so oder so ist es gut.
So wie das Meer ist das Leben,
ewige Ebbe und Flut.

Immer wieder meldet sich die UFA, bietet der Horney langfristige Verträge. Jetzt wird schon von Spitzengagen gesprochen, jetzt ist man schon bereit, ihr zu zahlen, was die anderen großen Stars verdienen, denn sie ist ja ein großer Star geworden. Ist sie ein Star geworden? Sie will keiner sein. Ein Star sein bedeutet, daß man vierundzwanzig Stunden am Tag damit beschäftigt ist, einer zu sein. Ein Star sein bedeutet, daß man auch im Privatleben Star spielen muß. Aber sie will sie selbst sein, sie will so leben, wie sie eben leben will.

Nach der Novelle „Das Flaschenteufelchen" von Robert Louis Stevenson drehte Heinz Hilpert 1934 den Film „Liebe, Tod und Teufel". Von links: Rudolf Platte, Karl Hellmer, Albin Skoda und Brigitte Horney.

Auf die langfristigen Angebote der UFA sagt sie nein. Als Begründung gibt sie an – womit es übrigens auch seine Richtigkeit hat –, daß sie nicht zu Rollen gezwungen werden will, die ihr nicht liegen. Sie will sich nicht binden. Sie will ein wenig Freiheit haben – oder doch zumindest die Illusion der Freiheit. Denn in Wirklichkeit hat sie keine Freiheit. Wenn sie zehn Tage im Jahr filmfrei ist, kann sie schon von Glück sagen. Vielleicht ist der tiefere Grund dafür, daß Brigitte Horney im allgemeinen nicht „nein" sagen kann.

Man sollte glauben, daß sie in diesen Jahren ein kleines Vermögen verdient. Sie verdient es auch. Es ist nur nie Geld da. Kauft sie sich Schmuck? Nein. Sie kauft sich nicht einmal Kleider. Sie hat einfach keine Zeit dazu. Sie trägt die Kleider auf, die man ihr für ihre Filme gemacht hat – auch wenn sie zufällig mal ein armes Mädchen in einem Film spielt. Der Grund für die Geldknappheit: Brigitte Horney kann eben nicht nein sagen. Sie wird rechts und links angepumpt.

Einmal, viele Jahre später, wird ihre Bank ihr einen Gratulationsbrief schreiben. „Sie werden es nicht glauben, gnädige Frau, aber auf Ihrem Konto befanden sich bei Jahresabschluß 1,63 Mark!"

Neben Brigitte Horney und Magda Schneider, deren Begabung übrigens viel stärker ist, als man ursprünglich angenommen hatte, tritt Sybille Schmitz in den Vordergrund. Renate Müllers großer Erfolg war, daß sie aussah wie Fräulein Müller. Der Erfolg von Sybille Schmitz ist, daß sie nicht aussieht wie Fräulein Schmitz, zumindest nicht, wie man sich vorstellt, daß Fräulein Schmitz aussehen sollte. Sie ist groß, vollschlank und gar nicht besonders hübsch. Aber sie ist ungemein interessant. Ihr herbes, unregelmäßiges Gesicht wird umrahmt von dunkelrotem Haar, wird beherrscht von ihren außerordentlich lebendigen Augen, die im Film wie im Leben eine unbeschreibliche Faszination ausstrahlen.

Sybille Schmitz braucht den Mund nicht aufzutun. Sie kann mit einem Blick alles ausdrücken. Wenn sie aber den Mund auftut, ertönt Musik. Ihre Stimme hat den dunkelvibrierenden Zauber einer Bratsche. Außerdem kann Sybille Schmitz spielen. Aber ihr Aussehen ist gleichzeitig Begrenzung: Undenkbar, sich Sybille Schmitz als Gretchen in „Faust", als „Käthchen von Heilbronn", als Solveig in „Peer Gynt" vorzustellen. Man kann sie sich nur vorstellen als eine mondäne, problematische Frau, als eine Spionin, als eine Abenteurerin. Ein weiteres Handicap: Sybille Schmitz zweifelt an sich – seit frühester Jugend. Es ist gar nicht sicher, ob sie eine Schauspielerin werden soll, ob sie je, wenn sie eine wird, nach oben kommen kann. Sie, die so

Das Plakat des utopischen Films „F.P. 1 antwortet nicht", mit Paul Hartmann, Sybille Schmitz und Hans Albers.

sicher, ja fast arrogant wirkt, zweifelt im Grunde immer an sich, zweifelt überhaupt an allem, am Sinn des Lebens, insbesondere am Sinn ihres Lebens.

Trotzdem: Wenige Jahre genügen, um sie zu einer jungen Schauspielerin zu machen, von der man sich bereits zuflüstert, daß sie es weit auf dem Theater bringen wird. Dies wird dann allerdings nicht geschehen: Der Film holt sie sich.

Der Däne Karl Theodor Dreyer hat Sybille Schmitz 1931 für den surrealistischen Film „Vampyr" geholt. Die UFA, genauer Erich Pommer, gibt ihr danach sogleich einen langjährigen Vertrag.

Ihr erster UFA-Film „F.P. 1 antwortet nicht" mit Hans Albers in der Hauptrolle. F.P. 1 – das ist eine künstliche Insel, im Atlantischen Ozean erbaut, um allen Flugzeugen, die zwischen der Alten und der Neuen Welt verkehren, als Zwischenlandeplatz zu dienen. Ein utopisches und doch hochaktuelles Thema. Wir befinden uns in der Zeit der ersten Ozeanflüge – Lindberghs Wagnis ist bereits geglückt. Die großen Fluggesellschaften, vor allem die Air France und die Deutsche Lufthansa, bemühen sich mit aller Kraft, das Problem der regelmäßigen transatlantischen Flugverbindungen zu lösen.

Die Idee der künstlichen Inseln liegt so sehr in der Luft, daß, als die UFA den von Kurt Siodmak geschriebenen Roman jetzt verfilmen läßt, viele Zeitungen glauben, es handele sich um eine bereits wirklich erbaute künstliche Insel, und einige Blätter gehen so weit, zu behaupten, die Lufthansa mache dort bereits einige Versuche . . .

In Wirklichkeit ist diese „künstliche" Insel nichts als eine mit Wellblech maskierte natürliche Insel in der Greifswalder Oie.

Daß Sybille Schmitz überhaupt neben Albers bestehen kann, spricht schon für sie. Aber sie besteht nicht nur neben Hans Albers. Sie versteht es, das Kinopublikum in ihren Bann zu schlagen, zu halten, ja zu erregen. Und sie macht nun einen Film nach dem anderen.

Trotz der vielen Erfolge, die sie in den nächsten Jahren haben wird, bleibt ihre Karriere immer ein wenig beschattet: Man weiß, daß Goebbels sie nicht mag. Jeder Regisseur, der sie anfordert, muß erfahren, daß der Herr Minister eine andere Besetzung lieber sehen würde. Gustaf Gründgens muß geradezu darum kämpfen, sie für seinen Film „Tanz auf dem Vulkan" freizubekommen.

Einmal schreibt sie einem Freund an die weißgekalkte Wand seiner Atelierwohnung: „Qui mange du film, en meurt" (Wer vom Film nascht, stirbt daran).

Aber das hat nicht so sehr mit der offiziellen Opposition gegen sie, gegen ihren Typ zu tun. Das hat mit ihrem Charakter zu tun. Sybille

Schmitz ist eine seltsame, eine unglückliche Frau ... Sie ist sich selbst im Wege. Sie hat es nicht leicht.

Luise Ullrich hat es leichter. Vom Typ her ist sie genau das, was das Dritte Reich braucht. Allerdings nur vom Typ her. Sie ist schlank, blond und, ohne eigentlich schön zu sein, von äußerstem Reiz.
Sie ist in Wien aufgewachsen. Die Familie ist musik- und kunstliebend. Die Eltern sind also nicht besonders verwundert, als die vierzehnjährige Luise, die noch aufs Gymnasium geht, erklärt, daß sie Schauspielerin werden will. Sie wird sogar in die Akademie aufgenommen, obwohl man dort im allgemeinen erst Sechzehnjährige berücksichtigt. Sie geht nun vormittags in die Schule, bis sie ihr Abitur hat, nachmittags in die Akademie. Bald spielt sie am Wiener Volkstheater kleine und später größere Rollen.
Eines Tages fährt sie kurz entschlossen nach Berlin. Beziehungen? Sie hat keine. Trotzdem schließt die Volksbühne einen Vertrag mit der kleinen Wienerin ab.

Der Student Severin Anderlan reitet mit zwei Kommilitonen im Sommer 1809 zu seinem Elternhaus in Tirol. Er findet den Hof verbrannt. So wird er „Der Rebell" (1932), der gegen die Franzosen kämpft, aber zuletzt ein Andreas-Hofer-Schicksal erleidet. Luis Trenker spielt den Severin und führt als Fanck-Schüler zusammen mit Kurt Bernhardt, der schon „Die letzte Kompanie" inszenierte, in seinen Tiroler Heimatbergen hervorragend Regie.

Ihr Durchbruch erfolgt im Dezember 1931 in Billingers „Rauhnacht" neben Werner Krauß im Staatstheater. Im Zuschauerraum sitzt Luis Trenker, der gerade seinen Film „Der Rebell" vorbereitet. Er verpflichtet sie sofort für die weibliche Hauptrolle, die allerdings keine gute Rolle ist. Gute Rollen hat in Trenker-Filmen nur Trenker. Der Rebell: ein gewaltiger Schinken, der in Tirol im Sommer 1809 spielt und den Kampf der Tiroler gegen die napoleonische Fremdherrschaft zum Inhalt hat. Luise Ullrich spielt darin Erika, die Tochter des bayerischen Amtsmannes Riederer, der nach Tirol versetzt wurde, in die sich Trenker natürlich verliebt und die ihm, dem Vogelfreien, hilft, ihn verproviantiert, ihm Nachrichten zukommen läßt – und so weiter. Aber überall gibt es Verräter, und so schnellfüßig Trenker – oder ist es sein Double? – auch ist, so elegant er über Felswände hinunter und hinauf klettert, letzten Endes kriegen ihn die bösen Franzosen doch. Und er wird erschossen. Aber er marschiert im Geist in unseren Reihen mit, pardon, in den Reihen der Tiroler, die ihre Bedrücker schließlich verjagen werden. Das ist ein Film, in dem die Doubles von Trenker zeigen können, wie man geschickt von Fels zu Fels springt, respektive in den Abgrund stürzt, in dem der blutjunge Regisseur Kurt Bernhardt beweist, daß er Massen zu führen versteht. Aber das ist kein Film, in dem eine junge Schauspielerin zeigen kann, daß sie etwas anderes kann, als schmachtende Blicke um sich werfen und weinen.

Der nächste Film der Ullrich: Willi Forsts „Leise flehen meine Lieder", wo sie nur eine relativ kleine Rolle spielt – die wirkliche Hauptrolle spielt und singt Martha Eggerth.

Und vorher noch: die Mizzi Schlager in Max Ophuels' „Liebelei", einem Film nach dem schon fast klassischen Stück von Arthur Schnitzler. Dieses Mal spielt Magda Schneider die weibliche Hauptrolle.

Drei Nebenrollen, und trotzdem hat sich Luise Ullrich durchgesetzt. Namentlich in „Liebelei" – von Ophuels ganz leise, ganz wienerisch inszeniert – hat sie die Zuschauer im Sturm gewonnen – in einem Nichts von einer Rolle. Nun will man sie immer wieder sehen.

Es folgen „Regine", nach der Erzählung von Gottfried Keller, und „Victoria", nach der Novelle von Knut Hamsun. Es folgen viele andere Filme: Sie alle sind erfolgreich. Aber das würde an sich wenig bedeuten. Wichtiger: Luise Ullrich hat auch Erfolg beim anspruchsvollsten Publikum. Sie ist eine wirkliche Schauspielerin, sie vermag Menschen zu erschüttern, vielleicht nicht zuletzt weil sie an das glaubt, was sie spielt. Sie überzeugt, weil sie selbst überzeugt ist. Daneben Theater, Schauspiele, Lustspiele, gelegentlich sogar auch mal Operette.

Aber das alles füllt Luise Ullrich nicht aus. Sie ist eine gescheite Frau, sie liest viel, sie studiert sozusagen in ihrer Freizeit weiter, sie macht Reisen, sie schreibt ein amüsantes Buch über Südamerika, das sie selbst mit einigen reizvollen Zeichnungen bebildert.

Bei dem schlichten Bauernkind findet der Mann aus der großen Welt (Adolf Wohlbrück) die Herzlichkeit und Güte, die er sucht. Er wird auch an Regine nicht irre, als alle äußeren Indizien gegen sie sprechen. „Regine" (1934) wurde einer der stärksten Erfolge der jungen Luise Ullrich.

ZWEI TÄNZERINNEN

Eine andere junge Schauspielerin, die um die Zeit zwar nicht auf der Bühne, wohl aber im Film prominent werden wird: die Tänzerin Marika Rökk.

Eine Ungarin. Der Vater war reich. Also, so sagte der Vater, läge kein Grund für Marika vor, einen Beruf zu erlernen.

Aber sie wollte Tänzerin werden; sie war dazu entschlossen, noch bevor sie in die Schule ging. Und Bekannte sagten, sie habe Talent. Also durfte sie tanzen lernen. Dies erwies sich als ein Glück. Denn als Marika dreizehn Jahre als wurde, war der Vater nicht mehr reich. Er war sogar furchtbar arm. Er hatte den letzten Pengö verloren. Marika fand eine Stellung bei einer Tanzrevue, mit der sie umherreiste. Quer durch Europa, quer durch Amerika. Die Mutter kam mit. Die Gage betrug sechzig Dollar pro Woche – kein Vermögen, wenn man bedenkt, daß zwei Personen davon zu ernähren und zu bekleiden waren.

Schon in diesen ersten Berufsjahren hatte die blonde, graziöse und derblustige Marika jene Eigenschaft, die sie während ihres ganzen beruflichen Lebens nicht verlieren sollte. Sie war nie mit sich zufrieden. Sie wollte alles lernen, was sie noch nicht konnte. Sie war überzeugt davon, daß es immer noch etwas zu lernen gab. Die anderen Tänzerinnen konnten aus dem Stand zwölf Pirouetten drehen. Sie brachte es auf achtzehn. Die anderen probten drei Stunden. Sie probte fünf.

Eines Tages sagte sie zur Mutter: „Warum soll ich nur tanzen? Warum soll ich nicht auch singen?"

„Kannst du denn singen?"

Der Dirigent der Revue meinte, nachdem er sie gehört hatte, sie habe eine gute Stimme. Die Mutter ließ ihr Stunden geben. Mutter und Tochter kamen nach Wien zurück. Hubert Marischka engagierte sie für eine Revue, die er im Zirkus inszenieren wollte. Sie lernte ohne Sattel zu reiten, Volten zu schlagen. Sie lernte steppen. Sie versuchte sich am Trapez, in zwölf Meter Höhe. Das Publikum raste vor Begeisterung. Das Tor stand offen.

Die UFA holte sie nach Berlin.

Bei der UFA ist man entzückt von Marika Rökk. Sie ist bezaubernd. Sie ist so hübsch! Sie ist einfach zum Anbeißen. Und sie hat außerdem so viel Humor!

Nach den Probeaufnahmen aber herrscht allgemeine Betretenheit. Diese Marika Rökk ... unmöglich! Erstens ist sie viel zu dick. Wie

252

kommt es nur, daß man das nicht vorher bemerkt hat? Im Leben wirkt sie doch gar nicht dick! Ein bißchen pummelig vielleicht, aber das ist gerade das Reizvolle! Marika hat sich die Aufnahmen mehrmals vorführen lassen. Noch am gleichen Tage beginnt sie eine Abmagerungskur. Als man ihr mitteilt, sie habe keine Filmchance, weil sie zu viel wiege, erklärt sie: „Ich habe schon fünf Pfund runter!"

Sie wird in den nächsten Wochen noch viele Pfunde abnehmen. Aber die Direktion: „Ihr Deutsch ... Wissen Sie, Fräulein Rökk, dieser Akzent ist sehr lustig, wenn man sich mit Ihnen unterhält. Aber im Film ... Im Film ist der ungarische Akzent unerträglich. Ja, wenn es sich um eine komische Alte handeln würde!"

Marika nickt: „Ich werde perfekt Deutsch lernen!" Sie wird zwar nie perfekt Deutsch lernen, aber sie verliert den peinlichen Akzent innerhalb von wenigen Monaten. Sie übt mit dem Regisseur Georg Jacoby, den sie später heiraten wird.

Auf dem UFA-Gelände in Babelsberg weiß man davon zu berichten, mit welcher Verbissenheit die junge Marika Rökk sich ihres Akzentes entledigt. Sie soll sich sogar einen Stein zwischen Zahn und Zunge geklemmt haben, um das rollende R der ungarischen Sprecheigenart zu beseitigen! Vor so viel Entschlossenheit kapituliert die UFA. Marika Rökk bekommt ihren ersten Film: „Leichte Kavallerie". In diesem Film singt, tanzt, reitet sie. Aber was das Publikum schließlich zu sehen bekommt, sind nur zehn Prozent von dem, was sie wirklich unternimmt, während der Film gedreht wird. Sie ist von früh bis spät im Atelier. Sie probiert jede Szene schon eine Stunde, bevor der Regisseur die Proben mit ihr beginnt. Sie findet das Atelier mindestens so interessiert wie die Revuebühne. Sie ist immer gut aufgelegt, immer bereit, alles zu tun, was man von ihr verlangt – und zehnmal soviel. Soviel gute Laune, soviel Bereitschaft steckt an. Die ganze Belegschaft verliebt sich in Marika Rökk. Das ganze Filmpublikum verliebt sich in Marika Rökk. Sie ist sicher keine große Schauspielerin, aber sie hat Witz. Sie hat Charme. Sie kann das, was sie macht – sie kann singen und tanzen und reiten und alle möglichen Tricks ausführen, die sonst im allgemeinen von Doubles gemacht werden.

Sie ist etwas sehr Seltenes: ein richtiger Professional. Eine Frau, die ihren Beruf todernst nimmt und für die alles andere erst in zweiter Linie kommt. Das will nicht besagen, daß Marika Rökk nicht auch außerhalb des Filmateliers ihre Reize hat. Ihr Erfolg hat einen besonderen Grund. Das, was die Rökk macht, wird in Deutschland allmählich Mangelware. Je weniger Revuefilme aus Amerika herüberkommen, um so mehr wird der Revuefilm das Monopol Marika

Rökks. Drüben gibt es mindestens ein Dutzend junger Damen, die hübsch sind und singen und tanzen können. In Deutschland gibt es nur Marika Rökk.

Die Tänzerin Leni Riefenstahl hat nun schon lange das Tanzen aufgegeben. Übrigens das Filmen auch. Sie kommt ja nicht dazu. Die Themen, die sie interessieren, darf sie nicht verfilmen. Statt dessen soll sie für Hitler einen Reichsparteitag-Film drehen. Das will sie nicht. Er besteht darauf. Als sie nochmals an ihn appelliert, bekommt sie gar keine Antwort. Hitler hat um diese Zeit viel anderes zu tun, er ist dabei, ganz Deutschland zu unterjochen, alles vom Untersten zuoberst zu kehren, seinen intimsten Mitarbeiter, den Hauptmann Röhm, zu ermorden nebst anderen Männern, die ihn an die Macht gebracht haben. Daneben beginnt die heimliche Aufrüstung. Man kann es ihm also wirklich nicht übelnehmen, wenn er im Augenblick keine Zeit für Leni Riefenstahl findet.

Aber Leni ist nicht so leicht zu entmutigen. Sie fährt einfach zur Reichskanzlei und behauptet, sie sei zu einer Audienz bestellt. Bevor der Irrtum bemerkt und sie hinausexpediert werden kann, erscheint Hitler und begrüßt sie mit herzlichen Worten: „Sieht man Sie endlich auch wieder einmal?" Hieraus glaubt Leni zu entnehmen, daß er nichts von ihren vielen Bemühungen, bei ihm vorgelassen zu werden, erfahren hat. Sie hält ihm einen Vortrag, warum sie den Parteitag-Film nicht machen will.

Hitler lächelt. „Sie sind zu sensibel . . . Die Schwierigkeiten, von denen Sie sprechen, bestehen nur in Ihrer Einbildung. Es handelt sich ja nur um sechs Tage, die Sie opfern sollen!"

Leni erwidert: „Ich bin nicht imstande, Künstlerisches zu schaffen, wenn mir jemand in meine Arbeit hineinredet. Wird nicht Dr. Goebbels Wünsche äußern, die ich nicht erfüllen kann?"

Hitler wird abweisend. „Sie haben jede Freiheit, Fräulein Riefenstahl!"

Da Leni Riefenstahl nicht wagt, gegen den strikten Befehl Hitlers zu handeln, erscheint sie zum Parteitag in Nürnberg mit einem Team von achtzig Mann. Dreißig davon sind Kameramänner.

Eigentlich hat Leni Riefenstahl nicht die geringste Lust, nach Nürnberg zu fahren, und das vor allen Dingen deshalb, weil sie sich ohne viel Phantasie vorstellen kann, wie das Propagandaministerium und seine Vertreter sich zu ihr stellen werden. Außerdem ist ihr in der Zwischenzeit klargeworden, daß sie von parteipolitischen Dingen wirklich keine Ahnung hat. Die größte Schwierigkeit aber: Wie kann man einen Film aus lauter Vorbeimärschen und Reden zusammenstellen, der nicht tödlich langweilig ist? Es handelt sich ja immer wieder um die gleichen Veranstaltungen. Sie müßte versuchen, durch verschiedene Kameraeinstellungen alles bewegt zu gestalten, müßte immer neue Blickpunkte finden . . .

Sie läßt also an allen Ecken und Enden Fahrbahnen und Schienen anlegen. Sie stattet ihre Kameraleute mit Rollschuhen aus. Sie läßt an einem Fahnenmast eine Art Lift anbringen, der die Kamera dreißig Meter emporzieht. Natürlich ist sie überall im Weg. Die großen Nazis sind nicht nach Nürnberg gekommen, um Leni Riefenstahl beim Filmen zuzusehen. Der Widerstand gegen sie wird also in diesem Jahr – wenn möglich – noch stärker als im Vorjahr. Überall werden die Kameraleute Lenis ausgesperrt; einmal wird sogar ein Tonwagen in den Graben geworfen. Die Fahrbahnen werden schneller, als sie aufgebaut werden konnten, wieder abmontiert. Leni selbst und ihre wichtigsten Kameraleute bekommen nicht einmal Zugang zu allen Veranstaltungen. Vor dem Hotel Hitlers, das Leni Riefenstahl durch Scheinwerfer bestrahlen lassen will, um einen dort stattfindenden Zapfenstreich zu verfilmen, läßt Goebbels die Scheinwerfer auslöschen. Leni läßt die Scheinwerfer wieder aufblenden. Goebbels läßt sie endgültig fortschaffen. Daraufhin läßt Leni Magnesiumfackeln herbeischaffen, die ja viel stimmungsvoller sind, aber einen derart verheerenden Rauch entwickeln, daß die ganzen Naziprominenten und die geladenen Diplomaten zu husten beginnen und die Flucht ergreifen. Aber Lenis Aufnahmen sind gelungen.

Immer wieder stört sie die Feierlichkeiten. Sie weiß ja nie, worum es geht. Sie weiß nicht, warum ein Kranz niedergelegt wird, warum Fahnen gesenkt, warum sie gehißt werden, und in Momenten, wo ergriffenes Schweigen zu herrschen hat, zankt sie sich mit SS-Häuptlingen und Ordnern. Sie verspricht sich etwas davon, den eleganten Schlafwagenzug zu fotografieren, in dem die Diplomaten wohnen. Aber da sie im Hauptbahnhof nicht genügend Licht hat, läßt sie ihn kurzerhand in die Landschaft fahren, was die Diplomaten, die gerade ihr Mittagsschläfchen halten, aufs tiefste erschreckt. Heß erscheint bei ihr und erklärt, er habe gehört, daß sie gewisse prominente Nazidamen aufgenommen habe und andere noch wichtigere nicht.

Leni erklärt: „Die hübschen bringe ich, die anderen natürlich nicht!"

Heß, der weiß, daß die zweite Kategorie wesentlich umfangreicher ist, protestiert gegen solche Willkür aufs schärfste.

Leni entscheidet: „Ihre Freunde hätten eben hübschere Damen heiraten sollen!"

General von Reichenau kommt zu ihr und beschwert sich, daß nicht genügend Aufnahmen der Wehrmacht gemacht worden sind – immerhin sei es das erste Mal, daß die Wehrmacht an dem Parteitag teilnehme. Leni erklärt ihm, am Tage des Aufmarsches der Wehrmacht sei schlechtes Wetter gewesen und die Aufnahmen seien grau in grau ausgefallen.

Reichenau sieht sie fassungslos an: „Sie können doch nicht die Wehrmacht einfach aus dem Film herauslassen?"

„Warum nicht? Schlechte Aufnahmen würden doch dem Film nur schaden!"

Reichenau will die Aufnahmen sehen. Er findet sie gar nicht so schlecht. „Ich werde mich also an den ‚Führer' wenden müssen!" erklärt er düster und marschiert ab.

Zuletzt redet ihr Hitler selbst noch in den Kram. Er schlägt vor, den Film wie folgt beginnen zu lassen, um niemandem weh zu tun, den er in der nächsten Zeit braucht: „Alle Prominenten, die auf dem Parteitag waren, werden ins Filmatelier kommen und werden sich hintereinander aufstellen. Ich selbst werde auch dabeisein. Dann wird die Kamera an allen vorbeifahren und über jeden, der ins Bild kommt, wird ein Satz gesagt werden, der seine Verdienste hervorhebt. So beginnen Sie den Film, und dann kann niemand mehr sagen, er sei benachteiligt worden!"

Leni Riefenstahl fürchtet, in Ohnmacht zu fallen. Schließlich bringt sie hervor: „Ich will den Film mit einem Wolkenmeer beginnen, aus dem sich die Türme und die Giebel der Stadt Nürnberg herausschälen sollen . . ." Sie beginnt zu weinen.

Hitler ist bestürzt. „Aber ich wollte Ihnen doch nur helfen!" Dann wird er ärgerlich. „Wenn Sie so eigensinnig sind und meine gutgemeinten Ratschläge nicht annehmen wollen, dann machen Sie, was Sie wollen!" Das tut Leni Riefenstahl auch. Sechs Monate schneidet sie an dem Film herum. Dann fährt sie nach Davos, um sich zu erholen. Inzwischen kommt der Film in Berlin heraus. Am Radio hört sie Goebbels, der in einer schwungvollen Rede den „Triumph des Willens" als „Film der Nation" auszeichnet. Sie kann zwar sein Gesicht nicht sehen, aber sie kann sich besser vorstellen, wie ihm zumute ist, als diejenigen, die vor ihm sitzen.

SCHAUSPIELER MIT REGIEBEGABUNG

Schon bevor Hitler an die Macht kam, trennte sich Gustaf Gründgens von Reinhardt und ging als Schauspieler und Regisseur ans Staatstheater, wo noch Ernst Legal das Zepter führte. Er sollte den Geßler, den Gabriel Schilling von Gerhart Hauptmann und den Mephisto spielen. Aber nur die Faust-Aufführung kam zustande, und sein Mephisto wurde ein Sensationserfolg, stellte den Faust von Werner Krauß geradezu in den Schatten.

In der nächsten Saison soll Gründgens den Hamlet spielen. Dann kommen, wenige Wochen nach der Premiere des „Faust II", die Nationalsozialisten an die Macht. Der neue, von Göring bestellte Intendant Ulbrich weiß nichts von Gründgens, weiß nichts mit Gründgens anzufangen. Überdies ist nur allzu bekannt, daß Gründgens wenig Sympathien für die Nationalsozialisten hat, daß fast alle seine Freunde bereits emigriert sind, und er wartet eigentlich jetzt von einem Tag zum anderen, daß man ihn entlassen wird.

Da wendet sich Göring persönlich an Gründgens. Göring hat als preußischer Ministerpräsident – sehr zum Leidwesen von Goebbels – das Staatstheater unter sich. Und da er sieht, wie unmöglich Ulbrich ist, bittet er Gründgens kurzerhand, sein Intendant zu werden.

Gründgens lehnt ab. Aber Göring läßt nicht locker. Und als er Gründgens schließlich völlige Unabhängigkeit in künstlerischer Hinsicht zusagt, ja, als Gründgens sogar die Erlaubnis erhält, Künstler zu engagieren, die nach dem Rassengesetz nicht mehr spielen dürfen, unterschreibt er.

Im Februar 1934 wird er Intendant. Im Oktober 1936 sogar Staatsrat.

Ein Theater wie das Staatstheater zu führen, ist schon in normalen Zeiten nicht leicht. Das Göringsche Staatstheater zwischen 1934 und 1945 zu führen, erweist sich als fast unmöglich, wenn man, wie Gründgens, gewisse künstlerische, politische und nicht zuletzt menschliche Prinzipien hat. Es ist Woche für Woche, Monat für Monat ein Kampf um Tod und Leben. Mehr als ein dutzendmal wird Gründgens Göring seinen Rücktritt anbieten. Nur so kann er es erzwingen, daß er nicht ein einziges Stück spielen muß, das er nicht spielen will, und daß er keinen der Künstler zu entlassen braucht, die Goebbels und den anderen Großen des Dritten Reichs nicht genehm sind. Da bleibt zum Filmen und Filmregieführen wenig Zeit.

Und doch bringt es Gründgens fertig, einige unerhört schöne Filme zu spielen und zu inszenieren. Da ist „So endete eine Liebe" mit Paula

Wessely. Da ist „Pygmalion" mit Jenny Jugo als Veilchenverkäuferin, natürlich unter der Regie von Erich Engel. Pygmalion ist jenes berühmte Stück von G. B. Shaw über den Professor Higgins, der das Mädchen Eliza Dolittle in der Gosse findet und aus ihr eine wohlerzogene Lady macht, nur um einer Wette willen – und sich dabei natürlich in sie verliebt. Die Eliza ist – natürlich – die Jugo. Sie ist unbeschreiblich ordinär und komisch. Ihr Dialekt ist eine Sache für sich. Wenn sie Gassenhauer grölt, liegt man am Boden. Da ist eine Szene, in der Eliza bereits als elegante Dame beim Rennen erscheint. Plötzlich sieht sie von der Tribüne, daß man ihrem kleinen Bruder eine Eiswaffel weggenommen hat. Mit einem Sprung ist sie neben dem Eiswagen und schlägt mit ihrem piekfeinen Regenschirm auf die Schuldigen ein, merkt dann, daß sie sich nicht benommen hat wie eine Lady, kehrt in arg derangiertem Zustand auf die Tribüne zurück und gibt in sehr „kultivierter" Sprache folgende Erklärung ab: „Plötzlich befand ich mich in einem Handgemenge . . ."

Neben der Jugo Gründgens als Professor Higgins, der Sprachgelehrte mit dem neuen Alphabet, das große Genie, das sich immer wie ein unerzogenes Kind benimmt, mit ungeheurem Interesse die Verwandlung der Eliza Dolittle verfolgt und nicht merkt, daß da nicht nur wissenschaftliches Interesse mitspielt, von einer zarten, kaum angedeuteten, aber nichtsdestoweniger umwerfenden Komik.

Ein Jahr vorher schon, 1934, spielt er in dem Film „Schwarzer Jäger Johanna" mit einer jungen Schauspielerin, die erst durch diesen Film nach vorn kommt.

Die Handlung spielt im Jahre 1809. Es geht um ein junges Mädchen, eben jene Johanna, die durch Zufall in die Kreise preußischer Patrioten gerät und, von der gerechten Sache mitgerissen, Soldat wird, um gegen Napoleon zu kämpfen. Ein patriotischer Film, ein bißchen zu absichtlich patriotisch, um ehrlich zu wirken.

Die Wirkung wird auch dadurch beeinträchtigt, daß Gustaf Gründgens eine Nebenrolle oder zumindest nicht die Hauptrolle, nämlich die des politischen Drahtziehers, Agenten und Intriganten spielt. Und zwar spielt er sie so, daß die Figur geradezu bedeutend wird, dämonisch, teuflisch und so die Figuren der Patrioten geistig überragt. Dadurch gerät stellenweise der ganze Sinn des Films in Gefahr.

Im Mittelpunkt Marianne Hoppe, ein Mädchen von herber Schönheit und knabenhafter Schlankheit.

Kurz nach dem „Schwarzen Jäger Johanna" entsteht „Das Mädchen Johanna", ein Film um die Jungfrau von Orleans, in dem Gustaf Gründgens den König von Frankreich spielt, nicht den farblosen

In „So endete eine Liebe" (1934) bestimmt Metternich (Gustaf Gründgens) den Herzog von Modena (Willi Forst) zum Überbringer der Botschaft an Marie-Luise, daß sie als Preis des künftigen Friedens Napoleon heiraten muß *(unten)*. Marie-Luise (Paula Wessely) entsagt ihrer großen Liebe *(rechts)*.

Nichts als ein Dressurakt ist es, meint Sprachforscher Professor Higgins zu Oberst Pickering, aus der ordinären Veilchenverkäuferin Eliza Doolittle eine feine Dame zu machen. Gustaf Gründgens (Mitte), Anton Edthofer und Jenny Jugo in „Pygmalion". Der alte Bernard Shaw war von Jenny Jugo als Eliza überaus entzückt.

König, den uns Schiller beschert hat, nicht den halb idiotischen, halb gerissenen von Shaw, sondern einen diplomatischen König, der weiß, daß Politik die Kunst des Erreichbaren ist, der immer die richtige Situation abwartet, sich zu Johanna bekennt, als sie siegt, und sie fallen läßt, als er merkt, daß sie an Popularität verliert. Ja, er wünscht ihren Tod auf dem Scheiterhaufen, da er sich darüber klar ist, daß sie als Tote noch eine viel größere Wirkung ausüben wird – eine grandiose Leistung!
Aber was ist das überhaupt für ein Film! Neben Gustaf Gründgens haben wir Heinrich George, René Deltgen, Erich Ponto, Willy Birgel, Theodor Loos, Aribert Wäscher, Franz Nicklisch, ja in einer winzigen Rolle, einen kleinen, nicht unbegabten Schauspieler namens Veit Harlan . . .
Die weibliche Hauptrolle wird von Angela Salloker gespielt, einer jungen Frau mit einem attraktiven, eigenwilligen Gesicht, einer ersten

Schauspielerin, die um diese Zeit Star des Deutschen Theaters ist, das jetzt nicht mehr von Max Reinhardt, sondern von Heinz Hilpert geleitet wird. Sie hat einen durchschlagenden Erfolg – aber sie wird keine Filmkarriere machen, zum Unterschied von Marianne Hoppe, der anderen „Johanna", die Gründgens ans Staatstheater holt. Er wird in den nächsten Jahren zahlreiche Filme mit der Hoppe spielen oder inszenieren, die kaum aus der Filmgeschichte hinwegzudenken sind, wie etwa „Eine Frau ohne Bedeutung", „Capriolen" und vor allem „Effi Briest" nach dem Roman von Theodor Fontane.

Schon vor dem „Mädchen Johanna", im Jahre 1934, hat Gründgens seinen ersten großen Erfolg als Filmregisseur gehabt. Es handelt sich um den Film „Die Finanzen des Großherzogs", der rund zehn Jahre vorher schon einmal von F. W. Murnau verfilmt wurde. Das Buch stammt von Frank Heller, ist ein Kriminalroman, der in der ganzen Welt gelesen wird. Es handelt sich um das Schicksal des Großherzogs

In „Das Mädchen Johanna" (1935) vermischt Gustav Ucicky den Idealismus der Schillerschen „Jungfrau von Orleans" mit der Ironie und dem Realismus von Shaws „Heiliger Johanna". Skeptisch, klug, kühl und voll inneren Zwiespalts stellt Gustaf Gründgens den König Karl VII. als modernen Herrscher dar *(links)*. Angela Salloker als Johanna ist alles andere als eine Heroine. Kindlich einfältig blickt sie aus dunklen Augen in die unbegreifliche Welt, die heute „Hosianna" und morgen „kreuzige" ruft.

eines Landes, das ganz winzig klein ist, mit dem verglichen Monaco geradezu ein Erdteil genannt zu werden verdient.

Um dies anzudeuten, verfällt Gründgens auf einen charmanten Regieeinfall. Der Film beginnt wie folgt:

Wir sehen die Unendlichkeit des Weltenraums. Wir sehen, wie klein die Erde innerhalb dieses Weltenraums ist. Wir sehen die ungeheure Erde und wie klein zum Beispiel Europa auf dem Globus ist. Wir sehen die Unendlichkeit Europa und das winzige Fürstentums des Großherzogs innerhalb Europas. Bevor der Film also angefangen hat, hören wir die gewissermaßen unhörbare Stimme des Regisseurs, der schmunzelnd äußert: „So wichtig ist das alles nicht!"

ZEHN PFENNIGE FÜR GARDEROBE

Um diese Zeit ist auch ein anderer Schauspieler nach vorn gekommen, etwas jünger als Gründgens, der aber wie dieser das Theater dem Film vorzieht. Eigentlich wollte er nicht einmal Schauspieler werden. Wolfgang Liebeneiner, 1906 in Liebau im Riesengebirge geboren, auf die Kadettenanstalt Wahlstatt geschickt, weil die Stadt Liebenau keine höhere Schule besaß, später auf der Kadettenanstalt in Berlin-Lichterfelde und im Zehlendorfer Realgymnasium erzogen, geht neunzehnjährig nach München, um Geschichte und Philosophie und Theaterwissenschaft zu studieren.

Zwanzigjährig kommt er, ein hübscher, dunkelhaariger, schmaler Jüngling, in Kontakt mit anderen Studenten, die gelegentlich im Lichthof der Münchner Universität Klassiker-Aufführungen veranstalten. Er macht mit, inszeniert auch gelegentlich das eine oder das andere Stück und wird auf eine recht seltsame Weise entdeckt.

Eines Abends erscheint der Dramaturg Heinrich Fischer von den Münchner Kammerspielen, um sich einen Studenten namens Rosenthal anzusehen, der den Dorfrichter Adam im „Zerbrochenen Krug" spielt. Der Zufall will es, daß es an diesem Abend regnet und die meisten Zuschauer und Studenten daher im Mantel erscheinen. Da es zehn Pfennig kostet, die Mäntel an der Garderobe abzugeben, behalten sie sie an. Die Polizei aber wünscht aus Sicherheitsgründen – warum, wird ewig unklar bleiben –, daß die Mäntel abgegeben werden. Also muß jemand vor den Vorhang treten und dies verkünden.

Liebeneiner tritt vor den Vorhang und bittet, die Mäntel abzugeben. Er sagt nur zehn Worte. Aber seltsamerweise hören ihm die Studenten

sofort zu, und, was noch unglaublicher ist, sie geben ihre Mäntel auch
ab. Fischer ist erstaunt. Wer ist dieser junge hübsche Kerl, der die
Zuschauer so schnell in Bann schlägt? Jawohl, eine solche Behauptung
ist nicht übertrieben, obwohl er es wagte, den Studenten zuzumuten,
zehn Pfennige auszugeben. Und es ist leichter, die Leute zuhören zu
machen, wenn man „Sein oder Nichtsein . . ." schmettert, besonders,
wenn die Leute gekommen sind, um einer Theatervorstellung beizuwohnen, als wenn man sie bittet, ihre Mäntel doch an der Garderobe
zu deponieren.
Fischer begreift: Der junge Mann gehört zu den seltenen Menschen,
die wissen, wie man aus zerstreuten, unaufmerksamen Menschen echte
Zuhörer macht.
Er erkundigt sich. Wie heißt der junge Mann? Liebeneiner? Er fragt
sich nach dem kleinen Raum durch, in dem die Studenten sich
umziehen. Er stellt sich Liebeneiner vor. „Wenn Sie morgen vormittag
nichts Besseres zu tun haben, würde ich mich freuen, Sie in meinem
Büro zu sehen."
Liebeneiner geht am nächsten Tag in die Kammerspiele. Dort muß er
dem Regisseur Hans Schweikart vorsprechen, dann dem Direktor
Falckenberg. Er wird für Wedekinds Schüler-Tragödie „Frühlings
Erwachen" engagiert, und da Falckenberg einen Regieassistenten
braucht, bleibt er während der nächsten drei Jahre als Regieassistent an
den Kammerspielen. Er spielt auch gelegentlich – unter anderem eine
Rolle in dem Soldatenstück „Die andere Seite", das Falckenberg
inszeniert. Alfred Polgar, der bekannte Wiener Kritiker und Essayist,
sieht ihn, schreibt über ihn, und dadurch wird Max Reinhardt auf
Liebeneiner aufmerksam. Er läßt sich von ihm vorsprechen und gibt
ihm einen Vertrag ans Deutsche Theater nach Berlin.
In Berlin filmt er auch zum ersten Male – und zwar spielt er im Film
„Die andere Seite" die gleiche Rolle, die er in München bei Falcken-
berg gespielt hatte.
Dies geschieht im Sommer 1930.
Im Sommer 1931 inszenierte Max Ophuels in München einen Film
nach der Oper „Die verkaufte Braut". In diesem Film soll die
Schauspielerin Sybille Schloß mitwirken, die gleichzeitig an den
Kammerspielen in dem Schauspiel „Gestern und Heute" von Christa
Winsloe spielt. Dieses Schauspiel wird später als Film „Mädchen in
Uniform" einen Welterfolg haben. Liebeneiner inszeniert das Stück.
Am Tage der Generalprobe erklärt ihm Fräulein Schloß, sie müsse ins
Filmatelier, da Herr Ophuels sie an diesem Tag benötige.
Liebeneiner sagt: „Das kommt gar nicht in Frage!" Er ruft Ophuels in

Geiselgasteig an, läßt sich nicht durch eine Sekretärin abspeisen, und als der Regisseur schließlich ans Telefon kommt, hält er ihm einen erbitterten Vortrag darüber, welchen schweren Existenzkampf das Theater in den letzten Jahren durchzustehen habe. „Wir vom Theater machen natürlich Kunst zum Unterschied vom Film!"

Der langen Rede kurzer Sinn: „Ich kann auf Fräulein Schloß nicht verzichten. Nach der Generalprobe mag sie filmen, so viel sie will! Heute wird sie nicht zum Drehen nach Geiselgasteig kommen!"

Ophuels ist über die Schärfe des Tones einigermaßen erschüttert. Er vermutet, daß er es mit einem bekannten, vermutlich bereits ergrauten, vielleicht leicht senilen Regisseur zu tun hat. Einige Tage später geht er in eine Vorstellung der Kammerspiele. Liebeneiner spielt in dieser Vorstellung mit. Ophuels stutzt. Liebeneiner? Hieß nicht auch der Regisseur oder Oberregisseur so, der ihn unlängst am Telefon abkanzelte? Vermutlich handelt es sich um den Vater des jungen Schauspielers.

Er erkundigt sich bei Heinrich Fischer. Der sagt: „Nein, das ist ein und derselbe!"

„Donnerwetter!" erklärt Ophuels. „Ein junger Schauspieler, der so wenig Respekt vor dem Film hat! Will er denn nicht auch gelegentlich mal zum Film?"

„Er hat schon einmal gefilmt! Aber Sie können ihn ja selbst fragen . . ."

Ein Jahr später ist es so weit. Max Ophuels dreht den Film „Liebelei" mit Magda Schneider, Luise Ullrich, Olga Tschechowa, Paul Hörbiger und Gustaf Gründgens. Es handelt sich in Arthur Schnitzlers berühmtem Drama um einen jungen Mann, der ein Verhältnis mit einer verheirateten Frau hat, aus der er sich schon lange nichts mehr macht. Da entdeckt ihr Mann den Ehebruch. Er fordert den jungen Mann zum Duell. Der liebt ein kleines, süßes Mädel und wird wieder geliebt. Eigentlich könnte das Leben herrlich sein, wenn er sich nicht für die ungeliebte Frau schlagen müßte. Er fällt im Duell und macht dadurch die, der er wirklich gehörte, unglücklich.

Die männliche Hauptrolle ist noch nicht besetzt. Ophuels sucht einen sehr jungen Darsteller für die Rolle des Leutnants Fritz Lobheimer. Er will ein neues Gesicht. Aus diesem Grunde lehnt er Willy Fritsch, Willi Forst, Oskar Karlweis ab. Dann denkt er an Liebeneiner. Der wäre wohl gerade der Richtige.

Liebeneiner spielt um diese Zeit bei Reinhardt am Deutschen Theater. Kann ein Schauspieler es weiter bringen? Nein! Hat es einen Sinn zu filmen, wenn man es einmal so weit gebracht hat? Nein!

Hertha Thiele kniet als Manuela v. Meinhardis vor ihrer Lehrerin, die sie mit der ganzen Inbrunst ihrer fünfzehn Jahre liebt. Diese Szene zwischen der Lehrerin (Dorothea Wieck) und Manuela gehört zum Stärksten, was der deutsche Film bisher zu zeigen hatte. „Mädchen in Uniform" wurde 1931 unter der Regie von Leontine Sagan gedreht.

Aber Ophuels ist nicht irgendein Filmregisseur. Ophuels ist eine Persönlichkeit. Er gibt nicht so schnell nach. Und dann: Es handelt sich schließlich um „Liebelei", ein schon fast klassisches Drama. Und die Rolle des jungen Mannes, der einen sinnlosen Tod stirbt, der im Duell für die ungeliebte Frau fällt, während er sich nach einer anderen sehnt – in einer solchen Rolle könnte man schon etwas zeigen.

Liebeneiner zeigt etwas – indem er überhaupt nichts zeigt. Er ist ganz einfach, ja, er ist ganz gewichtslos. Sein junger Wiener Offizier ist kein Hamlet, der sich den Kopf über große Probleme zerbricht. Er ist einer, der sich treiben läßt – und in den Abgrund getrieben wird. Gerade dadurch, daß Liebeneiner so überaus gleichgültig, ja willenlos wirkt, bekommt die Tragödie Schnitzlers eine neue Tiefe.

Während der Dreharbeiten zu „Liebelei" hört Erich Engel von Liebeneiner. Für Erich Engel, den Regisseur, der seinen Schauspielern alles „wegnimmt", ist Liebeneiner ein idealer Schauspieler – weil er eben kein Schauspieler ist. Engel spricht mit Pommer über ihn. Und Pommer engagiert Liebeneiner für die männliche Hauptrolle in dem projektierten Film „Ljubas Zobel" nach dem Roman von Alexander Lernet-Holenia. Ferner hat die UFA das Recht, im nächsten Jahr Liebeneiner für drei weitere Rolle zu holen – man nennt so etwas eine Option.

Inzwischen ist bereits das Jahr 1933 angebrochen. Liebeneiner fährt gerade zur letzten Synchronisation des Liebelei-Films nach Johannisthal hinaus. Er rast mit dem Auto gegen einen Baum. Zwei Monate Krankenhaus, ein weiterer Monat im Bett zu Hause. Dann eine Kur in Bad Elster.

Das erste, was Liebeneiner erfährt: Der Film „Ljubas Zobel" nach dem Buch von Alexander Lernet-Holenia wird nicht gemacht. Warum? Niemand weiß es so recht. Aber alle sind davon überzeugt, daß der Stoff dem Ernst der Zeit nicht entspricht. Außerdem ist der Produzent aus der UFA ausgeschieden. Liebeneiner erkundigt sich. „Wo ist Pommer?" möchte er wissen. Immer wieder fragt er: „Wo ist Pommer?" Erstaunte Blicke. Weiß Liebeneiner denn nicht? „Herr Pommer ist ins Ausland gefahren. Er sitzt in Paris."

Ernst Hugo Corell macht von dem Optionsrecht der UFA Gebrauch. Er teilt Liebeneiner mit, daß er in dem Film „Die schönen Tage von Aranjuez" spielen wird. Liebeneiner liest das Drehbuch und ist nicht gerade begeistert. Aber er hat ja einen Vertrag – also keine Wahl. Infolgedessen fährt er schon kurz nach seiner Rückkehr aus Bad Elster zu den Außenaufnahmen nach Paris und Spanien, kehrt dann für kurze Zeit nach Berlin zurück, wo er einige Tage im Atelier zu tun hat, und

Zwei fesche Leutnants, zwei süße Wienerinnen: Der Himmel müßte voller Geigen hängen, aber da werden alte Rechnungen präsentiert. Fritz wird vom Ehemann einer verflossenen Freundin zum Duell gefordert und dabei getötet. Die „Liebelei" endet mit Christines Selbstmord. Von links: Willy Eichberger als Theo, Luise Ullrich als Mizzi, Magda Schneider als Christine und Wolfgang Liebeneiner als Fritz. Regie Max Ophuels, 1933.

muß dann sogleich wieder abreisen; dieses Mal zu Außenaufnahmen für den Film „Rivalen der Luft", die in der Rhön und auf der Kurischen Nehrung stattfinden. Es handelt sich um eine Geschichte von Segelfliegern. Um diese Zeit ist Liebeneiner schon recht ärgerlich – über sich selbst und über die UFA. Warum muß er in solch albernen Filmen spielen wie den „Schönen Tagen von Aranjuez" oder der Segelfliegergeschichte? Er weiß bereits einiges vom Film. Er ist der festen Überzeugung, daß Film mit Kunst nichts zu tun hat, es sei denn in Ausnahmefällen. Und das bedeutet, daß er für die Zukunft mit dem Film nichts mehr zu tun haben möchte.
Also will er seine Beziehungen zur UFA so schnell wie möglich lösen. Da bekommt er ein Schreiben der UFA. Der Schauspieler Wolf Albach-Retty, der Mann Magda Schneiders, ist plötzlich krank geworden. Liebeneiner soll für ihn einspringen. Liebeneiner liest das Drehbuch. Seine Haare sträuben sich. Nein, er will die Rolle nicht spielen! Er denkt gar nicht daran. Dann kommt ihm eine Idee: Wenn er der UFA einen Gefallen tut, wird er einen Gefallen von der UFA verlangen können, nämlich ihn freizugeben.

Als der Produktionschef Ernst Hugo Corell davon erfährt, schüttelt er den Kopf. „Wie merkwürdig die Künstler sind! Dabei könnte dieser Liebeneiner doch eine große Karriere bei uns machen!"

Schließlich stimmt Corell zu. Liebeneiner soll seinen Willen haben. „Man kann ja niemanden zu seinem Glück zwingen! Aber er soll mir wenigstens sagen, warum er bei der UFA nicht mehr filmen will!"

An einem drehfreien Vormittag erscheint Liebeneiner im Büro Corells. Es kommt zu einer Aussprache, die eine gewisse Ähnlichkeit mit jener Unterhaltung hat, die Liebeneiner zwei Jahre vorher mit Ophuels am Telefon führte.

Corell beginnt: „Ich höre, daß Ihnen die UFA-Filme nicht gefallen!"

„Das stimmt!" erklärt Liebeneiner.

„Ich gebe zu, daß nicht alle UFA-Filme so sind, wie sie sein sollten. Aber schließlich müssen wir ja an das Geschäft denken."

Liebeneiner nickt: „Ich verstehe, daß die UFA Geld verdienen muß. Aber mich interessiert Kunst mehr!"

Corell lächelt nachsichtig. „Soweit ich orientiert bin, hat die UFA auch einige künstlerisch wertvolle Filme gemacht!" Er erinnert an den „Blauen Engel" und an Filme mit Conrad Veidt, mit Emil Jannings und Werner Krauß.

Aber Liebeneiner will sich nicht überzeugen lassen. „Das mögen Ausnahmen sein! Die Regel sieht anders aus!" Er äußert etwas von den „wertlosen Unterhaltungsprodukten" der UFA.

„Und da möchten Sie nicht mit dabei sein?"

Liebeneiner schüttelt den Kopf. „Nein, das möchte ich nicht!" Er fährt fort: „Außerdem habe ich das Gefühl, daß die Situation sich ein wenig verändert hat, seitdem Herr Pommer abgereist ist." Plötzlich beginnt er zu lächeln.

„Was finden Sie so komisch?"

„Kennen Sie Rabinovitsch?"

„Natürlich kenne ich Rabinovitsch!" bestätigt Corell. Den Produzenten der Kiepura-Filme, den Mann, der Willi Forst als Regisseur entdeckt hat, kennt natürlich jeder in der deutschen Filmindustrie.

„Wissen Sie, was der von den UFA-Filmen sagt?"

„Was sagt er denn?"

„Er sagt: ‚Schauspieler gut, Produktion gut, Architekt gut, Regie sehr gut, Film sehr, sehr schlecht!'"

Corell ärgert sich. Dies ist einer der seltenen Fälle, in denen der Mann, der immer über der Situation steht, den Humor verliert. Er klingelt nach seiner Sekretärin und diktiert ihr ein Memorandum für sämtliche

Produzenten: „Herr Wolfgang Liebeneiner wird bei uns nicht mehr beschäftigt! Januar 1934, gezeichnet Corell."

Nicht ganz zehn Jahre später wird Liebeneiner dieses Memorandum vorfinden, nämlich an dem Tage, an dem er in Corells Arbeitszimmer einzieht – als der letzte Produktionschef der Universal-Film-AG. vor dem Zusammenbruch im Jahre 1945.

DIE FREUNDIN DES GRAFEN HELLDORFF

Der junge Liebeneiner steht mit seinem Wunsch, mit der UFA nichts mehr zu tun zu haben, durchaus nicht allein da.

Als Brigitte Helms Vertrag mit der UFA zu Ende geht – im Jahre 1935 –, erneuert sie ihn nicht. Der Produktionschef Corell bittet sie zu einer Konferenz. Der Generaldirektor Klitzsch bittet sie zu einer Konferenz. Was will sie denn? Andere Stoffe? Andere Regisseure? Andere Partner? Sie schüttelt den Kopf. Sie hat überhaupt keine Forderungen. Sie will keine Filme mehr machen. Sie will heiraten.

Die UFA läßt nicht locker. Sie kann doch heiraten und trotzdem filmen!

Sie sagt nein. Sie hat wohl eine Ahnung davon, daß ein Filmstar in Deutschland in den Jahren, die bevorstehen, weniger und weniger Privatleben für sich wird beanspruchen dürfen. Und wohl auch davon, daß die Karriere im Dritten Reich durchaus nicht nur vom schauspielerischen Können abhängt, besonders wenn es sich um junge Schauspielerinnen handelt, sondern im steigenden Maße von der Gunst des Propagandaministers, davon, ob er sich für eine Schauspielerin interessiert oder nicht. Oder auch davon, ob sich andere Große des Dritten Reiches, wie zum Beispiel Hans Hinkel oder Graf Helldorff, für eine Schauspielerin interessieren.

Goebbels hat den „Hitlerjungen Quex" verfilmen lassen. Goebbels hat den Film zumindest bürokratisch gleichgeschaltet. Hitler träumt von Parteitag-Filmen.

Aber es ist keineswegs so, daß der ganze deutsche Film nationalsozialistisch wird. Im Gegenteil. Die Produzenten, voran der Chefproduzent Corell, leisten erbitterten Widerstand, wenn dieser Widerstand sich auch nur in Diskussionen und Verschleppungen zu erkennen gibt. Oder vor allen Dingen in dem Hinweis darauf, daß das Auslandsgeschäft rapide zurückgeht. So ist es zum Beispiel möglich, für den rassisch nicht tragbaren Filmregisseur Reinhold Schünzel bis auf weiteres Arbeitsbewilligung zu erhalten. Er dreht den Film „Viktor und Viktoria". Renate Müller spielt darin eine Doppelrolle. Es handelt sich um die Geschichte Viktors, der in Varietés als Damenimitator auftritt – aber in Wirklichkeit eben eine Frau ist.

Ein ganz leichter, ein ganz heiterer Film, schon fast ein Schwank, wäre nicht das zauberhafte Spiel Renate Müllers, die immer ein gewisses Niveau hält. Nicht zu vergessen ihr ausgezeichneter Partner Adolf Wohlbrück und natürlich die Regie Reinhold Schünzels, der zauberhafte Einfälle hat. Sein nächster bedeutender Film wird „Amphitryon" heißen.

Ja, er will den oft dramatisierten Stoff – von den alten Griechen bis zu Molière, Kleist, Giraudoux haben sich alle daran versucht – verfilmen. Er denkt an eine Art Singspiel. Die Götter, die sich zu den Sterblichen begeben – Zeus verführt bekanntlich in der Maske von Amphitryon dessen Gemahlin Alkmene –, kommen tanzend daher. Die Probleme der Treue und der Liebe sind musikalisch aufgelöst. Drei Hauptbesetzungen stehen für Schünzel vor allem fest: Willy Fritsch soll den Jupiter und den Amphitryon spielen, die Rolle des Gottes, der wie ein Sterblicher geliebt werden will, die Rolle des Sterblichen, der wie ein Gott lieben kann.

Paul Kemp – er ist um diese Zeit ein Schauspieler, dessen komische Wirkungen aus dem Menschlichen und nicht aus dem Klamauk kommen – wird die Diener-Doppelrolle spielen, den Merkur, der zwar nicht durch den Äther fliegt, aber seine Botschaften mittels Rollschuhen überbringt, und den Sosias, der ewig besoffen ist.

Und Adele Sandrock wird die Juno darstellen, wobei es bereits bei den Vorbereitungen zu Schwierigkeiten kommt. Das Kleid, das die Sandrock anzulegen hat, wiegt nämlich die Kleinigkeit von achtzig Pfund. Um die göttliche Adele zu entlasten, hat man ihr eine göttliche Figur über die Schulter gelegt, die hinter ihrem Rücken auf soliden Füßen steht und die Last des Kleides trägt. Adele lehnt diese Entlastung mit den Worten ab: „Dieses Ungeheuer werde ich mir umschnallen? Nein, das tue ich nicht! Auf meinem Busen trage ich das Kleid, der hält's aus!"

Wer aber wird die menschliche und göttliche Alkmene spielen? Schünzel hat einen gewagten Einfall. Er holt eine Frau, die sich um diese Zeit auf der Bühne schon durchgesetzt hat, die aber dem Publikum völlig unbekannt ist: Käthe Gold.

Sie ist Wienerin. Sie war ursprünglich Tänzerin. Sie wurde Schauspielerin. Heiratete einen Schweizer Operntenor und lebte, wo er gerade engagiert war. In Breslau, wohin er verpflichtet wurde, versuchte sie,

Als Damenimitator steht Renate Müller für ihren Kollegen Viktor (Hermann Thimig) ihren "Mann"; für das Weibliche wird sie beim Auftritt schon selber sorgen. "Viktor und Viktoria" unter der Regie von Reinhold Schünzel, 1933.

dem Direktor Barnay vorzusprechen. Der winkte ab. Er hatte kein Interesse für die Frauen seiner Tenöre. Dann kam das Vorsprechen doch zustande – und Käthe Gold war entdeckt.
An Otto Falckenbergs Kammerspielen in München wurde sie groß, kam nach Berlin, gefiel zuerst nicht, wurde dann die erste Schauspielerin des Staatstheaters. Eine ungewöhnlich reizvolle, schillernde Persönlichkeit, die an die Bergner erinnert, sowohl in der Gebärde wie auch in der Gestaltung ihrer Rede. Sie ist verwandlungsfähig bis zur Hexerei. Die kleine, unscheinbare Person wirkt auf der Bühne wie eine strahlende Schönheit. Aber wird sich das Wunder im Film wiederholen?
Schünzel wird gewarnt und wagt es trotzdem. Und siehe da – das Wagnis gelingt. Die Gold ist als Alkmene bezaubernd. Sie hat Herz, sie hat Humor. Sie hat Besinnlichkeit. Jedes Wort, das sie spricht, wird in ihrem Mund geadelt. Selbst die komischsten Situationen haben, wenn sie sie spielt, eine Spur von Tragik. Und die ernstesten werden durch sie aufgelockert.
Die Kritik rast. Das Publikum rast – aber seltsam: Der Film wird auf

Käthe Gold nur selten zurückgreifen. Man wird ihr kaum noch Rollen anbieten, obwohl ihre Karriere auf dem Berliner Theater weiterhin steil nach oben geht.

„Amphitryon" bedeutet also nicht den Beginn einer Filmkarriere Käthe Golds. Um so mehr läßt sich das von der Schauspielerin sagen, die die zweite weibliche Hauptrolle spielt: Fita Benkhoff. Auch vor ihr wird Reinhold Schünzel gewarnt. Auch gegen sie liegen eine Menge Bedenken vor. Zwar ist sie um diese Zeit bereits an der Berliner Volksbühne gelandet. Sie steht also als Schauspielerin in der vordersten Reihe. Was bedeutet das aber für den Film? Die UFA hat eine Probeaufnahme von ihr gemacht, und die ist katastrophal ausgefallen. Die neuen Probeaufnahmen überwacht Reinhold Schünzel persönlich. Er bestimmt, wie die Benkhoff geschminkt werden soll, kontrolliert die Arbeit der Friseuse und der Garderobieren. Er ist entzückt von den Probeaufnahmen. Die Benkhoff ist es nicht. Die Benkhoff ist davon überzeugt, daß sie auf der Leinwand unausstehlich wirkt.

Reinhold Schünzel zu Paul Kemp: „Lassen Sie ihr die Probeaufnahmen zehnmal vorführen, dann wird sie endlich sehen, wie hübsch sie ist!"

Sie sieht es endlich. Aber der Vertrag mit der UFA kommt nicht zustande. Wochen vergehen. Und eines Tages weiß Paul Kemp Schlimmes zu berichten. „Goebbels will eine andere Besetzung. Die Freundin des Grafen Helldorff soll deine Rolle spielen!" Graf Helldorff ist eine Macht. Seine Freundin ist – nun, nennen wir sie – eine Schauspielerin.

Die Benkhoff eilt zu Schünzel. „Es ist also nichts?"

Schünzel lächelt grimmig. „Wollen mal abwarten!" Er läßt auf Drängen von Goebbels von Helldorffs Freundin Probeaufnahmen machen.

Goebbels fragt Schünzel: „Nun?"

Schünzel: „Wenn der Herr Minister sich vielleicht die Probeaufnahmen selbst ansehen würde?"

Goebbels sieht sich die Probeaufnahmen selbst an. Graf Helldorff hat eine niedrige Parteinummer. Eine sehr niedrige. Graf Helldorff hat eine Menge für die Partei getan. Graf Helldorff . . .

Es wird hell im Vorführraum des Propagandaministeriums. Goebbels steht auf. „Nehmen Sie die von der Volksbühne!"

Dies ist Fita Benkhoffs Durchbruch zum Film. Es ist der Beginn der großen Karriere einer großen Schauspielerin, die bessere Rollen verdient, als der deutsche Film für sie finden wird, die aber gleichviel ein Liebling des deutschen Filmpublikums werden und bleiben wird.

„Amphitryon" – eine Götterkomödie nach dem Schauspiel von Kleist – inszenierte Reinhold Schünzel 1935. Willy Fritsch und Paul Kemp in Doppelrollen: *oben* als Feldherr Amphitryon und Diener Sosias, *links* Fritsch als Zeus mit Käthe Gold als Amphitryons Gattin Alkmene, *unten* Kemp als Merkur mit Fita Benkhoff als Sosias' Frau Andria.

DAS LEICHTE FACH

Je schwieriger die Zeiten werden, um so eifriger, ja krampfhafter die Bemühungen der deutschen Filmproduzenten, Filme zu machen, über die die Menschen lachen oder zumindest lächeln. Es ist kein Zufall, daß Marika Rökk Anfang der dreißiger Jahre groß wird. Es ist kein Zufall, daß neben ihr eine ganze Reihe junger Schauspieler nach vorn kommen, die wie sie zu singen und zu tanzen verstehen.

Da ist vor allen Dingen der Holländer Johannes Heesters, Jopi genannt, ein großer, hübscher, sympathischer Junge mit einem spitzbübischen Lächeln. Er spricht kein akzentfreies Deutsch, aber das stört das Publikum gar nicht, weder im Theater, noch im Film. Heesters hat soviel Charme, daß nicht nur alles, was er sagt, nebensächlich wird, sondern auch, wie er es sagt.

1934 hat er schon unter Karl Hartl in Wien einen Film, „Die Leuchter des Kaisers" gemacht, eine ziemlich tolle Spionagegeschichte aus der Zarenzeit, in der er eigentlich eine kleine Rolle spielte: die des blutjungen Großfürsten Peter Alexandrowitsch, der während eines Wiener Opernballes von polnischen Verschwörern verschleppt wird, die wiederum damit einen gewissen Druck auf seinen Vater, den Zaren, ausüben wollen; und dann kommt Heesters eigentlich gar nicht mehr vor, es geht dann um zwei antike Leuchter, die ein Geheimfach enthalten, um kompromittierende Briefe, die in dem Geheimfach versteckt sind, um den Kampf von Verschwörern und Geheimagenten, die von gewichtigen Schauspielern dargestellt werden, von den Stars des Films, von Sybille Schmitz und Karl Ludwig Diehl – über die noch gesprochen werden wird . . .

Aber Heesters hat mit den paar Minuten, die man ihn am Anfang des Films auf der Leinwand sah, gesiegt. Bei der UFA begreift man: Endlich wieder einmal ein junger frischer Kerl, einer, der wohl in die Fußstapfen von Willy Fritsch treten könnte. Er ist vielleicht als Schauspieler Fritsch noch nicht ebenbürtig, dafür hat er aber ein gewisses internationales Etwas . . .

1936 wird er im „Bettelstudent" herausgestellt, und das ist dann auch sein Durchbruch. Es handelt sich um die Verfilmung der alten Operette von Karl Millöcker mit den vielen Liedern, die über die ganze Welt gingen, wie:

„Nur um eines bitt' ich dich, liebe mich . . ."

So etwas macht Heesters großartig. Er ist jung, er ist frisch, und er ist vor allen Dingen nie sentimental.

Johannes Heesters (rechts) sitzt als „Der Bettelstudent" (1936) mit seinem Freund im Kittchen.

Übrigens ist Marika Rökk im „Bettelstudent" die Partnerin von Heesters.
Im nächsten Jahr gleich wieder eine Operette von Millöcker: „Gasparone", und dann eine unendliche Reihe von Lustspielen und Filmoperetten, die vorübergehend 1945 mit der „Fledermaus" abbricht.
Oder da ist Hans Söhnker. Der Vater, entschlossen, ihn zum Kaufmann zu machen, schickte ihn als Lehrling in eine Möbelfabrik. Der Chef warf ihn kurzerhand hinaus mit dem klassischen Zeugnis: „Dem Drang zum Theater folgend, beenden wir seine Lehrzeit!"
Söhnker spielte sich durch die Provinz. Er spielte kleine und kleinste Rollen, aber sie wurden schnell größer. Die jungen Mädchen in Kiel, Danzig und Chemnitz fielen fast in Ohnmacht, wenn er auftrat. Obwohl er niemals Gesangunterricht gehabt hatte, mußte er auch gelegentlich in Operetten mitwirken – weil er so hübsch aussah und auch musikalisch war. Und die Ironie des Schicksals wollte es, daß der

Film auf ihn aufmerksam wurde, nicht weil er ein guter Schauspieler war, sondern weil er gelegentlich Operetten singen konnte.

1933 wird die UFA die Operette „Zarewitsch" von Franz Lehár drehen. Die weibliche Hauptrolle soll Martha Eggerth spielen, einen Zarewitsch hat man nicht. Willy Fritsch kommt nicht in Frage, er wirkt zu deutsch für einen Russen.

Irgend jemand weist auf Hans Söhnker hin. Er stellt sich bei der UFA vor. Der Regisseur Viktor Janson sieht ihn und ruft spontan aus: „Der ist der Richtige!"

Mit diesem einen Film setzt sich Hans Söhnker durch. Vorerst in Filmoperetten, denn es gibt ja so wenig hübsche junge Männer, die auch singen können. Aber es dauert nicht lange, bis es Söhnker klar wird, daß er in großer Gefahr schwebt, immer wieder die gleichen Rollen spielen zu müssen. Das will er nicht. Er will anderes, Gewichtigeres spielen, er will vor allen Dingen nicht immer singen.

Die Produzenten wollen ihm zuerst nicht glauben. Sie sagen zu ihm: „Aber, Herr Söhnker, wenn es Sie nicht gäbe, müßten Sie erfunden werden!"

Sie meinen damit eben den singenden und tanzenden Bonvivant, nicht den Schauspieler. Sie wissen ja noch gar nicht, daß es den Schauspieler Söhnker gibt. In den nächsten Jahren wird er es ihnen beweisen und wird noch lange vor Kriegsende einer der ersten deutschen Filmschauspieler sein.

Auch des deutschen Filmes Vorrat an Komikern ist nach der Machtübernahme Hitlers arg zusammengeschrumpft. Der einmalige Felix Bressart ist nach Amerika emigriert. Der stets gut aufgelegte, blubbernde, sehr korpulente Otto Wallburg, bei dessen bloßem Anblick man schon Tränen vor Lachen vergießt, verschwindet nach Holland. Szöke Szakall hat sich nach Hollywood abgesetzt. Julius Falkenstein, mit ungeheurer Glatze und fast immer mit Monokel, lebende Parodie auf eine Offizierskaste, die es nicht mehr gibt, ist gestorben. Auch Max Adalbert, der stille Komiker, ist so still von hinnen gegangen, wie er gelebt und gespielt hat. Er ist während des Sommers eingeschlafen, und kaum ein Kollege kam zu seiner Beerdigung . . . Der unvergleichliche Max Pallenberg wird das Opfer eines Flugzeugunfalles in der Tschechoslowakei. Er fliegt nach Karlsbad, wo er abends spielen soll, tauscht sein Billet für fünf Uhr nachmittags gegen ein Billet für ein Flugzeug, das schon um drei Uhr Prag verläßt, um. Das Fünfuhrflugzeug kommt pünktlich in Karlsbad an. Das Dreiuhrflugzeug stürzt wenige Minuten nach dem Start ab . . .

Wer bleibt in Deutschland? Der dicke Jacob Tiedtke, der leider viel zu wenig beschäftigt wird, der charmante Georg Alexander, der urkomische Wilhelm Bendow, der allerdings immer wieder Schwierigkeiten mit dem Regime haben wird.

Von den ganz Großen: Ralph Arthur Roberts – eine ungewöhnliche, man darf wohl sagen, einmalige Persönlichkeit.

Ursprünglich Offizier, groß, schlank, blond, sehr aristokratisch, schrieb er schon 1919 die Ballade „Auf der Reeperbahn nachts um halb eins", spielte dann in Hamburg Theater und kam nach Berlin, um als Partner von Fritzi Massary in einigen Operetten mitzuwirken; ging zum Lustspiel über und spielte unzählige Schwänke und Komödien. Er stellte keine Menschen dar, er markierte Typen: verkalkte Lebemänner, schnarrende Offiziere, die sprichwörtlichen Onkel aus der Provinz, Spießer aller Arten.

Er spielte mit den Worten, wie außer ihm nur noch Max Pallenberg. Der ursprüngliche Text war gewissermaßen Vorwand für seine Künste, kaum mehr. Wenn er auf der Bühne stand, wurde sie zum Vortragspodium, zur Zirkusarena, in der er seine Künste zum besten gab.

Unbeschreiblich, wie er einmal einen Beamten spielte, der den Tick hatte, alle Worte zu verdeutschen. Den Chef nannte er „Betriebseigner", einen Doktor „Klugwisser", einen Oberregierungsrat „Oberobrigkeitsrat" und so weiter.

Natürlich holte ihn der Film. Nach unzähligen Stummfilmen – „Meine Tante, Deine Tante", „Moral", „Der Biberpelz", „Der Raub der Sabinerinnen" – kamen die Riesenerfolge im Tonfilm. Der größte vielleicht „Der Maulkorb", bei dem Erich Engel Regie führte. Unnachahmlich der Spießer, den er da hinlegte, der, den Hund an der Leine, abends zum Stammtisch zog, am Morgen, noch verkatert vom Vorabend, aus dem Bett zum Telefon gezerrt wurde und zuerst überhaupt nichts verstand, dann langsam, ganz langsam zu funktionieren begann . . .

Komiker, die aufkommen: Neben Paul Hörbiger und Paul Kemp, von denen schon die Rede war, Hans Moser und Theo Lingen.

Hans Moser ist kein junger Mann mehr, er geht schon auf die Fünfzig. Klein, untersetzt, ohne etwa dick zu sein, ungemein beweglich, hat er jahrelang in Wien Operette und Schwänke gespielt. Keiner vermag wie er einen Dienstmann, einen Kellner, einen kleinen Schreiber, überhaupt alle kleinen Leute mit wenigen Strichen auf der Bühne lebendig zu machen. Max Reinhardt, der ihn zufällig einmal sieht, begreift sofort: Moser ist mehr als ein Operettenkomiker, als ein Schwankschauspieler, Moser ist ein großer Menschendarsteller. Er holt ihn nach

Berlin und läßt ihn den Garderobier eines berühmten Schauspielers in
„Broadway" darstellen.
In Berlin versteht man kaum ein Wort von dem Wiener Deutsch
Mosers, und was man allenfalls verstehen könnte, verschluckt Moser,
röchelt er, vernuschelt er. Aber das ist alles so unbeschreiblich
komisch, daß Moser einen Sensationserfolg davonträgt. Die UFA holt
ihn. Der erste Film ist „Liebling der Götter", in dem Jannings einen
berühmten Sänger spielt und Moser – erraten! – die gleiche Rolle wie
im „Broadway". Und dann folgen unzählige Lustspiele, in denen
Moser eigentlich immer wieder die gleiche Rolle spielt. Den kleinen
Bürger, der immer etwas verärgert ist, der sich immer verhaspelt und
schließlich mit der Achsel zuckt und es mit einer resignierten
Handbewegung aufgibt, sich verständlich zu machen...
Einer, der immer wieder die Menschen zum Lachen bringt, obwohl es

Freudentränen in den Augen hat Renate Müller. Ihr Gemahl, der gefeierte Tenor Albert
Winkelmann (Emil Jannings), „Der Liebling der Götter", hat seine Stimme wieder. Er
singt den Lohengrin in Wien. Und Kratochil, das alte Faktotum, von Hans Moser
rührend-raunzend dargestellt, ist verdattert vor Glück. Regie Hanns Schwarz, 1930.

im Grunde traurig um ihn bestellt ist, obwohl ihm immer alles mißlingt, der einer der großen Menschendarsteller der Leinwand werden könnte, wenn die Produzenten nicht so glücklich wären, in ihm einen Mann zu besitzen, der die Leute immer wieder in gute Laune versetzt.

Oder da ist Theo Lingen – übrigens in unzähligen Filmen mit Moser zusammengekoppelt, gewissermaßen Norddeutscher gegen Süddeutscher, Ruhe gegen Explosion, Intellekt gegen Gefühl.

Theo Lingen oder – wie er eigentlich heißt – Schmitz stammt aus Hannover. Er ist schmal, er hat eigentlich ein feines, ja ein distinguiertes Gesicht, und wenn die etwas übertrieben lange Nase und die abstehenden Ohren nicht wären . . .

Er kann sprechen. In der Tat, es gibt wenige Schauspieler in Deutschland, die so klar zu sprechen vermögen wie er. Und er könnte mit Ausnahme von Liebhabern wohl alles spielen.

Aber er wird, ähnlich wie Moser, sehr schnell auf einen Typ – auf einen der vielen Typen, die er spielen könnte – festgelegt. Er wird der deutsche Buster Keaton, der sich nie anmerken läßt, was er fühlt oder was er denkt – wenn er überhaupt denkt. Er ist der hochherrschaftliche Diener, der viel vornehmer als sein Herr ist, der dümmliche Gehilfe des Detektivs, der mehr weiß als der Detektiv, der piekfeine Kellner oder, wenn es ganz schlimm kommt, der „Theodor im Fußballtor". Lingen wird immer übertölpelt, muß immer gute Miene zum bösen Spiel machen.

EIN PAAR HERREN UND EINE DAME

Da ist Karl Ludwig Diehl, groß, schlank, blond, ausgesprochen sympathisch. Schon sein Aussehen legt ihn fest. Er könnte nie einen Bösewicht spielen. Er sieht nun einmal nicht aus wie ein Bösewicht. Er sieht aus wie ein Gentleman. Und das hat einen guten Grund. Er ist ein Gentleman. Er kommt aus dem gehobenen Bürgertum, verkehrt in Adelskreisen. Er hat eine Gräfin geheiratet. Er sieht genau so aus, wie sich das Publikum einen Adligen vorstellt. Er ist immer liebenswürdig und aristokratisch überlegen.

In seinem ersten Film, „Liebeswalzer", den er 1930 mit Willy Fritsch und Lilian Harvey drehte – auch Georg Alexander wirkte mit –, fiel er sofort auf. Andere Filme folgten fast ohne Unterbrechung. Im „Greifer" war Diehl Partner oder Gegenspieler von Hans Albers. In

„Aschermittwoch", einem der zahllosen Kasernenhof-Filme, spielte er einen Offizier, dessen hübsche junge Frau Yvette – er hat sie aus dem Ausland mitgebracht – sofort versuchte, seinen besten Freund zu verführen. Einen geplatzten Wechsel gab es auch, den Diehl für seinen besten Freund einlösen wollte. Und dabei fand er seine Frau in dessen Wohnung.

Der Freund erschoß sich natürlich, wie das in solchen Fällen üblich ist. „Aschermittwoch" blieb keineswegs der einzige Kasernenhof-Film, den Diehl machte. Man legte Diehl in den nächsten Jahren geradezu auf Uniformen fest. Was „Aschermittwoch" recht war, mußte „Rosenmontag" billig sein. Dann gab es noch „Im Geheimdienst" und „Der Schuß im Morgengrauen" und „Ein Mann will nach Deutschland" – eben jenen Film, in dem Willy Birgel zum ersten Mal auffiel – und „Der höhere Befehl" und „Die Leuchter des Kaisers", der erste Film des jungen Heesters.

Erstaunlicherweise ist Diehl, eigentlich das Idealbild des deutschen Mannes, durchaus nicht beliebt bei den Nazis. Aber das ist vielleicht nicht so erstaunlich, wenn man weiß, daß Diehl vom ersten Augenblick an zu den entschlossensten Widerständlern gegen das Regime gehört; er wird auch später, im Jahre 1944, in die Ereignisse des 20. Juli verwickelt werden.

In diesem Zusammenhang mag auch Victor de Kowa, ursprünglich Victor Kowarzik, aus Görlitz genannt werden, auch ein scharfer Gegner Hitlers. Übrigens ein großartiger Schauspieler, viel mehr als nur ein „Liebhaber", für den ihn das breite Theater- und Filmpublikum hält.

De Kowa kommt jung, hübsch und sehr begabt nach Berlin und wird schon 1929 in kleineren Filmrollen beschäftigt, obwohl, seltsamerweise, die Produzenten etwas gegen ihn haben. Sie sagen von ihm: „Schade, daß de Kowa keinen Frack tragen kann!" Das ist ungerecht.

Denn wer könnte einen Frack tragen wie de Kowa? Das Glück will es, daß er ans Metropol-Theater engagiert wird, um mit der unvergleichlichen Fritzi Massary in der Operette „Eine Frau, die weiß, was sie will!" zu spielen. Da muß er nun einen Frack tragen, da muß er elegant und liebenswürdig sein, und selbst die Filmproduzenten geben schließlich zu, daß sie sich geirrt haben – obwohl das eigentlich nie vorkommt. Denn wie sagt schon Morgenstern? „. . . weil nicht sein kann, was nicht sein darf!"

De Kowas Filmdurchbruch: „Die andere Seite", ein Film aus dem Weltkrieg, in dem er neben Conrad Veidt und Wolfgang Liebeneiner erscheint. Dann „Die Finanzen des Großherzogs", wo er unter der

Der junge Baron Neuhaus ist Victor de Kowa in dem gleichnamigen Film, den Gustav Ucicky 1934 inszenierte. Die historische Liebes- und Sittenkomödie spielt zur Zeit der Kaiserin Maria Theresia. Käthe von Nagy als Christl (rechts), Lola Chlud als Kaiserin (links). Das Bild zeigt eine Szene aus der Spanischen Hofreitschule in Wien.

Regie von Gustaf Gründgens in der Hauptrolle herausgestellt wird und beweist, daß er nicht nur elegant ist, sondern auch eine Portion Humor besitzt.
Inzwischen ist de Kowa auf der Bühne ein großes Stück weitergekommen. Er wird trotz seines großartigen Aussehens ein erster Charakterschauspieler. Gustaf Gründgens holt ihn ans Staatstheater. Aber der Film wird noch lange brauchen, bis er ihm die Rollen gibt, die ihm gebühren: Weil er doch so hübsch aussieht! Weil er nun doch einen Frack tragen kann!
Es gibt noch andere Schwierigkeiten für de Kowa. Zwischen ihm und Goebbels herrscht keine Freundschaft. Es handelt sich zuerst um eine bekannte Schauspielerin, mit der de Kowa verlobt ist. Später, als er die reizende japanische Sängerin Michi Tanaka heiraten will, mengen sich alle möglichen Ämter ein. Die Reichskanzlei läßt den Fall von Rassensachverständigen prüfen.
Ist eine Japanerin arisch? Ist sie nichtarisch? Sie ist natürlich arisch,

denn Hitler hat mit Japan ein Schutz- und Trutzbündnis geschlossen, also kann man das befreundete Japan nicht beleidigen!

Auf der anderen Seite . . . Was werden die Leute sagen, wenn der junge Victor de Kowa mit einer Japanerin . . .?

Erst als de Kowa verspricht, die Heirat nicht zu publizieren und sich auf dem Standesamt nicht fotografieren zu lassen, darf er Michi Tanaka heiraten. Freilich wird ihm noch schriftlich mitgeteilt, daß seine Frau auf keinen Fall das Mutterkreuz erhalten würde . . .

Trotzdem schafft es Victor de Kowa irgendwie, weiterzuleben.

Während de Kowa lange um ernsthafte Filmrollen kämpfen muß, fliegen sie Ewald Balser förmlich zu. Freilich, Balser ist Anfang der dreißiger Jahre bereits einer der ersten deutschen Bühnenschauspieler, deutsch und nicht österreichisch, wie viele glauben, weil er zu den Koryphäen des Wiener Burgtheaters gehört.

Er ist im Ruhrgebiet geboren, als Jüngstes von elf Geschwistern. Er sollte ursprünglich Graveur werden, wurde aber Schauspieler, kam bald zu Falckenberg an die Münchener Kammerspiele, eines der ersten deutschen Theater, und von dort nach Wien an die „Burg".

Der Film holte ihn. Denn es gab nicht viele junge Schauspieler seines Fachs in Deutschland – Schauspieler, die über große Stimmittel und Fähigkeiten der Charakterisierung verfügten. Auf der Bühne war er Nachfolger der großen Generation der Bassermanns und Moissis.

Im Film war er lange kein ausgesprochener Erfolg. Seltsam eigentlich, denn die Filme, zu denen man ihn heranholte, waren gute, ernsthafte Filme und oft auch erfolgreiche. Aber Balser selbst konnte sich lange nicht durchsetzen. Das Publikum betrachtete ihn mit einer gewissen Hochachtung, aber ohne große Sympathie und innere Anteilnahme.

Ein anderer Schauspieler, der um die gleiche Zeit aufkommt, ist René Deltgen, der zum ersten Male 1935 unter Gustav Ucicky in dem Film „Das Mädchen Johanna", im gleichen Jahr bei Gerhard Lamprecht neben Birgel in „Einer zuviel an Bord" zu sehen ist: ein dämonischer, düsterer Mime, ein wenig in der Art des frühen Conrad Veidt, wenn auch freilich ohne die Überlegenheit dieses unerreichten Schauspielers. Immerhin, Mitte der dreißiger Jahre gibt es wenige Schauspieler für das dämonische Fach, und das bedeutet, daß Deltgen von einem Film in den anderen förmlich getrieben wird. Er spezialisiert sich auf Zirkus- und Varieté-Filme. „Die drei Codonas" werden einer seiner größten Erfolge. Später, viel später, der Film mit den Lipizzanern „Zirkus Renz" . . .

Auch Carl Raddatz gehört zu den Schauspielern, die Mitte der dreißiger Jahre aufkommen. Er ist in Mannheim geboren, und da er sich schon von Kindheit an fürs Theater interessiert und entschlossen ist, koste es, was es wolle, Schauspieler zu werden, macht er die Bekanntschaft von Willy Birgel, der sich von ihm vorsprechen läßt. Birgel ist beeindruckt, bringt ihn zum Mannheimer Intendanten, der Raddatz mit fünfzig Mark Monatsgage anstellt. Im zweiten Jahr sind es schon hundert Mark.

Übrigens denkt Raddatz schon um diese Zeit an den Film und schreibt einen langen begeisterten Brief an den Mann, den er für den größten deutschen Filmregisseur hält: Fritz Lang. Der antwortet auch, rät Raddatz, einige Jahre Theatererfahrung zu sammeln und sich dann wieder mit ihm in Verbindung zu setzen. Freilich, schon ist es Ende 1932. Wenige Monate später hat Fritz Lang Deutschland verlassen.

Raddatz geht an das Aachener Stadttheater, wo er keinerlei Erfolg hat, dann an das Landestheater in Darmstadt, wo er sich durchsetzt. Von hier wird er zu Probeaufnahmen von der UFA nach Berlin geholt. Aber schon hat er ein Engagement an das Bremer Schauspielhaus in der Tasche. Da bietet ihm die UFA eine Filmrolle an. „Urlaub auf Ehrenwort" mit René Deltgen und Bertha Drews, der Frau Heinrich Georges. Nach drei Monaten wieder ein Anruf von der UFA. Diesmal soll er für eine mittlere Rolle in „Verklungene Melodie" mit Brigitte Horney und Willy Birgel ganze dreitausend Mark bekommen.

Als Raddatz das Telegramm erhält, glaubt er zuerst an einen Tippfehler des Telegrafenamtes. Dreitausend Mark? Dann wäre er ja alle seine Schulden los! Dann könnte er sich ja endlich einen Plattenspieler kaufen – seit Jahren hat er sich einen Plattenspieler gewünscht!

Aber es kommt noch besser. Als der Bremer Vertrag abläuft, erklärt sich die UFA bereit, Raddatz fest zu engagieren. Tausend Mark im Monat! Tausend Mark im Monat – das bedeutet pro Film vier- oder fünftausend Mark . . . und das ist erst der Anfang. Bis zum Kriegsende wird die Gage von Raddatz das Zehnfache betragen, trotz des offiziellen Gagenstopps, den das Propagandaministerium befohlen hat. Denn auch Raddatz ist ein Typ, den der Film so notwendig wie Brot braucht: jung, schmal, lebendig und hart – ohne jede Sentimentalität. Einer jener seltenen Schauspieler, bei denen man immer wieder vergißt, daß sie Schauspieler sind, die wirken, als ob irgendein Regieassistent sie von der Straße ins Atelier geholt hätte; von jener verblüffenden Einfachheit, die das Geheimnis derer ist, die sich alles schwermachen. Denn Raddatz arbeitet schwer.

Seine schnelle Karriere ist also durchaus kein Zufall. Und dann gibt es noch andere Schwierigkeiten für ihn.

Denn er ist ein erklärter Gegner des Nationalsozialismus, und wenn er etwas getrunken hat – das kommt bei ihm gelegentlich vor –, äußert er mit erschreckender Offenheit, was er von den braunen Herren hält. Bevor der Krieg zu Ende ist, wird er noch mehr als einmal Unannehmlichkeiten haben . . .

Eine gewisse Ähnlichkeit mit Raddatz besitzt Gustav Knuth, der freilich trotz verlockender Filmangebote in erster Linie Bühnenschauspieler bleibt.

Ein großer, starker Bursche, dieser Gustav Knuth, der, wenn es nach dem Vater ginge, wie dieser Zugführer oder Lokomotivführer werden würde. Aber er brennt früh durch; eine liebende Schwester finanziert die Flucht wie auch die heimlichen Schauspielstunden. Jahrelang treibt sich Knuth an kleinen Bühnen herum, in Hildesheim, Harburg, dann in Basel, wo er am Stadttheater auch in der Operette mitwirkt.

Am Stadttheater von Altona wird er dann so etwas wie ein Lokalmatador. Einmal hat er es in Berlin probiert, wo er mit einem Boxerstück kläglich durchfiel. Gustaf Gründgens holt ihn trotzdem wieder ans Staatstheater, und diesmal ist er ein großer Erfolg und bleibt es bis Kriegsende. Er spielt alles: Klassiker und moderne Stücke.

Das Geheimnis von Knuth: die Stille, ja geradezu die Sanftheit, die in so absolutem Gegensatz zu dem robusten Äußeren steht, die Spur Romantik, die sich vergebens hinter der nordischen Fassade, dem kaltschnäuzigen Wesen zu verbergen sucht. Das Herz, das nur sozusagen aus Versehen spürbar wird. Knuth ist kein Star, in den man sich verlieben muß, aber er ist einer, der immer unendlich liebenswert wirkt, ein Kerl, mit dem man Pferde stehlen kann.

Für den Film ist Knuth der Naturbursche par excellence. Er wirkt gutmütig, entwaffnend auf der Leinwand. Die UFA bietet ihm einen langjährigen Vertrag an, den er ablehnt. Er will vor allem am Theater spielen. Der Film interessiert ihn nur gelegentlich und eigentlich nur aus finanziellen Gründen.

Irene von Meyendorff, die wirklich so heißt und auch so aussieht, interessiert sich schon von frühester Jugend an für den Film, für den Schauspielerberuf. Die Eltern sind dagegen. Sie halten nicht viel von den „Leuten vom grünen Wagen". Sie meinen, nur alberne Menschen würden Schauspieler, nur eitle Leute mit Geltungsbedürfnis. Sie sind mehr dafür, daß Irene studiert. Freilich, dazu ist im Augenblick nicht genug Geld vorhanden.

Die Geschichte der meisten Schauspieler und Schauspielerinnen beginnt damit, daß die Eltern dagegen sind, daß der junge Mann oder das junge Mädchen durchbrennt, und die trotzdem Schauspieler werden. Bei Irene von Meyendorff, der kühlen baltischen Baronesse aus Reval, ist alles ganz anders. Es gelingt den Eltern, sie zu überzeugen, welch ein minderwertiger Beruf die Schauspielerei ist. Sie fährt nach Berlin, um sich auf andere Weise ihr Geld zu verdienen.

Wie? Sie beschließt, Filmcutterin zu werden. Da kann sie wenigstens noch Filmluft atmen. Aber Cutterin zu werden, ist gar nicht so einfach. Man muß Beziehungen haben. Sie hat Beziehungen. Sie hat einen Bekannten, der einen Freund hat, der wiederum jemanden kennt . . .

Sie wird vom UFA-Werbefilm als Volontärin angestellt, kommt in die Trickfilm-Abteilung, muß acht Stunden täglich Zeichnungen machen. Dann darf sie Trickaufnahmen machen. Das alles ist recht amüsant und manchmal sogar spannend, aber es hat nichts mit dem zu tun, was sie wollte, nämlich Cutterin werden. Sie geht also zur AFIFA in Tempelhof, der Kopieranstalt der UFA.

Sie wird abgelehnt. Sie probiert es wieder. Sie wird ein zweites Mal abgelehnt. Sie wird ein drittes Mal abgelehnt.

Warum? Weil sie eine „junge Dame" ist. Man glaubt ihr nicht so recht, daß sie arbeiten will. Man vermutet in ihr ein reiches junges Mädchen, das es nicht nötig hat, sich ihr Brot zu verdienen.

Dies wird Irene von Meyendorff übrigens immer anhängen: diese Atmosphäre des Damenhaften, des jungen Mädchens aus guter Familie, das es „eigentlich" gar nicht nötig hat, des Luxusgeschöpfes, das über enorme Mittel verfügt. Wenn sie sich ein einfaches Kleid kaufen will, bieten ihr die Verkäuferinnen die kostspieligsten Modelle an. Als sie sich später – viel später – ein Auto kauft, ist der Verkäufer entsetzt, daß sie einen Volkswagen will. Sie müßte einen Mercedes, wenn nicht einen Cadillac fahren . . .

Aber die so damenhaft wirkende junge Dame weiß, was sie will, und es gelingt ihr schließlich doch, die AFIFA-Leute zu überzeugen: Sie wird angestellt. Sie muß morgens um sieben Uhr antreten, muß ihre Arbeitskarte in die Stempeluhr stecken, muß für den Meister eine Molle holen . . . Vier Monate Lehrzeit. Dann Versetzung in die Farbfilmabteilung nach Babelsberg.

Einmal, als sie in der Kantine einen Kaffee trinkt, sitzt am Nebentisch ein ehemaliger Schauspieler namens Friedrich Schütze, groß, stark, nicht mehr sehr jung. Seines Zeichens Besetzungschef der UFA. Herr Schütze starrt sie an, sagt aber nichts. Irene weiß nicht einmal, wer er ist. Und es ist ja nicht das erste Mal, daß einer sie anstarrt. Daran ist sie mehr oder weniger gewöhnt. Am Abend, als sie nach Hause gehen will, reicht ihr der Pförtner einen Zettel: „Bitte, melden Sie sich morgen im Besetzungsbüro!" – „Was soll ich im Besetzungsbüro?"

fragt Irene von Meyendorff. Der Pförtner zuckt die Achseln. Dann lächelt er und meint: „Scheen genug sin Se ja . . .!"

Das war auch der Grund, warum Herr Schütze sie so anstarrte. Irene von Meyendorff ist wirklich schön, blond, mit einem unendlich reinen Kindergesicht, geradezu das Urbild des deutschen Gretchens.

Herr Schütze ist wieder ganz fasziniert, als sie erscheint. Er stellt sich vor. Irene bleibt die Zurückhaltung selbst. Sie ist nicht entzückt, wenn man sie anstarrt.

Herr Schütze zeigt auf einen Stuhl. Dann läßt er sich umständlich hinter seinem Schreibtisch nieder und beginnt: „Wo waren Sie bisher engagiert? Was haben Sie gespielt?"

„Ich war noch nirgends engagiert und habe noch nie gespielt."

„Weder im Theater noch im Film?"

„Weder im Theater noch im Film."

„Aber Sie wollen doch filmen?"

„Nein!"

Warum hat Irene von Meyendorff „nein" gesagt? Kann sie das Herrn Schütze erklären? Nein, sie kann es ihm nicht erklären. Das würde sehr lange dauern, und Herr Schütze würde doch nichts verstehen. Wie kann der Besetzungschef der UFA verstehen, daß man nicht Schauspielerin werden will? Ja, früher wollte sie einmal Schauspielerin werden. Noch vor einem halben Jahr wollte sie Schauspielerin werden. Aber jetzt weiß sie es besser. Jetzt weiß sie, daß nur eitle Menschen mit Geltungsbedürfnis Schauspieler werden! Niemals wird sie Schauspielerin werden! Sie wird Cutterin werden und später wird sie Kulturfilme machen, Filme, in denen nicht junge hübsche Menschen miteinander streiten oder einander küssen.

Eine Viertelstunde später sitzt sie wieder an ihrem Arbeitstisch in der Kulturfilmabteilung. Sie ist überzeugt, daß sie nie wieder etwas von Herrn Schütze hören wird. Schließlich gibt es genug junge Schauspielerinnen, die auf eine Chance warten.

Aber sie irrt. Schon nach vierzehn Tagen klingelt das Telefon. Herrn Schützes Sekretärin ist am Apparat. Dann kommt Herr Schütze selbst. Er bittet sie, noch einmal ins Besetzungsbüro zu kommen.

Noch während sie in der Tür steht, schießt er bereits seine Fragen auf sie los: „Hätten Sie Lust, nach Teneriffa zu fahren?"

„Nach Teneriffa? Und ob!"

„Dann müßten Sie freilich in dem Film, der dort gedreht wird, mitspielen!"

Sie schweigt.

„Und dann müßten Sie vor allen Dingen Probeaufnahmen machen!"

Diesmal sagt sie nicht nein. Aber sie denkt nicht an die Schauspielerei. Sie denkt an Teneriffa. Reisen! Weit weg reisen! Welches junge Mädchen möchte das nicht?
Es erscheint der Produzent Karl Ritter. Er sieht Irene von Meyendorff an. Er sagt: „Genau der richtige Typ!"
Eine Stunde später hat sie ein Drehbuch in der Hand. Der Titel: „Die letzten vier von Santa Cruz."
Was ist geschehen? Die Hauptdarstellerin des Films „Die letzten vier von Santa Cruz" ist plötzlich erkrankt. Man sucht nach Ersatz. Man braucht ein junges, frisches, ein schönes Mädchen. Und da ist dem Besetzungschef Friedrich Schütze die junge Dame aus der Kantine eingefallen, die keine Schauspielerin werden will, und die es sogar ablehnt, eine Probeaufnahme zu machen.
Nun werden schon zwei Tage später Probeaufnahmen gemacht. Der Kameramann Konstantin Irmen Tschet, der bald darauf Brigitte Horney heiraten wird, ein Weißrusse, der nur gebrochen deutsch spricht, lacht begeistert, als er Irene von Meyendorff sieht: „Köpfchen wie Schnee!" ruft er aus.
Am nächsten Tag wird Irene von Meyendorff zur UFA-Direktion bestellt. Ernst Hugo Corell sagt: „Die Probeaufnahmen sind gut

Film ist was Anstößiges – diese Meinung herrschte in der Familie der jungen Irene von Meyendorff, die als Cutterin bei der UFA begann. Ihr erster Film war „Die letzten vier von Santa Cruz" (1936) mit Bruno Hübner (links), Hermann Speelmanns (rechts) und Inkijinoff (im Hintergrund).

ausgefallen. Ich würde mich gerne mit Ihnen über einen Vertrag unterhalten. Natürlich müssen Sie erst etwas lernen . . . Ich dachte an einen langfristigen Ausbildungsvertrag mit anschließender Option. Die UFA übernimmt die Kosten Ihrer Ausbildung und hat das Recht, Sie dann auf mehrere Jahre zu verpflichten . . ., sagen wir auf drei Jahre."

„Ich glaube, da unterhalten Sie sich besser mit meiner Mutter!"

„Kann ich Ihre Mutter anrufen?"

„Natürlich, in Bremen . . ."

Dringendes Telefonat nach Bremen. Die Mutter Irene von Meyendorffs hört sich an, was Corell ihr zu sagen hat. Dann antwortet sie: „Nein!"

„Nein, gnädige Frau?! Dürfte man die Gründe erfahren? Es handelt sich doch um eine große Chance für Ihr Fräulein Tochter . . ."

Die Mutter will nicht so recht mit der Sprache heraus. Schließlich möchte sie einen Direktor der UFA nicht beleidigen. Sie kann einem Mann vom Film nicht gut sagen, was sie vom Schauspielerberuf hält. Corell glaubt, die Bedenken der Mutter zu kennen. Er lacht: „Sie haben sicherlich Schlimmes über die Moral der Filmschauspieler gehört, gnädige Frau! Ist es das?"

„Ich meine das nicht . . . Eigentlich . . . Ich meinte . . . Eigentlich wollte ich sagen . . ."

Corell ist höchst amüsiert. „Seien Sie unbesorgt, gnädige Frau. Ihre Tochter ist bei der UFA besser aufgehoben als in einem Kloster!"

Das glaubt die Mutter nun doch nicht. Und schon am nächsten Tag kommt sie angereist. Aber Corell vermag sie zu überzeugen. Offenbar hat sie sich die Filmgewaltigen doch anders vorgestellt als diesen sehr überlegenen, sehr soignierten Herrn. Sie unterschreibt für ihre Tochter, die ja noch lange nicht volljährig ist.

Und Irene von Meyendorff? Hat sie ihre Bedenken überwunden? Ist sie doch bereit, Schauspielerin zu werden? Und wie steht es mit dem Kulturfilm?

Ach, die Bedenken sind überwunden, die Bedenken sind vergessen. Hat es denn jemals Bedenken gegeben? Gibt es denn etwas Herrlicheres für ein junges Mädchen, als zu spielen, zu filmen? Und in welcher Gesellschaft! Die Französin Françoise Rosay spielt die Hauptrolle, auch der Schauspieler Hermann Speelmanns wirkt mit.

Drei Tage später fährt das Schiff aus Hamburg ab. Die Reise ist schön. Das Filmen ist auch schön. Was dabei herauskommt, ist gar nicht schön. Der Film „Die letzten vier von Santa Cruz" wird ein schlechter Film. Die blutjunge Irene von Meyendorff kann nichts zeigen. Die

288

Kritiken sind nicht einmal so schlimm, denn jeder, der das junge Mädchen sieht, ist von so viel zarter und nobler Schönheit ergriffen. Corell sagt zu Irene von Meyendorff: „Jetzt aber wird gearbeitet!" In der Tat, jetzt wird gearbeitet. Das junge Mädchen erhält Sprechunterricht, Schauspielunterricht, muß singen, tanzen, fechten, reiten. Und dann kommt ein Film nach dem anderen. Immer wieder steht Irene von Meyendorff da als das elegante junge Mädchen, als die schöne junge Frau, die Aristokratin, die sie nicht zu spielen braucht, weil sie es ist. Und dabei sehnt sie sich doch so sehr danach, einmal etwas anderes zu spielen, etwas ganz anderes, eine Frau aus dem Volk, eine Heruntergekommene. Aber die UFA gibt ihr keine solchen Rollen. Die UFA will das Publikum nicht in seinen Illusionen stören. Irene von Meyendorff, der fleischgewordene Wunschtraum der Männer, muß Frauen spielen, wie sie so edel eigentlich nur im Film vorkommen.

DIE EWIGEN

Die Frau, die, obwohl sie dunkelhaarig ist, eine gewisse Ähnlichkeit mit der Meyendorff hat, weil sie ebenso edel und kostbar schön genannt zu werden verdient, hat mehr Glück: Lil Dagover darf alle möglichen Rollen spielen.
Eine erstaunliche Frau, eine, die nicht nur schön aussieht – das tut sie freilich wie wenige auf der Welt –, sondern auch eine, die zu charakterisieren versteht. Sie spielte sich mit dem „Kabinett des Dr. Caligari" und dem „Müden Tod" 1920 und 1921 ganz in den Vordergrund. Obwohl sie blutjung war, hatte sie damals schon acht Filme gedreht. „Madame Butterfly" und „Die Toteninsel", „Die Jagd nach dem Tode" (in zwei Teilen) und . . .
Es folgten nach dem Durchbruch „Lady Hamilton", „Seine Frau, die Unbekannte", der Film, mit dem Willy Fritsch seine Karriere begann, „Kabale und Liebe", „Tartuffe" . . . Insgesamt spielte die Dagover neununddreißig Stummfilme. Ihr vierzigster Film war „Melodie des Herzens", der erste UFA-Film, in dem gesungen und gesprochen wurde.
Da sie sprechen konnte, da sie eine Schauspielerin war, ging sie von einem Film in den anderen. Und nicht nur deshalb. Ihr entscheidender Erfolg war wohl, daß es eine Frau wie sie im deutschen Film kaum gab. Nicht so sehr eine Frau als vielmehr eine Dame. Sie hatte Haltung, äußerlich und innerlich. Sie war in den problematischsten Rollen

liebenswert, ja anbetungswürdig. Und die Zeit konnte ihr nichts anhaben. Es war für ihre Karriere ohne jede Bedeutung, daß jedes Jahr neue hübsche oder sogar schöne und sehr junge Damen auftauchten. Sie war und blieb einmalig – und dadurch, soweit man das im Film überhaupt sagen kann, ewig.

Das Gleiche kann, ja muß gesagt werden von Hans Albers, der, obwohl kaum ein paar Monate vergehen, ohne daß ein neuer Filmstar auftaucht oder einer, der es werden will, mühelos seine Stellung als Spitzenattraktion des deutschen Films, qualitativ und quantitativ, behauptet. Drei oder vier Filme pro Jahr sind für ihn vorläufig noch eine Selbstverständlichkeit. Im Jahre 1932 hat er den „Sieger", den „Weißen Dämon" mit Gerda Maurus, „Quick" mit Lilian Harvey und „F.P. 1 antwortet nicht" mit Sybille Schmitz gedreht.

Es folgte „Heute kommt's drauf an", wieder mal die Geschichte eines sieghaften jungen Mannes, der alle Hindernisse spielend überwindet, nur geht es dieses Mal nicht um Tod und Leben, sondern um einen Jazzbandwettbewerb, um das Goldene Saxophon. In diesem Film hatte Albers immerhin die 1933 schon recht gewagte Schlagermelodie zu singen:

> *„Mein Gorilla hat 'ne Villa im Zoo,*
> *mein Gorilla lebt zufrieden und froh.*
> *Er kennt keine Politik,*
> *und es ist sein höchstes Glück,*
> *die Gemahlin zu jucken,*
> *und auf jeden, der ihn stört,*
> *aus der Villa ganz empört,*
> *voll Verachtung zu spucken."*

Im nächsten Film wird's ernster. Der heißt: „Ein gewisser Herr Gran" und beginnt damit, daß ein Erfinder, der mit seinem Auto eine halsbrecherische Serpentine in den Alpen entlangfährt, von einem feigen Meuchelmörder abgeschossen wird. Nachdem Auto und Erfinder in den relativ bodenlosen Abgrund gestürzt sind, sichert er sich die Aktentasche des Ermordeten, denn sie enthält die Pläne zu einem Apparat, der, man höre und staune, alle Flugzeuge mattsetzen kann. Er verhindert im Umkreise von sechs bis acht Kilometern jede Zündung, was bedeutet, daß sämtliche Flugzeuge in diesem Umkreis nichts tun können als im Gleitflug landen. So einfach ist das also . . .

Und alles geht gut aus – dafür sorgt schon Hans Albers.

Obwohl die Direktion der UFA wieder einmal bis zum letzten

Augenblick gezittert hat, denn in diesem Melodrama – das übrigens von dem bewährten Regisseur Gerhard Lamprecht bravourös inszeniert wird – geht Herr Gran durch eine ganze Anzahl gefährlicher Situationen. Und natürlich will Albers das alles selbst spielen. Da ist zum Beispiel die Szene, in der er in die brennende Villa eindringt. Unten brennt und qualmt es fürchterlich, oben hängt Albers am Deckenbalken, in den man Rillen für seine Finger eingehauen hat. Natürlich klappt die Szene nicht beim ersten Male, sie muß drei-, viermal wiederholt werden, aber Albers bleibt eisern. Immer wieder steigt er hinauf, um höchstpersönlich über den Flammen zu baumeln. Zuletzt ist die Haut seiner Finger in Fetzen, man kann deutlich sehen, wie die Hände bluten, während er seine Klimmzüge vollführt. Das ist ungemein wirkungsvoll, aber es bedeutet, daß Albers eine Woche lang mit Verbänden herumlaufen muß.

Überhaupt hat Albers in den nächsten Filmen Rollen, in denen er zahlreichen körperlichen Anstrengungen ausgesetzt ist. Einer, der seine Konstitution nicht besäße, müßte nach jedem Film ein paar Wochen auf Erholung gehen. Aber Albers steigt von einem Film in den nächsten.

Da ist – noch im Jahre 1933 – der Film „Flüchtlinge", der das Schicksal einiger Wolgadeutscher behandelt, die sich durch Rußland und China durchschlagen. Arnet alias Albers schafft es schließlich.

Es folgt der Film „Gold" mit Brigitte Helm als Partnerin oder, wenn man will, als Gegnerin. Denn Albert scheint durchaus nicht gesonnen, ihr die ihr zustehenden Großaufnahmen zu gönnen. Immer wieder gibt es neue Gründe, solche Großaufnahmen nicht zu machen. Und wenn Brigitte Helm nicht schon wüßte, daß sie bald abtreten wird und infolgedessen alles mit einer gewissen Gleichgültigkeit über sich ergehen ließe, könnte es zu ernsthaften Zwischenfällen kommen.

Als der Film schließlich zu Ende ist, bekommt die Helm von Albers einen Riesenblumenstrauß mit ein paar Zeilen, daß er hoffe, demnächst wieder mit ihr zu spielen. „Und dann bekommen Sie genauso viele Großaufnahmen wie ich!"

Es folgt der künstlerisch ehrgeizige Film „Peer Gynt" und dann 1935 „Varieté", eine freie, nur allzu freie Bearbeitung jenes unvergeßlichen Stummfilms aus dem Artistenmilieu mit Emil Jannings und Lya de Putti.

Albers rettet sich auch in seinem nächsten Film in die Vergangenheit, in die Zeit des Ersten Weltkrieges. Er spielt diesmal gleich zwei Rollen: den deutschen Flieger Michael von Prack und dessen Vetter Alexej Alexandrowitsch von Prack, der General bei den Bolschewisten ist.

Natürlich will es das Schicksal so, daß die beiden Vettern zu persönlichen Gegnern werden; und zwar sowohl im Weltkrieg als auch im Krieg um die schöne russische Spionin Vera Iwanowna. Die Sache läßt sich zuerst ganz gut an, denn der – anständige – deutsche Offizier erledigt den – keineswegs anständigen – Russen und spielt dann seine Rolle weiter, um die Bolschewisten in Verwirrung zu bringen. Zuletzt sind alle tot, auch der brave Michael, auch die Spionin Vera, und so, wie das Programmheft schreibt, „endlich erlöst von ihrem tragischen Zwiespalt Vaterland und Liebe".

Solche Drehbücher wären unerträglich, würden wohl auch kaum produziert werden, wenn Albers nicht wäre. Albers macht noch den größten Unsinn möglich, und wenn er auch nur ein paar vernünftige Sätze zu sprechen oder eine einigermaßen mögliche Szene zu spielen bekommt, dann wird etwas Anständiges daraus. Dabei wird er immer sparsamer in seinen Bewegungen, „drückt" immer seltener – so nennt man das in der Theatersprache –, scheint alles mit der linken Hand, wie nebenbei, zu erledigen. Aber diese Leichtigkeit ist nur eine scheinbare.

Einmal erzählt Albers: „Die Menschen vergessen immer, daß das, was leicht aussieht, das Schwerste ist... Wenn das einfache Spiel so einfach wäre, dann müßte doch bald mal ein junger Schauspieler kommen, ein richtiges Naturtalent, und uns an die Wand spielen. Warum geschieht das denn nicht? Weil die Schauspielergeneration, zu der ich gehöre, schon mindestens zwanzig Jahre lang auf der Bühne und im Film gekämpft hat. Wir hatten einmal genau die gleichen Hemmungen wie die jungen Schauspieler von heute. Aber die viele Arbeit räumte sie beiseite."

Als der Sonderzug der UFA, der zu den Außenaufnahmen des Films „Unter heißem Himmel" fährt, den Bahnhof von Schandau in der Sächsischen Schweiz passiert, ruft Albers: „Alles aufstehen!" und als die anderen betreten aufstehen, erklärt er: „Hier spielte ich als Anfänger. Und hier bekam ich meine erste vernichtende Kritik! Und dann begann ich an mir zu arbeiten... Ein Hoch auf den braven Kritiker von Bad Schandau!"

NAMEN- UND SACHREGISTER

„Abschied" 155
Adalbert, Max 140, 276
„Affäre Dreyfus" 133 ff.
Albach-Retty, Wolf 267
Albers, Hans 85 ff., 106 ff.,
 113 f., 116 f., 144, 169 ff.,
 206 f., 214, 218 f., 237, 247 ff.,
 279, 290 ff.
Albertini, Luciano 129
Alexander, Georg 277, 279
Alpar, Gitta 208, 214
„Alraune" 194 f.
„Amphitryon" 270, 272 f.
Ander, Charlotte 105, 107
Anet, Claude 184
„Anna Karenina" 209
„Annemarie und ihr Ulan" 161
„Ariane" 184 f.
„Aschermittwoch" 280
„Atlantic" 103 ff., 108, 110
August Wilhelm von Preußen,
 Prinz 208

Balser, Ewald 282
Balzac, Honoré de 198, 244
Bard, Maria 199
Barrymore, John 75
Bassermann, Albert 132, 135,
 137 f., 282

Bausback, Dr. Ferdinand 12 ff.,
 24 ff., 33
Behrendt, Hans 98
Bendow, Wilhelm 277
Benkhoff, Fita 272 f.
Berger, Ludwig (Dr. Ludwig
 Bamberger) 38, 50, 57, 100,
 146, 164, 169, 207, 219, 221
Bergner, Elisabeth 184 f., 213
Bernhardt, Kurt 110 f., 209,
 249 f.
Birgel, Willy 260, 280, 282 f.
Bolvary, Geza von 109 f.
„Bomben auf Monte
 Carlo" 169 f.
Boese, Carl 162
Brecht, Bert 183 f., 189
Bressart, Felix 153, 161 f., 276
Brink, Elga 169
„Broadway" 278
„Broadway Melodie 1928" 102
Brodnitz, Hanns 67
Brooks, Louise 183
Burg, Hansi 91, 106, 218

„Café Electric" 95, 159
Canaris, Wilhelm 36
„Capriolen" 261
Cebotari, Maria 152

Charell, Eric 94, 175 ff., 213
Chlud, Lola 281
Clausen, Claus 229
Coogan, Jackie 67
Corell, Ernst Hugo 35 ff., 50,
57, 79 f., 220, 228, 230, 232,
234, 266, 268 f., 287 ff.
Czinner, Paul 184 f.

Dagover, Lil 51, 289
„Das Dreimäderlhaus" 238
„Das Flaschenteufelchen" 244
„Das Flötenkonzert von Sans-
souci" 158 ff.
„Das Kabinett des Dr. Cali-
gari" 46, 289
„Das Lied ist aus" 110
„Das Mädchen Johanna" 261,
282
„Das Testament des Dr. Ma-
buse" 201 ff., 210, 219
Davidson, Paul 30, 32 f., 37
Davies, Marion 180, 207
Deltgen, René 260, 282 f.
„Der Bettelstudent" 274 f.
„Der Biberpelz" 277
„Der Blaue Engel" 112 ff., 189,
268
„Der blonde Traum" 147 f.
„Der Brand in der Oper" 193
„Der Draufgänger" 170 f.
Das Dreimäderlhaus 238
„Der ewige Traum" 244
„Der Greifer" 108 f., 279
„Der Hauptmann von Köpe-
nick" 139 f.
„Der heilige Berg" 18 f.
„Der Herr auf Bestellung" 110
„Der höhere Befehl" 280

„Der Idiot" 102
„Der Kongreß tanzt" 176 ff.,
187
„Der letzte Befehl" 111 f.
„Der letzte Mann" 15, 46, 118
„Der Maulkorb" 277
„Der müde Tod" 50, 289
„Der Raub der Mona Lisa" 110
„Der Raub der Sabine-
rinnen" 277
„Der Rebell" 209, 249 f.
„Der schönste Mann im
Staate" 162
„Der Schrecken der Gar-
nison" 162
„Der Schuß im Morgen-
grauen" 280
„Der Sieger" 171 ff., 290
„Der Stolz der dritten Kom-
panie" 161
„Der Stolz der Kompanie" 162
„Der Theodor im Fuß-
balltor" 279
„Der weiße Dämon" 172 ff.,
290
„Der Zarewitsch" 276
„Des Königs Grenadiere" 161
Desmond, Olga 88
Desni, Xenia 146
Deulig AG 26
Deutsche Lichtspielgesellschaft
(DLG) 25
„Die andere Seite" 263, 280
„Die Brüder Karamasoff" 102
„Die Büchse der Pandora" 183
„Die drei Codonas" 282
„Die drei von der Tankstelle"
142 f., 147
„Die Finanzen des Großher-
zogs" 261, 280
„Die Fledermaus" 275

294

„Die Frau im Mond" 64 f., 68 ff., 182, 184, 219
„Die freudlose Gasse" 54
„Die Gräfin von Monte Christo" 194, 197 f.
Diehl, Karl Ludwig 194, 244, 274, 279 f.
„Die Hose" 98
„Die Jagd nach dem Tode" 289
„Die keusche Susanne" 98 ff.
„Die letzte Kompanie" 110 f.
„Die letzten Vier von Santa Cruz" 287 f.
„Die Leuchter des Kaisers" 274, 280
„Die Liebe der Jeanne Ney" 52, 54
„Die lustigen Weiber von Wien" 110
„Die Nacht gehört uns" (La nuit à nous) 104 f., 110 f., 131
„Die Nibelungen" 49 f., 184, 209
„Dienst ist Dienst" 162
„Die Privatsekretärin" 151 ff.
„Die Rache des Gefallenen" 88
„Die schönen Tage von Aranjuez" 266 f.
„Die singende Stadt" 194
Dießl, Gustav 227
„Die Toteninsel" 289
Dietrich, Marlene 92 ff., 105, 107, 114 ff., 122, 126 f., 129, 159, 245
„Die verkaufte Braut" 263
„Die wunderbare Lüge der Nina Petrowna" 194
„Die zärtlichen Verwandten" 133
„Dirnentragödie" 169
Don Juan-Film 75

Dorsch, Käthe 156
„Dragonerliebchen" 161
„Dreigroschenoper" 179, 183 f.
„Drei Tage Mittelarrest" 161 f.
Drews, Berta 283
Dreyer, Karl Theodor 248
„Dr. Mabuse, der Spieler" 58 f., 185
Dupont, E. A. 57, 103, 105

„Effie Briest" 261
Eggerth, Martha 196, 239, 250, 276
Ehrenburg, Ilja 54
Eichberg, Richard 99 ff., 267
„Eine Frau ohne Bedeutung" 261
„Einer zuviel an Bord" 282
„Ein gewisser Herr Gran" 290
„Ein Mann will nach Deutschland" 244, 280
„Ein Tag der Rosen im August" 161
„Ein Tango für dich" 110
„Ein Walzertraum" 59, 98, 146
Eisenstein, Sergej M. 20, 22 f., 209
Ekmann, Gösta 17 f., 129
„Emil und die Detektive" 169
Engel, Erich 179 f., 258, 266, 277
Engl, Dr. Joe 78
Englisch, Lucie 152 f.
Ewers, Hanns Heinz 194 f.

Falkenberg, Otto 263, 271
Falkenstein, Julius 276

Fanck, Dr. Arnold 227, 249
„Faust" 15 ff., 144, 246
Fein, Maria 90
Fischer, Dr. Eugen 138
Fischer, Heinrich 262, 264
„Flüchtlinge" 291
„Flucht vor der Liebe" 97
Fontane, Theodor 261
Forst, Willi 94 f., 103 ff.,
    108 ff., 115, 159, 237 ff., 250,
    259, 264, 268
Forster, Rudolf 183 ff., 197 f.
Fox-Filmgesellschaft 46, 164
Fox, William 46, 78
„F. P. 1. antwortet
    nicht" 247 f., 290
Frank, Bruno 169
Fridericus-Filme 49, 158, 160 f.
Friedmann-Fredrich, Fritz 95
Fritsch, Willy 31, 51 ff., 59 ff.,
    68 ff., 80 ff., 85, 95, 98 ff.,
    140 ff., 175 f., 179, 194, 196,
    207 f., 214, 221, 237, 264, 270,
    273 f., 276, 279, 289
Froelich, Carl 102 ff., 130, 152,
    193
„Frühlings Erwachen" 187, 263
„Fünf von der Jazz-Band" 180

Gaidarow, Wladimir 129
Galeen, Henrik 195
Garat, Schauspieler 176
Garbo, Greta (Greta Gustaf-
    son) 67, 75 f., 146
„Gasparone" 275
Gebühr, Otto 158, 160
„Geheimnisse einer Seele" 54 f.
George, Heinrich 135 ff.,
    222 ff., 229 ff., 260

Gerron, Kurt 174
Gert, Valeska 163, 183
„Gestern und Heute" 263
Giampietro, Jean 230
Gilbert, Jean 98
Gilbert, John 76, 146
Goebbels, Joseph 22 f., 157 f.,
    203, 205 ff., 233 f., 248, 254 f.,
    257, 269, 272, 281
„Gold" 291
Gold, Käthe 270 ff.
Göring, Emmy (s. Emmy Sonne-
    mann) 217, 223 f., 234
Göring, Hermann 217 f., 223 f.,
    257
Grace, Dinah 31
Gründgens, Gustaf 90, 189 f.,
    192 ff., 197 f., 248, 257 ff., 264,
    281, 284
Grüning, Ilka 154 ff.
Guilbert, Yvette 16 f.

Hamsun, Knut 250
Hansen, Max 179
„Hans in allen Gassen" 108
Harbou, Thea von 60, 68 f., 72,
    182, 184 ff., 201 f., 210
Harlan, Veit 260
Hart, Ferdinand 136
Hartl, Karl 197, 274
Hartmann, Paul 247
Harvey, Lilian (Lilian Pape) 31,
    98 ff., 140 ff., 151, 175 ff., 179,
    279, 290
Hauptmann, Gerhart 16, 257
Haymann, Julius 109 f.
Hays, William H. 39 ff.
Heesters, Johannes 274 f., 280
Helldorff, Graf Wolf-Heinrich
    von 130, 208, 269, 272

Heller, Frank 261
Helm, Brigitte (B. Schitten-helm) 19, 58, 113, 152, 194 ff., 237, 269, 291
Hellmer, Karl 245
Hesterberg, Trude 96, 113, 115, 118
„Heute kommt's drauf an" 290
Heymann, Werner Richard 141, 143, 170, 173, 176, 178, 207, 213
Hilpert, Heinz 89, 245, 261
Hindenburg, Paul Freiherr von 205
Hinkel, Hans 269
Hitler, Adolf 27 f., 50, 80, 130, 133, 138, 159, 188, 201 ff., 205 ff., 214, 216, 218 ff., 224 ff., 233, 254 ff.
„Hitlerjunge Quex" 228 ff., 269
Höflich, Lucie 90, 138
Holl, Gussy 47, 116, 120, 122
Holländer, Friedrich 120, 122
Homolka, Oskar 89, 135, 138
Hoppe, Marianne 258, 261
Hörbiger, Paul 64, 178, 221, 264, 277
Horn, Camilla 16 ff., 144
Horney, Brigitte 153 ff., 198, 244 ff., 283, 287
Hübner, Bruno 287
Hugenberg, Alfred 26 ff., 33, 37 f., 40, 42, 49 f., 77, 112, 124 ff., 159, 205 f., 208, 214
„Husarenliebe" 161
Hussong, Friedrich 125 f.

„Ich hatt' einst ein schönes Vater-land" 161

„Ihre Hoheit befiehlt" 144 f.
„Im Geheimdienst" 194, 196, 280
„Im Westen nichts Neu-es" 156 ff., 160, 183
„In der Heimat – da gibt's ein Wiederseh'n" 161
Irmen-Tschet, Konstantin 287

Jacoby, Georg 253
Jacques, Norbert 201
Jannings, Emil 15 ff., 32 f., 46 f., 75, 102, 111 ff., 115 ff., 120 f., 125 f., 128, 132, 164, 207, 222, 268, 278, 291
Janssen, Walter 241
Janson, Viktor 276
Jaray, Hans 239, 241
Joachimsohn, Felix 180
Jolson, Al 73 ff., 91, 131
Jugo, Jenny 96 ff., 179 ff., 198, 258, 260

„Kabale und Liebe" 102, 289
Kaiser, Georg 113
Kaiser-Titz, Erich 51 ff.
„Kameradschaft" 184
Karlweis, Oskar 58, 96, 143, 264
Kasernenhof-Filme 161 ff.
„Kasernenzauber" 162
Kastner, Bruno 92, 131 f.
Kästner, Erich 169
„Käthchen von Heilbronn" 246
Kaufmann, Dr. Wilhelm von 216 f.
Keller, Gottfried 250

Kemp, Paul 190, 270, 272 f., 277
Kerr, Alfred 108, 149 f.
Kiepura, Jan 194, 196, 268
Klein-Rogge, Rudolf 59, 203
Klitzsch, Ludwig 25 ff., 33 ff., 37 ff., 49 f., 52, 54, 56 f., 72 ff., 76 ff., 112, 114, 116 f., 124 ff., 129, 205, 208, 210, 214 f., 228, 233, 269
Knuth, Gustav 284
Kohner, Paul 209
Konstantin, David 144
Kortner, Fritz 105, 135 ff., 214
Kowa, Victor de 280 ff.
Krause, Willi 234
Krauß, Werner 54 f., 98, 102, 132, 140, 198 f., 222, 250, 257, 268
Kriegh, Otto 235
Krupp von Bohlen, Gustav 27
Küchenmeister-Meisterton 79
Kyser, Hans 16

„Lady Hamilton" 289
Lämmle, Carl 13
Lamprecht, Gerhard 57, 169, 282, 291
Lang, Fritz 11, 19, 30, 38, 50, 57 ff., 72, 167, 169, 182, 184 ff., 193, 201 ff., 207, 210 ff., 219, 225, 283
Larsen, Viggo 132
Lederer, Franz 105, 194
Legal, Ernst 222 f., 257
„Leichte Kavallerie" 253
„Leidenschaft" 101
„Leise flehen meine Lieder" 239, 250

Lernet-Holenia, Alexander 266
Lessing, Magde 230
„Liebe im Ring" 151
„Liebelei" 132, 250, 264, 266 f.
Liebeneiner, Wolfgang 262 ff., 266 ff., 280
„Liebeswalzer" 140 f., 279
„Liebe, Tod und Teufel" 244 f.
„Liebling der Götter" 278
Liebmann, Robert 112, 213
Liedtke, Harry 92, 95, 129 f.
Lingen, Theo 190, 277, 279
Lion, Margo 96
„Ljubas Zobel" 266
Loew, Marcus 41 f.
Loos, Theodor 105, 260
Lorre, Peter 186 f., 189 f., 214
Lubitsch, Ernst 18, 22, 30, 32, 38, 45 f., 50, 57, 129, 180, 207, 209
Ludendorff, Erich 205
Lüthge, Erwin Robert Konrad (Bobby E.) 163

„M" 186 ff., 201, 219
Mackeben, Theo 244 f.
„Madame Butterfly" 289
„Madame Dubarry" 15
„Mädchen in Uniform" 263, 265
Mann, Heinrich 112 f., 117 f., 124 ff.
„Männer vor der Ehe" 144
Mannheim, Lucie 105, 113, 208
Mara, Lya 129
Marischka, Hubert 252
„Maskerade" 240 ff.
Massary, Fritzi 193, 230, 277, 280

Massolle, Joseph 78
Maurus, Gerda 58 ff., 68 ff.,
104, 142, 290
May, Joe 22, 30, 38, 64, 93, 115
May, Hans 170
Mayer, Carl 16, 46, 167
„Meine Tante, deine
Tante" 277
„Melodie des Herzens" 80 ff.,
131, 289
„Menschen am Sonntag" 66 f.,
110, 155
„Menschen ohne
Namen" 198 f.
Meßter, Oskar 102, 208
Metro-Goldwyn-Mayer 13 f.,
40 f., 164
„Metropolis" 11, 15, 19, 49,
57 f., 66, 81, 196, 198
Meyendorff, Irene von 284 ff.
Meyerinck, Hubert von 96
Mille, Cecil B. de 22
Millöcker, Karl 274 f.
„Moral" 277
Morena, Erna 150
Moser, Hans 241, 277 ff.
Mosheim, Grete 208
Mosjukin, Ivan 129
Mosse (Verlag) 24, 27 f.
Müller, Gerda 150
Müller, Renate 148 ff., 218 ff.,
246, 270 f., 278
Murnau, Friedrich Wilhelm
(Friedrich Wilhelm Plum-
pe) 15 ff., 38, 46, 163 ff., 261
„Mutter der Kompanie" 162
„Mut zur Sünde" 88

Nagy, Käthe von 144 f., 173,
244, 281

Nebenzal, Seymour 182 ff.,
188, 201, 210
Negri, Pola (Appolonia Chalu-
pec) 32, 45, 75, 142
Nelson, Rudolf 16
Nero-Filmgesellschaft 183
Neumann, Lotte 142
Nicklisch, Franz 260
Nielsen, Asta 32, 129, 163, 169,
199 ff.
„Ninotschka" 209
Nissen, Aud Egede 169
„Nju" 32
„Nosferatu" 168
Novarro, Ramon 76

Oberth, Prof. Hermann 68, 70,
72, 219
Odemar, Fritz 190
Ophuels, Max 132, 250, 263 f.,
266 ff.
Oswald, Richard 38, 133,
135 f., 138 ff., 183, 187
Oswalda, Ossi 129
Otterson, Direktor der Western
Electric 79

Pabst, Georg Wilhelm 52,
54 ff., 103, 183
Pallenberg, Max 276 f.
„Panzerkreuzer Potem-
kin" 20 ff., 209, 228
Paramount 13 f., 40 ff., 45, 47,
127, 164, 166 f., 169
Parlo, Dita 53, 80 f., 83
Parufamet 14, 24, 29, 37 f.,
40 ff., 79

„Pechmarie" 180 f.
„Peer Gynt" 246, 291
„Peter der Matrose" 151
Petersen, Peter 241
Phöbus-Film AG 35 f.
Piel, Harry 183
„Pique Dame" 98
Piscator, Erwin 222
Platte, Rudolf 245
Pohl, Klaus 70
Polgar, Alfred 263
Pommer, Erich 11 f., 14 f., 30, 33, 37, 50, 78 ff., 82 f., 111 ff., 117 f., 120, 122, 124 ff., 129, 140, 142, 144, 147, 174 ff., 178 f., 207, 214 ff., 248, 266, 268
Ponto, Erich 260
Porten, Henny 92, 102, 130 f., 142, 216 ff.
„Prinz Louis Ferdinand" 98
Putti, Lya de 47 f., 150, 291
„Pygmalion" 258, 260

„Quick" 172, 290

Rabínovitsch, Gregor 237 f., 268
Raddatz, Carl 282 ff.
Rasp, Fritz 70, 136
„Rasputin" 244
„Rauhnacht" 250
„Rauschgold" 88
„Regine" 250 f.
Reinhardt, Max 64 f., 86, 89, 96, 130, 143, 149, 155, 192, 198, 241, 257, 261, 263, 277
Reisch, Walter 104, 110, 197, 213, 239 f.

Remarque, Erich Maria 156 ff., 160
„Reserve hat Ruh" 162
„Revolte im Erziehungs-heim" 151
Richter, Ellen 129
Riefenstahl, Leni 16, 18 f., 112, 116, 225 f., 254 f.
Rist, Sepp 227
Ritter, Karl 287
„Rivalen der Luft" 267
Roberts, Ralph Arthur 277
Rökk, Marika 252 f., 274 f.
Rosay, Françoise 288
„Rosenmontag" 280
Rühmann, Heinz 143, 170

Sagan, Leontine 265
Salloker, Angela 260 f.
Sandrock, Adele 177, 270
Sascha-Film-Gesellschaft 159
Schacht, Hjalmar 37
Schenzinger, K. A. 228
Schiffer, Marcellus 96
Schloß, Sybille 263 f.
Schmeling, Max 151
Schmitz, Sybille 246 ff., 274, 290
Schneider, Magda 246, 250, 264, 267
Schnitzler, Arthur 250, 264, 266
„Schön ist die Manöver-zeit" 162
Schubert, Franz 238
Schüfftan, Eugen 66 f.
Schulz, Fritz 162, 230
Schünzel, Reinhold 138, 145, 149, 151, 207, 218 ff., 269 ff.
Schütze, Friedrich 285 ff.
Schwabach, Kurt 170

Schwarz, Hanns 80, 83, 207, 213, 278
„Schwarzer Jäger Johanna" 258
Schweikart, Hans 263
Seeler, Moritz 66
„Seine Frau, die Unbekannte" 289
Shaw, George Bernard 258, 260
Sieber, Rudolf 93 f.
„Sieg des Glaubens" 227
Siodmak, Kurt 248
Siodmak, Robert 66 f., 155
„Skandal um Eva" 131
Skoda, Albin 244 f.
„So endete eine Liebe" 257, 259
Söhnker, Hans 275 f.
Sonnemann, Emmy 217, 223 f., 234
„Sonnenaufgang" 46
S.O.S. Eisberg 225, 227
Speelmanns, Hermann 229, 287
„Spione" 59 ff., 69
Spoliansky, Mischa 96, 113, 115
Stark-Gstettenbaur, Gustl 70
Stauß, Emil-Georg von 11 ff., 24 ff., 33 f., 78
Steinhoff, Hans 228, 230 f.
Stevenson, Robert L. 244
Sternberg, Josef von 111 ff., 120, 127
Sternheim, Carl 98
Stiller, Mauritz 22
Stössel, Ludwig 153
Stresemann, Gustav 49
„Sünden der Väter" 46
Susa, Charlotte 109
Szakall, Szöke 276

„Tabu" 165 ff.
Tanaka, Michi 281

„Tanz auf dem Vulkan" 248
„Tartuffe" 16, 46, 289
Tauber, Richard 129
Thalberg, Irving 209
„The Jazz-Singer" 73
„The Singing Fool" 74, 76, 91
Thiele, Hertha 265
Thiele, Wilhelm 142, 207, 213
Thielscher, Guido 230
Thierry, Fritz 81
Thimig, Hermann 271
Tiedtke, Jakob 276
„Tiefland" 227 f.
Tobis-Filmgesellschaft 79, 104 f.
Toelle, Carola 183
Trenker, Luis 249 f.
Tri-Ergon 78 f.
„Triumph des Willens" 254 ff.
Tschechowa, Olga 241 f., 264

Ucicky, Gustav 95, 159 f., 194, 198, 261, 281 f.
Udet, Ernst 227
Ulbrich, Franz 223 f., 257
Ullrich, Luise 249 ff., 264, 267
Ullstein 24, 27 f.
„Ungarische Rhapsodie" 51 ff., 110
Universal-Filmgesellschaft 13, 156, 269
„Unmögliche Liebe" 200
„Unter heißem Himmel" 292
„Urlaub auf Ehrenwort" 283

Valetti, Rosa 119
„Vampyr" 248
„Varieté" 47, 103, 291

Veidt, Conrad 75, 110 f., 176, 179, 207, 213, 244, 268, 280, 282
„Verklungene Melodie" 283
„Victoria" 250
„Viktor und Viktoria" 270
Vogt, Hans 78
Vollmöller, Carl 112

Waldoff, Cläre 94, 115
Wallburg, Otto 276
„Walzerkrieg" 219 ff.
Wangenheim, Gustav von 70
Warner, Brüder 75, 78
Wäscher, Aribert 260
Waschneck, Erich 200
Wedekind, Frank 187
Wegener, Paul 132, 195
Weill, Kurt 183
Weiße, Hanni 163
„Wenn die Soldaten . . ." 162
„Wer nimmt die Liebe ernst?" 179 f.
Wessely, Paula 241 f., 258 f.

Western Electric 78 f.
„Westfront 1918" 183
Wieck, Dorothea 144, 265
Wieman, Mathias 90
„Wien, die Stadt der Lieder" 133
Wilder, Billy 66 f., 110, 155, 213
Winsloe, Christa 263
Wohl, Ludwig von 110
Wohlbrück, Adolf 221, 241 f., 251, 270
Wüst, Ida 132

„Zapfenstreich" 161
Zelnick, Friedrich 129
Ziegel, Erich 192
„Zirkus Renz" 282
Zuckmayer, Carl 112 f., 139
„Zuflucht" 102
Zukor, Adolph 166
„Zweierlei Moral" 169
„Zwei Herzen im Dreivierteltakt" 109 f., 241

Die UFA wurde nicht in das Register aufgenommen, da sie in diesem Buch fast durchwegs aufscheint.

Gotthard Erler
(Herausgeber)

Reisebilder von Heine bis Weerth

Spaziergänge und Weltfahrten

Ullstein Buch 20340

Reisebilder von Goethe bis Chamisso

Wanderschaften und Schicksale

Ullstein Buch 20382

Reisebilder von Gerstäcker bis Fontane

Streifzüge und Wanderungen

Ullstein Buch 20497

ein Ullstein Buch

Jean Cocteau

Kino und Poesie

Notizen

Ausgewählt von Klaus Eder

Ullstein Buch 36071

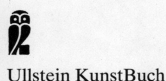

Ullstein KunstBuch

Jean Cocteaus Notizen zu einem »poetischen Kino« aus den Jahren 1925 bis 1963 sind in diesem Band versammelt: Artikel, Porträts von Künstlern und Schauspielern sowie Entwürfe zu Filmprojekten, die durch Fotos aus Cocteaus Filmen illustriert werden.